On Grand Strategy

川﨑 剛
Kawasaki Tsuyoshi

大戦略論

国際秩序をめぐる戦いと日本

勁草書房

まえがき

> 人、遠き慮(おもんぱか)り無ければ、必ず近き憂い有り。
> ——『論語』

　大戦略（グランド・ストラテジー）が悪ければ，国運が傾く。良ければ国は隆盛する。

　大戦略とはどういったものなのか。そして，日本のとるべき大戦略の枠組みとはどういうものか。大戦略の考え方に関するこの二点について，国際政治理論に基づいて答えを出すのが本書の目的である。言い換えれば，学術的裏付けを持った大戦略論を本書は提示する。本書を読了した後，読者は大戦略論の基本が理解できるだけでなく，「国際政治理論に基づいた外交政策論」に対する理解が進むであろう。そして，本書の読者が現実的な意見を持ち，表明し，健全なる世論が形成されれば，筆者として嬉しく思う。

　まずは，大戦略に関する一つのエピソードから始めよう。

　鉄血宰相と呼ばれたプロイセンの首相，ビスマルク。そのたぐいまれなる外交手腕によってオーストリアやフランスといった強国を負かし，ドイツ帝国を彼が打ち立てたのが1871年であった。長年，ドイツ語圏は分裂状況にあり，強国フランスに立ち向かうことができなかったが，プロイセン指導のもとにドイツ語圏は統一され，ドイツ帝国という巨大統一政権が誕生したのである。これにより，ヨーロッパの勢力地図は根本的に塗り替えられた。

　とある東アジアの弱小・後進国の使節団が首都ベルリンに到着したのは，その偉業が成就してから2年後のことである。ヨーロッパ列強と不平等条約を結んでいたことに象徴されるように，その国の外交的立場は誠に弱いものであった。彼らを前にして，この外交の天才は以下のように述べた。

> 　方今(ほうこん)世界の各国はみな親睦礼儀を持って相交っているが，それはまったく表面上のことで，内面では強弱相凌ぎ，大小相侮るというのが実情である。（略）大国が利を争う場合，もし自国に利ありとみれば（国際）公法を固執するけれども，いったん不利となれば，一転，兵威をもってするのである[1]。

● まえがき

大久保や木戸を喝破した
プロイセン首相ビスマルク

ではわれわれのような小国はどうなるのか、といぶかる使節団員の顔色を無視してビスマルクは続けた。

これに反して、小国は孜々として外交の辞令と公理とを省顧し、決してその粋をこえるようなことはない。そして、自主の権を保とうと努めるのだが、大国の白を黒といいくるめ、相手を凌侮したりする攻略にあえば、ほとんど自主の権を保持することはできないのがつねなのだ[2]。

使節団の名は岩倉使節団。大久保利通や木戸考允らは、大宰相ビスマルクの言葉を心に強くとどめたに違いない。

　付言すれば、このエピソードから 45 年後、ビスマルクなき後のドイツ帝国は第一次世界大戦に敗れ、崩壊した。他方、日本は戦勝五大国の地位にまで登りつめた。なんという歴史の皮肉であろうか！　しかし、これが国際政治の現実なのである。

　ビスマルクの言葉が示すごとく、国際政治は他の政治活動と同様、不条理に満ち満ちている。そこでは大国のエゴがまかり通る。どの国が大国の地位を占めるかは時代によって変わるであろう。しかし、国際政治は大国同士の確執につねに彩られてきた。洋の東西を問わず、この点は古代から変わりない。現代もそうである。将来もそうであろう。われわれはこの現実から逃げることはできない。直視するしかない。

　こういった理不尽さは、「数ある大国のうちいずれの国が支配的地位に就き国際社会における政治秩序——国際秩序——をつかさどるのか」という権力闘争の問題に関してとくに目立つ。権力の階層の頂点をめぐる戦いは激しい。それが地球規模で展開されている。そして、ドイツ帝国の——そして大日本帝国の——興亡の歴史にみられるとおり、国際政治では一寸先は闇でしかない。

　もう一度いおう。世界規模で展開する大国間政治の本質は、国際秩序をめぐる権力闘争にある。平時においてもそうである。本書ではこれを国際秩序戦、略して秩序戦と称する。とある国際秩序において、支配的地位にある国家群は

現状維持陣営（現状維持勢力），それに挑戦する国家群は現状打破陣営（現状打破勢力）とそれぞれ呼ばれる。現時点において現状維持陣営の中心にいるのは，いうまでもなくアメリカとその同盟諸国，伝統的にはイギリスならびにカナダ・オーストラリア・ニュージーランドである。この点は若き日の近衛文麿（このえふみまろ）が「英米本位の平和主義を排す」という論文で，イギリス・アメリカ中心の「偽善的平和」を非難した1918年から変わりない[3]。そして第二次世界大戦終了以来，日本もこの現状維持陣営の一角を占めている。NATO諸国やオーストラリア・ニュージーランドらとともに。いまもそうである。そしてさまざまな現状打破勢力が「英米本位の平和」に対峙・挑戦してきた。敗戦し崩壊した大日本帝国も含めて。

　現状維持陣営，現状打破陣営といった二大陣営の間で戦われる国際秩序戦は，主権国家の上に立つ政治権力がない状況——国際政治学ではこれを国際アナーキーという——が続く限りなくならない。現在も姿・形を変えながら続いている。地政学的にいえばユーラシア大陸全体を舞台として軍事力を背景に展開される。しかし，それは軍事力のみに還元できるものではない。たとえば，普遍的な言葉でもって正統性を主張し，できるだけ味方を多くするという言論レベルでの闘争も，この秩序戦の一部をなしている。政治学者が長年指摘してきたとおり，政治秩序というものは実力（軍事力・経済力）と正統性の双方における支配者の圧倒的な地位によって支えられているのであり，権力闘争はこの二面において戦われる。国際政治も例外ではない。さらには，一見，政治的中立にみえる経済や文化活動も，こういった権力闘争の文脈から逃げることはできないのである。

　国際秩序戦において生き延びていくには，国家はしたたかでなければならない。このことは，権力政治の論理を理解することはもとより，その文脈における自国の位置を正確に把握し，権力政治の論理にそって国益を追求していくことを意味する。そしてさまざまなジレンマやトラップ（罠）に適切に対応していくことをも同時に意味する。平和と繁栄はそのような国際秩序戦の文脈においてのみ達成・維持可能といえよう。こういった権力政治の荒波を乗り切り，たくましく生き抜いていくための基本計画こそが大戦略なのである。

　以上の議論は，自由民主主義国家においては政府関係者のみならず，それをとりまく言論界やメディア，さらにはより広いエリート層において認識されていることが望ましい。また，一般国民の間，とりわけ各界の次世代リーダーとなる若い世代においても，こういった知的文化の幅広い形成が欠かせない。と

くに言論界に通じているエリート層は政治家や外務官僚を生み出す土壌を形成しているので，長期的には重要な位置を占めている。現代国際政治の中枢に位置するアメリカ，さらにはイギリスにおいては，国際秩序戦についてのディプロマティック・センス（外交センス）ともいうべき素養をエリート層の多くが持っているように思われる。そういった素養は，国際政治の修羅場において両国が世代に関係なく長年発揮してきたたぐいまれなる政治力の源の一つとなっているといえよう[4]。

　では現在の日本はどうであろうか。世界規模で展開されている国際秩序戦の論理について，またその中での日本の位置，それも現状維持国家としての日本の位置について冷徹かつ正確な認識を日本のエリート層や国民は持っているのであろうか。さらには大戦略を考え抜く素養を社会全体として持っているのであろうか。官僚や一部のエリート層を除いて，日本の現状は正直にいって大変心もとない，というのが筆者の印象である。

　海外の国際政治学者の間でも「日本ではストラテジスト（戦略家）が少ない」という意見をよく耳にするし，日本人自身，「国際政治にかんして大局観が欠如している」との自戒をこれまで繰り返してきた。それはまさに大戦略に関する素養（ストラテジック・マインド）がきわめて乏しいことを認めているに等しい。

　しかし真の問題は，そのような素養をたくわえようにも，大戦略を構想する際に必要な基本的な考え方そのものをていねいに解説した日本語の著書が数少ないということではなかろうか。個々の外交政策を束ね，それらの基礎にあるべき一般的・体系的・長期的な政策思考枠組み——それこそ大戦略である——の特徴を明らかにする著作こそが，われわれにとって必要なのである。そして，そのような，いわば一般的な大戦略論のひとつの応用例として日本の大戦略を考えていくべきであろう。この意味で，われわれの抱える問題の本質は政策の欠如というよりも知的インフラストラクチャーの弱さにあるといわなければならない。

　そこで本書がめざすのは，まさにそのような大戦略を理解し，さらには構想していくための国民的教科書ともいうべきものである。冒頭で述べた本書の目的をより詳しくいえば，国際政治学で使用されてきた理論的枠組みや概念を使いながら「国際秩序戦における大戦略とはどういうものなのか」という点をまずは明確にし，その上で日本のとるべき大戦略の骨格を本書は解説していく。

　このような理論的に物事を考えるたぐいの本は，歴史を分析する著作や過去

の戦略思想家に関する著作に馴染んできた読者にはとっつきにくいかもしれない。また、あまりにも抽象的で大風呂敷なものに思えるかもしれない。しかし、大戦略の論理とはそもそもそういったたぐいの思考法を要するものなのである。本書が説くような議論の枠組みを理解すれば、海外の戦略家たちの発想にも通じることができるほか、めまぐるしく変わる国際状況における日本の国益を理解・判断する際に欠くことができない知的基盤をたくわえることとなろう。

別の言い方をしよう。『論語』を解説する本は古来数多いが、『論語』を含む一般的な東洋哲学体系が持っている特性を理解し、その上で自分自身でそういった哲学体系を構築していくための基礎を説く書物はなかなか見つからない。同様に、各国の具体的な大戦略を解説する書物はあっても、大戦略の一般的特質そのものを体系的に説き、その上で日本という一国の大戦略を構想していくという書物は見つけにくい。

さらにいうならば、国際政治や政治外交を解説する学術書、さらには軍事戦略論や政治外交史・戦史に関する書物を読んでも「そもそも大戦略とは何か」という問いに対する本格的・体系的な答えは得がたいのが実状である。この点は日本政治外交史の学術文献にもおおむね当てはまるだろう[5]。他方、「日本外交はこうあるべき」というたぐいの議論を勢いよく展開する書物はちまたに多く見受けられるものの、「そもそも大戦略とはどういったもので、そういった基本を踏まえた上で、では日本はどのような大戦略を採用すればよいのか」というような体系的な議論は十分にはなされていない。したがって、学術的・政策研究的見地からみてこれらの書物は大きな問題を抱えていると言わざるをえないのである。

くわえて、国際政治理論の教科書は少なからず存在するものの、それらを実際に思考の道具として使って日本が採用すべき大戦略を体系的に組み立てていく作業はほぼ見当たらない。さまざまな理論はそれら自身が研究の対象になっているか、あるいは過去の事例に当てはめられてその効用が検討されている。もちろん、そういった作業が伝統的な学術的活動であり、必要不可欠なのはいうまでもない。

しかし、日本の将来のことを考える際にも、国際政治理論は大いに有効なはずである。理論を使えば、一歩一歩議論を着実に、論理的に、そして体系的に組み立てていくことが可能となる。理論を使えば、それまでは曖昧であった前提が明らかになったり、見逃すかもしれない要因を漏らさないようになったりして、議論の全体像がそれまで以上に明確に見えてくるのである。日本の大戦

略を考えていく際，こういった利点を利用しない手はなかろう。

要するに，これからの日本の将来を考える際，知的に満足でき，かつ信頼するに足りる大戦略論はほぼ存在しないのが現状である。大戦略は40年から50年単位で国の命運を左右する。50年先，100年先にも通用する概念と思考枠組みが，大戦略論には求められる。大戦略に関する知的インフラストラクチャーの不備は日本人，それも次の世代の日本人にとって由々しき問題といわざるをえない。それをささやかながらも解決していくことが本書のねらいである。とりわけ，上で触れたように国際政治理論研究の特性を生かした本格的な「日本のための大戦略論」が数少ないなか，筆者の試みは国際政治学徒としては大胆で野心的——あるいは無謀？——なものと位置づけられよう。しかし，日本の将来のためには必要であり，研究者としてささやかながらも貢献できるものと信じたい[6]。

もちろん，本書で説く大戦略論とは筆者個人の見解に基づくものであり，欠点もあるであろう。反対論も出てくるに違いない。また本書が提示する大戦略論は一定の前提を置いているのであり，それ以外の前提でもって別の種類の大戦略を説くことも十分可能である。つまり，本書が提示する大戦略は唯一絶対のものではない。しかし，「大戦略とは何か」という問いに対する満足できる答えが見つかりにくいいま，一つの答えを出すことは十分意味があると信ずる。そして，その問いに対して本書では体系的な答えを出そうとするものである。国際政治学の専門家のために注をもうけているが，一般読者は本文だけで理解できるように執筆した。

本書の議論に賛成するにせよ反対するにせよ，本書を通じて「ああ，大戦略を考える作業とはこういうことなのか」と読者におわかりいただければ幸いである。そして，本書との対話を通じて，読者自身で日本が追求していくべき大戦略を考えていただければと思う。そのような読者が増えることで，大戦略に対する関心が高まれば，それは筆者の望外の喜びである。

目　次

まえがき　i

序　章　大戦略とは何か　　1

1　はじめに　1

2　大戦略論の必要性　2
　　大戦略の基本的性格（2）　日本にとっての大戦略の重要性（4）　大戦略論としての本書の性格（6）

3　ただし書き　8
　　平時に焦点（8）　戦略との違い（10）

4　大戦略の定義と前提　11
　　国際秩序戦の存在（12）　戦略目的と手段（16）　「団体戦」（23）

5　本書の構成　25

第1章　国際秩序を読み解く――覇権サイクルとは何か　　27

1　はじめに　27

2　覇権サイクルの特徴　28
　　覇権戦争（30）　戦勝国による国際秩序の構築（35）　大国間における経済力の不均衡発展（37）　新興国による現存秩序への挑戦（38）　新たなる覇権戦争？（40）

3　覇権戦争としての第二次世界大戦，そして日本　41
　　第二次世界大戦とその結末（41）　パックス・アメリカーナと冷戦（46）

4　ポスト冷戦期　52

5　おわりに　56

第2章 大戦略の全体像　59

1 はじめに　59

2 大戦略の論理構造　59
　制約条件（61）　大戦略そのものの構成論理（62）　戦術レベル（64）
　戦略レベル（64）

3 戦略目的——戦略レベルの最高位　66
　主観的判断（67）　客観的判断（75）

4 五大政策目標——戦略レベルの具体的活動　82
　領土配分（83）　正統性（85）　国際制度（86）
　バランス・オブ・パワー（87）　国内政治（88）

5 四つの政策プログラム　88

6 四つの政策プログラムと五大政策目標との関係　91

7 四つの政策課題　97
　政策手段と政策プログラムとの関係（97）　注意事項としての政策課題
　四点（98）

8 おわりに　104

第3章 ハードパワーを高める　107

1 はじめに　107

2 ハードパワーとソフトパワーの違い　109

3 ハードパワー　112
　基礎国力（112）　関係操作力（115）

4 サイバーパワー　120

5 秩序戦におけるハードパワーの効用　123

6 日本が採用すべき政策　125
　自衛権（125）　基礎国力の増強（133）　脆弱性の低減（140）

第4章 ソフトパワーを育てる　145

1 はじめに　145

2 ソフトパワー　145

　　　　一般的分類（146）　秩序戦独特のもの（155）

　3　日本が採用すべき政策——四つの原則　165
　　　　原則 1（166）　原則 2（170）　原則 3（175）　原則 4（177）

第5章　国際制度を戦略的に活用する　179

　1　はじめに　179

　2　国際政治学における制度の理解　180
　　　　リアリズムの国際制度観（180）　リベラリズムと構成主義の国際制度観（186）

　3　秩序戦における制度戦略　187
　　　　現状維持国の場合（189）　現状打破国の場合（192）

　4　国際公共財と新領域　193
　　　　国際公共財（193）　新領域（195）

　5　日本が採用すべき政策　196
　　　　現存している国際制度（196）　新制度の戦略的構築（202）

第6章　ジオストラテジーを実践する　205

　1　はじめに　205

　2　陣営間闘争策の基本メニュー　206
　　　　「団体戦」の可視化（206）　団体戦における二大基本作戦——分断工作と包囲網（209）

　3　大国間の地政学的ゲーム——基本パターン　213
　　　　ロシア（213）　アメリカ（216）　リムランド大国（217）

　4　ジオストラテジー特有の諸概念　220
　　　　戦略前線（220）　その他の概念（227）

　5　陣営別ジオストラテジー　232
　　　　現状維持陣営（232）　現状打破陣営（234）

　6　日本が採用すべき政策　236
　　　　東アジア正面（238）　インドの重要性（243）　オーストラリア，そしてデモクラティック・リーグ（244）

第7章　不条理的状況に対応する　247

1　はじめに　247

2　一般的なもの　249
全体利益 対 個別利益（249）　官僚制度特有の病理的現象（251）　既存制度の劣化（252）　感情と心理バイアス（253）

3　国内体制特有のトラップ　253

4　国際政治特有のもの　254
力の真空（254）　自立と相互依存（254）　安全保障のジレンマ（255）　同盟のジレンマ（258）　政軍関係のジレンマ（259）　自由民主主義防衛上のトレードオフ（260）

5　現状維持国特有のもの　262
トゥキュディデス・トラップ（262）　宥和政策のジレンマ（263）

6　おわりに　264

終章　日本がとるべき大戦略　267

1　はじめに　267

2　秩序戦の現状　268

3　日本の大戦略の全体像　269

4　自由民主主義モデル国家としての日本　271
普遍主義 対 一国特殊主義（272）　平和国家論との比較（273）　「美しい国」論との比較（274）　着実で希望ある未来（275）

5　大戦略十カ条　276

6　おわりに　278

あとがき　281
注　287
事項索引　319
人名索引　325

序章
大戦略とは何か

● 1 はじめに

　本書では大戦略論を体系的に提示していく。そこで，本書が採用している基本的な思考枠組みや前提をまずは解説する必要があろう。それが本章の目的である。いわば総論を読者に提示する。「まえがき」ですでに触れたものでも，その重要性に鑑みて本章では繰り返し言及していくことに注意してほしい。次章以降，本章で解説する枠組みに基づいて各論，そして日本に当てはまる政策論が展開されていく。そして日本が採用すべき大戦略を総括して本書はその議論を閉じる。

　読者の中には「政府が作成した大戦略文書があるのであれば，それに目を通せばいいのでは」とお思いの方もおられるであろう。現時点では，日本の『国家安全保障戦略』（2013年12月17日閣議決定）が参考になる[1]。これは戦後日本が作成した唯一の大戦略文書で，インターネットで閲覧できる。ぜひ目を通していただきたい。かなり包括的なこの文書の内容は，本書の議論と重複するところが多い。

　われわれの注意を要するのは，この『国家安全保障戦略』はいわば要約に過ぎないという点である。思想的厚みや議論の緻密さに欠けるのは仕方がない。公開されている本格的で重厚な大戦略文書の代表格は，アメリカのNSC68（1950年9月30日大統領署名）である（NSCは国家安全保障会議（National Security Council）の略）。冷戦初期のアメリカにとって，その対ソ封じ込め戦略の基礎となったこの報告書は当時の最高機密文書であったが，1975年に機

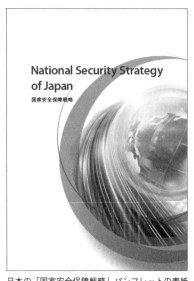

日本の「国家安全保障戦略」パンフレットの表紙

密解除された。しかし、NSC68は残念ながらいまだに日本語訳されていない。英文読破をいとわない読者であれば、66頁あるこの歴史的文書をぜひ読んでいただきたい[2]。

こういった事情のもと、大戦略の「そもそも論」、つまり基本的な思考枠組みをなるべく平易に、かつ明示的・体系的に議論していき、それを日本の場合に当てはめるのが本書のねらいである。では、大戦略というものの性格をまずは大づかみに説明しておこう。

● 2　大戦略論の必要性

大戦略の基本的性格

　大戦略はグランド・ストラテジー（grand strategy）の訳語である。次の基本的な定義から話をすすめていきたい。

　「国際社会において大国間で展開される、国際秩序をめぐる権力闘争」という文脈において、戦略目的を達成しようと国家がさまざまな手段を通じて試みる体系的、長期的、大局（マクロ的）な政治的計画が、大戦略である。

　複数の主要国家、昔風にいえば列強がそれぞれの大戦略を追求しているのが国際政治の常態であり、それらの国家が「主権国家からなる国際社会において存在している政治秩序」、つまり国際秩序をめぐって日夜しのぎを削っている。いうなれば常時政局といえよう。権力の地位を握れば自分の思いどおりの政治秩序を形成することができる。権力をめぐる闘争というのはゼロサム・ゲームであり、戦国時代風にいえば天下を取るゲームである。国際社会におけるこういった確執を本書では国際秩序戦あるいは省略して秩序戦と呼ぶ。このような

秩序戦に関する一国の作戦計画こそが，大戦略にほかならない。

　大戦略においては，こういった高度に政治的な戦略目的を達成するために軍事力，経済力，さらにはイデオロギーや情報収集能力といったさまざまな政策手段が総合的に動員されるほか，外交交渉や国際制度・国際法なども利用される。軍事戦略さえも大戦略の一部に過ぎず，大戦略の本質は政略——政治的戦略——にあることに注意されたい[3]。同時に，政策資源（土地，人材，資金等）が限られているので，政策手段の間に優先順位をつけることも当然欠かせない。さらには，一見合理的に見える目的達成への道のりには，実はさまざまなジレンマ，不条理，不確実性や思い違い，幸運・不運，さらには妥協や感情（恐怖，おごり等々）といったような非合理的な要因が満ちあふれている。人間社会における他の営みと同様，大戦略の追求は一筋縄ではいかない。その結果，失敗も出てくる。愚行もある。歴史に多くみられるように。

　ここでいう戦略目的とは，具体的には何を意味するのであろうか。第一義的には，自国に都合のよい国際秩序の形成あるいは維持である（副次的な戦略目的は後で解説する）。もちろん，地政学的安全や政治的独立，ならびにエネルギー安全保障を含む経済的生存の確保などといった自国の死活的利益は最低限確保しなければならない。それにもかかわらず，秩序戦はそういった一国レベルの根源的目標を越えた国際社会レベルにおいて展開される。そして戦略目的が達成できず，自国に不利な国際秩序が作られれば，自国の死活的利益を確実に満たすこともままならないのである。少々文脈は異なるが，関ヶ原の戦いの後に成立した「徳川の世」における旧豊臣系の外様大名の気持ち——改易の危険につねにおののいていた——を思い起こせば，この点は理解できよう。つまり，死活的利益そのものではなく，いわばそれを包み込むような国際政治的文脈こそが戦略目的の直接的な対象にほかならない。

　平和や繁栄といった一見より高度で普遍的な価値も，実は国際秩序戦の文脈においてのみ実現が可能といえる。この文脈をはずれた「純粋な」平和や繁栄というのは実際には存在しえない。国際政治学者ロバート・ギルピンが喝破したように，極端な場合，攻め込んでくる敵に降伏すれば平和はつねに得られうる。しかし，そういった平和ではなく，「死活的利益と国際的道徳とがともに確保できるような平和」を追求しなければ意味がなかろう[4]。

　したがって，大戦略の発想に立てば，平和・繁栄そのものを追求するというよりは，それらの価値を実現できるような自国にとって都合のよい国際政治的状況・文脈を確立させることこそが肝要となる。さらには非政治的にみえる活

動も国際秩序戦の文脈なしには考えることができない。通商活動や金融・投資活動といった経済活動もそうである[5]。歴史学者 E. H. カーが第二次世界大戦前夜に指摘したとおり，自律的に見える国際経済体制も，実は安定した国際秩序の支えなしには成立・存続しえない[6]。石油といったエネルギー源やそのほかの資源へのアクセスに関しても，同じことがいえる。国際環境問題や文化交流活動も，さらには頭が下がる思いがする NGO や JICA（国際協力機構）の献身的な援助活動さえも，秩序戦の文脈から逃れることはできない。

このように，国際社会で生き抜いていかなければならない諸国家，とりわけ主要国家にとって，大戦略は死活的に重要といえよう。日本にもこの点は当然，当てはまる。

日本にとっての大戦略の重要性

大戦略といえば，ローマに敗れ滅亡にいたった古代カルタゴの失敗例や，本書の冒頭で触れたビスマルクの卓越した軍事外交戦略，そして冷戦時代にアメリカが追求した対ソ封じ込め戦略など，諸外国の例が挙げられることが多い。しかし，外国を見なくても自国の過去 150 年の歴史をみれば，大戦略の重要性を日本人は骨身に滲みて実感できるであろう。

近代日本史における大戦略の失敗は，まぎれもなく第二次世界大戦での敗北である。他方，成功例は二つある。明治維新から第一次世界大戦期までの日本外交，そして冷戦期の日本外交，この二つである。前者についていえば，帝国主義列強の植民地になるという憂き目にあわず近代化のための国内諸改革を成功させ，ついには列強の一つにまでなった[7]。白人優越主義が充満していた当時の国際社会において，唯一の有色人種の列強となったのである。後者においては，敗戦国の地位から這い上がり冷戦終了時には勝者側である西側陣営内の主要国家，それも資本主義国家第二位という地位にまで登り詰めた。戦後約 40 年もの間，平和と繁栄を「むさぼる」ほど日本は謳歌したのはそう記憶に遠くない。

ここで指摘せねばならないのは，国家指導者層，そしてより長期的には国民レベルにおいて，大戦略に関する健全な素養――いうなれば大戦略観ともいうべき思考態度――が広まっていない限り，大戦略の継続的成功はおぼつかないという点である。しっかりした大戦略観，それも客観的分析に裏打ちされた大局観がなければ進むべき道を見失いかねない。大局レベルで失敗してしまえば，政策官庁レベルで諸政策をいくらいじくってみても，所詮うまくいかないので

日本の敗戦，ミズーリ号で降伏文書に署名する重光葵（中央）（1945年）

ある。第二次世界大戦での敗戦は，まさにその一例であった。1951年4月に外務省内部で作成された「日本外交の過誤」は敗戦の教訓を述べているが，その認識は的を射ていよう。少々長いものであるが，以下に記す。

> 第一に挙げるべきことは，当然のことではあるが，すべて根本が大切であるということである。外交は，単なる技術ではない。内政を離れて外交を考えることはできない。経世家としての気構えを必要とするゆえんである。条約等の字句については，細心の注意を払うことは当然必要であるが，それだけにとらわれて，政治的な意義，影響というような根本のことを忘れてはならない。対華政策の根本が改められない限り，本省や現地の事務当局がいかに努力して見ても，外交的には無にひとしい。軍というものが存在していた以上，当時としては，それ以上のことはできなかったとしても，根本に誤りがある場合には，枝葉末節の苦心は，単なる自慰に終る外ない[8]。

「日本外交の過誤」以外の当事者による数々の回顧録や多くの研究書も明らかにしてきたとおり，太平洋戦争に至る過程においては（なんともしようがない予測不可能性や不運といった要因はあったものの）十分で健全な大戦略を日本は構築・実施しなかった[9]。より根本的には，軍部を含む国家指導者層，メディア，さらには国民の中で，大戦略を思考するという態度――国際政治的大局を洞察するという態度――や大戦略に関する組織的訓練の場が欠けていたのである。そういった大戦略に関する素養が十分に培われていなかった結果，近視眼的，情緒的，さらには（政府内部での）官僚組織的発想に日本外交は強く縛られ続けてしまった[10]。

もっというならば、当時の軍事エリートが外交を牛耳った際、彼らが追求したのは軍（事）の論理であり、本書が説くような大戦略の論理や発想はそこには見られなかった。大戦略の論理は軍事の論理の上に立つ大局的で高度に政治的な見解であり、大戦略の発想と理解は国家運営上、欠かすことができない。しかし、日本はそれに失敗した。いくら軍事のことを勉強し追求しても、大戦略の論理を理解しなければ亡国の憂き目にあう。第二次世界大戦での敗戦は、まさにこの冷徹なる真理をわれわれに突き付けたといえよう。

　現在の日本にとっても、大戦略論を理解することは欠かせない。いや、その必要度は昔よりも高いかもしれない。なぜなら、現在の日本は純然たる自由民主主義国家であり、公正な選挙権・被選挙権、基本的人権、独立した司法権、法による統治等の原則に基づく国だからである。大戦略についての素養を持つ国民という強固な基盤がまずあって、そのような国民の代表である政府が大戦略を策定・遂行していく。こういった体制があって初めて、健全で一貫性がある大戦略を日本人が世代を超えて実践していくことができる。大戦略がなければ、21世紀を生き抜いていく際の航海図がないに等しい。日本興亡の鍵は、自由民主主義体制を形成している日本国民自身が大戦略の素養を培うことができるかどうかにかかっていよう。

大戦略論としての本書の性格

　そこで本書の主たる目的は、大戦略を構想する際の一般的な思考枠組みを国際政治理論に基づいて提示し、それを通して日本のとるべき大戦略を考えることにある。（戦史を含む）大戦略史の分析や、各国が持つ大戦略の説明、あるいは戦略家――孫子やクラウゼヴィッツ、マハンやコルベット、さらにはリデルハート、毛沢東、ケナン、キッシンジャー、ブレジンスキー等々――を解説するわけではない。それら帰納的あるいは思想解釈論的なアプローチとは対照的な、理論的あるいは演繹的、つまり一般論を個別に適用していくアプローチを本書は採用する。

　本書が意図するところの模範例・理想例として挙げられるのは、クラウゼヴィッツの『戦争論』やルソーの『社会契約論』である[11]。前者は周知のとおり、戦争の本質を抽象的に把握しようとした名著である。同様に、後者は「国家とは何か」という問いに対する答えを社会契約という概念でもって理論的に構築したのであった。

　これらの例にならって、「大戦略とは何か」という問いに対する答えを本書

は理論的に出すものである[12]。大戦略に関して「理詰めで考え抜いて論理的に整合性のある枠組み」を提供することが本書のめざす作業であると言い換えることもできよう[13]。そういった，いわば「そもそも論」というべきものを踏まえた上で，日本にとっての大戦略を本書は描いていく[14]。具体的には，現存するさまざまな国際政治理論を組み合わせていくことによって，政略である大戦略の枠組みを構築し，それを日本の場合に当てはめていく。

　本書が採用する基本的な理論枠組みは，国際政治学でいうところの古典的リアリズムと呼ばれるものであることをここで明確にしておこう。リアリズム（現実主義）学派はさまざまなグループをその内部に抱えているが，これらはすべて「グローバル権力政治という現実」を重要視する。本書はそういったグループの一つである古典的リアリズムの立場を採択する[15]。英国学派，構成主義（コンストラクティヴィズム）やリベラリズム（自由主義）といったリアリズム以外の学派が提供する知見も必要に応じて部分的に採用していくが，本書の大枠は古典的リアリズムに由来している[16]。こういった国際政治理論を使用することにより，直感に頼る議論はもとより論理的矛盾や曖昧性を抱える議論をなるべく排除し，論理的に明確で一貫性ある大戦略論を展開していく。

　国際政治も政治の一種であり，政治が政治である限り権力闘争はなくならない。他の人間社会がそうであるように，主権国家からなる国際社会においても「誰が天下を握るのか」という秩序・体制レベルでの権力闘争，つまり秩序戦が存在するのである。民主主義社会の中では，そういった秩序戦は暴力を使わず選挙というルールに則って展開される。主権国家の間にはその上に立つ政治権力が存在しない。国際政治学ではこの状況を「（国際）アナーキー」と呼ぶ[17]。それゆえ，国際レベルでの秩序戦は軍事力を伴うのがほぼ常態である。したがって，国内政治・国際政治にかかわらず，つまり軍事力を伴うかどうかは別にして，秩序戦は普遍的な現象といえよう。

　国際レベルで秩序戦が存在する限り，本書の枠組みや発想法は有効である。時が経つにつれて新しい強国や兵器が誕生し，技術革新のうねりは強まり，新しい国際制度やイッシュー（問題領域のこと，たとえば環境や人権問題）が登場するであろう。さらには，現在われわれが当然視している主権国家にとってかわる新しい政体が出現するかもしれない。しかし，国際社会において秩序戦は続く。半永久的に続く。人間が「社会的・政治的動物」である限り。本書が採用する具体例は「歴史の墓場」にいつかは葬られるかもしれないが，その議論の枠組みの妥当性は末長く続くはずである。

● 3　ただし書き

　本書が論じる大戦略論は条件つきのものである。具体的には平時に焦点をあてることと，戦略とは異なることの二点である。

平時に焦点

　繰り返しになるが，大戦略の本質は高次元の政略であり軍事戦略ではないというのが本書の基本的な立場である。

　たしかに第二次世界大戦ごろまでは，戦争指導原理や戦争計画さらには戦争指導方法などと同じ意味で大戦略を捉える傾向が強かった。しかし冷戦期を経て，現在では平時にも当てはめられるようになっている。それゆえ，大戦略を平時・戦時ともにまたがる長期の政略として理解することに無理はなかろう。大戦略を遂行するに際し，たまたま武力行使している状況が戦時に過ぎないのである。

　本書では平時の大戦略にその焦点を絞ることとする。つまり，戦争指導計画は議論の枠組みからはずす。このことは戦争指導計画や危機管理計画の大切さを否定するものではない。これらの計画は国家の存在にとって死活的に重要である。しかし，本書の主たる関心は，現時点では平時の日本にとって意味のある大戦略論を描いていくことにある。よって，平時に焦点をあてるのが妥当といえよう。

　別の言い方をするならば，本書が投げかける問いは「いかにして日本は平和を維持していくべきか」というものではない。もちろん，繰り返し述べていくように軍事的抑止力は重要で，その維持を通じて日本はできるだけ平和を保つべきである。このことは間違いない。しかし，本書が持っている問題意識は「平時・戦時いずれにおいても秩序戦が戦われ大戦略が展開されるが，そのうち平時の大戦略が持つべき内容は何か」というものである（他方「戦時大戦略が持つべき内容は何か」という問いに対しては上で指摘した戦争指導原理・計画が答えにあたる）。したがって，本書の発想によれば失敗とは戦争が勃発することではなく，秩序戦に敗北することとなる。

　万が一日本が不幸にも戦争に直面したとしても，本書が展開する平時の議論がその妥当性を失うことにはならない。それどころか，本書で解説する思考枠組みの中でこそ，適切な戦時大戦略の構築が可能となる。戦時下の大戦略はも

ちろん戦勝を目標とするものであるが，戦争の真の目標は軍事的な勝利そのものではなく，自国に有利な戦後秩序を構築できるような政治的条件を獲得すること，つまり政治的勝利である。もちろん軍事的勝利は欠かせない。しかし，それはこういった条件の一つに過ぎないのである。軍事作戦ならびにその成果はそのような政治交渉のための一手段に過ぎないといえよう。

　軍事的勝利のみでは安定的な政治秩序を打ち立てにくいという真理は，2003年以降，アメリカがイラクで直面した苦境があざやかに証明している。日本の被占領時代（1945～1952年）もこの視点に立てば，太平洋戦争が継続されていたこととなる。つまり，軍国主義日本の消滅をめざすアメリカは1945年夏までは武力で，それ以降はGHQによる占領という形で日本政府と闘争し，交渉していたわけである。この解釈では，太平洋戦争は真珠湾攻撃からサンフランシスコ講和条約発効まで足かけ10年ほど続いたこととなる。

　くわえて，注意してほしい点は，戦争がなくとも権力政治は展開され，そこでは軍事力の存在そのものが潜在的脅威としてその役割をつねに果たしているという「冷たい現実」の存在である[18]。つまり，単純な「戦争と平和」という二分法は役に立たない。たとえば領土問題を平和的に解決しようとしても，軍事力の背景あるいは文脈ぬきには解決しえない。まさに，最近の尖閣諸島をめぐる日中米関係が示す通りである。軍事力の直接的行使にはさまざまなコストがかかる。したがって，できれば別の政策手段を国家は追求することとなるが，それでも必要であれば軍事力を行使するという意思を他国に理解せしめることによって，交渉や状況を自国にとって優位に展開させようとするものなのである。

　この文脈で，武力行使に関するグレーゾーンといわれる状況について触れておきたい。古典的な戦争——正規軍と正規軍とが交戦するというもの——の状況を「黒」とし，そういった戦争がない状況を「白」とするならば，その中間に位置する状況がグレーゾーンである。そしてそのグレーの色が濃いものから，薄いものまで——つまり古典的戦争に近いものから遠いものまで——かなりの幅が存在しうる。具体的にいえば，古典的な戦争ではないものの，一方的な武力行使があったり，あるいは武力を背景にしながら外交的譲歩を強要するというような状況がグレーゾーンといえよう。

　最近の例では，2014年のロシアによるクリミア併合が挙げられる。クリミアはウクライナ領であったが，ロシアは自国の兵士をクリミア内でウクライナ軍と戦わせるべく密かに送り込み，さらにはクリミアでの住民投票という「儀

式」を経て，反対するウクライナや日本を含む西側諸国をよそにクリミアを自国に編入したのであった。別の例は，近年の南シナ海における中国の行動である。既成事実を積み上げるべく，中国はその海警局（日本の海上保安庁にあたる，いわばコーストガード）と民兵を使い，係争中の島嶼を占領しフィリピンなどの反対をよそに一方的に編入を宣言している。中国海軍は直接こういった作戦には参加していない。しかし，つねに後方から無言の圧力を加えている。日本が実効支配している尖閣諸島も，こういった中国の圧力下にあるのは周知のことであろう（これらの例は第6章でも後ほど取り扱う）。

　圧倒的な軍事力を誇る米軍の矛先を避けるために，現状打破勢力である中露両国はこういったグレーゾーン的軍事行動をこれからも続けるに違いない。また，ロシア，中国の行動に限らず，こういったグレーゾーン状況はますます増え続けても不思議ではない。正規軍と正規軍が交戦するという従来の戦争はその頻度が減りつつある。しかし，武力行使という政策手段は国際政治ではいまだに健在なのである。したがって，本書ではグレーゾーンも平時の一部として，その議論の範疇に含むこととしよう。

戦略との違い

　本書は大戦略と戦略とを明確に区別する。大戦略も戦略も一種の計画であるから，両者とも目的と手段から成り立っている。両者の本質的違いは目的にある。

　大戦略の目的は，国際秩序の維持あるいは変更をめぐるいわば体制レベルのもの，という本書の立場を再び強調しておきたい。他方，国際秩序内において一部分の範囲に絞った計画（たとえば冷戦時日本の対ソ防衛計画）が戦略である。つまり大戦略は複数の戦略から成り立っている。国内政治の文脈に置き換えれば，前者はまさに憲法を含む政治体制の維持・変更に関する計画で，後者はたとえば社会保障制度に関する計画というような関係となる（ただし「戦略的・戦術的」「戦略レベル・戦術レベル」「〇〇戦略」という表現はこういった区別とは関係なしに通常使われている意味合いでもって本書でも使用していく）。

　永井陽之助がその名著『現代と戦略』で「戦略の本質とはなにか，と訊かれたら，私は躊躇なく，『自己のもつ手段の限界に見あった次元に，政策目標の水準をさげる政治的英知である』と答えたい」と述べている[19]。戦略に関してはこうした政策目的のレベルダウンは可能であるが，大戦略においてはその

ような選択肢は存在しえない。

　大戦略における目的は（明示的・暗黙的にかかわらず）現存する国際秩序の維持，つまり「現状維持」，「中立（鎖国を含む）」，それに「現状打破」の三種類しかない。国家はこれらのいずれかをとる（あるいはこれらの間を行ったり来たりする）しかないのである。もちろん理屈でいえば，大戦略における目的のレベルダウンはこの地球からの消滅（自己選択による滅亡）と理解することができるが，国家にしてみればそれは現実的な選択肢ではなかろう。

　このような意味での大戦略を論じるので，本書は国家戦略という言葉も避けることとする。国家戦略という言葉は上で定義した意味での戦略と同義的に用いられることもあるが，それと同時に「よりよい国民年金システムのための国家戦略」といったような国際政治に関係ない文脈で用いられるときもある。いずれにせよわれわれの大戦略概念とは異なるので本書では採用しない。

● 4　大戦略の定義と前提

　以上の議論でもって大戦略の輪郭を捉えたわけだが，大戦略というものをより正確に定義すると次のようなものになる。

　国際社会に現存する政治秩序，つまり国際秩序の維持か打破あるいは中立，これら三つのうちいずれかを第一義的目的とし，そのような目的を共有する陣営の内部における政治的地位の向上を副次的目的として，制約条件や不条理的状況に対応しながらも，さまざまな政策手段を総合的に使ってこれらの目的を達成しようとする国家の計画的対外活動である。

この定義は次の三つの大きな前提から成り立っている。

(1) 国際社会，国際秩序，国際秩序戦といったものが存在する。
(2) 大戦略は政略であって「戦略目的と手段」からなる対外政策体系である。
(3) 国際秩序をめぐる権力闘争はグループ単位（ブロック）で行われる，つまり現状維持陣営，現状打破陣営，中立グループとに分かれる。いわば「団体戦」の様相をなすが，それは地政学的文脈において展開される。

　以下，これらの前提を逐次解説していく。その中で触れる点は本書の中でこ

れから繰り返し出てくるが、ここであらかじめ読者の注意を喚起するため、まとめておくのがその目的である。

国際秩序戦の存在

　前提1：国際社会、国際秩序、国際秩序戦といったものが存在する。

　国際社会、国際秩序、そして国際秩序戦といった概念は客観的現実に基づいているのであろうか。またこれらが存在するとしても、それらを中心概念として外交論を設定することに意味があるのであろうか。これら二つの疑問に対して「イエス」という立場を本書が採用しているのは、これまでの議論から明白であろう。しかし、国際政治学の中では、これらの設問に対して「ノー」という立場も存在する[20]。

　本書は国際政治学の解説書ではないので、学問的な深入りはやめておく。しかし以下の点だけ触れておきたい。国際社会や政治秩序という概念においては、国家がともに了解している何らかのルール（規範）が存在していると想定されている。ところが、本書が採用するリアリズム学派の中には、こういったルールの役割をいっさい無視し、「国際政治を理解するには軍事力のみを直視すればよく、対外政策も結局は軍事政策に尽きる」という立場の者たちがいる。つまり、ルールを体現している国際組織や国際法も彼（女）たちにとっては取るに足らないものなのである。対外経済政策やその他の非軍事的政策にも彼（女）は同様に判断する[21]。自国の生存は自力で守るほかない国際アナーキー状況下では軍事力こそが国家にとって最も重要なものであるから、というのがその理由にほかならない。

　こういった見方を突き詰めていくと以下のような論理的帰結にいきつく。「国家間の政治秩序というのは、要するに国家間の軍事競争がもたらす副産物に過ぎない。国際秩序そのものは、国家の対外政策において中心的な政策対象ではなく、いわゆる『秩序戦』というのは実際には存在しない。もしくは存在したとしても分析しなくても問題はない」。

　このような見方は「軍事中心主義的」リアリズムと呼ぶことができよう。

　それとは対照的に本書の議論は「政治中心主義的」リアリズムといえる。国家間においては軍事現象を含むより大きな政治現象、つまり国際秩序というものが存在する。この前提から本書の議論は始まる[22]。国際秩序を一つの木に例えるならば、その「幹」にあたるのが軍事力と正統性（正統とされるイデオ

ロギーとその保持者の権威や威信のこと，詳しい内容は後述する）で，「枝」はその時々の支配的大国（群）にとって都合よく構築された明示的または暗示的な組織やルールである国際諸制度や，分配された領土である。もちろん軍事力という究極の強制力は決定的に重要であり，秩序の形成や安定には欠かせない。しかし，被支配者の服従は軍事強制力だけでは長期的には確保できず，政治秩序は安定しないのもまた事実なのである。したがって，軍事力のほか，正統性ならびに（富の生産・分配を司るものも含むような）支配制度が政治秩序には必要となる。そして秩序戦は，ここでいう「幹」「枝」すべての分野にわたって，現存する国際秩序を維持したい国家群と打破したい国家群との間で展開されるのである。

　この枠組みに基づいて以下，近代以降の国際秩序の変遷を手短にみてみよう。そこには一定のリズムないしはパターンを見出すことができる[23]。まず地政学の視点に立てば，近代国際秩序に関する権力闘争はユーラシア大陸がその主要な舞台であった。そのような権力闘争はすべての大国が二大陣営に分かれて参加する大戦争というまさに「天下分け目の戦い」に行き着いたが，この種の戦争を覇権戦争という。覇権戦争が終わるごとに，勝者が自分の都合のよい国際秩序を築いてきたのである。近代国際政治においては，ナポレオン戦争，第一次世界大戦，第二次世界大戦がこれまでの覇権戦争であった。

　覇権戦争後に敗戦側と締結された講和条約において，そういった勝者側優位の秩序が体現されてきたのである。たとえば，ナポレオン戦争後のウィーン体制や第一次世界大戦後のヴェルサイユ体制がそうであった。また，第二次世界大戦後の西太平洋での国際秩序はサンフランシスコ体制と呼ばれることが多い。そして覇権戦争での勝者側の中心にいたのはつねに米英両国を中心とするアングロ・サクソン諸国であったのである。過去200年において，米英陣営は覇権戦争において一度も負けたことがないという事実は，賞賛に値するものと言わざるをえない。

　同時に，覇権戦争終了後しばらくして米英両国を核とする現状維持陣営に挑戦する新興勢力（ドイツ，日本，ソビエト，中国等々）が現れ，両陣営間の地政学的確執がユーラシア大陸を主要な舞台として展開されるという現象も繰り返されてきた。新興勢力，つまり現状打破陣営の勃興の鍵は，その経済力とりわけ工業力の成長にあった。国際秩序をめぐる現状維持陣営と現状打破陣営との間の確執，つまり秩序戦は，軍事的バランス・オブ・パワーを背景としたものではあるが，既存の勢力圏や領土の配分，正統性，国家間の威信ヒエラルキ

一，経済的特権といった分野においても表面化するのが常であった[24]。こういった陣営間抗争が決定的な軍事的対立——つまり新たな覇権戦争——にまでに悪化した例が第一次，第二次両大戦である。冷戦では米ソ間覇権戦争までには行き着かなかったが，経済的に疲弊したソ連が対米秩序戦に負けた。現在，現状打破国として台頭している中国と現状維持国アメリカとの間で繰り広げられている秩序戦が覇権戦争で終わるのかどうかは，いまのところわからない。

こういったメカニズムを持つ覇権サイクルが，過去 200 年にわたる国際秩序の成立と崩壊の過程を推し進めてきた。核兵器の出現にもかかわらず，現在もその過程は続いている。平時におけるこういった陣営間の確執——そしてそれへの対応としての大戦略——が，本書の議論の対象となる。

以上，第一の前提について説明してきた。第二の前提の解説に移る前に，三つの点を補足しておきたい。

国際社会特有のルールについて　　まずは，国際社会が持っている一定のルール——国際法や慣習法——についてである。大国は表面的には国際法や国際組織に従っているふりをするが，自分に都合が悪くなるとそれを無視する。あるいは自分の都合のよいように国際法を解釈し自身の外交政策を正当化する。つまり大義名分のために国際法を操作する。力の強い国が有利になるように条約が結ばれることも，また事実である。

それにもかかわらず，国際ルールは強国に対して制約力を全く持っていないとは言いきれない。極端な場合，最低限のルールを破るような国家，たとえば，戦敗国の国民を文字通り全員抹殺するような国家はたとえ大国といえども，そしていかなる大義名分を掲げても，国際秩序を担うのに必要な信用を他国から勝ちうることは難しい。

こういった「たかがルール，されどルール」ともいうべき実態を前にしてわれわれが大戦略を論じる際，意味のある設問は「国際法や規範がどれだけ国家を制約するのか，あるいは制約すべきか」というものではなくて，「国際社会における秩序戦を生き抜いていく際，国際法や規範をどう活用していけばよいのか」というものであろう。国際法といったようなルール，さらには国際世論というものは緩やかながらも存在することは否定できない。その現実を単に無視すれば，何らかのコストを伴う。たとえば，「ルール違反」と競争相手国が声高々に唱え非難してくる機会を作ってしまう。かといって，お人よしにルールに自らを縛りつければ秩序戦を生き抜いていけないのも，また「冷たい現実」なのである。

であれば賢明な作戦は、戦略的な発想でもってルールや国際世論に立ち向かうことであろう。競争国に国際世論戦で対抗していくためには、理論武装しなければならず、自国の大義名分を確立すると同時に国際正義の看板を掲げなければならない。そのために国際ルールを最大限に活用するのである。同時に、守りの面でもコストをなるべく抑えるような行動が求められる。たとえば、「その場合はルール違反も仕方がない」というように国際世論を味方につけることである。

国際協力について　　国際秩序戦はゼロサム・ゲームだとこれまで想定してきたが、この立場は競合する大国の間で協力関係が生じる可能性をいっさい否定するものではない。互いの利害が合致する際には、国家は協力してきた。たとえば冷戦期米ソ間における核戦略兵器制限条約（SALT I & II）がそれにあたるだろう。しかし、国際秩序をめぐる確執であった米ソ冷戦そのものは続いたことからもわかるように、こういった国際協力関係は部分的なものでしかないことにわれわれは注意する必要がある。

気候変動問題のような地球全体の問題や国際郵便制度のような機能的な分野に関しても、大国間の協力は成立しやすい。しかしここでも、似たような視点が欠かせない。もちろん気候変動問題といったようなものは、秩序戦を超えるようなテーマ、人類生存のためには解決しなければならないテーマである。秩序戦なぞに現を抜かしている暇などない、という意見もあろう。しかし悲しいことに、秩序戦はなくならない。地球規模の問題や共通の課題に関して拮抗する勢力の間で協力が成立するとしても、「誰が国際秩序を支配するのか」という根源的レベルの問題についてはゼロサム・ゲームの論理が冷徹なまでに貫徹するのである。ニーチェ風にいえば「人間的な、あまりに人間的な」愚かなシガラミなのであろうが。

本書が採用するリアリズムの限界　　最後の補足点として、本書が採用している国際政治観の限界について一言触れておこう。権力政治を重視するリアリズムではあるが、それは決して万能ではない。たとえば、安全保障共同体と国際政治学者が呼ぶ現象はリアリズムではうまく説明できないのである。

いま、仮にA国とB国があって、両者間においてとある外交交渉が起こっているとしよう。そして、他方に対する軍事力行使を両国とも全く考えていないとしよう。つまり、相手国に対する政策手段の選択肢リストの中に軍事力行使オプションが入っていないことを当然視し、そのようなオプションは相手国との関係上、倫理的に不適切だと判断している状況が成立しているとする。こ

の場合，AB両国は安全保障共同体を構成しているという。たとえば，現代のカナダとアメリカとの関係や，フランスとドイツとの関係がそれにあたる。

「安全保障共同体の誕生・成長・縮小・崩壊はどう説明できるのか」という設問と同様，「国際社会を構成している主権国家の誕生や変革，そして崩壊はどう説明できるのか」という問いに対しても，リアリズムはその限界を明らかにする。リアリズム諸理論は「軍事力を行使する主権国家」の存在を大前提としてその議論を組み立てているからである。くわえて，国際社会における規範やタブーの成立・変化についてもリアリズムは十分に説明できないことを指摘しておこう。歴史を振り返れば，海賊行為や奴隷制度（奴隷貿易）さらには人種差別など，昔は問題視されなかった価値や制度が現在では違法化・非正当化されている。また，環境問題や女性の地位なども現在では改善されるべきものと広く理解されているが，昔はそうではなかった。なぜ，こういった規範が生まれ変化するのか——われわれ人類の認識が変わっていくのか——という問題は安全保障共同体の謎と同様，リアリズムではうまく説明できない。

リアリズムは「歴史の変化」よりも「歴史の連続性」——「歴史は繰り返す」といったような議論——に注目するというバイアスがある。本書が採用する議論の枠組み，たとえば覇権サイクルの発想にもこの点が当てはまることをあらかじめ指摘しておきたい。そこでは核兵器の出現にもかかわらず覇権サイクルと秩序戦は変わらず続いてきたし，また，将来新しい兵器が出現したとしても秩序戦の本質は変わらないとの前提を置いている。その上で，大戦略の枠組み——国際社会で秩序戦が続く限り有効なもの——を提示するという論理構成を本書は採用している。

戦略目的と手段

前提2：大戦略は政略であって「戦略目的と手段」からなる対外政策体系である。

本節の冒頭で述べた大戦略の定義を振り返ってみよう。それは二つの部分から成り立っている。まず「国際社会に現存する政治秩序，つまり国際秩序の維持か打破あるいは中立，これら三つのうちいずれかを第一義的目的とし，そのような目的を共有する陣営内部での政治地位的向上を副次的目的」とあるのが戦略目的の部分である。第二の部分は「制約条件や不条理的状況に対応しながらも，さまざまな政策手段を総合的に使」うとあるとおり，手段に関するものである。

まずは目的であるが、それは現存する国際秩序に対する基本的方針にあたる。細かいところでは不満があるかもしれないものの、そういった国際秩序を基本的には受け入れ、支持するのか。それとも拒絶して何らかの「新秩序」をめざすのか。はたまた、どちらの態度もとらずに中立の地位を守っていくのか。つまり「体制支持（体制内改革を含む）」「体制打破」「体制派・反体制派のどちらにも与（くみ）しない」という三つの選択肢のうちいずれのものを採用するのか。この決断こそが「目的の設定作業」にほかならない。

次章以降くわしく解説していくように、国際秩序は三つの要素——領土配分、正統性、国際制度——からなっている。したがって、国際秩序に対する基本方針は次のより具体的な設問に対する答えの形をとる。「先の覇権戦争の後に先勝国群が確立した領土配分、正統性、国際制度を、現時点において基本的に受け入れるのかどうか」。この問いに答えることから、大戦略の策定は始まるといえよう。

大戦略のもう一つの要素、政策手段はどうであろうか。これに関していえば、軍事力が究極的な政策手段の地位をしめているものの、そのほかの政策手段も欠かすことができない。道具箱にある道具（手段）は多いほうがよいというのは大戦略の場合にも当てはまる。たとえば、対外言論活動は普段理解されている以上に重要である。いわゆる外交手段（外交合意や首脳会談などを含む）や国際制度づくり（国際組織や同盟さらには国際法も含む）、さらには経済力（開発援助や経済制裁も含む）も見逃せない。軍事力や経済力は物理的な手段であり、対外言論活動は情報発信に基づく手段である。さらには外交手段や国際制度づくりは広義の意味で「（政治）交渉」であり、他の種類の政策手段とは異なり、相手側と何らかの合意や了解に達しようとする手段である。もちろん、これら主要政策手段間の組み合わせも可能である。好例は外交交渉そのものにおける、交渉相手側に対する言論活動であろう。対外言論活動は報道関係者との記者会見や声明発表などに限られるものではないからである。

外交交渉、国際制度づくり、軍事力、経済力（ODAも含む）、対外言論活動の五つの主要政策手段のほか、副次的な政策手段ももちろん存在する。スパイの使用や敵国スパイを阻止するカウンターインテリジェンスのほか、対外文化活動（たとえば日本語教育の海外推進など）、移民政策、姉妹都市・学術交流促進といったような市民社会を対象とする諸政策などである。そしてこれら諸活動すべてに影響を与える基礎的な活動——インテリジェンスと一括して呼ばれる情報収集活動・諜報活動——も欠かせない。

これらすべての政策手段を一セットとして総合的に捉えつつ，それぞれを同時に使いこなしていく姿勢が肝要である。さまざまな政策手段が少なくともお互いに足を引っぱらない状況を保つことが望ましい。もちろん，これらの手段が戦略目的遂行上，互いにプラスの役割を果たし，相乗効果を生じせしめることができればさらに良い。

　ここで戦略目的と政策手段との間の関係について，本書の立場を五点，あらかじめ明らかにしておきたい。

　政策手段のレベルについて　　政策手段といっても，細かいレベルの手段の議論，たとえば好ましい陸上自衛官の人員数や海上・航空自衛隊が持つべき装備の数量などは大戦略論の対象ではない。大戦略はいうなれば一般企業でいうところの経営哲学や経営方針さらには経営戦略や事業計画といったような抽象度が高い大局的な計画であって，現場レベルの具体的活動（企業活動でいえば支店の立地条件の判断や売上ノルマ等々）に関するものではない。したがって，ある大戦略から直接かつ単純な形で，各省庁が追求すべき細かい作業の指針が導かれるはずもない。経営戦略や事業計画の策定と現場での業務という二つの異なる活動の違いを理解する必要があるごとく，われわれは大戦略策定と各省庁レベルでの作業を分けて考える必要がある——もちろん前者の枠の中に後者が置かれることや両者間に齟齬があってはならないという条件付きではあるが。その上で，現場レベルでの実務作業の積み上げが大戦略的発想には直接的には結びつかず，大戦略は大戦略として独自の思考を要することもここで確認しておきたい。本章の初めに引用した『日本外交の過誤』が示唆するように。

　政治的合理性について　　大戦略は「目的と手段」の体系であるが，ここでいう体系には二つの条件がある。まずすでに指摘したとおり，手段間の間で齟齬や矛盾がないというのが第一の条件である。第二の条件は，目的と手段の関係が整合的であるというものである。これら二つの条件が満たされなければ体系とはならない。以下，少々わかりにくいかもしれない第二の意味について解説しよう。

　目的と手段の関係が整合的であるとは，どういう状態を指すのであろうか。これは「用いられる政策手段の政治的結果は，つねに戦略目的の遂行にとってプラスのものでなければならず，少なくともマイナスであってはならない」という意味である。この条件が成立するとき，目的と手段の関係は整合的という。この状態を別の言い方で表現すれば，「政治的合理性が目的と手段の間に確立している」となる。戦略目的が高度に政治的なものである以上，政治的合理性

が目的と手段の関係に求められるのは当然であろう。

　たとえば，軍事政策を遂行するに際しても，近視眼的に軍事的合理性を追求するのではなく，その国際政治的意味合いを大局的視点でもって理解した上で，目的に沿った形で遂行されることが望ましい。クラウゼヴィッツが指摘したとおり，軍事政策は政治目的達成のための一手段に過ぎないのである。となれば特定の軍事政策を策定し実施する際には，その国際政治的効果をつねに考えなければならないことは理解できよう。軍事作戦としては成功だが政治的には失敗（その政治的効果は決定的にマイナス）といったような，いわば秩序戦において墓穴を掘るような状況は避けなければならない。他の政策でも同様である。似たようなオウンゴールに陥ってはならない。いかなる政策手段を採用するとしても，「目的と手段の関係における政治的合理性」の常なる維持が求められる。

　武力行使について　　軍事力を実際に使わずに他の政策手段——外交交渉や経済力の行使，さらには諜報活動など——でもって目的を達成できればやはりそれが好ましい，というのが本書の立場である。孫子がいうように，「およそ軍事力を運用する原則としては，敵国を保存したまま勝利するのが最善の策であり，敵国を撃破して勝つのは次善の策」といえよう[25]。この視点からは，「経済優先・軽装備主義」に基づいた冷戦期日本の大戦略は卑下すべき対象どころか，誇るべきものといえる[26]。

　もちろん，この立場は国際政治における軍事力の役割を軽視するものではない。それはこれまでの記述で明らかであろう。また，冷戦期日本が自衛のために武力を行使せずにすんだのも，結局は米軍ならびに自衛隊による抑止力の賜物（たまもの）であったことをわれわれは忘れてはならない。先ほど触れたように，国際秩序はユーラシア大陸を舞台とする覇権戦争を通じて形成されてきたという解釈を本書は採用しているので，本書は軍事力の根源的な役割を十分に理解している。

　そもそも権力政治においては，武力行使は一交渉術として，相手側から政治的譲歩を引き出すために頻繁に行われているのが現実である。それは武力攻撃という形をとるとは限らない。示威行為という形もとりうる。たとえ日本が現行憲法に基づき武力攻撃に訴えないという態度を維持したとしても，他国からの武力行使のターゲットには十分なりえよう。そういった状況に適切に対応するには自衛力つまり抑止力をたくわえるしかない——対日武力行使をあきらめさせる，あるいは武力行使されても被害を最小限にとどめるために。「日本が

攻めさえしなければ、そして日本が自発的に軍縮すれば、攻められることはない」という議論は幻想に過ぎない。そこには抑止力という概念がないのだから。

こういった議論だけでもって、憲法改正を本書は直ちに唱えるものではない。しかし、武力行使が常態である国際政治において、「二つの腕を使って日本から譲歩を引き出そうとしている他国に対し、日本は自ら片腕のみで対応している」といったような状況にあるという事実をわれわれは忘れてはならないであろう。その上でもって、「軍事力を実際に使わずに他の政策手段でもって目的を達成できれば、やはりそれが好ましい」という立場を本書は採用している。

抑止が破れた場合、国民を守るための武力行使は当然必要である。しかし問題はそう簡単ではない。軍事力をたくわえすぎても、あるいは逆に軍縮に走っても、国が危殆に瀕してしまいかねないことが国際政治学でこれまで深く考察されてきた。この「安全保障のジレンマ」と呼ばれる状況を始め、自衛権の問題、さらには宥和政策をめぐるジレンマといったような軍事力にまつわるさまざまな課題についても、本書は解説していく。

国内政治との関連について　第四の補足点に移ろう。大戦略と国内政治との関連についてである。とある国家が大戦略の目的を設定する際、それは国家指導者層が支持する価値に影響される。その上、政策手段の実施は国内状況にかかわってくる。さらにいえば、対抗国家が持つ国内政治体制の変革をめざすことも、そして他国からのそういった国内政治介入工作を防ぐことも、大戦略の一部をなす。こういったことから大戦略と国内政治との密接な連関は自明であろう。しかし、これらの事実にもかかわらず大戦略論は基本的には国家と国家との間の国際政治レベルの議論であることを、われわれは忘れてはならない。

このように考えていけば、大戦略を次のように捉えることも可能である。「国内政治領域と国際政治領域とにはさまれた統治者が、国内政治を統率すると同時に国際政治の荒波に国家が沈まないように運営していく技術」が大戦略だと[27)]。この「統治者の論理」を軽視する国家は亡国の憂き目にあうが、自由民主主義国家においては、この「統治者の論理」は広く国民に理解されなければならないのは、これまで指摘してきたとおりである。

この「統治者の論理」に関してもう一つ付け加えておきたい。それは、国内政治における秩序——国内秩序——が安定しているほか、国内の対外政策決定制度が健全でなければ、大戦略の成功はおぼつかないという点である。「大戦略は基本的には国際政治レベルの議論」と指摘した。しかし、そういった大戦略が成功するには、これら二つの国内要因が満たされなければならないのは想

像にかたくない。

　まず，国内秩序の安定である。国内秩序の不安定化は，健全で合理的な対外政策の遂行を難しくさせる。外交政策に対する国民からの支持がなければ，あるいは政権交代が頻繁に行われればその分，大戦略の一貫した遂行は難しくなろう。国を二分するような政治運動が続いたり，国内で一部のグループ——外部勢力の支援を受けているかもしれない——が武力闘争を始めたりすれば，ときの政府にとってはそれに対応するのが最優先事項となり対外政策どころではなくなる。あるいは，不安定な国内情勢から国民の目をそらすために，そして国内向けに政府の威信を回復したいがために強硬な対外政策を政府は採用し自滅しかねない。他方，大国は他国の国内情勢に直接的・間接的に介入し，自国に敵対的にならないようにしようとする。このような理由により，自国内部で秩序が不安定化しないよう，細心の注意を払う必要があろう。

　大戦略を成功裏に実施するために必要な第二の国内要因は，インテリジェンス部門を含む健全な対外政策決定制度の存在である。政府内において最高責任者が決断しそれを実行できるような——当然といえば当然ではあるが——体制が欠かせない。政府はいわば官僚組織の集合体であり，各官僚組織はその組織利益を追求する。それらを束ねることができなければ，政府全体としての決定の先送り（無作為），政策文書における両論併記，さらには各官僚組織がそれぞれ勝手に行動を始めて収拾がつかない状況，といったようなさまざまな問題が生じ，合理的な国益の追求ができなくなるのである。

　首相や大統領が政府の要であり，そのような最高責任者が政府内で対立する政策を調整したり決断を下す，そして部下はそれを忠実に実行する，と読者は想定するかもしれない。しかし，歴史上，このメカニズムが実際には働かなかった事例は数多い。

　元老なき後の大日本帝国はその一例である。とりわけ，1930年代以降においては「究極的な外交責任者なし」という状況が目立った。そもそも大日本帝国憲法のもとではさまざまな組織がバラバラに天皇を補佐するという体制が存在し，それらを事実上束ねたのが超憲法的存在（つまり憲法には書かれていない存在）であった元老だったのである。また，天皇自身も政策決定には直接にはかかわらない（そうすれば政治責任を負うことがない）慣習が確立されていた。では内閣総理大臣の地位はいかなるものであったのか。実は，明治憲法下では内閣総理大臣も「天皇に使える閣僚の一人」に過ぎず，各閣僚はそれぞれ天皇を独自に補佐する地位にあり，内閣総理大臣は閣僚の任命権・罷免権を持

っていなかった。また軍事に関しては陸軍省・海軍省（陸軍大臣と海軍大臣は内閣に所属した）と並行して，陸軍参謀本部・海軍軍令部が直接天皇を補佐するという仕組みだったのである。このような制度のもとでは，元老なきあとは政府は事実上，中心となる責任者がいない無責任体制となり，分裂状況に陥る危険が大いにあった。そして，1930年代以降，この病的状況がひどくなり，ついには国力比ではとうてい勝ち目がないと皆が理解しながらも対米開戦にまで突き進んでしまったのである[28]。

　制約条件と不条理について　　目的を達成しようとする際，われわれはさまざまな制約条件に直面する。大戦略も例外ではない。予算規模，人口規模，地理的条件といったような客観的なものだけでなく，その時々の世論や核心的価値観――たとえばジェノサイド（民族や共同体を全滅させるほどの集団殺戮のこと）は非人道的であるというもの――といった主観的なものまで含まれる。言い換えれば，制約条件の枠の中で政策手段を実際には選ばざるをえず，大戦略を考える際，この点を無視することはできない。

　また，人間の活動である以上，大戦略の策定や実施をめぐって不条理なことや非合理的な状況が生じることも少なくない。本書が後ほど解説するようなさまざまなジレンマやトラップ（罠）が存在する。そもそも他国の動向に関しては情報が十分でなく，国際政治は不確実性に満ちている。それゆえ思い込み，思い違い，不作為，希望的観測や見通し，さらにはグループシンク（集団浅慮）といった状況に為政者たちは陥りやすい。国民もそうである。そして他国も日本に対して似たような状況にあるかもしれず，そうなれば状況はますます複雑化する。他方，国内に目を向ければ，大きな官僚組織である政府では，官僚組織特有のさまざまな病理的現象が生じうるのはすでに指摘したとおりである。くわえて，自由民主主義国家においては世論・マスコミの力は強く，偏狭なナショナリズムの声が大きくなれば政府はそういった声に押されかねない。その上，運・不運，つまり偶然という人間にはどうしようもない要因が存在する。

　こういった不条理と非合理性の存在にもかかわらず，大戦略はできるだけ合理的に追求されなければならない。そしてジレンマやトラップにつねに注意を払い，それらに捕われないよう最善を尽くすしかない。比喩でいえば，暗礁や難所が多い海域に船を進めていくような状況といえよう。海図や経験，さらには最新の気象・海流データを使って航行していけば遭難する確率は確実に減る。それと同様に，不条理や非合理的状況に十分な注意を払って，大戦略を的確に

運用していくことが望まれるのである。

「団体戦」

> 前提3：国際秩序をめぐる権力闘争はグループ単位（ブロック）で行われる，つまり現状維持陣営，現状打破陣営，中立グループとに分かれる。いわば「団体戦」の様相をなすが，それは地政学的文脈において展開される。

多数の国家が存在する以上，現状維持陣営，現状打破陣営，中立グループのいずれにも二つ以上の国家が属するのが自然である。当然，陣営間の秩序戦は「団体戦」となる。現状維持陣営と現状打破陣営は，おのおの結束力が強く同盟か疑似同盟関係にあることが多いので陣営と呼べる。他方，これらの陣営には属さず中立の立場にある国々は，そういった結束力が強いとは限らないのでグループと呼ぶこととする。もちろん，二大陣営のうち，いずれかの陣営は一国しかないということも理論上は可能であろうが，実際には例外的な状況と思われる。

各陣営は大国によって指導される。陣営内部では事実上，パワーに基づいた階層が存在し，大国がその頂点に立つ。安定的な陣営内では，その陣営内部で国家間の政治秩序が保たれている。つまり，数ある陣営国家群の中でも一大国あるいは複数の大国が抜きん出た軍事力・経済力を持ち，最高の権威と威信を保ち，そして正統性を代表するという構造になっている。陣営内で大国に「昇進」するには軍事力や経済力をたくわえ，威信を上げ，さらには正統的価値を体現することなどが必要になる。そうすることにより政治的地位を陣営内で高めていくのである。

こういった状況のもと，陣営間で秩序戦が展開される。各国家にとっては，自陣営が対抗陣営との権力闘争に勝利するのが第一の目的ではあるが，第二の目的は自陣営内部において自国が持つ政治的地位の向上を図るということとなる。世界規模の秩序戦においては，いくら第二の戦略目的が達成されたとしても，第一の戦略目的が達成されない限り，その国家は敗者の地位に甘んじるしかない。したがって，目的間の優先順序はこのようにならざるをえないのである。

しかし，話は簡単ではない。現状維持陣営と現状打破陣営との間で権力闘争が展開されるのと同時に，各陣営内部でも権力政治が起こりうるからである。前者の権力政治を各国は優先するであろうが，後者のそれも無視できない。冷

戦期の西側陣営内におけるアメリカの指導的地位を嫌い，その陣営に属しながらもできるだけ自主独立路線を貫こうとしたフランスが好例であろう。米英関係も例外ではない。たとえば，1927年のジュネーブ海軍軍縮会議では同じ現状維持陣営にいた両国は決裂した。また，1956年のスエズ危機において，英仏両国はエジプトによるスエズ運河国有化を軍事力を行使してさえも阻止しようとしたが，結局は同盟国アメリカの反対を前に国有化を認めざるをえなかったのである。

極端な場合では，こういった陣営内部の権力闘争が激化し，陣営が分裂状況に陥り，ついには一部の国家が他陣営に参加することも考えられる――冷戦中期にソ連陣営から離れアメリカ寄りに移動した中国のように。そうなれば，秩序戦における陣営の立場を大いに損なってしまいかねない。さらには，自陣営は一団となって結束していると信じていたのに，一部のグループが抜け駆け的に対抗陣営と部分的な妥協を図り，残ったグループの足をすくうといったような事態も起こりうる。

要するに，第一戦略目的の達成のために各陣営内部がつねに一枚岩となっているとは限らないのである。陣営内はつねに何らかの緊張状態にあるといってよい。そこでは所属陣営が秩序戦に勝つという「団体利益」と（同じ陣営内部においてでも）自国だけしか享受できない「個別利益」とが潜在的に対立しているといえよう。

この状況を各国から見れば次のようになる。「団体利益」を最優先すべきではあろうが，かといってそのために「個別利益」をすべて犠牲にするわけにもいかない。他方，「個別利益」を最大限追求しようとすれば，「団体利益」が損なわれる。いかにして「団体利益」を損なわずに「個別利益」を満たすことができるのであろうか。各国はこの問題に直面せざるをえないのである。日本にとっての好例はイランとの関係であろう。日本がイランに対して友好政策をとれば，イランを敵視するアメリカとの間に日本は齟齬を生じさせかねない。日米同盟の絆を維持しつつもイランとの友好関係を深めていくにはどうすればよいのか，この問いに対して答えを見出すのは容易ではない。

さらにはこういった状況において，各陣営は対抗陣営に対して分断工作（クサビ打ち作戦と呼ばれる）を展開し，弱体化を図ろうとするのである。したがって，自陣営の内紛が致命的にならないように団結を図りつつ対抗陣営の分断工作をかわしていく一方で，対抗陣営に対しては果敢に分断工作を展開していくという外交政策が陣営間で展開されることとなる。このように陣営「間」政

治と陣営「内」政治とは密接かつダイナミックにつながっているといえよう。こうした陣営間の「団体戦」は前に触れたように，ユーラシア大陸の地政学的文脈において展開される。とりわけヨーロッパ，西・南アジア（中近東とインド亜大陸付近），東アジア（オーストラリアを含むことがある）の「三戦域」において現状維持陣営と現状打破陣営がぶつかりあう傾向が強い。これらの三戦域を中心に両陣営は互いに分断工作や包囲網構築作戦（後者は，対抗陣営周辺に自陣営の新参加国を配置していく作戦のこと）を展開する。さらには要衝を押さえ，緩衝地帯を設けるなど，陣取り合戦さながらの競争が両陣営間で展開されるのである。

5　本書の構成

以上，本書の目的を示し，本書が大戦略と呼ぶものを概念的に説明してきた。これを踏まえて次章から議論を展開していくわけだが，本書の構成は以下の表0-1のようになっている。

次の第1章では国際秩序の構造と変動パターンを解説する。大戦略は国際秩序をめぐる作戦であるゆえ，国際秩序そのものをまずは説明する必要があろう。それが第1章の目的である。言い方を変えれば，大戦略が展開される文脈・背景を設定するという趣旨である。その後，第2章から第7章にかけて大戦略を説明していく。これが本書の核心部の一つである。もう一つの核心部は終章で，そこでは日本がとるべき大戦略を総括的に述べる。

第一の核心部であるが，第2章が大戦略の総論で，第3章から第7章にかけて各論を展開していく[29]。各論の部分は「やるべきこと」と「できるだけ避けるべきこと」との二つに分かれる（それぞれ Dos と Don'ts として表に表記）。まず「やるべきこと」であるが，4章をあてがった。後ほど解説するが，大戦略を実行していくには四つの具体的な政策プログラムを実施していくこととなる。そこで第3章から第6章にかけて1章ずつ，各政策プログラムを解説していく。「ハードパワーを高める」「ソフトパワーを育てる」「国際制度を戦略的に活用する」「ジオストラテジーを実践する」である。これら四つの章すべてにおいて，一般的解説と（それを踏まえての）日本がとるべき政策という二部構成をとっている。第7章では「できるだけ避けるべきこと」を取り扱う。そこではジレンマやトラップ，さらにはトレードオフといった不条理な状況を解説する[30]。

序章 大戦略とは何か

表 0-1 本書の構成

序　章	大戦略とは何か		本書の目的と大戦略概念の解説	
第 1 章	国際秩序を読み解く		国際秩序という文脈の解説	
第 2 章	大戦略の全体像	大戦略の解説	総論	一般的解説
第 3 章	ハードパワーを高める		各論	
第 4 章	ソフトパワーを育てる		Dos	一般的解説＋日本政策論
第 5 章	国際制度を戦略的に活用する			
第 6 章	ジオストラテジーを実践する			
第 7 章	不条理的状況に対応する		Don'ts	一般的解説
終　章	日本がとるべき大戦略		日本政策論のまとめ	

　終章では日本が採用すべき大戦略を説く。第 3 章から第 6 章で説明した日本がとるべき諸政策も含みながら、総括的に本書の見解を述べる[31]。具体的な政策論に強い関心がある読者は、まずこの終章（そして第 3 章から第 6 章の政策論の箇所）をお読みになるとよいだろう。国際政治学からみた補助的な事柄については注に記した。

　以上のような論理に基づいて本書の章立てがなされている。第 1 章から順を追って読む——つまり国際秩序の文脈・背景から核心部へ移る——のが正攻法であろうが、もちろん別の読み方もありうる。上で指摘したような「政策論先読み」方式もあれば、一般的解説部分のみをまずは読み通し、その後に日本政策論を読むというやり方もあろう。いずれにしても、すべての章を読んでいただきたい。「大戦略に関する一般的解説を日本のための政策論に応用する」という本書がめざすところの趣旨がご理解いただけると思う。では国際秩序の解説から話を進めていこう。

第1章
国際秩序を読み解く──覇権サイクルとは何か

● 1 はじめに

　どの国家群が国際社会の支配的地位につき，そしていかなる国際秩序を創出し，維持するのか。各時代において大国が互いにしのぎを削りこの問題に決着をつけてきたが，近代国際社会においては一定のパターンがみられる。覇権戦争の後，戦勝国群──その中心には覇権国（他国と比べて圧倒的なパワーを持っている国）がいる──が国際秩序をいったんは形成するものの，戦勝国のパワーが弱体化するにつけ国際秩序も不安定化し，ついには新たな覇権戦争が生じる。そして戦勝国群が再び国際秩序を形成するのである。大戦略そのものを議論する前に，この覇権サイクルを理解することが欠かせない。
　一つの覇権サイクルは次の五つの段階から成り立っている。

(1) 覇権戦争が起こる。
(2) 複数の戦勝国（「覇権国」がその中心）による国際秩序が成立する。
(3) 経済成長が大国間において不均等に起こる。
(4) 経済成長著しい新興国が当該秩序に挑戦し（現状打破陣営による挑戦），それに対して覇権国側（現状維持陣営）が秩序防衛をする，という秩序戦が出現する。
(5) 両陣営間に（新たな）覇権戦争が生じる。

　時系列的には(1)から(5)に進んでいき，最後の段階である(5)が新しい覇権

サイクルの(1)となって，国際秩序をめぐる新たな闘争が再び展開されこととなる[1]。

覇権サイクルを構成する五段階のうち，(2)，(3)，(4)，が本書の対象となる平時である。とりわけ(4)が重要であるのはいうまでもなかろう。

これら五つの段階は，社会科学でいうところの理念型である。つまり，これらがすべて型どおり出現してきたわけではない。例外的な状況が起こったこともある。くわえて，この覇権サイクルのモデルでは，国際秩序の変動の源は(3)にある経済力の不均衡発展のみにあると想定されている。しかし実際の歴史においては，国内政治や不況といった要因が国際秩序の変化に対して大きなインパクトを与えている。つまり覇権サイクル史と本章で言及するものは，実は「覇権サイクル史観」と呼ぶべきものであり，実際の歴史を正確に捉えているわけではない。こういった留保点を踏まえつつ以下，議論を進めていきたい。

本章は以下の二つのステップで議論を展開していく。まず，覇権サイクルの一般的特徴を解説する。次に「先の覇権戦争」であった第二次世界大戦以降の国際秩序——これが現時点においても続いている——における日本の位置を確認したい。

2 覇権サイクルの特徴

この節では，順を追って覇権サイクルの特徴を解説していく。まずは次の表1-1をみていただきたい。近代覇権サイクルをまとめたものである。

表の左端，縦の覧をご覧いただきたい。そこにあるように米英両国を中心とするグループが一貫して国際秩序における支配的な立場に立ち，国際秩序の実質的運営を担ってきたという点である。この支配的立場にあるグループはナポレオン戦争，第一次世界大戦，それに第二次世界大戦という三つの覇権戦争すべてに勝利してきた。そのたびに自陣営の国力，つまり軍事力と経済力を背景にして自陣営の利益に沿った国際秩序を打ち立てたのである。具体的には，自陣営に有利な——そして敗戦国側に不利な——(1)領土配分（勢力圏を含む），(2)正統性，それに(3)国際制度（経済関係のルールや特権配分も含む）という「三本の柱」を覇権戦争直後に新しく構築した[2]。なかでも(1)の領土配分が最も重要である。国際政治史では，こういった国際秩序は覇権戦争後に講和条約が調印された都市の名前をとって「〇〇体制」と呼ばれる。

このような形で覇権戦争直後には米英両国を中心とするグループが支配的立

表1-1 近代覇権サイクルの歴史

戦後の覇権国(その他の現状維持国)	覇権戦争とその後の国際秩序	挑戦国(その他の現状打破国家)	備考
	ナポレオン戦争(1803-1815)・ウィーン体制		近代初の覇権戦争
大英帝国(アメリカ,フランス)	→ 平時秩序戦 ←	ドイツ帝国	米仏によるイギリス支持はそれぞれ「偉大なる和解」(1895)と英仏協商(1904)以降。
	第一次世界大戦(1914-1918)・ヴェルサイユ体制(のち,ロカルノ体制とワシントン体制)		このとき日本,現状維持側の列強の一つとなる。
大英帝国,アメリカ(フランス)	→ 平時秩序戦 ←	ナチス・ドイツ,イタリア,日本	
	第二次世界大戦(1939-1945)・ヤルタ協定から冷戦へ(東アジアではサンフランシスコ体制)		
アメリカ(英連邦,NATO,日本)	→ 平時秩序戦 ←	ソ連,中国(後に中国は離脱)	米ソ冷戦
	事実上のソ連敗北(1989-1991)		実際の米ソ戦争は勃発せず。ソ連敗北後の「戦後国際体制」は曖昧なまま。
アメリカ(英連邦,NATO,日本)	→ 平時秩序戦 ←	中国(ロシア,イラン,北朝鮮)	
	将来の覇権戦争?		

場に立ったものの,時間が経つにつれてその実力は相対的に弱まっていった。このダイナミックスの原動力は経済力,より正確には国によって経済成長率が異なることにほかならない。経済力,とりわけ工業力をたくわえた非米英系の新興大国は,その強大化しつつあるハードパワー(軍事力)を背景に,既存の国際秩序を自国に都合のよいように変革せんとするのが常であった。既存の国際秩序を擁護する米英中心の現状維持陣営,それに対峙する新興国が構成する現状打破陣営,これら二陣営の間に闘争がかくして生まれる。この秩序戦の焦点となったのが,上で触れた国際秩序の「三本の柱」であった。両陣営間の対立が高まれば,それは覇権戦争の形で解消され,勝利した側——米英側——が新たに国際秩序を形成したのである。こういった覇権秩序のサイクルが,国際秩序を彩ってきた。

覇権戦争

覇権戦争はいわば「天下を取る戦い」「誰が天下人となるかをめぐる戦い」である。勝者は覇を唱え，自身が頂点に立つ秩序や体制を国際社会に打ち立てる。覇権戦争における争点は，まさに体制をめぐる確執といえよう。そういった戦いは大戦争（general war）と言及されることが多い。これは「体制をめぐる大戦争」「全面戦争」「無制限戦争」を意味する。言い換えれば，互いに生存を賭けて，あらゆる作戦・方法・資源を通じて相手国側を徹底的に叩きのめし，究極的には相手国の国内体制を崩壊させ，占領下にさえ置くことを目的とする戦争といえる。覇権戦争には，ほとんどの大国が巻き込まれる。そして「天下分け目の戦い」の表現のとおり，これら大国の多くは二大陣営——現状維持勢力と現状打破勢力——に分かれるのが常であった[3]。

開戦形態　覇権戦争は現状維持陣営と現状打破陣営との間で戦われるが，開戦形態はさまざまな形をとりうる。たとえばヒトラーのポーランド侵攻（1939年9月）で口火を切った第二次世界大戦は，両陣営間が直接対決する形，つまり一方が他方を直接，意図的に攻撃する形をとるものであった。日独伊三国同盟を中心とする枢軸国が現状打破陣営として英米仏三国を中心とする現状維持陣営（連合国と呼ばれ後にソ連も加わった）に対峙していたが，ポーランドは後者に属していたのである。この場合では現状打破陣営が先制攻撃をしたが，逆に現状維持陣営が覇権戦争を始めても，理論的には何ら不思議ではない[4]。

他方，辺境での紛争が伝播して，二大陣営間の大戦争に発展したことも歴史は記している。つまり，現状維持陣営と現状打破陣営が直接衝突しない形で覇権戦争が始まるというシナリオである。第一次世界大戦の事例がまさにそれに該当しよう。そこでは，イギリス，フランス，ロシアからなる三国協商を中心とする連合国が現状維持陣営を構成し，ドイツ帝国，オーストリア・ハンガリー帝国，オスマン帝国，ブルガリアからなる中央同盟国が現状打破陣営を構成していた。サラエボ事件を受けてオーストリア・ハンガリー帝国がセルビアに宣戦布告したが，セルビアを支持していたロシアが総動員令を出すと，まさにドミノが倒れていくようにドイツによる対露・対仏宣戦布告がなされ，英仏両国もドイツと戦闘状態に陥ったのであった。

地政学的舞台　地政学的に言えば，覇権戦争の中心舞台はつねにユーラシア大陸——マッキンダーは「世界島」（World Island）と呼んだ——である[5]。とりわけ，本書が三戦域と呼ぶ地域，つまりヨーロッパ，西・南アジア，東ア

図1-1 三戦域からなるリムランド

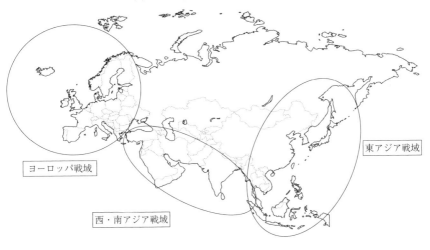

ジア——スパイクマンがリムランド（Rimland）と呼んだ地域——が主たる戦場であった（図1-1）[6]。

　これら三戦域はいうまでもなく，すべて海洋に面している。東アジアに関しては説明するまでもなかろう。ヨーロッパ地域であるが，大きくいえば「ヨーロッパ半島」ともいうべきもので北には北海，西には大西洋，南には地中海が横たわっている。この半島の根元にあるのはいうまでもなくロシアである。朝鮮半島やイタリアの場合と同様，ヨーロッパ半島においてもその根元にある大国——つまりロシア——が半島の先に向かってその勢力範囲をできるだけ伸ばそうとする傾向が強い。他方，海洋から半島に入り根元の方向に進もうとする勢力にもこのヨーロッパ半島は翻弄されうる。第二次世界大戦後のヨーロッパ半島はアメリカにその西半分，ソ連に東半分を押さえられたが，まさに大陸勢力と海洋勢力との激突の地となった。もちろんヨーロッパ半島にある内部勢力が，半島全体にその勢力を伸ばそうとすることもありうる。第二次世界大戦前までのヨーロッパ列強が繰り広げた攻防戦がまさにそれであった。

　西・南アジア地域は中近東（西アジア）と南アジアとに二分できる。前者においては，近代以降，イギリス（その後アメリカ）やロシア（ソ連）といった地域外勢力が入り込んでいるのが大きな特徴である。またこの地域内で主権国家が成立した後も，主権国家の枠組みそのものが安定していない。第二次世界大戦以降では，イスラエルとイスラム諸国との対立が激しいが，イスラム諸国

内部においても対立がある。その上，石油という重要なエネルギー資源が豊富に産出されているのがこの地域の特徴である。

南アジアは長らくイギリスの勢力下にあった。1960年代にイギリス勢力が完全に撤退した後，インドの勢力がとり替わったといって過言ではなかろう。地政学的にみれば，インドも半島をなしているが，その半島の根元にはヒマラヤ山脈があって，この山脈が自然の緩衝地帯を形成している。そのおかげで，中国との小規模領土紛争は残っているものの，「半島の根元にある大国からつねに脅かされている」というような状況ではない。その意味では，インドは恵まれている。しかし，インドの勢力は完全な地域覇権を確立したという程度までには至っていない。その隣には長年紛争を交えている――そして核戦略のターゲットである――パキスタンが存在するからである。

これら三戦域を鳥瞰すれば，近代最初の覇権戦争であったナポレオン戦争の主戦場はヨーロッパであり，第一次世界大戦での戦域は，主戦場であったヨーロッパを含むリムランドを東に延びていったことがわかる。そして第二次世界大戦においては日本が直接的にかかわることにより，戦闘がリムランド全般において生じたのであった。

このリムランドにおいて，米英両国がリードする現状維持陣営が海洋勢力として現状打破をめざす大陸勢力と対峙し，両者間で覇権戦争が繰り広げられたのが基本的なパターンといえよう。ヨーロッパ，西・南アジア，それに東アジアの三地域において世界島の中心部から外側に――海に向かって――勢力を伸ばそうとする大陸勢力の攻勢に対し守勢で応じたのが海洋勢力という構図であり，その緊張がついに覇権戦争という形で過去に現れたのである。そして海洋勢力がこれまですべての覇権戦争で勝利したのであった（第6章でこういった点をより深く考察する）。

大陸勢力の中心兵力は伝統的には陸軍であるが，ナポレオン下のフランスからはじまって時代ごとにその主役が変わっていった。両世界大戦ではドイツが代表的な大陸勢力となり，第二次世界大戦では日本が加わった（ただし日本は強力な海軍を持ち，いわば「両性（海・陸）的な大国」の地位にあったので大陸勢力とは単純に割り切れない）。さらには冷戦期のソ連（そして1972年ごろまで中華人民共和国）が現状打破をめざす大陸勢力として海洋勢力に対抗したのである。

大陸勢力としてのドイツ，ソ連，そして最近の中国において共通してみられることは，すでに強力な陸軍力に加えて大規模な海軍力を構築することにより，

自国近くの海域——リムランドの海域——において米英海軍に挑戦するというパターンである[7]。逆に海洋勢力のほうから見れば，上述の世界島を取り囲む形で攻め込んでいくのである。

軍事力の進化とその影響　歴史をみれば，覇権戦争ごとに軍事技術が革命的に進歩し，そのような技術革新は地理条件とあいまって主権国家を取り巻く地政学的環境を変化させてきた。それと同時に軍事技術の発展は大国の定義さえ変えていった。第一次・第二次両世界大戦に関してこの点は顕著である。戦争に勝つために国家が惜しみもなく兵器の開発・改良，さらには科学研究活動に資本や人的資源を注ぎ込んだのである。初の総力戦——政府組織だけがかかわるのではなく，女性を含む一般市民が総動員される戦争——となった第一次世界大戦においては，戦車や化学兵器，潜水艦に飛行機等々，最新の科学技術に基づく兵器が製造され，使用された。その結果，兵器の殺傷力は格段に高まったのである。つまり，より遠くの敵を，より大きな爆発力でもって攻撃できることとなった。

この兵器技術の進展は，第二次世界大戦においてさらに加速された。第二次世界大戦勃発のころには第一次世界大戦時の兵器類はさらに改良されていたが，1945年に戦争が終わるころまでにはジェット戦闘機やミサイル兵器，レーダー，それに原子爆弾が戦場に登場するに至ったのである。冷戦期においてもこれらの兵器の改良は進み，原子力空母・潜水艦といったような超長距離運行が可能な船舶や，核ミサイルといったような大量破壊兵器の出現をみることとなった。

これらの兵器開発と並行して，平面地図上で戦闘プランが練れるというような二次元空間のみの戦闘形態——そこでは陸軍と海軍が戦闘主体である——が変化し，立体的に戦闘プランを練らざるをえない，つまり三次元にわたる戦闘形態が現れた。空を担当する空軍が誕生し，海においては深く潜航できる大型原子力潜水艦の登場をみることとなったのである。くわえて冷戦後期には「空」の範囲が宇宙にまで広がり，宇宙衛星の軍事偵察利用というような枠を越えて，宇宙空間でのミサイル防衛作戦まで語られるようにさえなった。さらには冷戦終了直後から，もともと米軍の技術であったインターネット技術が社会全般に広がり，現在ではサイバー戦，サイバーテロリズムなども政策論議のテーマになっている。

このように，運行距離や破壊力，あるいは耐久力といった点において兵器は覇権戦争前後に加速度的に強力となる傾向がこれまではみられたが，その政治的結果はどのようなものであったのか。最も重要な政治的結果は，大国となる

「絶対兵器」核ミサイル，
ソ連製の大陸間弾道ミサイル

物理的条件が兵器の技術革新のたびに厳しくなっていったという事実である。つまり，大国とみなされるハードルが覇権戦争が起こるたびに高くなったといえよう。ここでいう大国とは，「他のいかなる強国と一対一の全面戦争をしたときにも自国のみで勝てる見込みがある国，あるいは勝てなくても負けない国」のことをいう。時代が経つにつれて秩序戦に大国として参加できる国の数が少なくなっていった。

この文脈で最も画期的な兵器はいうまでもなく核ミサイルにほかならない。この「絶対兵器」はその殺傷力において抜きん出ている。地球のほぼ全体が核ミサイルシステムの射程範囲に入り，周知のとおり，その使用は人類を絶滅に追いやる可能性さえ持っている。その意味でも格別の地位をこの兵器は占めているといえよう。

第二次世界大戦以降の世界においては，多数の大陸間弾道ミサイルを保有し，そのようなミサイルの攻撃を受けても生き延びる可能性がある国こそが（真の意味での）大国である。そのような国家とは大陸級サイズの国土を持ち，かつ人口の地理的分散がまばらで（あるいは巨大な人口があって）少数の都市が核攻撃を受けても残りの人口が生き延びられるというような特色を持っている。そのような国家はいまのところアメリカ，ロシア，中国，インドしかない[8]。

科学技術は覇権戦争以外の時期にも進歩し続ける。とくに21世紀における日常的な科学進歩のスピードは全くもって革命的であり，これまでの覇権戦争期間中のスピードよりも速いかもしれない。であれば，次の覇権戦争が起こるまでに，現在のわれわれが予想だにしない新兵器やそれに基づく戦争形態が出現する可能性は否定できないであろう。とりわけサイバー技術は従来の物理的パラダイムを超える兵器を生み出す可能性を秘めている。その意味で革命的な技術といえよう。また，大国の経済はインターネットを通じてコンピューターネットワークとして運営されている。産業社会の基幹的インフラストラクチャー（電力，通信，金融システム等々）や民間アセットもサイバー攻撃で破壊できるのである（この点は第3章において取り扱う）。15世紀半ばドイツにおい

てグーテンベルクが印刷技術を発展させ，書籍の大量生産を可能にした。この印刷技術の登場はコミュニケーション革命をもたらし，その影響は政治を含む社会の隅々にまで響いた。インターネットの登場は第二のコミュニケーション革命をもたらしているのかもしれない[9]。

その他，ロボット工学やAI，3-Dプリンター，ナノテクノロジーや新しいコンピューター・ソフトウエア，さらにはドローン（無人）兵器など，一連の技術革新は長期的に「兵器パラダイムの地殻変動」ともいうべき変化をもたらすであろう。

戦勝国による国際秩序の構築

国際秩序の三大要素は領土の分配，正統性，それに国際制度であることはすでに指摘したとおりである。覇権戦争に勝利した国家（群）は，その圧倒的な軍事力，それに経済力を背景に，自分にとって都合のよい国際秩序を覇権戦争直後に打ち立てる。覇権戦争後では敗者側の軍事力は壊滅状況に近く，軍事バランスにおいて圧倒的に不利な立場にあるので，敗者側は勝者側の意図に従わざるをえない。

領土配分　国際秩序の三大要素のうち最も重要なのが，領土配分である。ここでいう領土配分は実際の領土（直轄地や植民地）のほか，勢力圏や緩衝地帯・中立地帯などの国家間の配分をも意味する。覇権戦争後の新しい国際秩序においては，勝者側が自分たちに都合のいいように敗者の領土を割譲し，さらには敗者側の軍事力を制限しようとさえする傾向が強い。簡単にいえば，敗戦国の領土は縮小し，その勢力圏や植民地は取り上げられるのである。勝者側は新しく領土や勢力圏を獲得する。その分，富の分配も勝者側に有利になるというわけである。こういった領土再分配の結果，新しい国境線が引かれることとなり，それは講和条約で明示される。覇権戦争前と覇権戦争後の地図を比べれば，大きな違いが見受けられることとなる。

次に指摘できるのは，戦争遂行のための負担があまりにも大きいので，覇権戦争後，敗戦国側（それに一部の戦勝国）が維持していた政治制度がつぎつぎと崩壊する傾向である。帝国が崩壊し，それまで支配下にあった植民地がつぎつぎと独立するのがその典型例といえよう。第一次世界大戦はドイツ帝国，ロシア帝国，オーストリア・ハンガリー帝国を解体せしめ，ヨーロッパ地域に新しい主権国家群をもたらした。第二次世界大戦後に解体した帝国の一つはまさに大日本帝国であり，その植民地も独立した。同時に戦勝国側（とくにイギリ

スとフランス）の帝国も弱体化し植民地を失ったのである。冷戦後には事実上の戦敗国であるソ連自体が崩壊し，新しい主権国家群が旧ソ連地域に誕生した。

それと同時に敗戦国の国内においては体制変化も起きる。ナポレオン戦争後，フランスは王政に戻った。第一次世界大戦後のドイツにはワイマール共和国が誕生し，皇帝はオランダに亡命した。第二次世界大戦の後，ドイツは二分されただけでなく非ナチス化された。西ドイツは自由民主主義国，そして東ドイツは社会主義国としておのおの再出発したのであった。日本の場合，明治憲法体制は現在の日本国憲法体制に転換した。ソ連も似たような状況で，ロシア等々は冷戦が終わるやいなや体制変革を経験したのであった。

　正統性　戦勝国はその特権的地位を築き，戦勝国が頂点に立つ権威・威信のヒエラルキーを国際社会に確立しようとする。くわえて，正義だと戦勝国が奉じるイデオロギーを正統（つまり唯一正しいもので他国も尊重すべきもの）として普遍化しようとするのである。こういった価値のセットを本書では正統性と呼ぶ。正統性を確立することを通じて戦勝国，とりわけ覇権国はその統治を絶対化しようとするのである。

　覇権戦争直後にこういった「特権・威信の階層と正統イデオロギー」を確立しようとする動きは，具体的には講和条約という国際法の枠の中で成就するほか，何らかの新しい国際組織の導入という形もとる——第一次世界大戦後の国際連盟や第二次世界大戦後の国際連合のように。こういった一見普遍的な国際組織はいわば「お墨付き」を与える装置なので，勝利国はそれをたくみに使い，自国の主導権を制度化あるいは構造化しようとする。同時に，敗戦国にとって不利な制限が設けられることも不思議ではない。その場合，典型的には講和条約において，戦勝国に対する賠償金や補償の義務とは別にそうした制限が設けられるほか，国際組織においてそういった措置が採用される[10]。

　覇権戦争での敗戦は軍事面での敗戦だけではなく，正統性，つまりイデオロギーの面での敗戦も意味する。なぜなら，現状維持陣営の正統性に対してイデオロギー的に挑戦を挑み（そうすることによって大義名分を掲げたのである）そして負けたからである。19世紀の覇権戦争においては，フランス革命に源を発する反君主制のイデオロギーが君主制のそれに負けた。20世紀をみれば，ナチス・ドイツのファシズム，大東亜共栄圏を唱える思想，ソ連のマルクス主義などはすべてアングロ・サクソン勢力のイデオロギー（自由民主主義・資本主義）に負けてしまった。負けた側の多くは多かれ少なかれ勝者側のイデオロギーを取り入れ，「改心・服従」していったのであった。

勝者からすれば「過去の戦争は自分のイデオロギーと敗者側のイデオロギーの優劣を決するものであり，勝利したわれわれに正義がある」として戦後における自己の地位を正当化する傾向が強い。自然，自分たちのイデオロギーを具現化するような国際制度をすでに述べたような形で構築するのである。このように，「実力（軍事力）と価値（正統性）」の独占化・恒久化を図ることによって覇権戦争後，戦勝国は国際秩序を形成してきた。そのような秩序下では，勝者の価値が戦後の唯一の正統的価値となり，勝者の力（究極的には軍事力）が圧倒的というまさに覇権的支配が確立されているのである。

　国際制度　　国際秩序の第三の要素は，国際制度である。上で述べたように，戦勝国の特権が反映されるように覇権戦争後，さまざまな制度が構築される。国際連盟や国際連合といった政治的組織のほか，国際経済関係の制度——富の生産・分配に関する国家間のルール——がとりわけ重要といえよう。発達した国際経済関係においては，モノ，カネ，ヒトが国境を越えて行き来するが，その枠組みとなるルールを形成するにあたり，戦勝国は自国の利益に沿ったものを構築しようとするのである。

　第二次世界大戦に関していえば，米英両国は自由主義経済を原則とした戦後の国際経済秩序を望んだ。その結果誕生したのが，国際通貨基金（以下，IMFと呼ぶ）と世界銀行——これら二つの国際金融機関はブレトンウッズ協定（1944年7月）で誕生したのでブレトンウッズ体制と呼ばれることが多い——そして自由貿易主義を体現したのがガット（GATT：関税及び貿易に関する一般協定）である。こういった国際金融・貿易体制は，アメリカの圧倒的な経済力を背景に設立された（他方，ソ連指導下の共産圏ではコメコン，経済相互援助会議が設立された）。

　こういった資本主義的国際経済体制は多くの国々を富ませる性質を持っており——つまり国際公共財の一種であり——普遍主義的な魅力を持っていた。その一方で，こういった制度を通じてアメリカは独占的利益を獲得していたのである。この文脈でとりわけ重要なのは，基軸通貨を発行できる特権にほかならない。こういった点は第5章で説明していく。

大国間における経済力の不均衡発展

　以上解説してきたような国際秩序が覇権戦争の後に構築される。しかし，時間が経つにつれ，そのような政治秩序は不安定となるのが歴史の常であった。つまり，現存の政治秩序に不満を持つ国々が現われ，現状打破勢力として現状

維持勢力と対峙するようになるのである。そういった現状打破勢力が誕生してくるメカニズムはさまざまなものが考えられるが，なかでも重要なのはそういった国々が大幅な経済成長を遂げ，強力な軍事力を蓄積してくるという事実である。より正確にいえば，覇権国をはじめとする現状維持勢力も経済成長を続けるものの，新興国として台頭してくる国々――その一部が現状打破勢力となる――の経済成長がより早い。したがって相対的に覇権国の地位が落ちるのである。軍事力バランスに関しても，覇権国に対する新興国の立場は強まる。

　産業革命がイギリスで始まった後，工業化の波がヨーロッパに広まった。1870年代以降，とくにアメリカやドイツにおいて工業力の著しい成長が見られたのである。この段階では世界は第二次産業革命を迎えており，鉄鋼，鉄道，電気，電信，化学等々の分野で発展が見られた。後に広く見られるように，工業化の波は，さまざまなメカニズムを通じて「中心（先進）地域」から「周辺（後進）地域」に広がっていく[11]。この過程において，後者の経済成長スピードが高まり，前者のそれを追い抜くことが多い。したがって，「中心地域」は成長を続けるものの，その経済力は相対的に――つまり他国との関係において――低下する。19世紀半ばの世界経済において優越的な立場にあったイギリス経済も，半世紀後にはアメリカとドイツの経済力の前には勢いが衰えていたのである。

　第二次世界大戦後，アメリカが覇権を確立したが，ここでも時間が経過するにつれて工業化の波が周辺地域に波及していった。戦後日本や西ドイツが経験した高度経済成長はまさにその一形態であり，いわゆるアジアのNIES（Newly Industrializing Economies：新興経済地域のことで韓国，台湾，シンガポール，香港を指す）の経済成長もこの文脈で理解できよう。この工業化の波はついに中国やインドにも到達した。その結果，21世紀を迎え，アメリカの経済的覇権は19世紀のイギリスの場合と同様に，相対的衰退を迎えている。

新興国による現存秩序への挑戦

　新興国のうち現存の国際秩序に不満を持つ国々は，現状打破勢力として，米英両国率いる現状維持勢力に挑戦し始める。ここに「体制をめぐる確執」つまり秩序戦が両陣営間に繰り広げられることとなる。

　新興国のうちなぜ一部のものだけが現状打破勢力になるのであろうか。現時点では，この謎は十分に解明されていない。新興国の歴史を見渡せば，「民主主義国が現状維持陣営（米英陣営）に参加し，非民主主義国がその陣営に対す

る反対勢力，つまり現状打破勢力になる」という命題が成立するように思えるかもしれない。第一次世界大戦前のドイツ帝国は権威主義の国であり，第二次世界大戦前の日独伊三国はみなファシズム国家であった。現在アメリカに挑戦している中国政府は共産党が牛耳っている。対して，自由民主主義国家アメリカは第一次世界大戦前にはイギリスの覇権に対して軍事的な挑戦は試みず，大戦中もイギリス側についた。また，中国と並んで現在経済力が成長しつつあるインドは「(人口が) 最大の民主主義国」としてアメリカと組み中国に対抗しようとしている。

しかし，歴史をよく見ればこの命題と合致しない事例に気がつく。たとえば，日本である。第一次世界大戦前の日本はドイツ帝国同様に権威主義国家であった。明治憲法を作った伊藤博文がビスマルク時代のプロイセン憲法を手本にしたのはよく知られている。非民主主義国家であったにもかかわらず，日本は日英同盟にみられるとおり親英的であり，第一次世界大戦ではイギリス側につきドイツと戦ったのは既述のとおりである。

その上，「民主主義国か否かによって参加する陣営が変わる」というこの命題が想定している「国内政治体制（原因）→ 外交政策（結果）」という因果関係には，社会科学的視点から見れば曖昧さが残っている。たとえば，国内政治体制ではなく，地政学的要因といったような国家を取り巻く環境が真の原因である可能性は捨てきれない。インドが中国に対抗しているのは，インドが民主主義国だからというよりも，中国との間に領土問題を抱えているからと考えられよう。また，明治時代の日本がその権威主義的国内体制にもかかわらずイギリスと同盟を結んだのは，極東においてロシアからの脅威に対抗するという目的をイギリスと共有したからであった。

いずれにせよ，現状打破陣営と現状維持陣営との間で秩序戦は始まる。その具体的な焦点は国際秩序の三大要素つまり領土配分，正統性，国際制度である。言い換えれば，覇権戦争後に現状維持陣営が定めたこれらが変化すれば，国際秩序も変化したということになる。まず，現状打破勢力は先の覇権戦争後に確定された領土の取り決めを自国に都合のよいように変更しようする。そして，それが信じる政治的価値（イデオロギー）を「正義」として現状維持陣営の価値観に対抗させる。同時に，その権威が認められるように現存の国際制度の変更を要求する。さらには，国際制度に関して現状打破勢力は現存のルールの変更や骨抜き，さらには別のルールや組織を確立するといったような試みに出るのである。

2　覇権サイクルの特徴

こうして二大陣営の間において，外交政治手段，軍事手段，経済手段，さらには文化手段等々を使ったさまざまな権力政治活動が展開される。外交作戦においては，相手陣営の分断を図る一方，自陣営内部の団結を維持しようとする。あるいは軍事力でもって要所を攻略する。経済制裁に打って出る。さらにはイデオロギー戦に打って出て，相手方を貶める。これらの諸活動が「世界島」たるユーラシア大陸の外延部でもって，つまりヨーロッパ方面，西・南アジア方面，それに東アジア方面の三舞台にかけて（あるいはその一部で）集中的に展開される状況が出現するのである。

　現存する国際秩序をめぐる攻防なので，現状打破勢力のほうが攻勢，つまり行動を起こす側に立つのに対して，現状維持勢力は守勢の立場に立つという構図が一般的には当てはまる。前者が行動を起こさないかぎり現存の秩序は変わらないからである。そういった体制変革の動きは，瀬戸際戦略（軍事力を背景に危機を作り出して現状維持勢力からの譲歩を得ようとするもの）からサラミ戦法（少しずつ既成事実を積み上げていき，長期的に変革を求めていこうとするもの）までさまざまな形態をとりうる。

新たなる覇権戦争？

　こういった平時の秩序戦が過熱していけば，いつ，どのように戦時の秩序戦に変わるのか。つまり，どのように現状維持陣営と現状打破陣営の対立が覇権戦争という形に至るのか。これらの問いに対する確実な答えはいまのところ存在しない。両陣営間のパワーの差が縮まるにつれ，覇権戦争勃発の可能性は高まる。米ソ間においては覇権戦争が起こらなかったが，それには核の恐怖が両国の行動を慎重なものにさせたことが大きい。同じ核の恐怖が米中関係に十分働くのであろうか。今のところ判断がつかない[12]。

　他方，現状維持陣営が一方的に現状打破側に譲歩しても，衝突が避けられるかどうか実は定かではないのである。こういった点は第7章でくわしく議論する。米ソ冷戦の例が強く示唆するのは，覇権戦争が勃発するか否かにかかわらず，いずれかの陣営が秩序戦に負けて新しい覇権サイクルが始まるという点である。主権国家からなる国際社会が続く限り，このサイクルは繰り返すであろう。

● 3　覇権戦争としての第二次世界大戦，そして日本

　以上，覇権サイクルに関して一般的な解説をしてきた。本書の関心からすれば，こういった議論の応用形として第二次世界大戦後の国際秩序と日本の関係をよく理解しておく必要があろう。

第二次世界大戦とその結末
　前節で見たとおり，近代第三の覇権戦争が第二次世界大戦であった。これ以降，覇権戦争は起こっていない。いうまでもなく，現代の日本を取り巻く国際秩序——そして日本の国内体制——の基本的な部分はこの覇権戦争の結果生じたものである。日本とアメリカとの間の太平洋戦争（1941 ～ 1945 年）は全世界を巻き込んだ第二次世界大戦の一部でありながら，西太平洋の地域秩序をめぐる日米間の覇権戦争であったといえる。戦後，それまで日本の覇権下にあった西太平洋地域（日本海・東シナ海・南シナ海を西端として日付変更線を東端，赤道付近を南端とする海域）の支配権がアメリカに移ったのである。アメリカの勢力圏は西に延び，海域に関していえば大日本帝国の版図をほぼ飲み込んだ。

　第二次世界大戦終了まじかに戦勝国側は戦後構想をすでに持っていたが，大戦が終わって 2 ～ 5 年ほどで米ソ冷戦が始まったので，この戦後構想がかなり変わった形で実施された。したがって，サンフランシスコ講和条約締結後に（沖縄を含む南西諸島ならびに小笠原諸島を除いて）主権を回復した際，敗戦国日本が直面した国際秩序には，いわば二重構造的な複雑さが存在していたのである。

　この複雑さは，たとえば日本国憲法第 9 条に関するアメリカ側解釈の変遷に如実にみられる。米占領軍が日本国憲法を書き上げ，それが 1946 年 11 月に公布された際には日本軍はすでに解散させられていた。第 9 条は「完全非武装化された日本」を意味するものと占領軍最高司令官であるマッカーサーは理解していたのである。それはとりもなおさず上で触れた終戦前の戦後構想——日本に対するのはポツダム宣言——に沿ったものにほかならなかった。しかし，1947 年のアメリカによるトルーマン・ドクトリン発表以来，ヨーロッパでの対ソ冷戦がアメリカ側に意識され，そしてアジアでは 1950 年に朝鮮戦争が勃発するにつれ，アメリカ側の対日政策は大幅に変化した。第 9 条の条文を変更することなく，日本が再軍備するようにアメリカ側は圧力をかけてきたのであ

る。これが契機となり，独立後の 1954 年にはいまの自衛隊が発足することとなった[13]。これ以降，自衛隊の存在が第 9 条に抵触するのかどうかという問題は，日本国内で長い間議論が戦わされたが，それはまさにアメリカが終戦前に持っていた戦後構想が冷戦という現実の前で「ねじれていった」結果の産物といえよう。

自衛隊の地位にみられるような「ねじれ現象」の源泉は二つあるが，それらは他の覇権戦争と比較するとかなり特異なものであることがわかる。一つ目は敗戦国の無条件降伏ならびに占領（つまり主権の剥奪）という形をとったこと。日清・日露戦争，ならびにそれまでの覇権戦争にみられるように，本来ならば敗戦国といえども戦勝国側と主権国家対主権国家という（少なくとも資格の上では）平等な形で講和条約の交渉をするのが普通であった。これとは対照的に，第二次世界大戦に敗北した日本は占領され，言わば植民地と同様の地位しか持てず，いやおうなしに占領国アメリカの意思に従わざるをえなかったのである。二つ目は冷戦が，第二次世界大戦終了後，たった数年内に起こってしまったこと。これにより長期にわたる講和後の平和期間（とくに戦勝国である米英とソ連との間での平和期間）がなく，すぐさま世界が準戦時状態に入ってしまった。冷戦開始後，とくに朝鮮戦争の勃発を受けて以上二つの条件が組み合わさったのである。準戦時体制に入ったアメリカ側の意思を無視した形で日本が主権を回復することがますます難しくなったのは想像にかたくない。

したがって，以下，二つのステップでもって話を進めていこう。最初に第二次世界大戦（終戦前の戦後構想を含む）と日本との関係を整理する。そして，西側で覇権を握ったアメリカが築いた冷戦期における国際秩序と日本との関係について説明しよう。

第二次世界大戦と日本　第二次世界大戦では，英米仏がリードする現状維持陣営——中華民国を含む「連合国」で後にソ連が参加——と日独伊の「枢軸国」がリードする現状打破陣営とがぶつかった。ヨーロッパ戦線においてナチス・ドイツによるポーランド侵攻（1939 年 9 月）が開始された頃，東アジアでは日米関係は抜き差しならない状況に陥っていた。その後，1941 年 7 月フランス領インドシナ南部に進駐した日本に対し，アメリカ側は対日禁輸措置をとった。軍艦の燃料であった重油を当時の日本海軍はアメリカからの輸入に頼っていたが，その重油が来なくなるというのである。ここに日本海軍はジリ貧の状況に陥る。アメリカに対し試みられた外交交渉の道は閉ざされ，ついに日本海軍ならびに日本政府は対米短期決戦に望みを託し，ハワイの真珠湾にある

アメリカ海軍基地を奇襲した（1941年12月7日）。同時にフィリピン（米植民地），香港・シンガポール（英植民地），インドネシア（オランダ植民地）にも日本軍は兵を進めた。ここに日本の対米英戦が始まったのである[14]。同時にタイとも日本は軍事同盟を結び枢軸国側に引き寄せた。

　日本の対米開戦を受けて，ナチス・ドイツもアメリカに宣戦布告をした。アメリカはヨーロッパ戦線にも正式に参加することとなり，ここに第二次世界大戦が全世界を包むこととなったのである。太平洋においては日本は緒戦では優勢に立っていたものの，アメリカの巨大な生産力がその威力を発揮するにつれて形勢は逆転した。そして1945年，枢軸国側はついに敗北する。5月にドイツ，8月に日本が降伏した。

　「戦争は政治の延長」というクラウゼヴィッツの視点を借りれば，この敗北は日本側の政治的敗北でもあった。国内政治体制をめぐる思想闘争における敗北である。ファシズム思想が敗北し，米英が奉ずる政治思想が勝利した——少なくともアメリカ側はそう思った。この点を理解すれば，なぜ戦勝国側がドイツと日本を戦後，厳しい占領下に置き両国の体制変革に着手したのか合点がいく。本書でいう中和化つまり無害化を戦勝国は追求したのである（「中和化」については後ほど詳しく説明する）。ドイツの場合はドイツ政府そのものが存在を許されず，連合国がドイツを分割し直接軍政下においた。日本の場合はそれと異なり，陸海軍は解散させられたものの天皇を含む日本政府が残され，それを通じて連合国——実質はアメリカ単独——が占領政策を実施したのである。第一次世界大戦においては政治思想上の対立はこれほど厳しくはなく，戦勝国——とりわけアメリカ——が敗戦国の体制変革をめざして戦後占領を行うということは起こっていないことを思い起こしてほしい。序章で指摘したとおり，1952年に占領が終了するまで対日戦が続いたのである。

　以上が覇権戦争という視点からみた第二次世界大戦の概要である。この視点からすれば，日本が戦った四つの戦争ないしは武力行使——日中戦争（1937〜1945年），東南アジアから南アジアへの進駐・侵攻（1940〜1945年），アメリカとの戦争（1941〜1945年），それにソ連からの侵攻（1945年）——のうち，アメリカとの戦争，つまり太平洋戦争がやはり決定的に重要といえる。

　覇権戦争後の国際秩序に関心がある本書の視点からすれば，地政学にかかわる次の二点が日本に関して重要である。まず，第二次世界大戦においても前の覇権戦争同様，敗北した側の帝国は崩壊し消滅したという事実である。日本の運命がまさにそうであった。敗北した大日本帝国の主要な領土は北海道・本

州・四国・九州だけとなり，植民地ならびに支配下にあった多くの領域は，主権国家として独立するか戦勝国とりわけアメリカの勢力圏に組み込まれたのである。西太平洋に関していえばすでに指摘したとおり，「日本の湖」であったものが「アメリカの湖」となった。

次に核兵器出現がもたらした地政学的意義である。この兵器の出現により，日本を囲む地政学的構造は根本的に変化した。戦後の日本が大国になれる可能性がほぼ消滅したといえよう。すでに指摘したとおり，核時代においては核戦争が起こってもなんとか生き残れる国しか真の意味での大国になれない。大陸級の領土を持った国しかこの基準を満たすことができないのである。仮に満州を維持できていれば戦後日本が核大国になれる可能性があったかもしれない。しかし，領土が本来の規模に縮小した，それも人口が大都市部に密集している戦後日本は核攻撃（あるいは化学兵器や生物兵器などの大量破壊兵器）に大変脆弱である。そのため，仮に日本が戦力的に有意義な数の核兵器を獲得したとしても，他の核大国相手に自国のみで勝てる可能性はほぼない。その上，日本は米中ソ（露）という三つの大陸級核大国に囲まれている。そのような状況では独自の核大国路線を追求するのはまさに自殺行為に等しい。また同時に，独自の核兵器を追求しないとしても，核大国と何らかの形で同盟を結ばなければ日本は安心できないのは自明であろう。逆にいえば，効果的な核の傘がいかなる国からも提供されない状況に追い込まれたなら，本来の脆弱性にもかかわらず日本は核兵器獲得の可能性を考えざるをえなくなるのである。

したがって，軍事面に限っていえば，戦後日本は二級国家に格下げされたといえる。それは第二次世界大戦に負けたから，あるいは史上初の被爆国であるからというよりも，より本質的には核兵器の出現という軍事技術上の発展の結果である。戦前は通常兵器の時代であり，そのような兵器体系のもとでは日本でも大国になりえた。しかし軍事技術の発展は大国になれる資格のハードルを上げることになり，日本と旧ヨーロッパ列強（ソ連を除く）が二級国家に格下げされたのである。戦勝国であるイギリスやフランスは面目を維持するために戦後核戦力を維持しているが，国土が狭い両国は前述の基準にかなった大国にはほど遠く，アメリカの協力なしにはソ連の核兵器に対応できるすべがなかった。英仏両国は植民地を失っただけではなく，軍事力の面においても名目だけの大国で実質的には二級国家に降格したのである。

また，核ミサイルの出現は，日本の地政学的位置を変質せしめた。つまり，日本は朝鮮半島（ならびに台湾）とともに核大国間——米ソ間あるいは米中間

――の緩衝地帯になってしまったのである。それまでは朝鮮半島が日本（つまり太平洋国家）とアジア大陸との間の緩衝地帯をなしていた。明治時代に日本が戦った日清・日露両戦争は，まさにこの緩衝地帯の支配権をめぐる争いであった。核ミサイル技術の発達，それに大日本帝国の崩壊は，太平洋国家アメリカとアジア大陸国家ソ連（それに中国）が北東アジアにおいて相対峙する状況を生み出した。これが北東アジアにおける冷戦の構図であるが，両陣営間に位置する朝鮮半島と日本は緩衝地帯の役割を担うこととなったのである。この緩衝地帯のほとんど（つまり朝鮮半島の南半分と日本）はアメリカの手中に落ちたが，いずれにせよ日本は緩衝地帯を争う国から緩衝地帯そのものになってしまった。この意味でも日本は大国の地位から落ちてしまったといえよう。まさに大日本帝国は徹底的に散り去ったのである。

戦後国際秩序構想のなかの日本　第二次世界大戦終了直前に戦勝国間で策定された戦後国際秩序構想はいかなるものであったのか。そしてその中で日本の位置はいかなるものであったのか。答えは，1945年2月に米英ソ間で結ばれたヤルタ合意，ならびに同年7月末のポツダムでの合意にみられる。戦勝国による領土配分と正統性の確立，それに国際制度という本章の関心からすれば，以下のように整理できよう。

まず勢力圏を含む領土の配分である。これは戦後国際秩序の基礎をめぐる問題であるが，既述のとおり，日本はその海外植民地ならびに勢力圏をすべて失った。最終的に日本の領土はサンフランシスコ対日講和条約（1951年9月8日署名，翌年4月28日発効）において確定された。

次に重要なのが，戦勝国の正統性を確立することである。第二次世界大戦の場合，これは戦勝国が敗戦国を占領することを通じて行われた。この点もすでに触れたとおりである。米軍占領下における数々の改革を通じて，「悪の体制」であった軍国主義日本を「善の体制」であったアメリカのように変えようとした。この文脈でとりわけ重要なのは，いわゆる東京裁判――正式名は極東国際軍事裁判（The International Military Tribunal for the Far East）――であろう。裁判というもっともらしい形式を採用することにより，敗戦国日本の指導者を「戦争犯罪人」としてアメリカは裁いたのである。

最後に注意すべき点は，戦勝国の特権的地位や正統性を体現する国際制度を確立させる作業である。この点に関していえば，第二次世界大戦の特徴は何といっても国際連合が発足したことであろう。国際連合は元の英語ではUnited Nationsで，戦勝国陣営の名前である「連合国（United Nations）」そのまま

あることからも，「戦勝国による国際秩序確立のための機関」が本来の姿であったことが理解できる。

　国際連合は，それまで存在した国際連盟の後継組織として編成された。この組織の内部構成に関しては，すでに1944月8月から10月にかけてワシントンで開催されたダンバートン・オークス会議においてかなり議論されていた。その後ヤルタ会議では五大戦勝国——米英ソの三国のほか，フランスと中華民国——が安全保障理事会常任理事国という特権的地位だけではなく，拒否権という権利を自ら与えたのである。そして，サンフランシスコで開催された会議において連合国50カ国は1945年6月26日付で国連憲章に調印した。

　国際連合は政治秩序に関するものである一方，経済秩序に関してはアメリカはさまざまな国際制度を自国の信じる価値を体現するものとして，イギリスと協力しながら設立していった。前述のとおり，国際金融に関していえば，IMFと世界銀行が構想された。加盟国が国際収支の危機に直面した際に短期資金提供するというのがIMFの主なる目的なのに対し，世界銀行はより長期的な資金提供——主に発展途上国の開発と先進国の復興——を目的とした。

　これに続いて，1945年半ばごろ，国際貿易機関（ITO）を設立すべくアメリカは動き出す。大恐慌後に発生した保護貿易主義とブロック経済が第二次世界大戦の一因となったと理解され，戦後は強固な自由貿易主義を貫徹するというのがそのねらいであった。しかし，その基礎となる国際貿易機関憲章（ハバナ憲章）はアメリカをはじめ多くの国に批准されなかった。かわりにその一部である「関税及び貿易に関する一般協定」，いわゆるガットが実質上，自由貿易主義を体現する組織となった。ブレトンウッズ体制とガットといういわば「両輪の輪」でもって，アメリカは戦後の世界資本主義秩序を運営していこうとしたといえよう。

　独立国として国際社会に復帰した際，日本はこういったアメリカ主導の国際制度に新参者として参加するよう努力することとなる。それは平坦な道では決してなかった。たとえば，渋るヨーロッパ諸国をアメリカが説得する形でガットに日本は加入したものの，ヨーロッパ諸国からの差別的措置が撤廃されるのには1963年まで待たなければならなかったのである[15]。

パックス・アメリカーナと冷戦

　冷戦の概要　こういった戦後秩序構想の底にあったのは，いうまでもなく当時アメリカが持っていた圧倒的な国力（軍事力と経済力）にほかならない。

西側の別の大国，イギリスは経済的に疲労していた。戦後直後のイギリスはその国際的地位をかろうじて維持していたものの，その後次第に衰退していく。アジアに関していえば戦後初期，インドとパキスタン，マレー半島などでの独立運動を抑えこむことはできず，これらの独立を許したのであった。1956年には，スエズ運河の国有化を図るエジプトに対してフランスと共同して軍事力を背景に圧力をかけたものの，アメリカの不同意に会い，引き下がざるをえなかった。そしてついに1968年にはスエズ運河以東の地域から軍事コミットメントを放棄するにいたり，一時は世界に覇を唱えた大英帝国は事実上消滅したのである。イギリスの地位は「ヨーロッパ圏内のリージョナルパワー（地域大国）」に落ちた。こういった過程を経てきたイギリスは，アメリカのジュニア・パートナーとして第二次世界大戦後の現状維持陣営に残ることとなった。

　さて，1947年のトルーマン・ドクトリン発表から米ソ間において冷戦がはじまる。それは究極的にはイデオロギーをめぐる戦いであり，アメリカ・西側が奉じた自由民主主義・資本主義か，あるいはソ連・東側が信じた共産主義のいずれが正義なのかという争いであった。米ソ間の闘争は地球全体を包み込み，かつ，政治外交の次元だけではなく，軍事，さらには経済や文化の次元においてさえ戦われたのである。西側からすれば，対ファシズム戦に続く「全体主義との闘い」であり，東側（ソ連側）からみれば対ファシズム戦で中断した「資本主義との闘いの再開」であった。第二次世界大戦——対ファシズム戦——で勝った国々の間の仲たがい，という見方もできよう。つまり，二つの戦後覇権国——西側のアメリカ，東側のソ連——の勢力争い，という冷戦の理解である。冷戦そのものは覇権戦争ではなく，本章冒頭で触れた(2)「複数の戦勝国（「覇権国」がその中心）による国際秩序が成立する」段階が二つの地域に分かれて起こり，その両者が「体制をめぐる確執」を展開したものと理解できよう。

　冷戦期においては，世界は三大陣営に分かれた。まず，19世紀から続いてきた資本主義を打倒せんとする東側陣営が現状打破勢力を構成した。次に，自由民主主義・資本主義を正統と奉じる西側陣営が現状維持勢力として対峙した。そして，非同盟諸国と呼ばれた中立グループが両陣営の間に立ったのである。

　冷戦期，西側においてはアメリカが覇権を握り，アメリカを頂点とする西側国際秩序はパックス・アメリカーナ，つまり「アメリカ支配下の平和」となった。平時には長期海外出兵をしないという伝統を自ら破棄し，アメリカは前線基地を同盟諸国に置いた。その「同盟＝前線基地」ネットワークはユーラシア大陸の外延部——リムランド——に張り巡らされた。つまり，西欧と地中海か

ら中近東，そして東南アジアから北東アジア，そしてオセアニア（オーストラリア・ニュージーランド）にアメリカの同盟関係は築かれたのである。反面，ソ連陣営から見れば，それは包囲網を形成した。こういった前線基地とアメリカ本土とを結ぶ海洋においては，アメリカ海軍の力は抜きん出ており，制海権を維持したのである。ソ連自身は「内側から外側（リムランド方向）」に勢力を伸ばし，いわば「西側同盟ネットワークに風穴を開ける」ための態勢をとったのはこれまで指摘してきたとおりである。アジアにおいては中華人民共和国（1949年に建国，中華民国政府は台湾に逃れた）と北朝鮮それぞれとソ連は同盟を結び，日本・韓国に駐留するアメリカに対抗したのであった。

　一時はキューバ危機（1962年）で一発触発の状況まで陥った米ソ両国ではあったが[16]，デタントや「第二次冷戦」（1979年のソ連によるアフガニスタン侵攻から始まる米ソ間の緊張関係）を経て，冷戦は終了する。1985年にゴルバチョフがソ連のリーダーとして登場したことがその契機であった。ゴルバチョフは従来のソ連の国内体制の限界，とりわけその経済的低迷を意識し，対米イデオロギー戦での負けを認めたのである。1989年12月初旬に開催されたマルタでの米ソ首脳会談でもって，冷戦は終了した。約40年続いた闘争がここに終了したのである[17]。そして，そのソ連自身，1991年12月末に解体し，1917年のロシア革命以来の生涯を終えた。

　日本の構造的位置　ここでアメリカ陣営にとっての日本の地政学的地位について触れておきたい。アメリカが対ソ冷戦の文脈に日本を置いたとき，二つの死活的利益が考えられた。第一の死活的利益とは政治的なものである。すなわち，共産主義陣営との秩序戦において決定的に重要な位置を占める日本を，必ずアメリカ陣営に，それも完全に組み込んだ形で引きつけておくことであった。冷戦初期，アメリカの対ソ封じ込め政策を考案したケナン（当時，アメリカ国務省の政策企画本部長）の発想を借りれば，日本は世界にある五大工業圏のうちの一つであり，ソ連工業圏以外の四つ——日本のほかにはアメリカ，イギリスとその他の西欧諸国——を西側は押さえる必要があったのである。したがって，日本が共産主義陣営に属したり，中立に走ったりするような状況はアメリカにはとうてい受け入れられなかった。

　アメリカの第二の死活的利益は，引き続き日本での米軍駐留を確保することであった。軍事戦略上，北東アジアにおいてアメリカは軍事プレゼンスを維持せねばならなかったのであり，日本はまさに有用な「不沈空母」の役割を果たしたのである。アメリカのこの死活的利益に対して日本は挑戦しようがなかっ

たし，アメリカも譲歩を考えていなかった。その結果が共産主義諸国抜きのサンフランシスコ講和条約であり，日米安全保障条約であったのである。よく言えばアメリカのジュニア・パートナー，悪く言えば保護国の地位に日本は置かれることとなった。

　アメリカによる占領と冷戦開始という二つの特殊要因に反応する形で日本の「経済優先・軽装備主義」の基礎が形成されていったが，アメリカの日本に対する支配的地位は今日も続いている。サンフランシスコ講和条約と日本安全保障条約は今日にいたるまで日米政治関係の骨幹をなしており，また，アメリカの二つの死活的利益も冷戦の終了にもかかわらず本質的な変化をとげていない。アメリカの世界戦略における日本の構造的位置も，さまざまな面では変化してきたものの，根本的には占領期と変化していない。とくに日本で米軍基地を維持することは，アメリカの世界軍事戦略にとって昔同様なくてはならない条件なのである。

　とりわけ横須賀に本部を置くアメリカ海軍第七艦隊は，要の位置にある。西太平洋からインド洋までを第七艦隊はその管轄下においている。第七艦隊が日本から撤収するとすれば，それはアメリカの世界戦略そのものが根本的に転換する時以外にない。当然，その際には日本がアメリカ外交に占める立場も根本的に変わるであろう。逆にいえば，そういった大変革とも呼ぶべき極端な状況が起こらない限り，第七艦隊は日本に駐留し続けると思われる。

　また第七艦隊が日本に駐留することにより，日本からシンガポールまで大陸に沿った形で伸びる海域において，アメリカが戦前の大日本帝国に替わって制海権を打ち立てている。日本本土はおろか沖縄，それに台湾がアメリカの勢力圏に入り，旧米領であったフィリピンとつながった。これらの地における米軍基地はアジア大陸に対する前線基地となったのはいうまでもない。

　それと同時に，これらを結ぶ島嶼群――第一列島線とよく呼ばれる――は大陸勢力の太平洋進出をふさぐ「チェーン」ともなったのである（図1-2）。この視点に立っても日本本土は要衝の位置を占めていることが明白であろう。ロシア（ソ連）艦隊がそのウラジオストク基地から太平洋に出るには，宗谷海峡，津軽海峡，対馬海峡のいずれかを通過しなければならないが，これらは狭く，チョークポイント，つまり「ここを支配下におけば船の航行を止めることができるような海峡」となっており，日本・アメリカが容易にふさぐことができる。また，日本本土から南に目を移せば，沖縄と台湾は要衝の位置にある。というのも，沖縄本島と宮古島との間にある宮古海峡と台湾とフィリピンの間にある

第1章 国際秩序を読み解く──覇権サイクルとは何か

図1-2　日本付近の第一・第二列島線

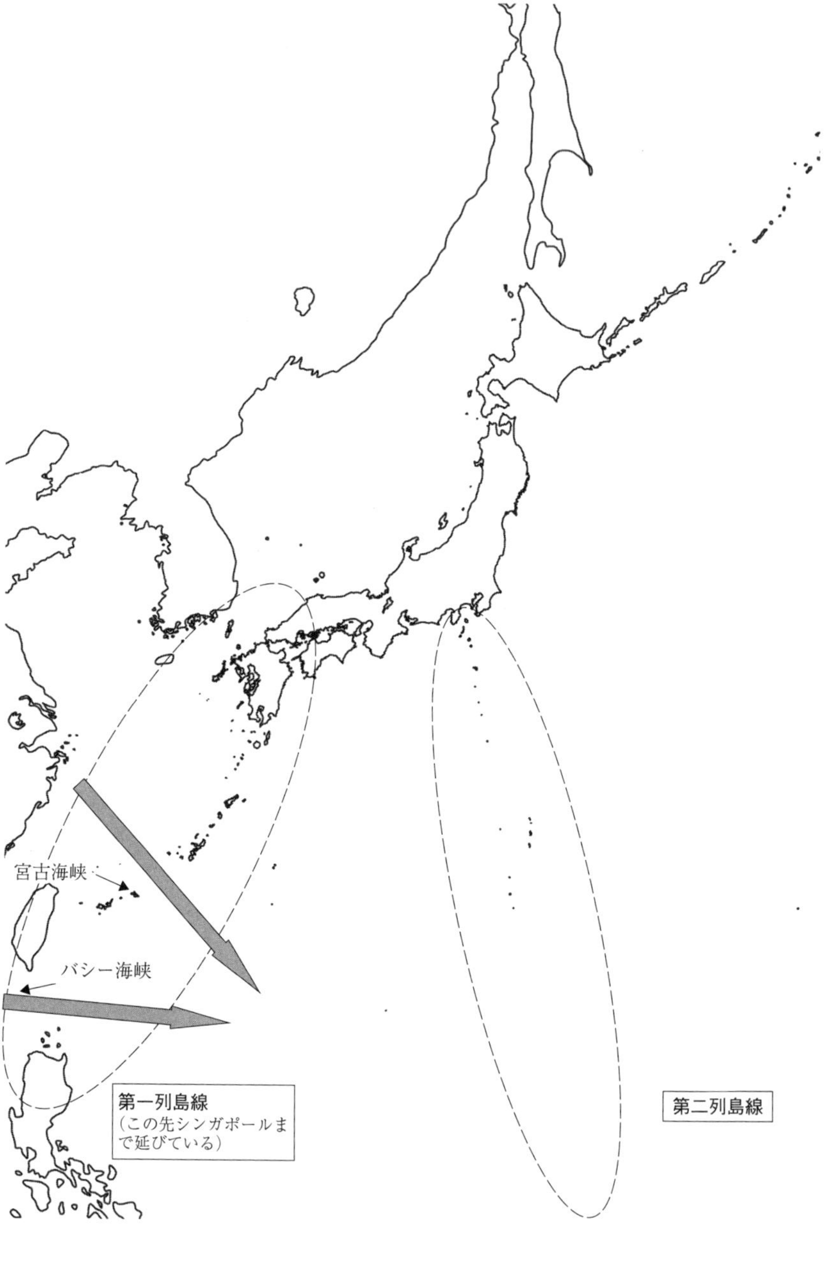

宮古海峡

バシー海峡

第一列島線
（この先シンガポールまで延びている）

第二列島線

バシー海峡の二つが比較的幅が広く，中国からみれば太平洋への出口の役割を果たしているからである。当然，中国の艦艇はここを通らざるをえず，攻撃の対象となりやすい。

同時に，伊豆諸島から小笠原諸島，グアム島を結ぶ線――第二列島線と呼ばれる――や日本が戦間期以来支配していた南洋諸島――西太平洋の赤道北部に広がるミクロネシア諸島――もアメリカの支配下に入った。第二列島線は第一列島線をいわば支援する位置にある。グアム島における米軍基地がこれを象徴している。このように第一列島線と第二列島線双方の起点となるのが日本であり，ここを押さえておくことによりアメリカは西太平洋の制海権を維持することができるのである。

ここで別の視点から，戦後日本が占めることとなった地政学的位置をいま一度考えてみよう。

すでに議論してきたとおり，太平洋戦争での敗戦を受けて大日本帝国は崩壊した。そのスピードが比較的早いものであったことは，戦後英仏両帝国が衰退していった過程と比較すれば明確であろう。それゆえ日本の旧支配地域は事実上の「力の真空」となり，太平洋側からはアメリカが，そしてアジア大陸側からはソ連がそれぞれすかさず真空を埋めたわけである。いうまでもなく北東アジアにおいては，日本列島ならびに朝鮮半島の南半分，それに台湾がアメリカの勢力圏に組み込まれた。他方，旧満州を含む中国，そして朝鮮半島の北半分がソ連の勢力圏となった。そして朝鮮半島の38度線と台湾海峡，それに日ソ国境地帯が，両勢力圏の境界線となったのである。こうして大日本帝国の領土は米ソ間で二分され，戦後日本は米ソ冷戦における前線国家となってしまった。

同時に朝鮮半島は従来の緩衝地帯としての地位を保ったのである。北東アジアにおいては朝鮮半島が伝統的にアジア大陸国家と太平洋にある海洋勢力との間の緩衝地帯であった。不安定な緩衝地帯は大国の介入を招きやすい。日清戦争も日露戦争もつまるところ，緩衝地帯である朝鮮半島の支配をめぐる戦いであったし，アメリカも朝鮮戦争に介入したのである。米ソ冷戦が始まった際，日本は新たに前線国家になったのと同時に，古来の緩衝地帯であった朝鮮半島の不安定性に悩まされるという二重苦の状況に直面したのであった。

ここで戦後日本にとっての東南アジアが占める重要性についても触れておこう。地政学の観点からすれば，戦後独立した東南アジアの国々は少なくとも二つの理由で日本にとって重要となった。まず，戦前期において日本にとって大市場であった中国との貿易が冷戦で大きく遮断されたのが第一の理由である。

アジアにおける代替市場として東南アジアに脚光が集まった。第二の理由は，エネルギー原料としての石油の登場に関係している。1960年代以降，それまで石炭に頼っていた日本経済は，当時の通商産業省の指導のもと石油に舵をきった。石炭は日本国内で採掘できたが，石油は中近東からの輸入に頼ることとなったのである。その海上輸送ルートはいうまでもなく日本―マラッカ海峡―中近東を結ぶシーレーンであり，東南アジアは日本経済にとってまさしく要衝となった。もちろん，このシーレーンは第七艦隊に守られており，この面でも戦後日本の安寧はアメリカの西太平洋覇権に依存することとなったのである。

陣営内での経済発展　「新興国が経済成長するにつれて国際秩序が変動する」という命題を本章は冒頭で掲げたが，この点について冷戦期を見てみよう。西側陣営においては日本ならびに西ドイツの急激な経済成長が指摘できる。両国は経済大国の地位を築き上げた。その結果，両国の威信も大きく伸びた。1975年に始まったG7（先進国首脳会議）は世界経済の中心となったが，日本とドイツの威信はそれに参加できるほど向上したのである。

ただし，日本と西ドイツが，それぞれの強大な経済力をそれに相当する軍事力に転嫁しなかった点は重要である。安全保障に関しては，共通の敵であるソ連を前に，アメリカのジュニア・パートナーとしての地位に両国は満足し，それにとどまったのであった。日本と西ドイツは東アジアとヨーロッパそれぞれにおいてソ連の脅威に直面する前線国家の位置にあった。こういった状況下では，自陣営内の覇権国であるアメリカに対し軍事力でもって現状打破国として挑戦するというような選択肢が，核ミサイルを持たない日本・西ドイツにとって意味をなさなかったのは理解できよう。その結果，覇権国アメリカとの間に強烈な経済摩擦は生じたものの，安全保障面では共通の敵ソ連に対抗すべく日本と西ドイツは対米協力関係を続けたのであった。さらにいえば，日本は自由貿易体制を擁護すべく，対米輸出を自主規制するなどしてアメリカの覇権を支えようともしたのである[18]。日本や西ドイツの興隆に代表されるように，西側陣営内部でのアメリカの相対的国力は落ちたものの，その程度は限定的であったといえよう。

● 4　ポスト冷戦期

おおよそ40年続いた冷戦が終わった際，先の覇権戦争終了時から一貫して覇権国の地位を維持できていたのはアメリカただ一国であった。冷戦は覇権戦

争でなかったものの，アメリカとの競争に負けたソ連が崩壊した後には第一次・第二次両世界大戦のときと似たような状況が発生した。つまり，旧ソ連内において多くの主権国家が出現したのである。

アジアにおいてはソ連の敗北と崩壊はいかなる地政学的インパクトを生んだのであろうか。ヨーロッパほど極端なものではなかったものの，それでも大きな変化をアジアにおいてもたらした。まず，ソ連の衛星国であったモンゴルは冷戦後，共産主義を放棄できただけでなく，駐留ソ連軍が撤退したためにそれまでのソ連軍の対中最前線基地という緊張感に満ちた状況から解き放たれた。北朝鮮に目を向ければ，ソ連というパトロンをなくした北朝鮮は大いに危機感を抱いたといえよう。韓国は1990年9月にソ連と，1992年8月には中国と国交を結んだが，北朝鮮がますます疎外感を感じたのは想像にかたくない。北朝鮮政府は生き残りをかけて核兵器開発路線を推し進めたのである。

東南アジアにおいて，ソ連の敗北に最も影響を受けたのはヴェトナムであろう。1979年2月の中越戦争以来，その対中関係を悪化させていたヴェトナム——カンボジアに侵攻したため，中国側から戦争を仕掛けられた——であったが，友好国ソ連のゴルバチョフが対中緊張緩和政策をとるなか，ヴェトナムは1989年9月にはカンボジアからの撤兵を完了した。そして1990年以降，カンボジア和平プロセスが進み，1992年には日本が戦後初めての国連平和維持活動（PKO）として，自衛隊をカンボジアに派遣したのである。

以上のように，アジアにおいてソ連のジュニア・パートナーたちは大きな影響を受けたものの，ソ連崩壊後に新たに主権国家となったのはロシア以外には存在せず，また，前述のように東アジアにおける西側陣営はアメリカの海軍力に大きく頼っていた——西側の地上軍はヴェトナム戦争以降，朝鮮半島以外の地域では東側の地上軍とアジアでは対峙していなかった——ので，ヨーロッパのような地殻変動ともいえる動きは生じなかったのである。とりわけ北東アジアにおいては，朝鮮半島は南北に分断されたまま，そして台湾海峡をはさんで中国と台湾が対峙し互いに「中国全土を支配する唯一の正統政府である」という見解を主張するという構図が，ソ連崩壊後も続いたのであった。

以上解説してきたように，地政学的には「冷戦が終了し対米秩序戦でソ連が敗北した」という事態は，おおむねそれまでの覇権戦争終了直後と似たような状況をもたらした。では威信や正統，さらには国際制度に関しても同じことが言えるのであろうか。

ソ連の敗北は共産主義イデオロギーの敗北でもあった。アメリカが奉じるイ

デオロギーの優位性・正統性に多くの人々は酔ったのである。そして次の「体制をめぐる確執」は西側陣営内で起こり，それはアメリカ型資本主義，ドイツ型資本主義，日本型資本主義の戦いであるとさえ喧伝されたのであった。冷戦終了時の日本経済は最盛期にあり——バブル経済が破裂する直前——その勢力はアメリカ経済を凌駕し21世紀は「日本の世紀」になると予想されたぐらい，日本の威信は高まっていたのである。軍事力がものをいう時代は終焉し，これからは経済力が中心となって世界の国際政治が動く，日本はその主導力を発揮できる，といったような意見——後になって，これらがいかに間違っていたものなのか判明する——が闊歩した時代であった。1991年から1993年にバブルがはじけ，日本経済は長い低迷期に入ったが，経済力の低下と同時に日本の威信も低下していった。冷戦期，日本の威信は向上したが，それはまさに経済力の向上に由来するものであり，逆のパターンが冷戦後に発生したのである。

このように，威信・正統性といった価値の面では，覇権戦争の論理がポスト冷戦期初期の状況に当てはまる。では国際制度の面ではどうであろうか。アメリカの「一極体制」となったポスト冷戦期であったが，かといってこの時期に成立した新しい国際制度は，アメリカの覇権的地位を反映したものではなかった。ではこれらの新制度の目的はなんであったのであろうか。ポスト冷戦期初期ではロシア・中国ともにアメリカにとっては潜在的脅威に過ぎなかったのであり，それは「明確な敵が不在」ともいえる状況であった。そういった状況において避けるべきなのは相互不信の増幅，そしてその結果としての国際情勢の不安定化と軍備競争であったのである。相互不信・不安をなくしていくには信頼醸成措置——情報公開・交換を通じて猜疑心を減らしていくさまざまな手段——が欠かせない。そのためのフォーラムとしてアジア太平洋地域においてはアセアン地域フォーラム（1994年創設）やヨーロッパ地域における欧州安全保障協力機構——それまでの欧州安全保障協力会議が1994年に発展したもの——が設立されたのである。これらはフォーラム，つまり「単なる意見交換の場」に過ぎず，国連安全保障理事会や同盟のような「決定事項は守らなければならない」というような種類の組織ではないことをいま一度確認しておこう。

こういった新制度は従来のアメリカの同盟ネットワークを補完するものとして構築された。アメリカ主導の同盟ネットワークは従来の抑止力である——ロシアや中国は冷戦終了後も核兵力を維持している——と同時に，ヨーロッパとアジア太平洋それぞれの地域における政治的安定をも提供し，冷戦後も重要な制度として維持されたのである。

本章の冒頭で触れた（4）「経済成長著しい新興国が当該秩序に挑戦し（現状打破陣営による挑戦），それに対して覇権国側（現状維持陣営）が秩序防衛をする，という秩序戦が出現する」という命題は，21世紀に入って展開しつつある。冷戦の終わりは覇権サイクルの終わりを意味しなかった。今回の新興国＝挑戦国は中国にほかならない。そしてこの米中間の確執は東アジア，とりわけ西太平洋で——つまり日本の目の前で——展開しているのである。

　現状打破国としての中国の台頭　冷戦が終わって15年ほど経った頃，中国の経済的台頭が目立つようになる。1979年から始まった改革解放政策が功を奏し，中国経済は目覚ましい発展を遂げていたのであった。2010年には日本をGDPで追い抜き，中国は世界第二位の経済大国となったが，それ以降も成長を続けている。多くの予測では2030年にはアメリカの経済規模を追い抜くとされているほどである[19]。

　経済力の成長は軍事力の成長を意味する。中国の人民解放軍の力も大きく発展していったが，とりわけ中国海軍の発展には目覚ましいものがある。第二次世界大戦終了時から西太平洋は事実上「アメリカの湖」であり，アメリカ海軍の制海権下にあったが，中国海軍は膨張し続け，南シナ海，そして東シナ海をアメリカから奪い「中国の湖」とすべく，本書序章で述べた「グレーゾーンの戦い」をアメリカならびにアメリカの同盟国であるフィリピンや日本に対して挑んでいる。

　本書が説く日本の大戦略は当然，この現実に対応せんとするものである。中国に対する日本の地政学的課題は第6章でくわしく述べる。ここでは以下の点にとどめておくが，これらに関しても後ほどより詳しく取り扱っていく。

　国際秩序の三要素のうち最も重要なのは領土分配であるとこれまで指摘してきたが，中国の東シナ海・南シナ海における行動はまさに戦後東アジアにおける国際秩序に対する挑戦といえよう。すなわち，覇権国アメリカが第二次世界大戦後に打ち立てた東アジア国際秩序に対する挑戦である。東シナ海の尖閣諸島は日本が実行支配しており，アメリカも日米安全保障条約第5条が適用されるとしているが，中国は領有を主張しその沿岸警備船を——時には軍艦も——2012年以降，常時尖閣諸島付近に派遣し日本側に圧力をかけている[20]。南シナ海においては中国の行動はより大胆である。フィリピンとヴェトナムの反対をよそに，スプラトリー諸島といったような係争地に人工島を築くだけでなく軍事施設をも建築しているのであるから。

　尖閣諸島や南シナ海の島々に関して中国が主張する領有権の根拠は，歴史的

議論に基づいている。つまり中国は歴史的権利があるとしている。たとえば南シナ海においては，中国はいわゆる「九段線」を引き，その中国側の海域——南シナ海のほぼ90パーセントにもなる——について中国は歴史的権利を持っており，中国の主権が及ぶと主張している。南シナ海はチベットと台湾同様に，中国の核心的利益だというのである。

　こういった中国の現状打破の動きに対して，アメリカとその同盟国である日本・オーストラリアといったような現状維持陣営の国々は，国連海洋法条約をかかげて反対している。すなわちすべての国々は「航行と上空飛行の自由」を尊重することと，「武力を背景にした強制的で一方的な領土の変更」への反対を主張している。こうしたなか，2016年7月12日，常設仲裁裁判所は南シナ海に関して中国の主張をほぼ全面的に退け，法的根拠がないものと断じた。これは現状維持陣営の立場を強化するものであるが，中国は判決が出る前から常設仲裁裁判所の判断には従わないと公言し無視する姿勢をとっており，これはいまでも続いている。

　アメリカが打ち立てた国際秩序への中国による挑戦は領土問題に限られてはいない。国際制度に関しても同様である。たとえば，後の章で見ていくように中国指導のもと2015年12月に発足したAIIB（アジアインフラ投資銀行：Asia Infrastructure Investment Bank）は，アメリカへの間接的な挑戦にほかならない。くわえて，中国による対米サイバー攻撃は新しい形の「覇権国に対する挑戦」といえよう。さらには正統性やソフトパワーの分野においても，中国は「中国とアメリカはともに第二次世界大戦の戦勝国」といったような主張をアメリカに投げかけ同調を求めるが，これは暗に「日本とは疎遠にすべきである」という主張であり日米同盟の弱体を意図するものである。本書で繰り返し言及していく「対抗陣営に対する『クサビ打ち』作戦」の一つにほかならない。このように国際秩序の三要素すべてにおいてアメリカならびに現状維持陣営に中国は挑戦しており，現状維持陣営と現状打破陣営との間に展開される「体制をめぐる確執」はいまも続いている。ナポレオン戦争以来の覇権サイクルが，現在も展開しているのである。

●5　おわりに

　この章では，大戦略が展開される文脈，つまり国際秩序の構造と動態について解説してきた。その鍵となる概念は覇権サイクルである。本書がその焦点を

絞る秩序戦というのは，この覇権サイクルの一部にほかならず，このサイクルを突き動かす要因は大国間の不均衡な経済発展（経済力の向上）であると議論してきた。近代国際社会における覇権サイクルは第一次覇権戦争であったナポレオン戦争に始まるが，このサイクルは現在も進行中である。

次に，こういった一般的議論に基づいて，現在の日本が国際秩序で占めるにいたった位置についても解説してきた。その原点が第二次世界大戦であり，敗戦後にアメリカの覇権下に組み込まれた日本が直面する国際構造――とりわけ地政学的なもの――に焦点を合わせて話を進めてきた。

これで次章以下展開していく大戦略論の背景や文脈が明らかになったと思う。次章では大戦略の基本的枠組みを説明する。それが総論にあたる。その上で第3章以降，各論を展開していこう。

第2章 大戦略の全体像

● 1 はじめに

本章の目的は、大戦略の全体像を示すことにある。まずは次頁の図2-1「大戦略の全体像」をご覧いただきたい。本章ではこの概念図に基づいて、大戦略の論理構造を最初に解説する。次にその図の左側にあるように、大戦略の「戦略レベル」を構成する部分を説明していく。最後に大戦略の「戦術レベル」の部分を敷衍する。

● 2 大戦略の論理構造

図2-1の概念図をご覧いただければ、大戦略を構成する要素は多数あることがわかるであろう。個々の要素は後で説明するので、ここではこれらの間の位置関係、つまり大戦略の全体像に注目していただきたい。

この概念図は、いわば設計図にあたる。自国の大戦略を体系的に構想・策定・実施していく際に必要なのは言うまでもないが、その他の文脈でも有用である。たとえば、自国が採用すべき大戦略に関して論争があれば、この図に照らし合わせればより的確な論点の整理ができ、不毛な論争を避けることができよう。また、他国の大戦略を理解したい時、この図を使えばその大戦略の構造を診断でき、自国がどのように対応すべきか明らかになる。さらには、現時点で展開している大戦略——自国のだけではなく、他国の大戦略も——がうまくいっていない場合、問題点の所在を診断するのにもこの図は役に立つ。くわえ

図2-1 大戦略の全体像

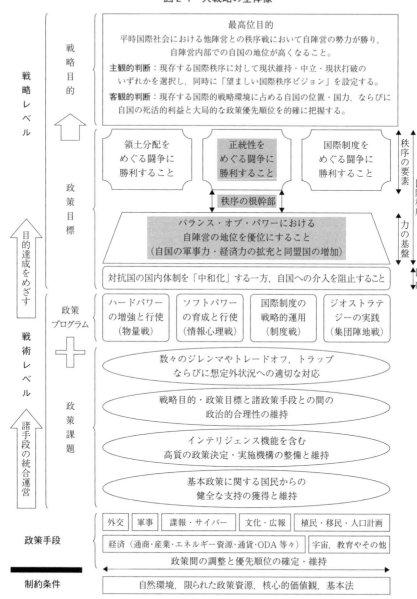

て，過去に存在した大戦略がなぜ成功ないしは失敗したのか，その理由を探り教訓を得るための一助となろう。このように，この全体図はさまざまな場面において役に立つ。

全体図の左端にあるように，「戦略レベル」「戦術レベル」「政策手段」「制約条件」の四つに大戦略は分かれている。これら四つを矢印にそって，「制約条件」から順に説明していこう。なお容易に理解できるよう，各部位を説明する際，概念図から相当する箇所を再掲した。

制約条件

まず概念図の一番下にある「制約条件」であるが，国家がおかれた自然環境（地理，気候等々）や政策資源（土地，人材，予算等々），さらにはその国民にとって核心的なものと信じられている価値観やその時々の基本法（憲法）がそれにあたる。自然環境のように政策では変えることができない条件，それに憲法のように政策でもって変えることが理論上では可能な条件，これら二つに分けることができるが，いずれにせよこういった条件に大戦略は制約されるという現実を再確認する作業が必要である。そうでなければ，せっかく大戦略を策定しても，その実施はうまくいかないであろう。

ここで一つ指摘しておきたい。上で指摘した「政策で変えることが理論上では可能な制約条件」，つまり短期的には制約条件ではあるが，長期的には政策でもって変えうる条件，言い換えれば長期的政策の対象となりうる条件に関してである。核心的価値観や基本法のほか，たとえば人口規模もこのタイプに属する。これらを制約条件と考えるのか政策対象として捉えるのか，二者の境界線は必ずしもつねに明確ではない。つまり時代を超えて一定していない。さらには，現代日本が抱える少子高齢化の問題のように，同時に制約条件でもあり政策対象でもあるというものさえ存在する。これらの点に関しては「現実的に追求できる戦略は何か，追求すべき大戦略とは何か」という問いにかんがみて，その時々において判断するしかない。

他方，自然環境は半永久的な制約条件である。現代日本に関していえば，この種のもののうち最たるものとしては，領土が細長く縦深性（陣地深くにまで敵に攻め入られる距離）が欠けていること，ならびに大都市に人口が集中して

図2-1 「大戦略の全体像」の「制約条件」の部分

制約条件	自然環境，限られた政策資源，核心的価値観，基本法

いることが指摘できよう。2016年における日本の都市人口率は約94パーセントで主要国の中では最も高い[1]。とりわけ東京に人口ならびに国家の中枢機能が集中しているため、東京が破壊されれば国全体が簡単に機能マヒに陥ってしまうという根本的な脆弱性を日本は抱えている[2]。日本にとってこれは宿痾ともいえる条件であり、この事実を無視してたとえば日本の核武装化を単純に唱えることは無謀のそしりを免れない。その他、原油やLNG、さらには核燃料といった主要なエネルギー資源は日本国内には存在せず、これらを日本は海外からの輸入に頼らざるをえないのも大きな制約条件の一つである。

大戦略そのものの構成論理

さて大戦略そのものの中身であるが、それを理解するには図の「政策手段」から「戦略レベル」まで示してある図左端の矢印をいま一度ご覧いただきたい。スタート地点はさまざまな政策手段である。これらをいかに組み合わせていき、最終ゴールである戦略目的の達成を図るのか、これが大戦略を策定し実施するという作業を意味する。

作業は二段構えになっており、戦術レベルと戦略レベルとが存在する。前者においては、政策手段を統合的に運営しながら、四つの政策プログラムを実行していく作業が執り行われる。その際、四つの政策課題をクリアーしなければならない。他方、戦略レベルにおいては、後にくわしく説明するようにこれら四つの政策プログラムを組み合わせながら政策目標・戦略目的の達成を図ることとなる。

この時点で二点指摘しておきたい。実際の大戦略策定・実施の過程においては戦略目的の設定から始まる。つまり図でいえば上から下に作業が進んでいく。しかし、本節では大戦略の全体像を読者によりよく理解してもらうため、あえて「下から上」つまり「政策手段から戦略目的へ」という視点から解説していく。これが第一点である。

次に指摘したいのは、戦略レベルと戦術レベルとを比較すれば、前者のほうがより重要だという点である。戦略レベルでの作業や行動が正しければ、戦術レベルでのミスは取り返しがつく。逆に戦略レベルで間違えれば、いくら戦術レベルでうまくいっても大戦略は失敗する。戦争の際、「数ある戦のうち、いくつかの戦で負けたとしても戦争そのものには勝つことができる」ということはよく理解されている。ここでは戦が戦術レベルの活動に、戦争が戦略レベルでの活動に、それぞれ対応している。言い換えれば、複数の戦をいかにして組

み合わせていくのかというのが戦略レベルの活動——戦争計画——にあたる。後者がより重要で，この場合と同様に，平時の大戦略においても戦略レベルの活動のほうが重きをなすのである。別の言い方をすれば，戦略レベルの発想は大局観と呼ばれるもので，これがしっかりしていなければ戦術レベルでいくら長けていても，最終目的の達成はおぼつかない。

　戦術レベルの基礎単位は政策手段であるが，サッカーチームの比喩を使えば，政策手段は個々のプレーヤーにあたる。他方，大戦略の最高目的である戦略目的は「試合に勝利する」というものに対応する。いかに個々のプレーヤーを使って試合に勝つのか，ゲームプランを組み立てていき，そのための練習をしていく作業，これが大戦略の策定プロセスに相当するわけである。11人プレーヤーがいれば，自動的にゲームプランができ，さらには試合に勝てるというわけではないのと同様，政策手段があれば自動的に大戦略ができるというわけではない。言い換えれば，政策手段と戦略目的の間に一定の政策空間があり，それをプログラムや作戦でもって埋め合わせていく作業が必要となる。

　サッカーの比喩を続けよう。「勝利のためのメニュー」は，まずは各プレーヤー個々人が持つスキルや基礎体力を上達させること，そしてパスや連携シュート，さらにはコーナーキックといったプレーヤー間の連携プレーの練習から始まる。こうして「ボール・コントロールやパスの能力」「機動力」「長距離キック力」といったような能力をチーム全体でたくわえていく。ここまでは戦術レベルの練習である。他方，オフェンス，ミッドフィールド，ディフェンスといった三つの平面空間それぞれにおいてこれらの能力を組み合わせていき，「いかに得点につなげていくのか，そして失点を避けるのか」という課題を自分たちの得意な形でもって解決していく。ここからが戦略レベルの練習にあたる。最後にこうした練習を通じて得たチームの得意技を生かすようなフォーメーション（選手の配置隊形）やゲーム戦略——序盤戦，中盤戦，終盤戦それぞれにおける理想的なゲームの組み立て方や流れ——を考え，いかにして勝利の可能性を高めていくのか大作戦を組み立てていく。その際，対戦チームの特徴を知っておくことが大変望ましいのはいうまでもない。このような体系立ったゲーム作戦・練習計画が大戦略にあたる。

　スポーツをやったものならわかるとおり，いくら戦術レベルでのスキルが高まっても，それだけではゲームに勝てるとは限らない——上で触れた戦と戦争の関係を思い起こしていただきたい。ゲームの組み立て方といったような戦略レベル独自の努力が求められるのであり，このレベルでこそ監督の実践的経験，

知識，指導力が意味を持つといえよう。

戦術レベル

　話を戻そう。戦術レベルの基礎単位である政策手段である。図2-1にあるように，外交や軍事，諜報やサイバー活動，経済（たいへん幅広い）や人口計画，さらには文化，教育，宇宙開発といったさまざまな分野において，政府内の各省庁が運営する政策の数々を政策手段という。日本政府の場合，いうまでもなく外交は外務省の管轄下にあり，軍事は防衛省の管轄下にある。図にあるリストを見ればわかるように，かなり幅広い省庁管轄領域が含まれることに注意されたい。さらには市民社会そのものがかかわってくる領域——文化交流や文化発信など——も存在する。そして，このリストは例に過ぎず，場合によっては政策手段の幅はより広くなりうる。こういった多数の政策手段間の調整や優先順位づけも必要となってくるのは，想像にかたくないであろう。

　すでに指摘したとおり，戦術レベルでは，こういった諸手段を統合的に運用しながら四つの政策プログラムをこなしていくこととなる。その際に四つの課題を解決していかなければならないことも指摘したとおりである。ここでいう四つの政策プログラムは上のサッカーの例でいえば「ボール・コントロールやパスの能力」等々に相当するものといえよう。具体的には「ハードパワーの増強と行使（物量戦）」「ソフトパワーの育成と行使（情報心理戦）」「国際制度の戦略的運用（制度戦）」それに「ジオストラテジーの実践（集団陣地戦）」の四つを指す。これらの政策プログラムを組み合わせていくことを通じて，後に説明する戦略レベルの作戦を展開することとなる。

　上で触れた四つの課題とは，図にあるとおり「数々のジレンマやトレードオフ，トラップならびに想定外状況への適切な対応」「戦略目的・政策目標と諸政策手段との間の政治的合理性の維持」「インテリジェンス機能を含む高質の政策決定・実施機構の整備と維持」「基本政策に関する国民からの健全な支持の獲得と維持」である[3]。これら課題をうまくクリアーできないと，その分だけ政策プログラムをうまくこなせなくなる。

戦略レベル

　次に戦略レベルに話を進めよう。図2-1の上半分である。戦略レベルは五つの政策目標と戦略目的から成り立っている。前述の戦術レベルの活動を通じて五大政策目標の達成を図る。そしてこれらの政策目標が達成されたときに，最

高位目的である戦略目的が成就されたこととなる。言い換えれば、最高位目的をめざすにはこれら五つの政策目標に集中すればよい。

　五大目標は国際秩序そのものに関するもの、そして国内体制に関するもの、これら二つに分けることができる。まず前者であるが、ここで国際秩序の構成要素を思い起こしていただきたい。以前、国際秩序には「実力（軍事力や経済力といった物理的な力の源泉）の基盤」があり、正統性とともにそれが秩序——つまり支配・服従関係——の根幹部を形成している一方、領土配分（所有権）ともろもろの支配制度も秩序を構成する要素である、と解説した。したがって、「バランス・オブ・パワーにおける自陣営の地位を優位にする」という目標のほか、「領土配分をめぐる闘争に勝利すること」「正統性をめぐる闘争に勝利すること」「国際制度をめぐる闘争に勝利すること」の四つの目標を国家は達成しなければならない。

　次に国内体制に関する政策目標である。国内政治も秩序戦から無縁ではない。対抗国の国内体制や対外政策が、自国にとって脅威とならなくなることが好ましいのである。非脅威的なものにすることを、本書では中和化と呼ぶことを思い出していただきたい。無害化とも言い換えることができよう。後に繰り返し出てくるように本書にとって大変に重要な概念であるが、中和化は国内体制の弱体化や転覆を必ずしも意味しない。要は対抗的な政策をそうでないものに転換させるということ——つまり「無害化」——である。同時に対抗国は自国の国内政治に直接的・間接的に介入しようとしてくるので、それは阻止しなければならない。したがって、「対抗国を『中和化』する一方、自国への介入を阻止すること」が第五の政策目標となる。

　これら五つの政策目標を達成すれば秩序戦に勝てる。秩序戦に完全に勝利したという理想的な状態においては、以下の条件がすべて満たされていることとなる。まず、自陣営は対抗陣営に対してハードパワーの面で優位に立っており、さらには自国が正統と奉じるイデオロギーが国際社会において広く承認されている。自国は「正義」を手にし、高い威信をも享受している。こういった状況は現存している国際制度に反映されており、自国にとっておおむね有利に制度が設定されている。また、自国・自陣営にとって都合がよい領土配分がなされており安定しているのである。最後に、自国内部での体制もゆるぎない。このような状況こそが「自国・自陣営が天下を握った」というものであり、図2-1の一番上にある、戦略目的（最高目的）に記してある表現を使えば「平時国際社会における他陣営との秩序戦において自陣営の勢力が勝り、自陣営内部での

自国の地位が高」い状況なのである。さらに角度を変えていえば、こういった諸条件が満たされている状況こそが、覇権戦争直後の状況であるといえよう。戦勝国がそのように戦後国際秩序を打ち立てたからにほかならない。

以上、大戦略の全体像を説明してきた。次節以降では、これまで指摘してきた大戦略の各要素をくわしくみていこう。本節では政策手段から戦略目的へといわばボトム・アップ（下から上）方式で話を進めてきたが、すでに指摘したとおり実際の大戦略策定過程ではトップ・ダウン（上から下）方式が採用される。つまり、戦略目的をまずは設定し、その達成をめざして五大政策目標をターゲットにする作戦を次に練り、さらにはそのために具体的な戦術レベルの作業を計画していく、という具合に大戦略が作り上げられる。そこで次節においては戦略目的から説明をしていくこととしよう。

3 戦略目的──戦略レベルの最高位

最高位目的たる戦略目的は何度も繰り返し説明してきたとおり、秩序戦に勝つこと、具体的には自陣営の勢力を維持・拡張しつつ陣営内部での自国が占める政治的地位の上昇を図ることである。これは自陣営への貢献を通じて自国の政治的地位を高めるという意味にほかならない。ここで前提とされている点は、自国の利益と所属する陣営との利益が一致するというものである。序章で示唆したとおり、この前提が成立しにくい場合も実際にはありうる（第7章でも再び取り扱う）が、基本作戦としてはできるだけ自国の利益と自陣営の利益とが一致すべく努力すべきであろう。

さもなければどうなるか。まず、自国の利益を優先し他国に「ただ乗り」する場合を考えてみよう。そういった行為が対抗陣営の勝利につながれば、自国の利益を根本的に損なってしまうので大変危険である。また、自陣営が秩序戦に勝利したとしても、自国が「ただ乗り」していれば陣営内部で他国からの信用をなくしてしまい、何らかの制裁を受けかねない。このように自国利益を最優先する形ではうまくいかない。他方、自国の利益を犠牲にして自陣営の勝利に貢献しようとしても、それはそれで無理がある。したがって、自陣営の勝利とその陣営内部での自国の政治的地位向上という二つの目的を同時に追求することが望ましい。以下の解説では、便宜上、自陣営勢力の維持・拡張のみを戦略目的として話を進めよう。

戦略目的をより具体的に設定するには、次の二つの作業が必要となる。

図2-1「大戦略の全体像」の「戦略目的」の部分

> 最高位目的
> 平時国際社会における他陣営との秩序戦において自陣営の勢力が勝り、自陣営内部での自国の地位が高くなること。
> **主観的判断**：現存する国際秩序に対して現状維持・中立・現状打破のいずれかを選択し、同時に「望ましい国際秩序ビジョン」を設定する。
> **客観的判断**：現存する国際的戦略環境に占める自国の位置・国力、ならびに自国の死活的利益と大局的な政策優先順位を的確に把握する。

作業1：主観的判断──現存する国際秩序に対して現状維持・中立・現状打破のいずれかを選択し、同時に「望ましい国際秩序ビジョン」を設定する。

作業2：客観的判断──現存する国際的戦略環境に占める自国の位置・国力、ならびに自国の死活的利益と大局的な政策優先順位を的確に把握する[4]。

これら二つは、大戦略策定において基本中の基本となる作業である。これらが成功しない限り、いかなる大戦略も失敗の憂き目にあってしまう。いくら高性能を誇る船体や優れた乗組員があっても行き先がはっきりしなければ航海が危ういのと、まったく同様である。

主観的判断

この第一作業は、二つの部分からなる。現存する国際秩序に対して現状維持、中立、現状打破のうちいずれかを選ばなければならないというのが一つ。そして、いずれを選んだにせよ具体的にどういった国際秩序を求めるのか明確にするという作業である。ともに主観的な判断を下すこととなる。

現状維持・中立・現状打破からの選択　　一番最近の覇権戦争で勝利した国々が現存の国際秩序を形成した。単純化していえば、これらの勝者を現時点においても支持するなら現状維持、反対するなら現状打破の立場をそれぞれ採用することとなる。いうまでもなく、これら二つの立場の中間にある「どちらも選ばない」立場が中立である。

別の角度から同じことを見てみよう。領土配分、正統性、国際制度が国際秩序の三大要素であるのは、これまで指摘してきたとおりである。先の覇権戦争の後に構築されたこれら三要素に関して基本的に満足しているのか、そうでないのか。満足であれば現状維持志向であり、現存の秩序を守ることがその国の

利益となる。逆に満足でなければ現状を変更することがその国の利益となり，その国は現状打破国といえよう。現存の秩序の三要素に関して満足か不満足か明確な立場をとることができない，ないしはとるつもりがない国が中立国である。

　自国の戦略目的を設定する際，そして他国の戦略目的を判断する際，ともにこういった判断が基本となる。他の国からみて最初に関心がある質問はすこぶる簡単なもので，「貴国は現状維持，中立，現状打破のいずれの陣営に属しているのか」という質問にほかならない。あまりにも簡単すぎる質問ではあるが，秩序戦における外交はすべて，この点から始まるといって過言ではなかろう。自陣営内部において，互いの戦略的立場，つまり自陣営に対するコミットメントの深さをしばしば確認する作業が行われるのも全く不思議ではないのである。たとえば，同盟国間における首脳会談の直後に発表される共同宣言は，この意味でも重要といえよう。

　現状維持以外の立場を追求するならば，当然，支配勢力である現状維持陣営から多大な圧力を外交，軍事，経済などすべての面において受けることを予想しなければならない。中立ではなく現状打破の立場を選べばなおさらである。現状維持陣営は文字通り，つぶしにかかってくるであろう。他方，中立であれば現状維持陣営と現状打破陣営との間を外交手腕によってうまく「泳ぐ」ことができるかもしれない。両陣営を競い合わせる形で「うまい汁」を吸えるかもしれない。現状打破陣営はそういったことなしに，現状維持陣営の直接の攻撃対象となる。となると，実際は現状打破を意図するものの，できるだけ中立の装いをするといったような知恵が出てきても驚くに値しない。とりわけ，自国の国力が現状維持国のそれと比べて劣るとき，そういった知恵が必要となろう。

　この点における「歴史の教訓」の例，それも失敗例は，まさに日本外交にある。1940年代初めの日本が下した決定がまさにそうであった。アメリカに対して国力の点で圧倒的に不利な立場にあり，一対一の対米戦ではとうてい勝てないとわかりつつも対米開戦に踏み切ったこともさることながら，ヨーロッパ戦線でアメリカが敵視していたナチス・ドイツと1940年9月27日に軍事同盟を結んだのは致命的な大戦略上の間違いとしかいいようがない。軍事面に限ってもナチス・ドイツからは太平洋における対米戦上，具体的な戦力提供は全く考えられなかった。それにナチス・ドイツは1939年8月23日にソ連と不可侵条約を結び，ソ連を共通の敵としていた日独防共協定（1936年11月25日調印）に違反するという背信行為を行っていたのである。にもかかわらず，日本

日本の対米開戦，真珠湾攻撃（1941年）

は日独伊軍事同盟締結に走った。その結果，日本は滅亡の一歩手前までアメリカに追い詰められたのである。

　言い換えれば，対ヨーロッパ戦線不介入という対米英中立路線を維持する絶好の機会を自ら放棄し，対米英対抗路線を追求した日本の結果が敗戦であった。ドイツの勢いに乗じるという他力本願の形で現状打破勢陣営に自ら参加したものの，その指導者であったナチス・ドイツからは何ら具体的な兵力提供はなく，事実上孤立した形で圧倒的大国であったアメリカに日本は立ち向かったのである。仮に1939年の段階でヨーロッパ戦線不介入・中立維持の名のもとナチス・ドイツと袂を分かち，「対英米戦には参加せず」の一線だけは越えないままなんとか凌いでいれば，対中戦の状況にもかかわらず大日本帝国はフランコ率いる当時のスペインのようになんとか生き延びられたかもしれない。

　要するに，しなくてもよい「陣営鞍替え」を日本はやってしまったのである5)。真珠湾攻撃を敢行することにより「清水の舞台から飛び降りた」日本であったが，陣営選びに失敗し，そのような「舞台に立つ」状況にまで自分を追い込んだことが大戦略レベルでの間違いであったといえよう。大戦略においては，「戦争するコスト」が「戦争しないコスト」より小さく見える状況に決して自らを陥らせてはならないのであるが，日本はまさにそういった状況に自らを追い詰めてしまったといえる。

　繰り返し言おう。現状打破陣営に参加すれば，現状維持陣営から目のかたきにされる。現状維持陣営の国力は圧倒的に強い。現状維持陣営に対抗するには，それなりの国力や地の利がないとその立場を維持できないだけではなく自陣営（つまり現状打破陣営）内部の結束がなければ自滅する。そういった条件を満足に満たすことができなければ，少なくとも中立の立場をとるのが賢明であろう。より一般化していえば，「現状維持陣営から離脱して中立へ移行する」作

戦は大戦略上、負の結果をもたらす可能性が高く、「中立から現状打破陣営」への移行はより大きな災いをもたらす可能性が高いのである。逆に、「中立から現状維持陣営へ」「現状打破陣営から中立へ」という方向転換は、現状維持陣営に擦り寄っていく動きであり、その国が直面する国際環境を好転させる契機となろう。

　ここまで展開してきた抽象論を現在の文脈に当てはめてみれば、端的に言って「親米か反米、ないしは中立か」ということになる。というのも、先の覇権戦争である第二次世界大戦で勝利した陣営の中でも最強国であったアメリカこそが現存する国際秩序を築き、ソ連からの挑戦を取り除くことに成功したからである。この「アメリカの天下」に従うのか、挑戦するのか。前者ならば現状維持、後者ならば現状打破、ということになる。

　「親米かどうか」というテストは、秩序戦の三大戦域であるヨーロッパ、西・南アジア、東アジアそれぞれにおいて問うことができる。各地域の国々は、アメリカを含む西側陣営——つまり現状維持陣営——が確立した領土配分、正統性、ならびに経済を含む国際制度を受け入れるのかどうか問われるというわけである。

　以上が基本であるが、実情は少々複雑である。ここでは四点指摘しておきたい。

　第一に、「限りなく中立に近い現状打破国」や「中立だが現状維持に近い」といったような微妙な立場がありうる。実際、冷戦中にインドが採用した立場は、「限りなく現状打破（ソ連側）に近い中立」であったといえよう。現在のインドが採用している路線は「中立に近い現状維持（アメリカ側）ないしは現状維持に限りなく近い中立」と思われる。いずれにしても冷戦期に比べれば親米路線に近づいている。

　イメージとしては赤・紫・青の三色からなる帯を想像してほしい。左端が赤、真ん中が紫、右端が青である。さらに赤と紫との間、紫と青の間がそれぞれグラデーションになっている。赤、紫、青がそれぞれ現状維持、中立、現状打破に対応しており、紫と青との間のグラデーションの部分が「限りなく中立に近い現状打破」といったような状況といえる。

　第二に、国際秩序の三要素すべてにおいて現存のものを支持する、あるいは反対する、はたまた完全中立を維持する、という明確な態度表明もあれば、そうではない「まだら模様型」のもの、たとえば領土配分には不支持の立場、国際制度の多くには支持の立場をとるというものもありうる。同様に、地理的観

点からして，自国付近の状況については現状打破だが，遠方地域に関しては現状維持ないしは中立，といった態度もありうる。これらのように，「一括して支持か不支持か」というのではなく「部分ごとに支持・不支持を使い分ける」という可能性も捨てられない。こういった場合，領土配分が国際秩序の三要素の中でも最も重要なことにかんがみて，自国付近の領土配分に対する態度が一番の判断材料となる。具体的には，自国付近の地域においてアメリカとその同盟国が支持する領土配分を武力に訴えてでも変更を求めているのか否かが一番の判断材料となろう。

　たとえば，中国を見てみよう。現時点での中国が抱える領土紛争は，インドとの間のもののほか，東シナ海と南シナ海のものが存在する。後者に関しては，中国はその武力を背景に事実上の領海化をめざしており，1945年以降海上覇権を維持してきたアメリカ——アメリカが主張する「航行の自由」という表現は自身の海上覇権をオブラートで包んでいるに過ぎない——に中国は挑戦している。つまり，中国は現状打破勢力にほかならない。しかし，世界規模で展開するIMFやWTO（世界貿易機関）さらには国際連合といったような国際制度においては，中国は正面からアメリカに反対していない。自由民主主義と開放的資本主義経済という正統イデオロギーについても同様である。だからといって「中国は現状打破勢力ではない」と論じるのはナイーブといわざるをえないであろう。

　こういった「まだら模様型」の立場は，現状維持国である日本も採用している。日本の場合は地域ごとに立場を使い分けている。まず，その本拠地である東アジアにおいては武力による領土変更に日本は反対している。他方，日本の中近東政策は親米政策一辺倒ではない。日本が輸入している原油の多くは中近東，とりわけアラブ諸国からのものであるということもあり，独自の中近東外交を日本は追求してきたのであった。たとえば，第一次石油危機（1973～1974年）においては，親イスラエルであるアメリカの不満をよそに原油確保をねらって親アラブの立場をとった。1979年のイラン革命以降，イランとアメリカとの関係は冷却化したままだが，そういった中でも日本のイラン外交は親米一辺倒ではなく，イラン政府と一定の友好関係を維持してきたのである。

　第三に，現代においては，現存する領土分配に不満があっても，国際法に則った平和的交渉によってできるだけ解決しようとするのが現状維持国にとっての基本原則である。これに対して，現状打破国はグレーゾーンといわれる威嚇行為にみられるような間接的な武力行使，ないしはより直接的な武力行使でも

って領土変更——たとえば合併——をめざすことが多い。例外はあるものの，平和的な交渉を望むのか否かが，現状維持国か現状打破国かの基本的な違いといえる。

　敗戦国としてサンフランシスコ講和条約を締結した後，不満があっても日本は領土の変更を武力で訴えたことはなかった。竹島や北方領土に関しても，武力行使を肯定するような失地回復運動は起こっていない。平和的な外交交渉による解決をめざす日本は，立派な現状維持国といえよう。同様に現在の台湾も現状維持国といえる。武力による中国本土との統合を唱えていないからである。もっとも，蒋介石時代——冷戦時代——の台湾は親米国であったにもかかわらず，武力行使による本土復帰オプションを捨てきれていなかったので，現状維持国の中でも例外のケースであったといえよう。

　ここで注意しなければならない点がある。現状維持国にとっては領土変更目的のためには基本的には武力を行使しなくてすむものの（絶対しないとは言えないが），それ以外の目的では現状維持国は武力行使をいとわない。たとえば，自国領土を含む既存の領土分配を守るためには武力を使うほか，時にはレジーム・チェンジ（他国内の政治体制を倒す目的）のために武力を現状維持国は行使する。最たる現状維持国であるはずのアメリカの行動——とりわけカリブ海諸国や中近東諸国に対するもの——をみれば，この点は理解できよう。言い換えれば「武力行使はつねに領土変更のため」とか「現状維持国は決して武力行使しない」というような落とし穴的な発想にわれわれは注意する必要がある。

　第四に，現状維持国がその国内体制の変化によって現状打破国や中立国に変わってしまう可能性はつねにある。逆のパターンも同様である。民主主義国，非民主主義国にかかわらず，政権交代によって戦略目的が変わるのである。「既存の正統イデオロギーに対する態度」あるいは「アメリカに対する態度」は国内政治の変動によって大きく変化しうると言い換えることができよう。

　2010年代のフィリピンが好例である。南シナ海における中国との領土問題を抱えるフィリピンはアメリカの同盟国でもあり，長らく中国に対して厳しい態度をとっていた。しかし，2016年のドゥテルテ大統領の就任以降，それまでの反中路線が薄れていき，アメリカと距離を置き始め，いわば中立に近い立場をフィリピンは採用している。

　実はこういったブレはアメリカ自身においても生じうる。第二次世界大戦直後にアメリカ自身が構築した国際秩序を支える正統イデオロギーは，自由主義と呼ばれる。これは自由民主主義という政治イデオロギーと開放的資本主義経

済という経済イデオロギーとから成り立っているが，政権交代にかかわらずアメリカ政府はこれまでほぼ一貫してこの自由主義を支持してきた。しかし，これからのアメリカにおける自由主義への支持は決して盤石ではないことが最近判明した。2017年に発足したトランプ政権である。この政権は，その発足時，自由貿易主義という正統イデオロギーに対して懐疑的な立場を表明した。こういった状況が進めば，アメリカが自ら築き上げた国際秩序が弱体化し，ついには崩壊する危険性も否定できない。つまり，自由主義国際秩序の自壊プロセスが生じかねないのである。

秩序戦といえば国家間の競争というイメージが強いが，国内政治も秩序戦に影響を与える。国際秩序の変更は，大国間競争の結果ではなく大国内の政治的変化によっても引き起こされるかもしれない。われわれはそのことにつねに注意する必要があろう。

ここで，フランス七月革命（1830年）と1848年ヨーロッパ革命といった市民革命を思い起こしたい。ナポレオン戦争の後，イギリスやオーストリアといった戦勝国の保護のもとフランスは君主制に戻った。それは戦後設立されたウィーン体制の正統イデオロギーを体現するものであった。しかし，そのフランス国内において，フランス七月革命でもって王権は制限され，1848年にはついに君主制そのものが市民によって倒されたのである。これらの事件がヨーロッパ諸国に与えたイデオロギー的影響は多大なものがあり，反王政運動がその後各地において勃発した。こうして正統イデオロギーを失ったウィーン体制は覇権戦争を待たずに自壊したのである。

求める国際秩序の具体像の提示　現状維持，中立，現状打破のうち一つを選んだとしても，それだけでは戦略目的の具体的内容は必ずしも明確にはならない。したがって，自らが望ましいと思う具体的な国際秩序のビジョンを提示する作業が必要となる。もちろん，そういったビジョンの中には自国が占めるべき位置も含まれる。そして必要に応じて，そういった具体像を更新し内外に発表していかなければならない。そうしなければ，自国民を説得できないだけでなく，他国においても誤解や不安が生じてしまうからである。同じ陣営内にいても他国との間で「あるべき具体的な国際秩序」に関して意見を異にすることもありうる。とりわけ，どの国が陣営内のリーダーシップをとるのかという権力闘争の問題がかかわってくる際，国際秩序論争は過熱しやすい。冷戦期，スターリンの死以降に発生した中ソ対立に見られた通りである[6]。

求める国際秩序の具体像は必要に応じて更新していかねばならない。たとえ

ば，第二次世界大戦終了以降のアメリカの場合を見てみよう。この国はいうまでもなく一貫して現状維持国の立場に立ってきた。しかし，冷戦期が終わる1989年の前と後では，アメリカが望ましいと想定していた国際秩序の具体的内容は当然異なる。さらには，2001年9月11日に勃発したニューヨーク・ワシントン同時多発テロ事件以降，アメリカの外交政策における優先順位は対テロ戦争が占めることになり，それまで重要視されてきた対中戦略の順位は下がった。「アメリカ第一主義」を掲げて発足したトランプ政権の外交政策も，それまでのオバマ政権のそれとは趣を異にしている。

くわえて，成就させ維持すべき国際秩序の具体的ビジョンは現実的なものでなければならないことを指摘しておこう。現状維持・打破・中立のいずれかのうち一つを選んだあと，いわばその枠の中で具体的なビジョンを描く際，そのビジョンが現実的かどうか——手持ちの政策資源（とくに経済力や軍事力）で実現できるか等々——正確に判断する必要が生じる。現実的でなければ，大戦略がうまく実行できない可能性が高まる。

ここでもアメリカの例が参考になろう。第二次世界大戦以降，現状維持国アメリカは他国が民主化することを歓迎してきたが，それを自国のミッションとして固執し，あたかも救世主として行動した際には大いなる困難を自ら背負い込んできた。たとえば，反共イデオロギーに固執したためにヴェトナム内戦に本格的に介入してしまい，結局はヴェトナムから撤兵したことはよく知られている[7]。

日本の場合においても，その具体的な「求める国際秩序像」は変遷してきた。アメリカの同盟国として戦後日本は一貫して現状維持国であったものの，たとえば，ソ連率いる共産陣営と対峙した冷戦期とソ連なきポスト冷戦期との間では，日本が求めた具体的な国際秩序の内容は大いに異なる。当然といえば当然であろう。

では現時点において，日本政府が守ろうとしている国際秩序の具体像はいかなるものであろうか。ここで前述の『国家安全保障戦略』をみてみよう。日本が擁護すべき国際秩序については，文書内で一貫して以下の定義が採用されている。「自由，民主主義，基本的人権の尊重，法の支配といった普遍的価値やルールに基づく国際秩序を維持・擁護することも，同様に我が国にとっての国益である」[8]。このように定義づけされた国際秩序と対に示されているのが，日本が支持する政治的価値である。守るべき国際秩序と同様，これも普遍的価値に言及する形で述べられている。「我が国は，豊かな文化と伝統を有し，自

由，民主主義，基本的人権の尊重，法の支配といった普遍的価値を掲げ，高い教育水準を持つ豊富な人的資源と高い文化水準を擁し，開かれた国際経済システムの恩恵を受けつつ発展を遂げた，強い経済力及び高い技術力を有する経済大国である」[9]。

こういった点に関して本書が支持する立場は，終章においてくわしく説明する。

ここまで，戦略目的を明確化する必要について解説してきた。それは二つの作業を伴う。第一に現存する国際秩序に対して現状維持・中立・現状打破のいずれかを選択すること，そして第二に「望むべき国際秩序ビジョン」を具体的に設定するという作業であった。これらはともに主観的判断に関する作業である。次に，自国をめぐる客観的条件を診断する作業について解説していこう。

客観的判断

第二の作業は，自国を取り巻く客観的環境を正確に把握することである。客観的環境とは，ここでは以下のものを指す。(1) 現存する国際秩序の状況（バランス・オブ・パワーも含む）ならびに自国と主要各国がそれぞれ占める位置，(2) 自国の国力規模ならびに，他国の国力との比較，(3) 自国の地政学的環境の三つである。こういった環境を把握した上で，自国の死活的国益と追求すべき政策間の優先順位を確定する作業が求められる。

現存する秩序・秩序戦の実状　前述の全体図を参照しながら，現存する国際秩序の実態と自国の位置を確認する。その際，次の四つの疑問に答えることが肝要となる。

・現状維持，現状打破，中立のいずれの陣営に各主要国家は顕在的・潜在的に参加しているのか。いずれの国が自国の味方か敵か。
・陣営間競争において，秩序の三要素（領土分配，正統性，国際制度）はどのような状況にあるのか。
・現状維持陣営とその他の陣営との間におけるバランス・オブ・パワーはいかなる状況か。その状況における自国の位置はどこにあるのか。
・三大戦域（東アジア，西・南アジア，ヨーロッパ）それぞれにおける上記の状況はいかなるものか。

国力の評価　その次に，国力に基づく自国の地位を正確に把握しなければ

ならない。つまり、大国、中国、小国のいずれかであるが、大局的にみて意味があるのは「大国か、そうでないか」という点で、つまり「大国とそれ以外」の二種類しかない。「いかなる一国に対しても、一対一の戦争において自国のみの力で勝利できる可能性がある国、あるいは勝たないまでも負けない国」というのが本書で採用する大国の定義であるのは以前指摘したとおりである[10]。国家のサバイバル能力に注目するこういった定義のみが意味をなすのであり、それ以外の定義は問題の本質を曖昧にするだけで害があるといえよう。また、大国ではないのに大国の振るまいをするのは自国を取り巻く国際環境を正確に把握していないことになるので、場合によっては大変な危険を伴う。

　ここで一点付け加えておきたい。国際政治学においては、正確な内容は曖昧ではあるものの研究者間で広く流通している概念というのが数多く存在している。大国の概念もその一つである（英語ではグレートパワーと呼ばれることが多い）。軍事力、経済（工業）力、人口、領土の広さといったようなハードパワーの要素を加算していき、上位何位かを占める複数の国が大国と定義されるのが伝統的な方法ではあるものの、こういった要素間の比重や「上位何位」という線をどこで引くのかといった点が曖昧で議論の焦点となることが多い。たとえば現在のイギリスや日本が大国かどうか、大いに議論があるところであろう。また、一大国を「一極」と置き換えて、国際社会を一極体制、二極体制、多極体制と分類することが国際政治学で行われるが、同様の問題を抱えている。この文脈でいえば、国際政治経済学では19世紀を「大英帝国が覇権をふるった時代」として事実上の一極体制とみなすことが多かったが、同じ19世紀を大英帝国とロシア帝国とが競合した時代として二極体制と断じる研究者も存在する。同様に、2010年代の状況が一極（アメリカ）の時代なのか多極の時代なのか、はたまた二極（アメリカと中国）の時代なのか、意見が分かれるであろう。

　本書が採用する大国の概念はこういった「パワー要素加算方式」によるものではなくて、前述した「仮想対決方式」によるものである。この方式でも曖昧さは消えるわけではない。しかし、秩序戦の文脈においてはより適切と思われるので採用することとしよう。現在の時点で仮想対決方式を当てはめれば、「核戦争が勃発した後、簡単には屈服しない能力」が鍵となろう。であれば所有する核兵器と核ミサイルの数だけではなく、核攻撃を受けてもなんとか生きながらえるに必要な広い領土（戦略的縦深性）と低い人口集中度ないしは多くの人口があるかどうかが問題となる。こうして考えればイギリス、フランス、

日本，さらにはドイツは結局は大国ではありえず，アメリカ以外にはせいぜい中国とインド，そしてロシアが大国ということとなる。第1章の第2節で指摘した通りである。もちろん，科学技術が進み核兵器を超越する兵器が出現すれば，この大国リストも変化しうるであろう。サイバー技術がその可能性を秘めている。

いずれにせよ，過去はともあれ，核ミサイルの時代においては日本は大国の地位につくことはできない。この点，気にかかるのは，「日本はアメリカと中国と『二等辺三角形』を形成すべき」というような意見である。このような表現は国民に間違った状況認識を与えるので有害でしかない。なぜなら，三角形の比喩は日本が力の主体（つまり大国）であるかのような印象を与えてしまうからである。現在の北東アジアにおいては中国とアメリカのみが大国であり，三角形ではなく「二点を結んでいる線」（中国とアメリカが二つの点）が妥当な比喩であろう。そこでは日本は中国につくのかアメリカにつくのか二つの選択肢しか持ちえない。

自国の国力を把握するという作業は，同時に自陣営における自国の地位を確認することをも意味する。各陣営は大国が指導的な地位についており，威信のヒエラルキーが陣営内部に存在する。そして，国力の規模によってその他の国々も陣営内部において一定の役割を負っている。その役割を果たさないと，陣営内部での政治的立場が弱くなるのは当然であろう。自陣営において，参加国の利害関心がすべての点で一致するとは限らないのはすでに指摘したとおりであるが，陣営の一員という形でしか秩序戦には参加できない現実を考えれば，冷静に自国の陣営内部での位置を認識することが肝要となる。

地政学的環境　地政学的環境とは，自国が島国，半島国家，内陸国のいずれであるのかといったような地形的特徴のほか，エネルギー資源のような死活的資源の地理的配置，さらには隣接地域にある大国や勢力圏，さらには緩衝地帯の分布といったようなことを総合した，大戦略を遂行していく上で理解することが欠かせない地理的環境を指す。

地政学的環境は物理的環境なので，その特徴に従えば，限られた手持ちの資源（人的・財政的資源など）を無駄なく分配して使用することができ，その分，大戦略を成功裏に遂行しやすくなる。他方，自国を取り巻く地政学的環境に沿わないような行動をとれば，手持ちの資源をうまく活用できないこととなるばかりか，最悪の場合，大戦略上墓穴を掘ってしまうことにもなりかねない。

たとえば，20世紀初頭以降，ヴィルヘルム二世が率いたドイツ帝国の場合

強力なドイツ海軍をつくったヴィルヘルム二世

を見てみよう。海岸線が限られていたため長年陸軍中心主義を採用してきたドイツであったが，この皇帝は大海軍国を夢見て海軍建設に資源を割いた。強力なドイツ海軍が誕生したのである。これを受けて海軍大国であったイギリスはドイツを脅威とみなすこととなった。それまでイギリスの戦略的競争相手国はロシアやフランスであったが，ドイツがそれにとってかわったのである。結局，イギリスはフランスとロシアと組んで三国協商という対ドイツ包囲網を構築し，ドイツは大戦略上不利な立場に立つこととなった。ヴィルヘルム二世の大海軍主義がなければ，イギリスをこれほどまでに敵に回すことはなかったのではなかろうか。

　実は，ドイツ帝国は例外ではない。つまり，ドイツのような大陸型国家が世界第一級の陸軍を保持したのは当然だが，それと並行して海軍大国である米英両国と対等レベルの海軍を持とうとして成功した陸軍大国の例は近代では見られないのである。冷戦期のソ連も失敗した。中国も失敗するのかどうかは，いまのところ不明である。

　ここで地政学的環境を把握することの重要性について，日本の場合を考えてみよう。日本外交を取り巻く重要な地政学的条件は，三つに分けることができる。

　第一に，現時点における日本の国土は幅が狭く，縦深性がない。つまり敵に攻め込まれたら，すぐに陣地の奥深くまで攻められてしまう。日本列島はアジア大陸から比較的近距離の沖に南北に沿って長く走っている（その他，小笠原諸島方向に延びる列島群もある）島嶼国家である。日本の北端は北緯45度あたり，沖縄県の八重山列島は北緯24度あたりにそれぞれ位置している。北米大陸の東海岸でいえば北はカナダのハリファックス市，南はフロリダ州の南端にあるキーウエストあたりに相当する。日本の国土はこのように細長く伸びる島嶼群となっており，このことは守るべき海域が大変大きいことも同時に意味する。

第二に、アジア大陸から日本に向かっては朝鮮半島が延びており、これは「大陸と日本を結ぶ陸橋」の役割を果たしてきた。別の言い方をすれば、この陸橋はアジア大陸と日本との間の緩衝地帯である。樺太も似たような陸橋あるいは緩衝帯と考えることができるかもしれない。そして、ロシアと中国――ともに大陸級の広大な国土を持っている――という大陸勢力がその朝鮮半島の近くに存在している。このように日本はアジア大陸の東側外縁を北から南にかけて並んでいるいくつもの縁海――オホーツク海、日本海、東シナ海、南シナ海――の外縁部に位置している。

　第三に、かつてはイギリス、今日ではアメリカが太平洋側からアジア大陸に対峙しており、日本はこれら海洋国に影響を受けざるをえない。日本の領土が直接、そういった影響を受けるのと同時に、たとえば南シナ海といった比較的近い海域における海洋国（そしてそれと競合しようとする勢力）の動向にも日本は海洋国家として大いなる影響を受ける。

　これら三条件の結果、日本はその二大地政学的課題ともいうべきものに伝統的に悩まされてきた。大陸勢力との緩衝地帯である朝鮮半島をいかに敵対的な大陸勢力から守るのか、そして大陸勢力と海洋勢力とにはさまれるという二正面作戦においていかに自国の安全を守るのか、この二つである。

　第一の課題、つまり朝鮮半島についてであるが、日本にとって最悪のケースは、朝鮮半島すべてが強力な敵性国家（日本本土の安全を脅かす国）によって支配されることであろう。幸いにも、近代史において、これは実現したことがない。理論的にいって、この最悪のケースを日本が避けるには以下のうちの一つの方策をとることとなる。(1) 日本あるいは日本の同盟国が朝鮮半島を全土掌握する。1910年の朝鮮併合から1945年までの状況がこれにあたる。(2) 朝鮮半島の一部（南部）に緩衝地帯を設ける。現在の大韓民国がそれにあたる。(3) 朝鮮半島全土が緩衝地帯・中立地帯となる。これは近代史上存在したことがないパターンである。

　では、第二の課題はどうであろうか。まず、これは日本の領土が現在のような大きさのときも、大日本帝国時代の版図が広いときにも妥当することに注意する必要があろう。この課題について大失敗のパターンは、日本の本土が外国勢力によって攻撃され占領されるというものである。そこまではいかないまでも、日本にとってかなり困難な状況は、大陸勢力と海洋勢力とを同時に敵に回して戦争ないしは競争するという二正面戦争である。一般的に言って、二正面作戦を成功させるのは大変困難であって避けるに越したことはない。日本の場

合，「世界を敵に回した第二次世界大戦」という最も極端で最悪な形でこの教訓を得たといえよう。

　日本が二正面作戦を避けるには，以下の三つの態勢のうち一つを採用しなければならない。(1)大陸勢力側と同盟を結び，海洋勢力側に対峙する態勢（日独伊三国同盟ならびに日ソ中立条約がめざしたパターン），(2)海洋勢力と組んで大陸勢力に対峙する態勢（日英同盟と日米同盟のパターン），(3)日本が大陸勢力と互いの勢力範囲について了解に達すると同時に，同じ了解を日本は海洋勢力と達成する態勢（おおまかにいって1922年のワシントン条約から1931年の満州事変まで成立していたパターン）。この第三の態勢の一変形として，日本が完全中立を両勢力から獲得するというパターン——日本が武装する，しないに関係なく——が考えられるが，近代史上このパターンが成立したことはない。

　これら二大地政学的課題を解決するための必要条件（十分条件ではない）の一つとして日本の近代史が強く示唆しているのは，太平洋における最強海軍国とは日本は衝突しないことである。平時においてもこの点は該当する。既出の『国家安全保障戦略』の言葉を使えば，「開かれ安定した海洋」の維持が海洋国としての日本に欠かせない。平時におけるエネルギー資源を含む輸出入の多くを船舶に頼っていることもあり，海上封鎖をされればダメージはすこぶる大きく，日本の繁栄は立ちいかなくなる。

　死活的利益と政策間優先順位　死活的利益とは，「それを守るためには戦争に訴えることを躊躇しないような，重要な国益のこと」を指す。現代の中国風にいえば核心的利益——たとえば台湾の死守——となろう。これまでの議論から推測できるように，地政学的条件といった客観的環境は一国の死活的利益を大きく左右する。当然，追求されるべき政策の間の優先順位も客観的環境に影響を受ける。こういった点において客観的環境に沿わない政策を追求すれば，大きな失敗が生じるであろうことは，前述の大海軍主義を追求したドイツ帝国の例からも理解できよう。

　一定の勢力圏や緩衝地帯の維持を死活的利益と表明する大国は多い。19世紀から第二次世界大戦まで，ローランド地域——オランダ，ベルギー，ルクセンブルク——をフランスないしはドイツの影響下には置かない，というのがイギリスの伝統的政策であった。ローランド地域がヨーロッパ大陸にある大国の手に落ちると，イギリス本土の安全が危うくなるというのがその理由である。これはまさに「日本にとっての朝鮮半島」が持つ論理と同様のものであるが，

朝鮮半島を敵対勢力の手に落とさない，というのが日本にとっての死活的利益となる。

　もちろん，死活的利益は客観的環境のみから引き出せるものではない。主観的条件も死活的利益に影響を与えうる。外敵からの領土保全は全うできたとしても，国内におけるイデオロギー体制が変革されることを極端にきらう政体が存在することからも，この点は理解できよう。たとえば，現在のイランや北朝鮮がそうである。イラン政府や北朝鮮政府にとってはそれぞれ国内における正統イデオロギーを守ることが政権維持にとって死活的に重要であり，外国からのイデオロギー戦に勝利すること，そして国内体制反対派を抑え込むことが死活的利益と理解している。似たような状況は現在の中国にもみられる。中国共産党にとっては，その支配体制を維持することが死活的に重要なのである。そのため，思想統制や反体制運動の制限といったような政策が実施されている。

　国家にとって，死活的利益の把握ならびに政策間における適切な優先順位の確立は欠かせない。しかし，完璧にはいかないのが世の常である。さまざまな要因，たとえば指導者が持つ感情や情勢判断ミス，さらには国内政治の影響等々によって，判断ミスが起こりうる。これには実に注意が必要である。たとえば，死活的利益ではない地域に大国が介入して，最後には失敗するという事例がたびたび歴史上に発生している。ロシア革命によって生じた「力の真空」に深入りしていって，結局は失敗の憂き目にあった日本のシベリア出兵がその一例といえよう。アメリカのヴェトナム戦争もそうである。ソ連のアフガン侵攻も同様な例として挙げられることが多い。最近のアメリカにおける政策論争では，中近東政策がやり玉に挙げられている。

　アメリカの場合，三大戦域において同時に政策を展開しなければならず，当然，その間で優先順位を定める必要が出てくる。伝統的にはヨーロッパが最優先され，続いて東アジアないし中近東の順であった。しかし，冷戦終了後はこの伝統的な順位がかなり曖昧になっているといわざるをえない。大きな流れとしては，ヨーロッパの比重が下がり，中近東の優先順位が上がっているといえよう。1990年から1991年の第一次湾岸戦争以来，2001年9月11日のアメリカ本土同時多発テロ，そして2003年の対イラク侵攻といった具合に中近東にアメリカ政府は深くかかわってきている。この文脈において，比重が下がっていると思われた東アジアに関するアメリカの関与度を上げるべく，2011年にオバマ政権は対アジア・ピボット政策——後にリバランス政策と呼び変えられた——を打ち出した。台頭する中国に対するアメリカの対応であったが，超大

国アメリカでさえ動員できる政策資源には限界があり，三戦域間の間に優先順位をつけ，それを維持するのは容易なことではない。この点におけるアメリカの動向は同盟国である日本にとって大きな影響を与える要因であるので，引き続き注意を払う必要があろう。

　どの地域を優先するのか，という問題は実にやっかいである。政権内で合意を達成するのが難しいのはアメリカに限られたことではない。日本の例でとりわけ知られているのは，戦前の帝国国防方針であろう。日露戦争終了後，1907年に初めて作成され，その後三回改訂された。1907年版では，アジア大陸に積極的に出ていくという「南守北進政策」を主張する陸軍と，南洋方向（東南アジアを含む）への進出──「北守南進政策」──をめざす海軍との主張がぶつかりあい，結局は両論併記という形で帝国国防方針はまとめられた。主要仮想敵国も陸軍はロシア，海軍はアメリカとした。これも両論併記で，実際に両国と同時に戦争するというような事態──つまり二正面戦争──になれば日本は明らかに敗北するはずであるが，陸海軍ともにゆずらないまま文書化されたのである[11]。

● 4　五大政策目標──戦略レベルの具体的活動

　以上，最高位目的である戦略目的について解説してきたが，話はいまだに抽象的であり，より具体化する必要がある。いま，仮に，秩序戦に参加する際，現状維持・中立・現状打破のいずれの陣営に参加するか選び，続いて具体的な国際秩序ビジョンを自ら表明し，さらには自国を取り巻く客観的環境やそこから導かれる死活的利益と政策間の優先順位を適切に設定したとしよう。前節で説明したとおりの作業である。しかし，それだけでは「自陣営が秩序戦に勝つように仕向けるためには，実際に何をどうすればよいのか」という問いには答えられない。

　ここで，国際秩序は「三本の柱」からなっているという前章での議論を思い起こしてほしい。覇権戦争の後，戦勝国は自国に有利な領土配分，正統性，国際制度の三つを設定する，という議論である。そして，これら「三本の柱」はいわば秩序の要素であるが，それらを支える基盤ともいうべきものが陣営間のバランス・オブ・パワー，つまりハードパワー（軍事力と経済力のことで詳しくは第3章で述べる）の差である。図2-1で強調してあるとおり，これら三要素のうち正統性とバランス・オブ・パワーがいわば秩序の根幹をなしている。

図 2-1 「大戦略の全体像」の「政策目標」の部分

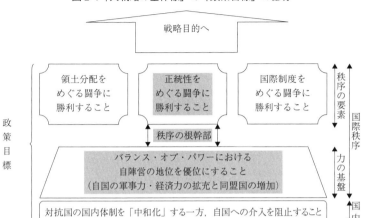

また、第1章で説明したとおり、覇権戦争後、戦勝国側が持つ圧倒的なハードパワーを背景に「三本の柱」が立てられるのであり、この「ハードパワーにおける優位性」が弱まるにつれ「三本の柱」も揺らいでくる。すなわち、現状維持陣営を構成する国家群が持つハードパワーの総和が現状打破陣営のそれと比べて弱まってくるときに、これら秩序の三大要素に関する陣営間闘争が激化するのである。そして、バランス・オブ・パワーの変化は経済成長の速度が大国間で異なることから生じることもすでに指摘した。

したがって、秩序戦に勝つために自国が所属する陣営が達成すべき具体的な政策目標は「三本の柱」おのおのに焦点をあてるだけではなく、バランス・オブ・パワーにも焦点をあてることとなる。くわえて、対抗国の国内体制を中和化する一方で、自国への介入を阻止するという国内レベルの政策も欠かすことができない。これらそれぞれに関して政策目標を設定し必要な手段を実行するという作業こそが、われわれが望んでいる「戦略目的をより具体化する作業」ということとなる。では、まず「三本の柱」からみていこう。

領土配分

三つある秩序の要素のうち、国家にとって最も重要と判断されがちなのが領土配分である。一般的に言って、所有する土地——それも利用価値が高い土地——が大きければ大きいほど、所有主はより強大な権力と富をたくわえることができる。それゆえ、歴史を見れば理解できるように、土地つまり領土をめぐ

る政体間の争いが絶えなかった。国家の関係も例外ではない。さらには国際政治特有の現象として，領土・領海・排他的経済水域といった国際法で決められた土地のほか，自国の勢力圏――自国の意思を比較的容易に他国に押し付けることができる地理的範囲のこと――といったものも，国家間の争いの対象となることが指摘できよう。その他，チョークポイントや緩衝地帯（第6章で取り扱う）といった純軍事戦略上要所と位置づけられる土地も，国家にとって重要視される傾向が強い。

　土地は物的に存在しているため，人間にとって目につきやすく，この点からも人間社会における闘争の対象になりやすい。「誰がどの程度所有しているのか」「所有境界線はどこか」といったような点について，直感的に理解しやすい。この点，正統性や国際制度と対照的である。したがって，領土問題はナショナリズムの対象になりやすく，自国の土地を外敵から守るというスローガンでもって国民感情があおられやすい。

　過去の秩序戦をみても，領土問題に関する陣営間の確執は激しく，ときには陣取り合戦の様相をみせ，極端な場合には覇権戦争の前兆となった。覇権戦争後，既存の領土配分は現状維持国にとって都合がよいが，それに不満を持つようになった現状打破国は現状維持国側に対して瀬戸際政策や膨張主義政策でもって領土再分配を図ろうとする。さらには既成事実を積み上げて自国の領土範囲を拡大するのである。ただし，現状維持国側は領土拡大にいっさい出ないというわけではない。また，秩序戦以外の文脈でも領土問題の確執は起こりうる――たとえば，イギリス・アルゼンチン間で勃発したフォークランド紛争（1982年）にみられるように。こういった留保点にもかかわらず，秩序戦が起こっているかどうか判断する際，先の覇権戦争から続く領土配分に不満を持ち，挑戦し，行動を起こす国の有無が重要な鍵となる。

　現状打破国の例として1930年代以降日本がとった行動をみてみよう。直接的な既成事実の積み上げの例は，傀儡政権であった満州国の設立（1932年）である。関東軍が実際に兵を一方的に動かして満州国を打ち立て，後ほど日本政府がそれを追認した。他方，間接的な既成事実の積み上げというのは，実際には兵を自ら一方的に動かさないものの，他国の領土を併合ないしは占拠するという形のものを指す。正規軍ではなくて民兵を動かすものもあれば，他国の政権ないしは社会グループから「要請」を受けたりあるいはそれらと「交渉・合意」した結果，正規軍を派兵するというものもある。戦前の日本の場合，たとえば仏印進駐（1940年）が「交渉・合意」のケースにあたる（武力行使を

いとわない強制的な態度でフランス政府に臨んだ「交渉・合意」である)。北部仏印に進駐した後、南部仏印へも「交渉・合意」を通じて進駐した日本軍であるが、日本によるこの事実上の領土拡大に対してアメリカ側は強く反発した。その結果、アメリカ政府は対日原油輸出を止めるという策に出たのである。

　序章でも触れたように、近年、南シナ海で中国は人工島を造ったが、これも間接的な既成事実の積み上げ作戦の一形態である。また、世界規模の秩序戦の文脈からは離れるが、ヨルダン川西岸地域におけるイスラエルのユダヤ人入植活動も既成事実の積み上げをめざすものといえよう。

正統性

　秩序の三つの要素のうち、次は正統性である。いくら軍事力や経済力、さらには大きな領土を持っていたとしても、自国の行動に正統性がなければ、他国は従わない。別の言い方をすれば、他国が「従うべき」と納得する権威やイデオロギーが正統性である。「服従を促すイデオロギー」を十分に体現していない国には他国は従わない。心理レベルで納得しなければ、人は服従しないのである。さらには、損得関係とは関係なしに、信じるイデオロギーや正義といった価値のために行動することも人間社会では起こりうる。極端な場合、命まで投げ出す人間も出てくる。

　日本人にとって、こういった正統性の大切さを理解するのに良い例は、王政復古の大号令から戊辰戦争にかけて新政府軍が掲げた「錦の御旗」の効果であろう。錦の御旗は「天皇の軍」を意味したのであり、それを掲げる軍隊と戦う旧幕府軍は朝敵(天皇・朝廷の敵)となった。この時点で旧幕府軍は日本を統治するに必要な正統性を失ったのである。正統性がなくなっただけではなく、旧幕府軍は「悪」になってしまった。新政府軍が「正義」を体現したからである。こういった事態のもと、天皇への忠誠を示すべく新政府側への支持を明確にする藩が続出したのも驚きではない。このように、正統性は服従を導きだすのに巨大な力を発揮するのであり、これをめぐって闘争が生じ、誰が正義を体現するのかという点に関して象徴や言説を通じて争われるのも、歴史の常であった。

　国際政治においても、正統性が占める重要性は変わらない。ナポレオンを倒した後に戦勝国が正統と掲げた君主主義、1930年代に米英両国が奉じる自由民主主義に対抗するイデオロギーとして台頭してきたファシズム、そして冷戦期の資本主義対共産主義の対立など、「どのイデオロギーが正義なのか」とい

う点に関して国家は大きく争ってきたのはすでに触れたとおりである。

　秩序戦において，正統性をめぐる確執を見逃すことは決してできない。正統性や正義をめぐる闘争に勝つことが重要な政策目標となる。威信に関しても，他国の威信を貶め，自国の威信を上げることが正統性をめぐる確執の一部であることに注意する必要がある。別の言い方をすれば威信とは正統性を担う国家の評判にほかならず，その国家の評判が悪くなれば，正統性そのものが傷つく。逆にそのような国家の評判が上がれば，正統性が強化される。このように，正統性・正義・威信にかかわる闘争がワンパッケージとして秩序戦の一部をなしているといえよう。

国際制度

　国際秩序の「三つの柱」の最後が，国際制度である。統治する際において，権力者がその支配下にある社会のすべての部分に関して日々直接決断を下すことは物理的に不可能である。したがって法を含むルールを設定することによって直接決断する必要をなるべく少なくし，社会における日常活動がとどこおりなく営まれるようにする。その際，権力者にとって都合のよいルールが設定されやすい可能性は否めない。主権国家の上に立つ政治権力が存在しない国際社会においては，この傾向はより顕著である。

　覇権戦争の後，戦勝国は自国にとって都合のよいように敗戦国の領土を分割し，自国が奉じるイデオロギーが正統であると他国——とりわけ敗戦国——に認めさせるだけではなく，自国に都合のよい国際組織，国際法，そしてその他のルールを設立し，これらを一括して国際制度と呼ぶことは指摘してきたとおりである。

　このような国際制度も時間が経てば秩序戦の一対象となったのも，また歴史の常といえよう。台頭する現状打破陣営によって攻撃の的となることがしばしばあった。たとえば，1933年に日本やドイツは国際連盟から脱退することで，既存の国際秩序に挑戦した。これらの国に侵略国の烙印を押すことができても国際連盟は何ら意味ある制裁を科すことができなかったのである。ほかにも，既存の国際制度を無視して違反行為を繰り返すという攻撃手段もある。あるいは，新たに国際組織やルールを作り上げていくなど，別の国際制度を構築していくという手段も存在する。

　もちろん，現状維持国側も防衛する。たとえば新しい国際制度を作ることによって，既存の国際制度を何らかの形で補強しようとする。ないしは新領域

（たとえばサイバー空間）において主導権を握ろうとする。いずれにしても，自国側が比較的優位な状況を享受している既存の国際秩序を維持するという大目的に基づいている。対して，現状打破国の国際制度政策は既存の国際秩序そのものに挑戦するものにほかならない。このように，秩序戦の一部は国際制度をめぐる確執という形で現れる。したがって，そういった確執において勝利することが主要国家にとっては欠かせないのである。

この文脈で一つ指摘しておきたい。後に第5章で解説するように，PKOや人間の安全保障といったような国際連合やその他の多国間国際組織を中心として展開される諸活動は秩序戦とは一見無関係であるように見えるが，実は現存する秩序を維持する役割を果たしているという点である。こういった諸活動に参加し，「国際社会の進歩的・開明的一員として責任を果たす」という行為は「現状への不満の芽を摘む」ことで間接的に現状維持に貢献しているという点を忘れてはならない。より一般的にいえば，こういった行為は国際的な公共財――すべての国々に分け隔てなく利益をもたらす財――を提供しているわけであるが，それは現状維持のバイアスを持っているといえる。

こういった，「大国ではなく中級国家が多国間国際組織を通じて国際公共財を提供するというタイプの外交」をミドルパワー外交と呼ぶことが多い。カナダ外交はその典型例としてしばしば紹介される[12]。しかしこういった現状維持のバイアスがあることを，カナダ人でさえ忘れがちである。ミドルパワー外交を推進することも，実は現状維持国が「国際制度をめぐる確執に勝利する」という目標を達成するための一行為と理解する必要がある。

バランス・オブ・パワー

ここまで秩序を構成する三要素に焦点を合わせ，三つの政策目標を示してきた。このほか，「バランス・オブ・パワーにおける自陣営の地位を優位にする」という政策目標も欠かせない。秩序の三大要素を支える，いわば基盤に関する政策目標である。

ここでのバランス・オブ・パワーを言い換えれば，陣営間における「ハードパワーの総和の差」である。これはいわゆる「実力」の差で，もっと簡単に言ってしまえば軍事力・経済力の差を意味する。「実力」なしでは自国ならびに自陣営のいかなる外交政策もおぼつかない。その意味でもこの政策目標は「基礎中の基礎」ともいえよう。この目標を達成するには，基本的には二つの方法がある。一つは陣営に属する各国がそれぞれハードパワーの増強を図ることで

ある。軍備力増強ならびに産業競争力・工業力の強化を具体的には意味する。より長期的には生産人口を増やすことも必要である。もう一つの方法は，自陣営に参加する国を増やす，つまり同盟国の数を増やすこと（そして同盟国との関係を強くしていくこと）である[13]。むろん，対抗陣営も同様にこれら二つの方法を組み合わせて自陣営のハードパワーを増強してくるであろう。それに勝るように自陣営のハードパワーを増強し，相対的にみて対抗陣営に勝る状況をめざすこととなる。

国内政治

　これまで四つの政策目標を解説してきたが，これらはすべて国家間の関係に関するものであった。最後の政策目標は国内政治に関係する。対抗国の国内体制を中和化する一方で，他国からの自国への介入を阻止するという目標である。

　中和化をめざすにはさまざまな方法が用いられる。たとえば，古典的なものとしては，相手国内部の反体制グループを援助したり，スパイを通じて相手国側の情報を得るというものがある。さらには，アメリカのような一部の国では，隠密行動（covert operations）でもって工作員を他国に侵入させ要人を暗殺する手法さえ採用している。政府をターゲットにするこういった方法のほか，相手国の社会に影響を与えようとする手段もある。たとえば，マスメディアを含むコミュニケーション技術を通じたプロパガンダ——最近ではパブリック・ディプロマシーという言葉が使われることが多い——や留学制度を含む文化交流活動を通じて，他国民が持つ自国への対抗意識を弱体化する手法は伝統的なものであろう。国家間に歴史解釈論争を吹きかけるのも，プロパガンダ作戦の一つである。植民や移民も実は国内政治介入作戦の一形態——より長期的には領土拡大のための既成事実——となりうるのは，国際政治史をみれば理解できよう。

　最近では，サイバー攻撃を仕掛けて対抗国内から情報を入手したり，他国のコンピューターに頼る社会機能（電力や金融）を麻痺させるといった危険性，さらには選挙や政党活動にサイバー攻撃を仕掛けるといったような事件が報道されている。これらは最新の国内政治への介入作戦と理解できよう。

● 5　四つの政策プログラム

　戦略レベルでなされるべき国家の活動をここで簡単に振り返ってみよう。一

つの最高位目的(戦略目的)を達成するには具体的には五つの政策目標を達成する必要がある、というのがその基本的内容であった。平和時における国際秩序戦において自国が所属する陣営が勝利し、その中で自国の地位を上げていくというのが最高位目的である。そのためには領土、正統性、国際制度それぞれに関する闘争に勝ち抜いていくだけでなく、バランス・オブ・パワーでは他陣営に対してつねに優位に立ち、相手国の国内体制を中和化させるという五つの具体的な目標をめざすべき、というわけである。

　さて、これらの五大政策目標を達成するには、具体的な活動がさらに必要なのは容易に想像がつくであろう。たとえば「領土分配をめぐる闘争に勝利せよ」と言われても具体的に何をすればよいのかわかりにくい。こういった政策目標を達成するためには、いかなる政策を国家は実際に実施すればよいのであろうか。五大政策目標を達成するには、四つの政策プログラムを統合的に、つまり組み合わせて執行しなければならない。次頁の冒頭にある図が政策プログラムである。

　四つある政策プログラムの一つ一つは、より詳しい解説が必要なので、おのおの一章をあてて後ほど説明していく。本節では基本的な点だけを押さえておきたいが、その前に二点指摘しておこう。まず、これら四つの政策プログラムは実際に大戦略を追求していく日々の作業をまとめるユニットとなるという点である。その意味でこれらの政策プログラムは大戦略の核ともいえる位置にある。第二に、これら四つの政策プログラムは互いに関係したり重複しうるということである。たとえば、ハードパワーの中でも強力な経済力がなければ他の政策プログラムを維持できない。また、とある政策が二つの政策プログラムに同時に当てはまるということも起こりうる。たとえば、同盟国との間で貿易を促進するという行為は自国の経済力増強に資するという意味で「ハードパワーの増強と行使」に当てはまるのと同時に、同盟国との政治関係を強化するという意味で「ジオストラテジーの実践」にも該当しうる。また、諜報活動はインターネットや無線・通信衛星といった機材のほか、スパイが必要になるが、その求めるものは情報である。したがって、この活動は「ハードパワーの増強と行使」と「ソフトパワーの育成と行使」とにまたがりうる。こういった具合である。こういった点にもかかわらず、分析目的のためにはこれら四つの政策プログラムは別々のものと考えることとしたい。ではこれら政策プログラムを一つずつ簡単に解説していこう。

　ハードパワーの増強と行使　　軍事力とそれを支える産業力・経済力も実力の

図2-1 「大戦略の全体像」の「政策プログラム」の部分

政策プログラム { ハードパワーの増強と行使（物量戦） | ソフトパワーの育成と行使（情報心理戦） | 国際制度の戦略的運用（制度戦） | ジオストラテジーの実践（集団陣地戦） }

一部と考えることは国際政治学では当然視されている。こういった物理的な力の素（もと）をハードパワーという。対抗国側に対してハードパワーを増強していくためには，自国の防衛力の整備・増強，そして産業力，科学技術力の強化，さらには生産人口を増やしていくといったような政策を実施していかなくてはならない。また，エネルギー資源を生産し確保できる能力や，他国からの経済制裁に耐えうる力，他国に経済制裁を強力に実行できる力もハードパワーの範疇に入れることができる。こういった能力を総合して言えば，物量戦に対応できる能力といえよう。

なお，ここでは自国ないしは一国のハードパワーに注目している。同盟国の数を増やし，自陣営におけるハードパワーの総和を増強していく作戦は，「ジオストラテジーの実践」に含めることとする。また便宜上，インテリジェンス能力（カウンターインテリジェンスを含む）はハードパワーに入れる。サイバーパワーについても第3章で説明する。

ソフトパワーの育成と行使　ハードパワーが物理的な，あるいは「モノ関連」の力を指すのであれば，心理的な力をソフトパワーと呼ぶことができる。人間の行動は物理的能力（たとえば体力）と精神力（意思）と両方に影響を受ける。体力そのものがあっても気力がなければ体が動かない。逆にやる気があっても基本的な身体能力が弱ければより大きな体力を持っている競争相手には勝てない。国家行動も同じで，実力と意思の二つから成り立っている。これまで使った言葉でいえば，対抗国家側の意思をいかにして中和化するのか，そして自国側の意思をいかに守るのか，といった戦いにおいてはさまざまな情報を発信し操作していく必要がある。古典的な例はプロパガンダであろう。こういったタイプの競争を情報心理戦と本書では呼び，ソフトパワーはそれに必要な力と定義する。ハードパワーとソフトパワーとの間の概念的境界線に関しては，研究者の間でもさまざまな議論があり必ずしも明確ではない。この問題は後に扱うこととする。

国際制度の戦略的運用　第三の政策プログラムは制度に関するものである。人間が作り上げた国際制度は国益追求のための政策手段の一つに過ぎない。そ

うなると，当然，国際制度そのものも，国家間の争いの対象となろう。いかなる国際制度を作るのか，そして現存する国際制度をいかにして活用していくのか，といった戦略的視点でもって国際制度にかかわっていくことが求められる。

ここで鍵となる概念が構造力である。制度は人為的な構造的環境を形作り，その中で人間は日常生活を営んでいるが，その際に人間はこの環境を当然視する傾向にある——たとえば，自家用車を運転する際に「なぜ，この道路交通法が存在しているのか，それは正しいのか」とはいちいち考慮しないであろう。こういった制度を自分の都合のよいように設定し，調整する力を構造力と社会科学では呼ぶ。国際制度も制度の一つであるので，国家は秩序戦において構造力を獲得し行使しようとする。

ジオストラテジーの実践　古来から戦略を地図上で考慮してきたことと同様に，秩序戦を勝ち抜くための大戦略も地図上で考えていく必要がある。二次元上，さらには三次元上における自国・自陣営の地政学的位置と対抗陣営側のそれとを考慮にいれた上で政策をねって実践していくことが欠かせない。秩序戦は陣営間の競争であるので，地図上では集団陣地合戦を展開することとなる。こういった文脈においては，相手陣営内にクサビを打ちこんだり，包囲網で追い込んだりする外交作戦が欠かせない。

● 6　四つの政策プログラムと五大政策目標との関係

これで四つの政策プログラムの基本的性格が理解できたと思う。では，これら四つの政策プログラムが五大政策目標とどのようにかかわっているのであろうか。

たとえば，図2-2における矢印Aと矢印Bで示された関係をみてみよう。「バランス・オブ・パワーにおける自陣営の地位を優位にする」という政策目標を達成するには，国家Xは具体的には自国の軍事力と経済力を強化する（ハードパワーを強化する）のと同時に，同盟国の数を増やすないし現時点での同盟国との協力関係を深めていく必要がある。前者の政策が矢印Aにあたり，後者の政策が矢印Bにあたる。

ソフトパワーは情報を操作する能力を指すが，そういった能力を使うことによって，直接的な形ではないものの物理的なバランス・オブ・パワーに影響を与えることも可能である。それが矢印AAにあたる。同様に，矢印BBは，バランス・オブ・パワーを自国にとって有利になるように国際制度を使用してい

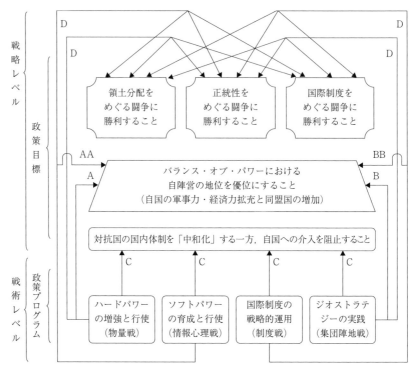

図 2-2 五大目標と四つの政策プログラムとの関係

く作戦を示している。

　他方，矢印 C はすべて「対抗国の国内体制を中和化する一方，自国への介入を阻止する」という目標をめざす作戦を指し，これには四つの政策プログラムがすべてかかわっていることが理解できよう。さらには，領土分配，正統性，国際制度をめぐる闘争において勝利するためには，これらすべての政策プログラムが動員されなければならないが，矢印 D がそれを表している。

　総計すれば，これらの矢印は 20 になる。四つの政策プログラムを五つの政策目標に対して同時に展開するので，4 × 5 = 20 ということである。本格的な大戦略を展開していくには，それだけ多数の活動ないし計画がかかわってくる。

　理解しやすいよう，一つ一つの矢印の内容を例示したのが表 2-1 であるので，ご覧いただきたい。各マスに A，AA，B，BB，C，D の矢印のうちどれが対応するのかも示してある。各マスに記入してある政策は一例に過ぎず，実際に

はより多くの政策が含まれることもあろう。

　領土配分をめぐる闘争を例に取り上げて解説してみよう。表の底に「解説1」と示してある縦の列——四つのマスからなり，それぞれDと記してある——を見ていただきたい。上から下に解説していこう。

　まず，自国の領土を守るためには当然，軍事力が必要になるのは明白であろう。古典的な武力による外部からの侵略に対して抑止力を行使するためである。これがハードパワーの増強と行使を意味する（D^1のマス）。しかし，それだけでは十分ではない。とある地域がその所属先をめぐって二つ以上の国家の間で争われている場合，自国の立場を喧伝すべく国際世論に訴えかけていく必要がある。こういった広報活動はさまざまなチャンネル——外交の場，メディアの場，さらには研究・教育の場等々——を通して行われる。つまりソフトパワーの行使が求められるのである（D^2のマス）。さらには，既存の国際法に関して自国に都合がよいような——つまり対抗陣営にとって都合が悪いような——解釈を出して，国際社会に喧伝し，自己の立場を正当化していくことも欠かせない（D^3のマス）。

　くわえて，領土問題は現存する国際秩序にとって基本的な位置を占めることにかんがみて，平和時に現状打破陣営が現状維持陣営の意思に反して領土の獲得に成功すれば，それは当然政治的・象徴的な意味合いを持たざるをえない。つまり現存国際秩序の弱体化を意味するのである。となれば，自陣営に参加する国を増やす，つまり同盟国の数を増やすという政策を通じて対抗陣営に対して軍事的に優位になることが望まれる（D^4のマス）。

　さらなる理解を促すために，もう一つ解説を加えよう。表の左端にある「解説2」に注目されたい。今度は「国際制度の戦略的運用」プログラムがいかなる形で五大政策目標達成に貢献できるのか順を追って説明していこう。横の行である。左から右に説明していく。

　最初はすでに指摘したとおり，領土分配をめぐる闘争において，既存の国際法を自国に有利になるように解釈し喧伝する作戦である（D^3のマス）。こういった作戦はより広い広報作戦の一環と理解できる。つまり，国際制度（国連総会等々）を通じて国際世論を味方につけるという作戦である。一つの情報心理作戦ともいえよう（D^5のマス）。

　次に「国際制度の戦略的運用」プログラムと「国際制度をめぐる闘争の勝利」という政策目標とが交わるマスである（D^6のマス）。これが意味するのは「既存の国際制度を利用するのではなく，自国にとって都合がよい国際制度を

表2-1 五大政策目標と四つの政策プログラムとの間のリンクの例

		五大政策目標				
		秩序の「三本の柱」をめぐる政策目標			バランス・オブ・パワーの優位化	対抗国国内体制の中和化
		領土分配をめぐる闘争の勝利	正統性をめぐる闘争の勝利	国際制度をめぐる闘争の勝利		
四つの政策プログラム	ハードパワーの増強と行使	領土防衛のための軍事力を整備し、長期的経済力を維持する。	軍事力の示威的行為や経済援助を通じて自国の威信を高める。	国際組織内での影響力を高めるため大きなコストを負担する一方、援助などで友好国を増やす。	自国の軍事力と経済力をたくわえるほか、経済援助などで同盟国のハードパワーを伸ばす。	対抗国内部の反体制グループに財政援助等で支援する。
		D^1	D	D	A	C
	ソフトパワーの育成と行使	領土紛争に関して国際世論を味方につけるメディアキャンペーンをはる。	さまざまなキャンペーンを通じて自国の「正義」を国際社会に浸透させる。	国際組織における相手陣営の立場を弱くするような情報を流す。	文化外交などによって同盟国との精神的絆を強くしていく（間接的・補助的効果）。	対抗国内の社会にむけてプロパガンダを行い、対抗意識をそぐ。
		D^2	D	D	AA	C
	国際制度の戦略的運用	領土紛争に関して、既存の国際法を自国に都合よく解釈する。	既存の国際制度を使って自国の行動や地位を正当化し国際世論を味方につける。	自国に都合がよい基準やルールを国際公共財として新設し、他国の行動を長期的に拘束する。	軍縮会議などを使って自陣営の軍事バランス上の優位を確保する。	対抗国政府のイデオロギーが持つ「非正統性」を国際組織に確認させる。
		D^3	D^5	D^6	BB	C^1
	ジオストラテジーの実践	領土防衛のため同盟ネットワークを強化する一方、相手陣営の一部を味方につけ自陣営を有利にする。	相手陣営内において論争を引き起こし内紛を誘発させる（クサビ打ちの一種）。	軍事力を背景にして既存の国際制度の威信を強める、あるいは弱める政策を遂行し、自国の望む方向に影響を与える。	対抗陣営にクサビを打ち込み、二分化・弱体化を図る。	包囲網を形成・強化することにより対抗国内部の分裂をねらう。
		D^4	D	D	B	C

↑解説1

新設することによって将来の主導権を握る行為」を意味する。そういった新しい制度を導入することにより，将来における「国際制度をめぐる闘争」において勝利しやすくなる状況を設定する，ということである。

こういった事例の好例は，TPP（環太平洋パートナーシップ：Trans-Pacific Partnership 協定）である。日本とアメリカが組んで推進したこの自由貿易協定は，2017 年 7 年にトランプ政権によって葬られたが[14]，われわれがここで関心があるのは 2016 年に当時のオバマ米大統領が主張した TPP 導入の理由である。彼は「TPP の問題は『未来の貿易ルールを誰が書くのか』という問題だ」という趣旨の発言をしている[15]。これこそが本書でいう「自国にとって都合がよい国際制度を新設することによって将来の主導権を握る」という発想にほかならない。つまり，将来の国際貿易体制においてアメリカが優位に立つために TPP が必要であるという趣旨である。

次に進もう。BB と記されているマスである。バランス・オブ・パワーにおいて自国・自陣営を優位にするために，国際制度を利用できるのであろうか。間接的ながらそれは可能である。たとえば軍縮会議を開催し，対抗国が比較的不利になるようにバランス・オブ・パワーを固定化するというのがその作戦である。戦間期に締結された二つの海軍軍縮条約――ワシントン条約（1922 年）とロンドン条約（1930 年）――における米英両国側の目的の一つは日本の海軍力にそういった制限を設けることであった[16]。

最後に挙げられるのは，対抗国の内部における政治状況に影響を与えるために国際制度を利用する作戦である（C^1 とあるマス）。すなわち，対抗国政府がその国内体制維持のために奉じているイデオロギーに「負ないしは悪のラベルを貼る」ために国際組織を利用する戦術といえる。そうすることにより国際社会における対抗国政府が持つ立場を弱くし，さらにはその国内政治上の権威を揺るがすことができよう。

以上，五大政策目標と四つの政策プログラムとがいかにリンクするのか解説してきた。繰り返しになるが，四つの政策プログラムを同時に展開していく際，これらすべてをいわば総合パッケージとして理解することが欠かせない。とりわけ，指導者層においてはこの視点は必須であろう。当然，さまざまな政策プログラム――そしておのおののプログラムを支え，各省庁にまたがる政策諸手段――を統合していく政府内の仕組みも求められる。そうでなければ，小田原評定となってしまいかねない。

これだけでも難儀な問題であるが，問題はさらにある。政策諸手段を束ねて

第2章 大戦略の全体像

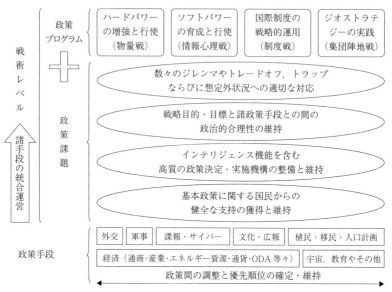

図2-1 「大戦略の全体像」の「戦術レベル」「政策手段」の部分

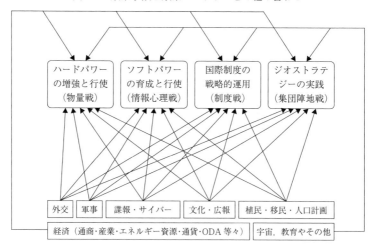

図2-3 政策手段と政策プログラムとの組み合わせ

各政策プログラムを実施する際，典型的な「解決されるべき課題」が四つ存在するのである。次にそれらについて解説していこう。

● 7　四つの政策課題

　これまで第5節では四つの政策プログラムを説明し，第6節ではそれらの上位にある五大政策目標と政策プログラムの関係に焦点を当ててきた。本節では「四つの政策プログラムがその下にある政策手段とどうかかわっているのか」という点について解説していく。これは「戦術レベル」の部分の解説にほかならない。戦術レベルの活動を平たくいえば，「政策課題をクリアーしながら諸手段を統合的に運用して政策プログラムを実行していく」ということになるが，これは二つの部分から成り立っている。政策手段を組み合わせていくことにより四つの政策プログラムを遂行していくというのがその一。前頁の図の左端にある「諸手段の統合運営」がそれにあたる。第二の部分が，四つの政策課題をクリアーするというものである。これら二つを順を追って説明していこう。

政策手段と政策プログラムとの関係

　これまで解説してきたとおり，四つの政策プログラムを同時に展開しなければならないわけであるが，一つ一つの政策プログラムそのものは，外交や軍事といったような政策手段を組み合わせていくこととなる。別の言い方をすれば，それぞれの政策手段を担当している省庁――たとえば外務省や防衛省――が同時にかかわってくるのである。当然，一つの政策手段が同時に二つ以上の政策プログラムにかかわってくることもありうる。このように「政策手段と政策プログラムとの間の組み合わせ」は複雑・多数である。概念図で表せば，図2-3のようになる。

　前節で使った概念図は「四つの政策プログラムと五大政策目標との関係」を20本の矢印で示したものであるが，その下部にこの図が組み込まれることとなる。その結果が図2-4である。

　同様に，前節で「五大政策目標と四つの政策プログラムとの間のリンク」の複数例を示した表に使用される「政策手段」を組み込めば，表2-2のようなものとなる。その内容はここでは繰り返す必要はないであろう。

図2-4 政策手段、政策プログラム、政策目標の間の連関

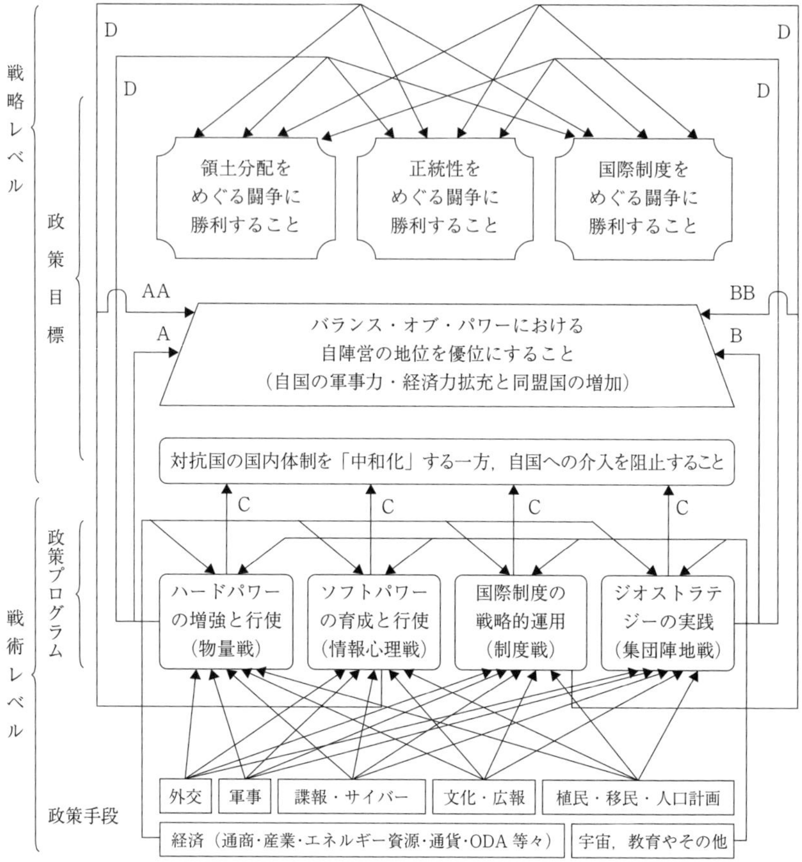

```
戦略レベル
  政策目標:
    D──領土分配をめぐる闘争に勝利すること
    D──正統性をめぐる闘争に勝利すること
    D──国際制度をめぐる闘争に勝利すること
    AA/A──バランス・オブ・パワーにおける自陣営の地位を優位にすること（自国の軍事力・経済力拡充と同盟国の増加）──BB/B
    対抗国の国内体制を「中和化」する一方、自国への介入を阻止すること

戦術レベル
  政策プログラム:
    C──ハードパワーの増強と行使（物量戦）
    C──ソフトパワーの育成と行使（情報心理戦）
    C──国際制度の戦略的運用（制度戦）
    C──ジオストラテジーの実践（集団陣地戦）

  政策手段:
    外交／軍事／諜報・サイバー／文化・広報／植民・移民・人口計画
    経済（通商・産業・エネルギー資源・通貨・ODA等々）／宇宙、教育やその他
```

注意事項としての政策課題四点

　これまでの解説で大戦略を策定し実施していく際にやるべき行動の全体像がほぼ明らかになったと思う。政策手段を組み合わせて四つの政策プログラムを実行し、そうすることによって五大政策目標の達成を図る。こういった総合的計画を通じてこそ、戦略目的の達成、つまり秩序戦での勝利が可能になるというわけである。「戦略目的―五大政策目標―四つの政策プログラム―政策手段」というプロジェクト体系を大戦略と言い換えることもできよう。

　ただし、大戦略というプロジェクトを策定し遂行していく際、クリアーしなければならない政策課題が四つある。これらにうまく対処できなければ、計画

表 2-2　五大政策目標と四つの政策プログラムのリンクとその政策手段の例

		五大政策目標				
		秩序の「三本の柱」をめぐる政策目標			バランス・オブ・パワーの優位化	対抗国国内体制の中和化
		領土分配をめぐる闘争の勝利	正統性をめぐる闘争の勝利	国際制度をめぐる闘争の勝利		
四つの政策プログラム	ハードパワーの増強と行使	領土防衛のための軍事力を整備し、長期的経済力を維持する。	軍事力の示威的行為や経済援助を通じて自国の威信を高める。	国際組織内での影響力を高めるため大きなコストを負担する一方、援助などで友好国を増やす。	自国の軍事力と経済力をたくわえるほか、経済援助などで同盟国のハードパワーを伸ばす。	対抗国内部の反体制グループに財政援助等で支援する。
	政策手段	軍事, 経済, 宇宙, 諜報	軍事, 経済	経済	軍事, 経済	諜報, 経済
	ソフトパワーの育成と行使	領土紛争に関して国際世論を味方につけるメディアキャンペーンをはる。	さまざまなキャンペーンを通じて自国の「正義」を国際社会に浸透させる。	国際組織における相手陣営の立場を弱くするような情報を流す。	文化外交などによって同盟国との精神的絆を強くしていく（間接的・補助的効果）。	対抗国内の社会にむけてプロパガンダを行い、対抗意識をそぐ。
	政策手段	外交, 広報	外交, 文化	外交, 広報, 諜報	外交, 文化	外交, 広報
	国際制度の戦略的運用	領土紛争に関して、既存の国際法を自国に都合よく解釈する。	既存の国際制度を使って自国の行動や地位を正当化し国際世論を味方につける。	自国に都合がよい基準やルールを国際公共財として新設し、他国の行動を長期的に拘束する。	軍縮会議などを使って自陣営の軍事バランス上の優位を確保する。	対抗国政府のイデオロギーが持つ「非正統性」を国際組織に確認させる。
	政策手段	外交	外交, 広報	外交	外交	外交
	ジオストラテジーの実践	領土防衛のため同盟ネットワークを強化する一方、相手陣営の一部を味方につけ自陣営を有利にする。	相手陣営内において論争を引き起こし内紛を誘発させる（クサビ打ちの一種）。	軍事力を背景にして既存の国際制度の威信を強めるあるいは弱める政策を遂行し、自国の望む方向に影響を与える。	対抗陣営にクサビを打ち込み、二分化・弱体化を図る。	包囲網を形成・強化することにより対抗国内部の分裂をねらう。
	政策手段	軍事, 外交	外交	軍事, 外交	外交	軍事, 外交

第2章 大戦略の全体像

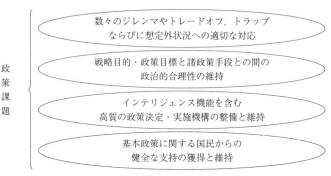

図2-1 「大戦略の全体像」の「政策課題」の部分

政策課題
- 数々のジレンマやトレードオフ、トラップならびに想定外状況への適切な対応
- 戦略目的・政策目標と諸政策手段との間の政治的合理性の維持
- インテリジェンス機能を含む高質の政策決定・実施機構の整備と維持
- 基本政策に関する国民からの健全な支持の獲得と維持

の成功はおぼつかない。これらは、政策手段を使って政策プログラムを追求する際の注意事項と言い換えることができよう。それらは上図に再度示したとおりである。

不条理な状況をこなすこと これは第7章でくわしく解説する。不条理な状況は多々起こる。戦略目的達成にまい進するのと同時にそういった不条理な状況をクリアーしていかなければならない。目的を設定しそれにまい進するのはプロジェクト運営の一部分——大切な部分ではあるがそれでも一部分——に過ぎず、頻発するトラブルをうまくさばいていくことも重要である。それにしくじれば、目的達成はおぼつかなくなる。その他のプロジェクトの場合と同様、「地雷原を突き進んでいく」という状況が大戦略にも当てはまる。つまり、目的地への方向に進みながらも、地雷を踏まないように対処していくこととなる。地雷に相当するのが、トラップやジレンマという不条理な状況にほかならない。

大戦略における政治的合理性の維持 これまで解説してきたとおり、政策手段を積み上げていき、四つの政策プログラムと五大政策目標を通じて戦略目的を達成するわけであるが、戦略目的が高度に政治的なものであるゆえ、政策手段を実施する際にその政治的効果が戦略目的に沿うように維持していくことが欠かせない。そうでなければ大戦略における政治的合理性が維持できない。言い換えれば、数ある中からある政策手段を選ぶ際、政治的合理性の基準に基づいてその妥当性を判断することとなる。

外交交渉はもとより、軍事力と経済力の行使、さらには対外広報活動や国際制度の利用といった行動を政府がとる際にも、この基準を採用すべきである。他方、政府の外にいる筆者のような者は「政府がとっている政策手段Aは、

秩序戦における日本の立場を強化することに貢献しているのか否か」という設問をつねに投げかけることとなる。

　なぜこういったことを指摘する必要があるのか。それは政府内部での縦割り行政のためである。各省庁が独自の省益を追求する結果、国策全体としてみれば、上で定義した政治的合理性が傷ついてしまいかねない[17]。

　たとえば、自衛隊の場合を見てみよう。自衛隊は軍隊ゆえ軍事的合理性や国防上の最悪のシナリオ、さらには防衛費拡大を追求する傾向が強い。こういった状況は十分に理解できるものであり、自衛隊を責めるものではとうていない。そもそも軍というのはそういうものであり、そうでなければ自衛隊は国防最後の砦としての役割を果たせないであろう。しかし、仮に軍事的合理性のみを追求すれば、膨大な装備費（通常兵器）が必要となってしまうのみならず、状況によっては日本の国際政治的立場を逆に弱めてしまうことにもなりかねない。したがってシビリアン・コントロールのもと、防衛大臣や首相、さらには防衛省の内局といった文民・文官が政治的合理性を維持すべく防衛力を調整する必要がある。

　省益に走る官僚組織の行動を束ねるのは、その上に立つ首相を含む閣僚レベルの政治家の役割である。しかし、やっかいなことに、政治的合理性が損なわれる原因は官僚組織に限らず、こういった文民指導者自身が犯す判断ミス（と思える行為）である場合もある。判断ミスのほか、指導者自身が感じる恐怖やおごりといった感情、さらには指導者個人が持つ性格やバイアスといった心理的要因なども、負の政策結果をもたらすことが往々にしてあることは歴史が証明している。

　秩序戦の文脈において国益に資するのかどうか、政策手段の政治的効果を適切に判断するセンスがつねに求められるといえよう。オウンゴールに至らないような妙策を策定・実施する能力も求められる。たとえば自陣営内部において同盟国との間で経済摩擦が政治問題化している場合にも、この点は当てはまる。仮に純粋な経済論理の上では同盟パートナーに非があるとしても、そのような状況が続けば同盟関係にヒビが入り間接的にせよ対抗陣営に利益を与えることになってしまう。秩序戦という大局からみれば、同盟国の非ばかり責めずに必要ならば譲歩し事態の収拾を図る、といった政治的判断が求められるのである——もちろん絶対譲れない核心的な国益はあろうが。この視点からみれば、1980年代の日米経済摩擦が華やかなりしころ、日本政府がとった一連の自主的輸出規制は高く評価されるべき対応であった。

別の例を挙げてみよう。同盟国から海外派兵協力の要請があるとき，自国に直接利害関係がない地域への派兵であれば実利はないどころか，死傷兵も出る可能性があるので躊躇するかもしれない。しかし，協力派兵の政治的シンボル効果は同盟間の絆を強力に強めるので，自陣営内の団結を維持ないしは促進するという観点からは協力派兵は望ましいといえる（もちろん，派兵コストが維持できる規模に，協力派兵を抑えることは欠かせないであろう）。そのような効果が吉田茂がいうところの「国際信用」（現代の言葉でいえば「政治的信用」ともなろうか）であり，「誰がいざというときに信頼できるのか」という同盟国間の根本的な感情に触れるため非常に大切である[18]。第一次世界大戦以降「肩をならべて血を流してきた」イギリス，アメリカ，オーストラリア，カナダ間の連帯が強いのも，まさにこの政治的信用の蓄積の結果であろう。

　重ねていおう。究極的には友敵関係に基づいて展開する秩序戦においては，政治的シンボル効果あるいは政治的信用は根本的に重要である。1990年から1991年の湾岸戦争の際には日本外交は「小切手外交」と揶揄され，現状維持国であるはずの日本の政治的信用は地に落ちたことは，筆者のような昭和世代の記憶に新しい。これとは対照的に，アメリカの対イラク戦争（2003年）を支持するとすかさず表明した小泉前首相の言動は大変効果的で，同盟国日本の国益を大いに増進させた。小泉政権下で陸上・海上・航空自衛隊を中近東・インド洋に派遣――武力行使を伴う「派兵」ではない――した動きも日本の信用を大いに高めた。その後，2001年末から2010年1月まで続いた海上自衛隊のインド洋上給油活動は，陸上自衛隊派遣と比べコスト（とくに自衛隊内で死亡者が出る確率）が比較的小さいながらも大きい政治的効果をもたらしたのであり，日本外交に貴重な貢献をなしたといえる。

　高質な政策決定機構の維持　　大戦略のプランがあっても，実施する組織に不備があればそのプランは十二分に展開されず「描かれた餅」となってしまいかねないのは明白であろう。たとえばすでに触れたとおり，官僚組織を強力に束ねていく仕組みが政府内では欠かせない。2013年12月に国家安全保障会議，ならびに翌年1月にその事務局がそれぞれ発足したが，これはまさに政府内調整システムの核となるべき組織なので大いに歓迎すべきことである。

　くわえて，対外行動を起こす際に必要な情報，たとえば国際情勢，他国政府の思惑や動向に関する情報を収集し分析する能力も欠かすことができない。インテリジェンス機構がしっかりしていなければ適切な判断や決定ができないのである。したがって，この面においても政府組織は充実していなければならな

インド洋で米軍に燃料補給を行う海上自衛隊（2006年）[写真：U.S.Navy]

い。高度なインテリジェンス集積・分析能力は「目と耳」にあたるので，目が見えず耳も聞こえなければいくら体力があっても効果的な行動ができないのと同様，その基本的な重要性をわれわれは深く認識すべきであろう。イギリスがその国力の度合いに比べても対外的影響力を維持できる一つの理由は，まさにその高度なインテリジェンス能力にある。

　国民の理解と健全なる支持の調達　　四つの政策課題のうち最後のものは国民からの支持に関するものである。適切な大戦略を政府が追求していくには，国民の正しい理解と健全なる支持が欠かせない。これは自明であろう。しかし，国民の声がつねに正しいとは限らないのが悩ましいところである。国民の感情——たとえば感情的で排他主義的なナショナリズム——のみに従って対外政策を運営していけば間違った道を政府が突き進んでしまいかねない。日本の外交史をみればこの危険性は歴然としている。入江昭がその著書で解説しているように，国民の情感的判断が国際情勢に沿わない事態が少なからず過去に起こっているのである[19]。悪名高い事例は，日露戦争時のポーツマス講和条約を不満として発生した，日比谷焼き討ち事件（1905年9月）であろう。こういった例は極端としても，国民感情というのは時として難しい対応を政府に強いる。これはいかなる国においても発生する問題である。この意味で，政府の大戦略に対して「正しい理解と健全なる支持」が国民に求められるのである。

　もちろん，このことは政府の対外政策がつねに正しいことを決して意味しない。これまで長々と説明してきたとおりである。くわえて，政府が国民感情の犠牲になるというのではなく，それとは全く逆に国民を煽動・操作・指導しようとする可能性——それも間違った方向に導こうとする可能性——も否定でき

ない。こういった点に対して，国民そして野党は政府をつねに監視していくことが必要であろう。

要するに，政府も国民・野党もともに正しい大戦略を理解し，政府はそれを追求し国民はそれを支持するという形が理想的なのである。そして，必要があれば政府は国民を啓蒙していくべきであろうし，同時に言論界やメディアも世論を適切なる方向にリードしていく責任を負っている。

● 8　おわりに

本章では大戦略の全体像を提示した。大戦略は「目的と手段」の体系であるが，その中身はわれわれの身体のようにいくつかの部位から成り立っており，それらは大きく言って，戦略レベルと戦術レベルとに分けることができる。その二つのレベルを結びつける重要な位置にあるのが「四つの政策プログラム」にほかならない。外交や軍事，経済や広報といったミクロレベルの政策手段がおのおののプログラムのもとに束ねられている。これらのプログラムをこなすことにより，その上の五大政策目標，そしてさらにその上に立つ戦略目的を達成していくのである。

したがって，次章以下，大戦略の各論を論じるにあたり，これらのプログラムをそれぞれ1章ずつ見ていく。そして，その作業が終わった段階で，不条理的状況の数々を説明する。というのも，四つの政策プログラムは「なすべきこと」にかかわるものであるが，それだけではだめで「（できるだけ）避けるべきこと」——つまり不条理的な状況——の面にも留意しなければ，大戦略の成功はおぼつかないからである。次章以下の役割分担を図2-5に示した。

序章の最後で述べたとおり，政策プログラムに関する以下の四章はそれぞれ二部構成になっている。まず一般的解説——たとえば第3章であればハードパワーに関する解説——を述べた後，それをいかにして日本の政策プログラムに応用するかという政策論を詳しく展開する。第7章で論じるさまざまな不条理的状況についてはその問題の性質上，一般論的な解説にとどめておく。では，ハードパワーに関する政策プログラムから話を進めていこう。

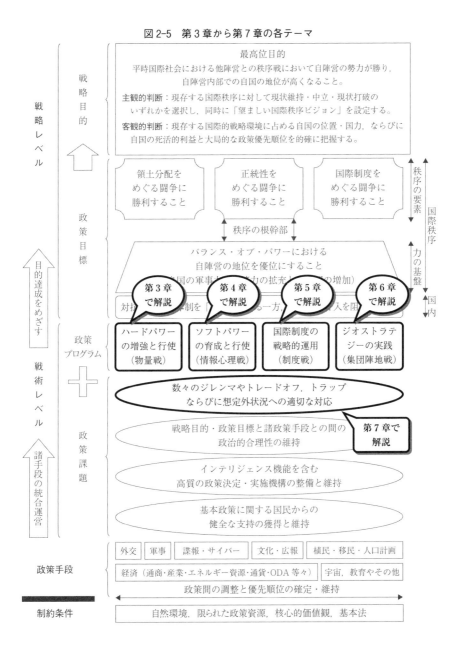

図2-5 第3章から第7章の各テーマ

第3章
ハードパワーを高める

●1 はじめに

　秩序戦においては，国家（そして所属する陣営）は強くないといけない。そして正しくないといけない。「実力と正統性」を幹とする政治秩序を支える，ないしは変革するには，強い実力つまりハードパワーとゆるぎない「正義」を体現するソフトパワーの両者を国家は持たなければならないのである。では，ハードパワーとソフトパワーとは何なのか。

　そもそもパワーは「権力」の意味であるが，これは政治学では基本中の基本ともいえる概念である。それは「パワーをめぐる現象を分析する学問」が政治学と定義されることからも理解できよう。当然，パワーは国際政治学でも基本的概念の一つである。しかし，パワーという概念の中身はたいへん複雑であり，さまざまな議論や論争がこれまで研究者の間で長らくなされてきた。研究者の間でも完全なコンセンサスはない。本書では，その関心の範囲に限って有用なパワー概念を整理して使用していくこととしよう。

　まず，「他国を自国にとって都合よく操作する能力がパワー」という定義を採用する。ここにある前提は，そういった操作なしでは他国は別の行動，つまり自国にとって都合がよくない行動ないしは中立的な行動をするはずだ，というものである。ここでいう「操作する能力」という概念はかなり幅広い。一方では懲罰や褒賞を通じて行動を強いる能力もあれば，他国をいわば洗脳された形で自発的に行動するように仕向ける能力もここでは含まれる。さらには，いわばゲームのルールそのものを自国にとって有利になるように——勝負を始め

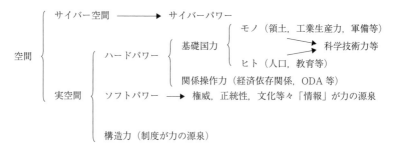

図3-1 パワーの分類

総合的国力＝ハードパワー＋ソフトパワー＋構造力＋サイバーパワー

る時にすでに自国が有利な位置に立つように——設定する能力も「操作する能力」の一つである。こういったパワーを分類すれば，図3-1のようになる。

　一国が持っているパワーとは，これらの要素を合計した「総合的国力」であり，それはつまりハードパワー，ソフトパワー，構造力，それにサイバーパワーの総和である。実際に各要素を正確に測定するのは困難であって，誤差は避けられない。そういった要素を合計するとなれば，漏れなどが生じてなおさらパワーの測定精度は下がるであろう。しかし，国家間のおおまかなパワー比較や，一国のパワーの時系列的変化を理解するのには十分な程度の測定は可能である。

　図3-1に示されているパワーの種類を概観してみよう。まず，従来のパワー論は実際の空間，つまり「実空間」に関するものであった。しかし，インターネットの発達により，これまで想定されてこなかった別の「空間」が発生した。それがサイバー空間にほかならない。そこではインターネットを使ってパワーが行使される。たとえばロシア・中国からのアメリカに対するサイバー攻撃がすでに常態化しているのは周知のことであろう。こういった動きは，インターネット化・コンピューター化された先進国に対する外部からの本格的な脅威となっている。サイバー空間においては国家間での体系的かつ拘束力がある協定，つまり「ゲームのルール」はいまだに存在しておらず，いわば無法地帯となっているのが実情である。それと同時に，サイバー空間でのパワー現象に関しても，本格的な学術的研究は緒に就いたばかりといえよう。

　実空間におけるパワーは，ハードパワーとソフトパワー，それに構造力とに分けることができる。おおまかにいって，ハードパワーは物理的な力，ソフト

パワーは心理的な力を指す。これら二種類のパワーは相手国を直接操作しようとする能力であり，相手国が参加している制度や相手国を取り巻く政策環境を操作する——つまり相手国を間接的に操作する——能力が構造力である。

　これら四種類のパワーを使いこなすことが秩序戦では必要となる。そしてパワーの源——「力の源泉」——を長期的に増強していくことも欠かせない[1]。

　本章では，ハードパワーとソフトパワーとの違いから話を始める。次にハードパワーとサイバーパワーの一般的性格を解説しよう。秩序戦におけるハードパワーの効果を述べた後，日本が採用すべきハードパワーを論じて本章を閉じることとする。ソフトパワー，そして国際制度に関連してくる構造力は，次章と第5章とにおいてそれぞれ取り扱う。

● 2　ハードパワーとソフトパワーの違い

　ハードパワーとソフトパワーという二つの概念は，国際政治学者のジョセフ・ナイによって提唱されて以来，現在では広く世間に行きわたっている[2]。ハードパワーとソフトパワーとの違いは以下のように説明されることが多い。まず，軍事力や経済力といった物理的な方法を通じ他者を強制しようとする能力がハードパワーである。他方，ソフトパワーは文化や政治的価値（たとえば民主主義）といった非物理的で直接目に見えない「価値」を通じて他者を魅了して引きつけることにより，他者の行動を操作する能力のことを指す。親近感や共感，あこがれや信頼といったような好意的な感情を他者に持たせることにより，自発的に協力させるような能力がソフトパワーと言い換えることもできよう。そして，物理的強制力に従わなければ罰を受ける恐怖心が出てくるので，ハードパワーを介して得た協力は非自発的なもの，というように対比される。

　ソフトパワーの例として，たとえば「クール・ジャパン」が挙げられる。日本のアニメや流行曲，それに伝統料理といった文化が外国人にとってかっこよく魅力的——英語でいえばクール——に感じられ，ひいては親日的態度を長期的に醸成するはずというわけである。イギリスにおいても1990年代に「クール・ブリタニア」という似たような言葉が誕生した。アメリカに関していえば，その民主主義的伝統，そしてハリウッド映画に代表される大衆文化などがソフトパワーの源であるとされる。対して，中国はハードパワーが強大であるにもかかわらず，共産主義政治体制のためソフトパワーに欠けていると評されることが多い。

こういったナイのソフトパワー論は，一見もっともらしいものだが，専門家からは数々の批判を浴びてきている[3]。これらの批判をまとめていえば，ハードパワーとソフトパワーとの境界線は実際は上で述べたものよりももっと複雑だということになる。たとえば軍事力をみてみよう。軍事力はいうまでもなく，物理的な力の源泉の代表格である。軍事力のディスプレイ（表示）は他国に恐怖心をもたらし，つまり強制力を生じさせる。しかし，そういった軍事力をディスプレイする国に対して，他国は「力や偉大さへのあこがれ」——ソフトパワーがもたらす感情——を持つかもしれないのである。この例が示すとおり，通常想定されている「物理的な力の源泉＝強制力・恐怖心」対「価値という力の源泉＝あこがれ・信頼」という二分法が時には成立しないかもしれない。そもそもソフトパワー論は，ハードパワーに頼っていたアメリカ政府への忠告としてナイが提示した概念であるが，別の文脈でも使用されるにつれて，こういった盲点が明らかになってきている[4]。

こういった事情にかんがみて，本書では以下の方針をとることとする。まず，別のラベルを導入することなくハードパワー，ソフトパワーという既存のラベルを継続して使用する。他方，これらの概念の内容に関しては，ナイの議論や従来の批判を勘案しながらも，本書のテーマである秩序戦の文脈において意味のあるように定義した次のものを採用することとする。

まずハードパワーとは，損得勘定の結果としての服従や支持・協力を他国から引き出すことができる能力のことである。軍事力や経済力，さらには国家間の相互依存関係から生じる脆弱性といったような物理的な「力の資源」——モノとヒト——を使うことによって他国の行動に影響を与えようとするので，そういった資源をより多く持っていればいるほど，より大きなハードパワーを持っているとされる。したがって防衛予算額や人口の規模といったようなデータを使ってハードパワーを測ることが多い。物理的な「力の資源」そのものをハードパワーと表現することもある。ハードパワーは強制力として認識されることが多いが，報酬を提供できる力としても使用可能であることに注意する必要がある——「アメとムチ」のように。また，軍事パレードといった儀式のように，心理的効果をねらった目的にもハードパワーが副次的に使われることがある。秩序戦においては，ハードパワーはいわゆる「実力」に相当する。秩序戦では自国・自陣営のハードパワーを対抗陣営のそれよりも大きくすることが基本的政策となる。

次にソフトパワーとは，損得勘定を通じてではなく，自発的な服従・支持・

協力を他国から引き出すことができる能力のことである。情報やシンボルを操作することにより心理レベルで対象国に働きかけていくという形態が基本である[5]。しかし，情報やシンボルの代わりにハードパワーが操作されることもままある。前述した軍事パレードの例のほか，留学や人的交流のようなヒトや国内制度がかかわってくる事業がそれにあたる。ハードパワーの場合とは異なり，情報やシンボルといった「力の資源」は数量化が困難なことが多い。操作される情報やシンボルの内容であるが，正義，権威，威信，義務，責任，信頼，さらには栄光や誇りといったような価値のほか，親近感や友好的感情，さらにはあこがれといったような感情が一般的である。こういった情報やシンボルに直接的・間接的に共鳴した結果として，好意的な行動を対象国が起こすことが意図されている。なかでも正義・正統の価値が秩序戦では根本的に重要であるのは，これまで繰り返し指摘してきた通りである。自国・自陣営が奉じる「正義」への支持を強くして，そして他陣営が奉じる「正義」を貶めるようなキャンペーンが秩序戦では展開される。ソフトパワーはその性格上，相手国の国内体制の中和化をめざす際に効果的である。その国民に心理的インパクトを漢方薬のごとくジワジワと与えることができるからにほかならない。

　現状維持陣営側の持つハードパワーとソフトパワーが対抗陣営のそれらに比べて勝っていないと，国際秩序は安定しない。ハードパワーのみでも，ソフトパワーのみでもいけないのである。政治権力への服従と支持が安定するのはハードパワーとソフトパワーがともに効果的であればこそ，と言い換えることができよう。そして，秩序変革をめざす政治勢力からすれば，現状維持陣営の持つハードパワーとソフトパワーを同時に削いでいくことが必須となる。

　これまでの議論では，ハードパワーとソフトパワーとがほぼ同じ程度重要であるという前提で話を進めてきた。しかし，国際秩序に関していえば，究極的にはソフトパワーよりもハードパワーのほうがより重要であると言わざるをえない。それは覇権サイクルの議論からも明らかであろう。ハードパワーのバランスが大国間で変化する，それこそが覇権サイクルの原動力だからである。ところが，国際秩序を実際に運営していくには，そして秩序戦に勝利するにはハードパワーとソフトパワーの双方を活用しなければならないのも，また事実なのである。国際秩序の根幹が「実力と正統性」である限り，この現実から逃げることはできない。

● 3　ハードパワー

　では，ハードパワーの内容を具体的にみていこう。ハードパワーには二つの種類がある。基礎国力と関係操作力である。ハードパワーを示した下の図を再びみていただきたい。

基礎国力

　本章では，基礎国力を「自国領土内に存在するさまざまな『力となる源泉（素材）』の総体」――英語のナショナル・パワーに相当するもの――と定義する。これはいわゆる「国力」とよく言われる概念に相当するが，「一国の力」を意味するこの概念は実は曖昧なので，これ以降「国力」という言葉は本書では使わないこととする。たとえば，前に述べた総合的国力も「一国の力」に相当しうることからも，「国力」の曖昧さは理解できよう。

　基礎国力の要素はさまざまにあるが，基本的には二つに分けられる。兵器といったモノに関係するものと人口などヒトに関係するものである。実際にはこれらを組み合わせなければパワーは発揮できない。たとえば兵器をみてみよう。兵器があってもそれを使いこなせる兵士が足りないと「宝の持ち腐れ」になる。また，科学技術力も優秀な科学者というヒトと開発された製品というモノの組み合わせと考えることができる――さらには，科学者の生産をもたらす教育制度も含むことができよう。

　基礎国力が大きければ大きいほど，ハードパワーの上でその国は強いということになる。これが伝統的な国際政治学において最も重要視されてきたタイプのパワーといえる。基礎国力を構成する要素としては以下のものが挙げられることが多い。

　軍事力　物理的強制力の最たるもので，とりわけ兵力と兵器力が含まれる。量と質の両面がかかわってくるが，後方補給力（ロジスティクス）――銃弾が

図3-1 「パワーの分類」の「ハードパワー」の部分

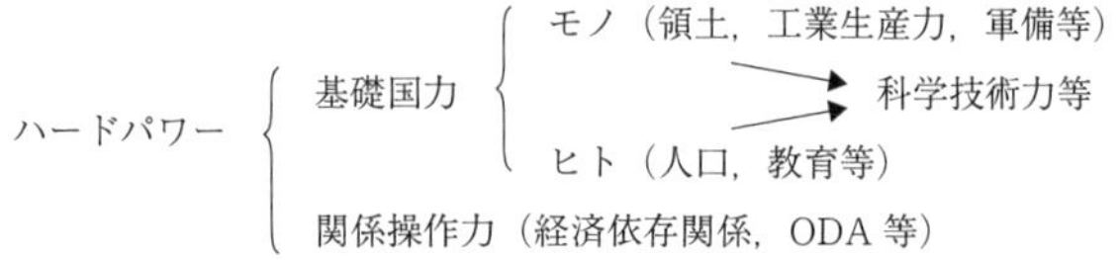

ハードパワー ｛ 基礎国力 ｛ モノ（領土，工業生産力，軍備等） → 科学技術力等
　　　　　　　　　　　　　　ヒト（人口，教育等）
　　　　　　関係操作力（経済依存関係，ODA等）

補給されなければ前線の兵士は戦えない——や戦術レベルでの作戦力や適応力，さらには軍部の官僚組織としての特性等々といった側面もすべて含めて一つの戦闘システムとして考える必要がある。

人口・人材　兵士の数のみならず，後方支援ができる人材，そして高いレベルのイノベーション，工業生産，食料生産を維持できる多数の人材が必要である。人口の規模だけではなく人材の質も重要であり，この関連で教育制度の質もかかわってくる。国家指導者層においても能力の高い人材や組織が必要となる。このように，「ヒトが作った制度」も含まれる。要するに，対外政策遂行の際，政府がその支配地域から動員できるもの並びにその動員過程に大なる影響を与える人的な要因がここでいう「人口・人材」に相当する。

モノの場合と異なり，ヒトの場合は数字では把握できない面も重要である。この文脈においてよく問題になるのが，国民性や文化の問題であろう。国際政治学でいうところの戦略文化である。戦略文化そのものは存在すると思われるが，国家が外交政策を策定し遂行する際，いつ，どれほど戦略文化が重きをなすのか研究者の間でも十分に解明されていないのが実情である。したがって，われわれが戦略文化を取り扱う際には細心の注意を払う必要がある[6]。

インテリジェンス能力　ここでは情報収集力・分析力を主に指すが，状況によってはカウンターインテリジェンス（防諜のことで，自国内で暗躍する敵のスパイに対処すること）をも含む。機材やスパイを使って情報を入手し，コンピューターと人間を使って分析するので，科学技術力同様，モノとヒトとがともにかかわるタイプの能力である。敵国の意思，能力，計画，国内情勢，さらには戦場に関する情報をさまざまな手法を通じて入手し，正確に解析することが必須である。これができないと「目がみえないまま格闘に参加している」という状況に陥り，いくら攻撃力があったとしても相手にかなわない。くわえて，同盟国と中立国の状況に関する情報も必要で，これらがないと大局的な情勢判断が不可能となる。

国内経済規模ならびに工業品輸出量　GDP（国内総生産）で典型的に表される経済規模は，古典的な経済力の総合的指標である。この数値が大きければ大きいほど国は富んでおり，工業力・兵器製造能力も高いと想定される。国際経済をめぐる政治では経済規模が大きければ大きいほど，その国の発言権は重要視される傾向が強い。同様に工業品輸出量，とりわけハイテク工業品の輸出量も工業生産力の代表的な指標である。

工業生産力・科学技術力　より特定的な経済力の一つで，これらはより直

接的に兵器生産に結び付く。高度な科学技術力に基づく兵器開発能力が重要視されている。民間レベルでの幅広い技術開発力も必要で，それらはデュアルユース（民生・軍事両用）技術の基盤をなす。近代以降は鉄鋼生産量，造船竣工量などが具体的な指標として採用されてきた。最近では特許獲得数や技術開発費なども指標として使われる。

財政力　これもより特定な経済力指標の一つ。自国の予算規模が問題となる。財政的にまかなえなければ軍事作戦は十分に遂行できない。くわえて，海外からの大規模な資金調達（借入金）ができるかどうかも重要である。さらには，求められれば同盟国に資金援助する必要が出てくる。また，この関連で外貨準備高が財政力の中に含まれることもある。

資源・資材調達力　GDPとは別の経済力である。原油やその他のエネルギー資源，希少金属を含む原材料，そして食料等々を国内で生産できる能力を指す。同時に，輸出する能力のほか，国内備蓄や輸入によって確実に海外から調達できる能力——または代用品でまかなうことができる能力——も関連してくる（後に議論する関係操作力にもかかわってくる）。こういった点に関しては，エネルギー安全保障という言葉がよく使われる。

領土　一般的に言って領土が大きければ人口・経済規模が大きく，さらには第一次資源を多く持っている傾向にある。その場合，外部からの侵略に対して縦深性を持っており防衛上地の利がある。ただし，カナダのように広い領土を持っていながらも人口規模は比較的小さく，国土のほとんどに住民が住んでいないというような特殊な例があることに注意する必要がある。また領土と関連して，その国の地勢も考慮に入れられることが多い。

以上，典型的な基礎国力の要素を概観してきた。これら以外にもあるかもしれない。いずれにせよ，「X国の衰退」や「Y国の勃興」というとき，われわれはこの基礎国力を意識している。つまり，X国が持つ基礎国力が他国のそれと比べて弱体化していること，そして逆にY国のそれが大きくなっていることをそれぞれ認識しているのである。さらには国際政治学者たちが一極体制や覇権というときは一国の基礎国力が別の国よりも抜きん出ていることを意味している。同様に二極体制や多極化というときも基礎国力に焦点をあてて議論しているわけである。同じことは大国や小国という概念にも当てはまる。そして，秩序戦にとって根本的に重要な大国間のバランス・オブ・パワーを語る際にも，この基礎国力を想定しているのである。このように基礎国力という概念は，い

わば常識的な，広くいきわたっている概念といえよう。

ただし，ここでいう基礎国力は「力となる素材」に過ぎず，実際にどの程度こういった素材が活用されるのかは，その国特有のさまざまな要因に左右される。つねにすべての素材が活用されるというわけではない。たとえば，兵器を大量に所有していても，指揮系統の問題で効果的に使用できるものは少ないかもしれない。「素材」と「実際に活用できるもの」との間にはギャップが存在することが思いのほか多いのである。その上，力を行使するには相手国の抵抗があるので，力を行使して「力となる素材」を活用してみても思ったより効果が低いことがままある。これら二つの理由により，基礎国力の規模から想定するパワー行使の結果と，実際のパワー行使の結果との間にはギャップが生じる。こういった留保にもかかわらず，基礎国力の指標は広く使われていることを心にとどめておこう。

関係操作力

国際政治学で国家間のパワー関係を表す比喩として，ビリヤードがよく使われる。ビリヤードの玉が大きければ大きいほど基礎国力が大きい，という具合である。この比喩を続けるならば，関係操作力はビリヤード玉の間を結ぶ紐に相当する。関係操作力とは文字通り，相手国との関係を操作する能力を意味する。ビリヤード玉を結ぶ紐の性質はビリヤード玉そのものとは別のものであるように，国家間の相互依存関係の程度や質は基礎国力とは別の「力の源泉」である。たとえば，いま仮に基礎国力がほぼ等しい二つの国ＡとＢがあり，相互依存関係が成立しているとしよう。Ａ国がよりＢ国に依存していて高い脆弱性を持っていれば，Ｂ国のほうがより大きなパワーを持つこととなる。これが非対称的な相互依存関係である。

脆弱性とは「被害の受けやすさ」を意味するが，たとえば日米経済摩擦が最高潮に達した1986年の貿易統計を見てみよう。日本の全世界貿易量のうちアメリカとの貿易が占める割合は32.8パーセントだったのに対して，アメリカの全世界貿易量のうち日本との貿易が占める割合は18.3パーセントであった。さらには，日本が世界に輸出した産品のうち，なんと38.9パーセントがアメリカ向けであったが，アメリカが輸出した産品の11.0パーセントしか日本に行かなかったのである[7]。くわえて，日本の輸出品は自動車などの工業製品が多く，量だけではなく質の面からしても日本のほうがアメリカに対してより依存しており，より脆弱的であったことがわかる。アメリカの保護主義の脅威を

日本側が感じたのはもっともであろう。仮に日米貿易が途絶えたとしたら、より大きな被害を受けるのはアメリカではなく間違いなく日本のほうであった。

相手国を自国に依存するような状況を作り上げる一方、相手国に対する自国の依存度を低下させる政策を考えてみよう。別の言い方をすれば、相手国の脆弱性を高め、自国の脆弱性を下げる作戦である。あるいは、自国に有利な非対称的相互依存関係が偶然にも成立するような事態を想定してほしい。こういった状況においては、いざとなれば相手国の脆弱性を操作して、影響力を行使することができる。これが関係操作力の行使にほかならない。関係操作力は経済関係において行使されることが多い。たとえば貿易関係においては輸入制限措置、ないしは輸出制限措置がとられるというのが典型的な形であろう。つまり、経済制裁である。実施しなくても制裁をちらつかせるだけで、その効果は期待できる。

経済関係——より正確には経済的相互依存関係——には複雑な政治的性格が潜んでいる。経済関係そのものは自国の利益になるというインセンティブがあるから成立するものの、経済関係が始まってしまえば潜在的脆弱性が高まってしまう。この二者は切り離すことができないのである。たとえば、貿易関係は「基本的には双方が得をする」ものであり——そうでなければ貿易自体成り立たない——いうなればアメを求めて貿易に関係国は従事している。しかし、それと同時に、関係国とりわけ貿易依存度が高い国にとっては、貿易が止まれば大きな被害、つまりムチによる被害をこうむってしまいかねない状況が生まれてしまう。悩ましいところは、こういった関係において自国が貿易相手国よりも大きな脆弱性を持っていたとしても、経済的利益を投げ捨てて貿易関係そのものを放棄することが困難という点である。このように「アメとムチ」もしくは「うまみと恐怖」が潜在的に存在しているのが経済的相互依存関係といえよう。

似たような状況はODA援助国と被援助国との間にも存在する。ODAを受け入れる側は、援助国に依存してしまう（つまり脆弱性を上げてしまう）というコストを受け入れる一方で、援助という実利を手に入れるのである。他方、他国にODAという恩恵を施すことにより、ODA援助国は被援助国の心証を良くし、後者からの協力——つまり見返り——を得ようとする。しかし、状況はODA援助国側にとって簡単ではない。援助国はアメを提供したつもりでいたものの、被援助国から追加のODAを要求され、この要求が通らなければ協力はしないという「弱者の恐喝」というムチを受ける可能性を抱えてしまうか

らである。

　なお，関係操作力について，ここで二点指摘しておきたい。まず，安全保障関係というような経済以外の関係においても，関係操作力を行使できるという点である。分野に関係なく，非対称的な関係――非対称的な脆弱性が発生している国家関係――があれば，関係操作力を行使できる機会が生じる。小国が自国に従属するように大国が締結する非対称的な同盟が好例であろう。日本の歴史を振り返っても，近隣小国と日本が大国として結んだ戦前期における諸同盟，ならびに日本が小国としてアメリカと結んだ戦後の同盟がこの種の同盟に該当する。しかし，現代において関係操作力の威力を巧妙に発揮できるのは，やはり国際経済関係と思われる。経済関係は自然発生的に生じ，参加国は自主的に他国と経済関係に従事しているという建前が強い。日常の経済取引という一見政治色がない活動を通じて相手側の潜在的脆弱性を深め，いざとなれば経済制裁（あるいは制裁するという脅し）を行使することができるのである。

　ところが，国際経済関係における関係操作力の行使は，現代においては一筋縄ではいかない。これが第二点である。詳しくみていこう。

　相互依存関係と市場がもたらす複雑さ　　相手国の脆弱性を操作するというのが関係操作力を行使する際の基本形であるが，実際は少々複雑である。そもそも，関係操作力は文字通り「関係」を操作しようとする能力なので，他国に影響を与えようとする際，自国も何らかの負の影響を自動的に受ける。逆にいえば，何らかのコストを自ら負わない限り関係操作力は行使できないのである。たとえば，とある国の産物を輸入禁止にすれば，その産物に頼っていた自国内の消費者が被害を受けることとなる。この点，基礎国力の行使とは多いに異なる。たとえば，軍事力は相手側に向かって一方的に行使できる。その行為そのものが自動的または不可避的な形で自国に負の影響をもたらすことはない。

　また，脆弱性を軽減するためのさまざまな政策が存在するので，相手国は思ったほど脆弱ではないかもしれない。たとえば経済制裁を実行しても，相手国は代替物に切り替えたり，他の貿易相手国を求めるであろう。たとえば，冷戦期，アメリカによる全面的な経済制裁に直面したキューバは，ソ連に頼ることで耐え続けた。同様に，北朝鮮はアメリカの経済制裁に直面しても，中国との貿易でもってその被害を軽減している。さらには相手国は別の交渉分野と連関させ何らかの取引を持ちかけてくるかもしれない。そうすることにより，こちら側の交渉力を弱めることができるからである。つまり，相手国が黙ってこちら側の思うつぼにはまるのではなく，さまざまな手段でもって対抗してくるの

で自国の関係操作力は最初に予想したほど大きくないことになる。

このように相手国と自国は実は相互依存関係にあるので，自国は痛みをあまり感じずに一方的に相手国側にコストを負わすというような「うまみがある状況」はなかなか発生しにくい。さらには，現代では国際経済が大変複雑に入り組んでいるので，相手国に対して市場を介して制裁的経済措置を発動しても，相手国ではなく市場そのものに「しっぺ返し」を受ける可能性も無視できないのである。あるいはWTOといった国際組織が定めるルールに違反していると断定されれば，ペナルティを受けるかもしれない。このような状況になれば，経済制裁の効果がめぐりめぐって自国に害を及ぼしてしまうのである。

市場による「しっぺ返し」の例として二つ挙げよう。2010年9月，尖閣諸島沖で発生した中国漁船衝突事件をきっかけに中国はレアアース輸出規制を事実上の対日制裁措置として採用した。しかし，日本側が代替措置（リサイクル品の活用やレアアースの使用量を大きく減らす新製品技術の開発など）を採用したこともあり，レアアースの市場価格は大いに下がったのである。その結果，中国国内の生産者が大きな被害をこうむってしまい「大けが」をしてしまったのであった[8]。その上，中国の措置は2014年にWTOによって不正と判断されたのである[9]。

次の例は，1970年代から25年ほど続いたアメリカの対日経済政策である。アメリカは対日貿易赤字に悩んでいたが，かといってそれを改善するのに必要な内需引き締めのための経済措置は実施せず，財政赤字を削減するための予算カットや増税は避けていた。こういった政策は国内政治上，大変不人気なものであることは容易に想像できよう。ニクソン政権以来，アメリカの政権は一貫して対日貿易不均衡を是正するコストを日本側に押し付けようとした。日本政府が内需拡大措置をとるよう，アメリカ側は圧力をかけたのである。その一つの戦術として「口先介入」が挙げられよう。「円高ドル安」の方向に為替市場が動くようなコメントをカーター政権，そしてレーガン政権は繰り返した。もとより円高ドル安に向かっていた為替市場ではあったが，この「口先介入」により円ドル・レートは急速に円高ドル安の方向に進み，その結果，日本の輸出産業は大きな痛手を受けたのである。被害を緩和すべく日本政府は内需拡大措置，とりわけ大型財政出動に踏み切り日本の対米貿易黒字は縮小の方向に向かったのであった。このように，為替市場を通じた事実上の対日経済制裁が有効に機能したのである。

日本側が譲歩することにより，短期的にはアメリカ側が勝利した。しかし，

その後アメリカは市場から「しっぺ返し」をくらうこととなる。貿易赤字と財政赤字という「双子の赤字」を垂れ流し続けるアメリカ経済——消費癖の治らない経済——はインフレに苦しみ，底なしとも思えるドル安が為替市場で発生した。ドルへの信用が動揺したのである。市場によるアメリカ政府の経済政策への不信任投票ともいうべき状況であった。こうしてそれまで回避していた「痛みを伴う経済政策」をアメリカ政府は採用せざるをえなくなったのである。カーター政権時にはアメリカ国内のインフレが悪化し，内需引き締め策が導入された。また，1987年10月にはニューヨーク株式市場において株価が急落し——ブラックマンデーと呼ばれる——レーガン政権の経済政策に投資家たちが不信任をたたきつけたのである。前政権と同様，レーガン政権は「より節制のある内需政策」を一時的にせよ追求せざるをえなかった。これらは日本政府が対米譲歩策を実施してから発生したが，まさに日本政府がアメリカ政府に対してできなかったことを市場が達成したといえよう。

このように国際レベルにおける市場経済が大きく発達している現代，そして国家間で経済的相互依存関係が成立している現代においては，単純な形での経済制裁を成功させることは難しくなっていると思われる。しかし，こういった状況にもかかわらず，関係操作力が一定の威力をいまでも発揮することは否定できない。たとえばすでに触れたとおり，アメリカ側の対日保護主義——アメリカ国内市場から日本製品を排除するという脅し——は，当時アメリカ市場に依存していた日本に対して大きな圧力となった。また，北朝鮮やロシアに対する西側諸国による経済制裁が完全にではないにしろ一定の成果を挙げたことも指摘できよう。したがって，実世界では，相手国の脆弱性を利用するのはすぐれて政治的な行為であり，それはなくならないのが実状といえる。さらには，そういった行為が結果を伴わなくても，政策を実施するという行為そのものが政治的象徴性を持っていることが往々にしてある。言い換えれば，「結果よりも他国からみた印象」を操作するのである。顧客に被害を与えるのは経済的合理性にはそわない行為ではあるが，権力政治の観点からみれば理にかなう行為といえよう。

脆弱性を下げる策　相手国から関係操作力を行使される危険性がつねに存在するならば，脆弱性を下げようとする政策は常時追求される必要がある。前者を攻撃的政策とするならば，後者は防御的政策にあたる。自国の脆弱性を軽減しようとする諸政策の中でも，死活的に重要なエネルギー資源についての政策——エネルギー安全保障政策——の重要性は強調するまでもなかろう。

よく知られているように、日本で使用されている原油はほぼすべてが海外からの輸入であり、日本にとっての潜在的アキレス腱となっている。その脆弱性が露呈したのが、1973年から1974年にかけての第一次石油危機であった。中近東から輸入されていた原油の価格がなんと四倍にも跳ね上がり、日本経済を直撃した。それまでの高度経済成長に急ブレーキをかけたのである。また、すでに指摘したとおり、レアアースに関しても日本はその脆弱性を露呈させた。先端工業製品にとって欠かせないこの第一次資源に関しては中国が圧倒的な生産者・輸出者であり、輸入する側の日本は脆弱な立場に置かれている。

こういった脆弱性を弱めていくには、次の三つの基本的手段がある。(1)備蓄、(2)代替、(3)危険分散（入手先分散）の三つである。つまり、ある資源の海外からの輸入がストップしてもその場をしのげるように国内で備蓄をしておく、代替品を準備しておく、そして輸出をやめる国以外から資源を調達することができるようにしておく、というわけである。

4　サイバーパワー

以上、ハードパワーを構成する基礎国力と関係操作力とについて解説してきた。次にサイバーパワーについて説明しよう。

インターネットの発達に伴ってサイバー空間が出現した。サイバー空間というものは少なくとも次の三つの特徴を持っている。

非物理性（仮想性）　「バーチャル」という言葉が示すように、サイバー空間では物理的制限がない。国際政治の視点からみれば、「国境」が存在しないことが重要である。国家間の距離に関係なく、サイバー信号は瞬時に届く。

遍在性　コンピューターによって多くのモノや設備が制御されているのと同時に、それらがインターネットを通じてつながっている。その上、ヒトもこのネットワークに組み込まれている。その結果、社会の隅々にまで、まるで体内における血管のようにネットワークが行き届いている。ネットワークに侵入する経路は無数にある。

匿名性と隠密性　サイバー攻撃を受けても誰が犯人か（不可能ではないものの）特定しにくい。また、気付かれないうちに被害を与えることも可能である。

サイバーパワー行使の対象はさまざまである。サイバー攻撃といえば、相手

国内における発電設備や交通網，空港・港湾設備，通信網，さらには金融ネットワークや医療設備といったコンピューターで管理されている基幹的インフラストラクチャーを麻痺状況に陥らせるもの，つまり物理的ダメージをねらうものというシナリオを読者は思い浮かべるかもしれない。たとえば，原子力発電所を制御するコンピューターシステムが何者かによって操作されメルトダウンが起こってしまうといったようなものである。また，インターネットはコミュニケーションの手段として使用されているので，コミュニケーション・システム——軍事や行政といった政府機関だけではなく，メディアといった市民社会のものも含まれる——を麻痺させるというような作戦のほか，ニセ情報や秘匿情報を流すといったような情報操作をねらうサイバーパワー行使もありうる。いうなれば，物理的ダメージ（ハードパワーによる効果）や情報操作（ソフトパワーによる効果）のいずれも，サイバーパワー行使の対象となるのである。くわえて，インターネットを介しての情報入手，つまりスパイ活動も可能である。政府がコンピューターで管理している情報（とりわけ軍事情報）のほか，民間企業が持つ科学技術情報もターゲットになる[10]。

　こういったサイバーパワーの出現は，いうまでもなく科学技術の発展の賜物（鬼子？）にほかならない。第1章で触れたとおりである。サイバー空間とサイバーパワーの出現に対して，各主要国はサイバー軍を設立している。新しい軍の本格的な設立は，第二次世界大戦後に空軍が設立されて以来である。アメリカでは2005年にサイバー軍の創立が公表されている。その他，ロシア，中国，イスラエル，さらには北朝鮮もサイバー軍を持っていることが知られている。これらのサイバー軍以外にもサイバーパワーを行使できる団体——政府機関，民間人，そしてテロリスト——は数えきれない。メディアで報じられたサイバー攻撃の例としては，2010年にアメリカとイスラエルがイランのウラン濃縮施設にウイルスを進入させ麻痺させた事件，2016年のアメリカ大統領選挙の際，ロシアがアメリカの民主党のコンピューターをハッキングし重要情報を盗み出した事件等々が有名であるが，現在もさまざまな暗闘が続いているのは想像にかたくない。

　このようにサイバー空間とサイバーパワーの出現がもたらしている安全保障上のインパクトは，はかりしれないものがある。ハードパワーの文脈に限っていえば，インターネットの発達が持つ意味合いを少なくとも三つ指摘することができよう。

　まず，核兵器が相対化される可能性である。「絶対兵器」として恐るべき破

壊力を持つ核兵器そのものはなくならない。その獲得を追求する国の数は増えるかもしれない。しかし，サイバーパワーが発達してくれば，サイバー空間を通じて相手国に壊滅的な被害を与えることが可能となる。核保有国でしかできなかったことが可能となるのである。その分，核兵器が持っていた絶対性が薄まるかもしれない。

　もちろんサイバー攻撃に対抗するすべも発達すると思われるので，壊滅的なサイバー攻撃というのは簡単ではない。しかし，サイバーパワーの発達はこれまで核兵器を頂点としていた兵器パラダイムを変革していき，その結果として将来において別の兵器パラダイムが誕生するのは必至と思われる。科学技術の発展を原動力とするこの種のパラダイム・シフトは，核兵器誕生の前にも起こってきた。今回のパラダイム・シフトは，その地理的特徴から核兵器を有効には持ちえない日本にとって大きな意味を持つものであろう。これから50年先には，サイバーパワーを取り入れた「新たな防衛パラダイム」というものを主要各国が採用している可能性が高い。

　インターネットの発達が持つ第二の意味合いは，富と価値の創出，つまり経済力の増強過程に関係してくる。アメリカのグーグルやアマゾン，さらにはアップルにみられるように，富と価値が新しく創出される過程においてインターネットとコンピューターとの連関が欠かせなくなってきている。さらには，いわゆる「モノのインターネット化」（あるいはインターネット・オブ・シングス：IofT, Internet of Things），つまり製品などをインターネットでつなぎあい操作できる状況が進み，社会全般においてもインターネットがいわば基盤的インフラストラクチャーとして展開する時代が登場しつつある。ドイツにおいては第四次産業革命（インダストリー4.0）が唱えられ，製造業を情報技術により革新化・最適化する動きが出てきている。このように，生産を含む経済活動においてインターネットは革命的な意義を持っている。こういった状況において国家の経済力を増強させていくには，インターネットに関して広い国民レベルでの素養・知識が知的インフラストラクチャーとして必要になってこよう。

　最後に指摘できるのは，インターネットの発展に伴うサイバー空間の登場は，新たな脆弱性を国家にもたらすという点である。関係操作力の文脈でこれまで脆弱性に関する議論を展開してきたが，それは実空間のものであった。これにくわえて，サイバー空間においても国家は脆弱性の心配をしなくてはならない状況が生じている。インターネットが基盤的なインフラストラクチャーとして確立していくにつれ，対外勢力からのサイバー攻撃に自国をさらす危険が当然

増えるであろう。あるいは国内の反体制勢力やハッカーからのサイバー攻撃もありうる。実空間とは異なり，地理的条件がないサイバー空間においては攻撃者を特定しにくく，抑止力もままならない。そもそも，反撃される恐怖を与えることにより相手側が持っている攻撃の意思を削ぐことが抑止である。相手がわからなければ抑止しようがない。視界が悪い状況において一方的に攻撃を受けるようなもの，といえる。

　ここに挙げた以外の面においても，サイバーパワーの重要性はこれからますます高まっていくと思われる。その影響が現在われわれが想定している以上のものとなる可能性も，否定できない。たとえば，実空間とサイバー空間との関係はいまのところ「前者が主で後者が従」というものであるが，このパラダイムそのものが大転換するかもしれない。こういった可能性は本書の枠組みの外の話なので，これ以上は論じないでおく。しかし，サイバー空間の登場はそういった可能性を秘めたものという認識を，われわれはつねに持ち続けるべきであろう。

● 5　秩序戦におけるハードパワーの効用

　ここまでは一般論を述べてきた。では，秩序戦においてハードパワーはどのような効用を持っているのであろうか。再び焦点を秩序戦の文脈に戻したい。サイバーパワーはいまのところ副次的な地位にあるので，ここではハードパワーのみに焦点を絞ることとする。

　第一に指摘しなければならないのは，ハードパワーの重要性についてである。この点については本章の冒頭で指摘したとおりであるが，「四つある政策プログラムのうちハードパワーの増強と行使が最も重要なもの」とこの点を言い換えることができるであろう。他の三つは「ソフトパワーの育成と行使」「国際制度の戦略的運用」「ジオストラテジーの実践」であることを思い起こしていただきたい。

　この文脈でいえば，基礎国力がとりわけ重要である。そもそも，自国を外敵から守るには軍事力がなければならないし，富がなければ国民が苦しむのは言うまでもなかろう。そして，国家は実力がなければ思うような外交目標を達成できないのが現実である。いくらソフトパワーがあったとしても，そうである。

　一国のレベルを離れ，国際秩序の変化についても同じことがいえる。覇権サイクルの長期的な原動力は経済力の興亡にあると第1章で指摘した。軍事力も

究極的には経済力の基盤がなければならない。それぞれの国家が持っている経済力が変化するにしたがって、これらの国家の間のバランス・オブ・パワーが変化する。その結果、国際秩序も変化する。このようにすべてのレベルにおいて、基礎国力はまさに国家生存の根幹部を形成しているといえよう。

また、秩序戦において国家が五大目標を達成しようとする際、ハードパワー（基礎国力）はこれらすべての事例において欠かせない。物理的な「力の資源」がなければ、いかなる対外政策上の目標も十分に追求できないが、これは当然のことであろう。表3-1をみていただきたい。これは第2章で掲げた表2-2の一部を取り出したものである（この表の各マスの中にあるのは例示に過ぎないことを、いま一度確認しておきたい）。くわえて、多くの場合において直接的に効果を生み出せるという意味でも、ハードパワーは有用である。

ハードパワーは基礎国力と関係操作力から成り立っているが、これら二つのパワーは持っている性質が異なっている。この点を踏まえた上で、これら二つを組み合わせ、いわば総合的な形でハードパワーを相手国に対して行使することが求められる。くわえて、前述のとおり関係操作力は自国の脆弱性がかかわってくるので、この点にも注意を払う必要があろう。

その時々における他国の動向にかかわらず、自国のハードパワーを長期的視点から増強していく作戦においては、少なくとも次の二点を基本点として押さえておく必要がある。

・基礎国力を着実に増強する。地道な努力が必要で、目に見えた成果が出てくるのは10年以上先と思ったほうがよい。他方、基礎国力が落ちていくのは早い。大きなボールを押し上げつつ坂を上るのは困難で時間がかかるのに対して、ボールが坂を転げ落ちるのは瞬く間のごとくである。
・関係操作力に関して、自国の脆弱性が減少していくような政策をとる。とりわけ、エネルギー資源部門についてこの点が当てはまる——ただし一定の経済的合理性が必要。

ハードパワーを増強し行使する方法に関していえば、現状維持国と現状打破国との間に違いはない。どのような国であってもハードパワーは共通の政策手段である。次章以降見ていくように、その他の政策プログラムにおいてはこの点が異なる。ソフトパワーの行使法、国際制度の運用法、そしてジオストラテジーの実践については、現状維持国が遂行していくべき作戦と現状打破国のそ

表 3-1　秩序戦におけるハードパワーの効用の例

	五大政策目標				
	秩序の「三本の柱」をめぐる政策目標			バランス・オブ・パワーの優位化	対抗国国内体制の中和化
	領土分配をめぐる闘争の勝利	正統性をめぐる闘争の勝利	国際制度をめぐる闘争の勝利		
ハードパワーの増強と行使	領土防衛のための軍事力を整備し，長期的経済力を維持する。	軍事力の示威的行為や経済援助を通じて自国の威信を高める。	国際組織内での影響力を高めるため大きなコストを負担する一方，援助などで友好国を増やす。	自国の軍事力と経済力をたくわえるほか，経済援助などで同盟国のハードパワーを伸ばす。	対抗国内部の反体制グループに財政援助等で支援する。
政策手段	軍事，経済，宇宙，諜報	軍事，経済	経済	軍事，経済	諜報，経済

れとは同じではない。この意味で，ハードパワーはより普遍的な政策手段といえよう。

それでは以上の議論を踏まえて，日本がとるべきハードパワー政策を議論したい。

● 6　日本が採用すべき政策

日本は強くなければならない。基礎国力をできるだけ大きくし（あるいはその減少をできるだけ少なくし），脆弱性をなるべく小さくすることが肝要である。サイバーパワーも培っていかなければならない。そして，秩序戦において，現状維持国である日本はその持っている基礎国力を五大政策目標の達成のために行使すべきである。こういった議論を本節で展開していくに際し，以下のステップを採用しよう。基礎国力，とりわけ軍事力の行使を考える際，自衛権の問題は避けることはできない。そこでこの点について本書の立場をまずは説明する。次に日本がその基礎国力を増強していくのに際し，重要と思われる分野を指摘する。最後に日本の脆弱性に関する政策について述べる。核兵器保有の問題は第 5 章で取り上げる。

自衛権

自衛の権利と侵略国駆逐の義務　　現代国際社会の正規会員としての主権国家は，その基本的な権利として領土保全つまり自己保全の権利を認められている。

より正確にいえば，主権国家は相互の存在を正統として認め合う際にそういう権利を互いに与え合っているのである。これが自衛権である。正当防衛の権利とも言い換えることができる。このような自衛権には二種類あり，まず，自国の自己保全に関するものが個別的自衛権，自国が同盟を結んでいる国の自己保全に関するものが集団的自衛権である。自国の領土を侵略から守る権利が前者である一方，A国が攻撃されたならA国の同盟国であるB国はA国を守る権利を持っているというのが後者の意味である。

このような正当防衛の権利を主権国家は享受しているのと同時に，義務も負っていることをわれわれは忘れてはならない。つまり，他の主権国家が侵略された際，自国に被害が全く及んでいない場合においてさえも，侵略された国家を助け侵略国を駆逐する義務が存在するのである。こういった権利と義務とがいわば表裏合わさった形で存在しており，これら両者を各主権国家は有しているといえよう。別の言い方をすれば正戦は二つあり，正当防衛（自衛権の行使）と侵略国駆逐戦争である[11]。

この一対となった権利と義務とを各国家が行使することによって，主権国家からなる国際社会の自治が成り立つ。この「権利・義務セット」を一部でも放棄するような国家は，国際社会の自治をないがしろにする身勝手で信頼するに足りない国家，無責任な国家，あるいは能力の欠けた国家と国際社会からは見なされる。

そういった無責任国家との烙印を押されても仕方がなかった状況に，戦後長らく日本は自らを置いていた。そもそも日本国憲法（1946年公布）がその前文において「われらは，（略）国際社会において，名誉ある地位を占めたいと思ふ」とし，「われらは，全世界の国民が，ひとしく恐怖と欠乏から免れ，平和のうちに生存する権利を有することを確認する」というのは，まさにここでいう「権利・義務セット」を想定し自ら全うするという宣言をしているのである。そして，この「権利・義務セット」は後述するように国連憲章（1945年）にしっかりと謳われているが，日本国憲法の宣言はそれを前提として受け入れているのは想像にかたくない[12]。しかし戦後長らく，日本はこの憲法を盾にして集団的自衛権の行使を放棄したり，1990年から1991年の湾岸戦争の際に侵略国駆逐の義務を事実上放棄してきたのである。こういった行為は，この前文の宣言，つまり国際社会の論理をないがしろにするものであった。国際社会の論理に続いて，前文はいう[13]。「われらは，いづれの国家も，自国のことのみに専念して他国を無視してはならないのであって，政治道徳の法則は，普遍

的なものであり，この法則に従うことは，自国の主権を維持し，他国と対等関係に立とうとする各国の責務であると信ずる」。残念ながら，この文字どおり戦後日本は「自国のことのみに専念して他国を無視」してきたのであり，「各国の責務」を果たしてこなかったと言わざるをえない。

　上で触れたとおり，自衛権と侵略国駆逐の義務の両者は，現代においては国連憲章に明文化されている。以下に記して確認しておこう。まずは領土保全の権利である。

> 国連憲章，第2条第4項　すべての加盟国は，その国際関係において，武力による威嚇又は武力の行使を，いかなる国の領土保全又は政治的独立に対するものも，また，国際連合の目的と両立しない他のいかなる方法によるものも慎まなければならない。

この日本語訳は少々わかりづらい。原文は以下のとおりである。

> All members shall refrain in their international relations from the threat or use of force against the territorial integrity or political independence of any state, or in any other manner inconsistent with the Purposes of the United Nations.

直訳ではなく，わかりやすさを重視して意訳すれば，少々長くなるものの「他国の領土保全または政治的独立を脅かすような武力による威嚇あるいは武力の行使は，全加盟国は慎むべきである。同様に，国際連合の目的と合致しないやり方でもって武力を使うこと（威嚇を含む）も，加盟国は慎むべきである」ということとなる。

　そして第51条で個別的自衛権と集団的自衛権が述べられている。

> 第51条　この憲章のいかなる規定も，国際連合加盟国に対して武力攻撃が発生した場合には，安全保障理事会が国際の平和及び安全の維持に必要な措置をとるまでの間，個別的又は集団的自衛の固有の権利を害するものではない。（略）

　これら第2条と第51条とを合わせ考えると，領土保全・政治的独立を確保する固有の権利が自衛権で，それ以外の目的でもって武力による威嚇ないし武力の行使をすることは違法であるということとなる。この発想は新しいもので

はなく,国際連盟規約(1919年)とケロッグ・ブリアン条約(パリ不戦条約ともいう,1928年)においても見られる。後者の第1条は「締約国ハ,国際紛争解決ノ為戦争ニ訴フルコトヲ非トシ,且其ノ相互関係ニ於テ国家ノ政策ノ手段トシテノ戦争ヲ抛棄スルコトヲ其ノ各自ノ人民ノ名ニ於テ厳粛ニ宣言ス」とある[14]。

ケロッグ・ブリアン条約を批准する際に打ち出したアメリカの立場は以下に引用するものであったが,その内容は日本国憲法第9条を理解するのに欠かせない。この憲法を書いたのは同じアメリカだからである。

> 不戦条約の米国案は,いかなる形においても自衛権を制限し又は毀損するなにものも含むものではない。この権利は各主権国家に固有のものであり,すべての条約に暗黙に含まれている。各国はいかなる場合にも,また条約の規定に関係なく,自国の領土を攻撃又は侵入から守る自由をもち,また事態が自衛のための戦争に訴えることを必要とするか否かを独自に決定する権限をもつ[15]。

日本国憲法第9条1項に「国権の発動たる戦争と,武力による威嚇又は武力の行使は,国際紛争を解決する手段としては,永久にこれを放棄する」とケロッグ・ブリアン条約第1条と大変似通った表現があるが,以上の考察により,これは日本の自衛権を否定するものではないことが理解できよう。

自衛権とペアになっているのは,侵略国駆逐の義務である。この義務は,国際政治理論では集団安全保障体制の一部とみなされる。特定の主権国家のグループ内において侵略という「罪」が生じた場合,侵略国がどれであれ,非侵略国への応援ならびに侵略国の処罰に全グループが参加するという安全保障の取り決めが集団安全保障体制である。NATOのような集団的自衛体制――NATO参加国以外の国からの脅威に共同で対応するというもの――と混合してはいけない。国際連合の前身組織であった国際連盟が集団安全保障体制を採用したが,国際連合では安全保障理事会の決定をもって集団安全保障体制が発動することとなっている。国連憲章は以下のように規定している。

> 第39条 安全保障理事会は,平和に対する脅威,平和の破壊又は侵略行為の存在を決定し,並びに,国際の平和及び安全を維持し又は回復するために,勧告をし,又は第41条及び第42条に従っていかなる措置をとるかを決定する。
> 第41条 安全保障理事会は,その決定を実施するために,兵力の使用を伴わ

ないいかなる措置を使用すべきかを決定することができ，且つ，この措置を適用するよう国際連合加盟国に要請することができる。(略)

　第42条　安全保障理事会は，第41条に定める措置では不充分であろうと認め，又は不充分なことが判明したと認めるときは，国際の平和及び安全の維持又は回復に必要な空軍，海軍又は陸軍の行動をとることができる。(略)

　第43条　第1項　国際の平和及び安全の維持に貢献するため，すべての国際連合加盟国は，安全保障理事会の要請に基き且つ一又は二以上の特別協定に従って，国際の平和及び安全の維持に必要な兵力，援助及び便益を安全保障理事会に利用させることを約束する。この便益には，通過の権利が含まれる。

　1990年から1991年の湾岸戦争の際には，国連安全保障理事会は決議660（1990年8月2日）にてイラクを侵略国，クウェートを非侵略国と規定した上でイラクの即時撤退を要求し，さらには決議678（1990年11月29日）において，決議660をイラクが履行するよう国連加盟国すべてが「あらゆる必要な手段」——国際政治の隠語で軍事力の意——を行使して協力するよう呼びかけた。上の条項が適用されたのである。

　このように主権国家の自衛権，そして侵略国駆逐の義務という二つの基本的概念は，現在の国際社会においては国連憲章の条文という形でその正当性が確立されている。いうまでもなく国際連合の一員である日本にもその条文は当てはまる。主権国家固有の権利である自衛権，ならびに国際社会の一員として果たすべき侵略国駆逐の義務に関して，責任ある態度を日本は持つべきであろう。そういった態度が十分にとれないのであれば，その分，国際連合や国際社会においては大国の地位が得られないのは当然だと割り切るしかない。たとえば，日本は長らく国連安全保障理事会の常任理事国の地位を欲している。しかし，国連決議で加盟国が侵略国駆逐の義務を果たすことになった際，武力行使に日本は憲法上参加できないというのであれば，そういった「自国だけの都合で義務を放棄する無責任な国」がなぜ常任理事国という上席に座りうるのか，他の国連加盟国からすれば説得力が欠け，反対勢力にとって絶好の口実となろう。武力制裁の際の後方支援や財政的援助に日本は特化するとしても，そして国連システムに対する普段の供与金が大きなものであっても，そうである。

　以上，自衛権とそれと対になっている侵略国駆逐の義務が，主権国家が形成する現代国際社会においては一つの基本的なルールであるとしてこれらを解説してきた。もちろん，こういった概念は絶対的なものではない。国際連合が定

める自衛権に議論を限っても，そもそも安全保障理事会の常任理事国（アメリカ，イギリス，中国，フランス，ロシア）は拒否権を行使できるので，これらの国による侵略行為に対しては，侵略国駆逐に関する国連憲章の条項が発動されえないし，発動されてこなかった。これが限界である。

さらには，これらの条項が発動された事例においても，大国の無節操なご都合主義のために国際連合という「錦の御旗」がどこまで「真の正義（つまり大国の意向に振り回されない正義）」を体現しているのか判然としないことがありうる。しかし，それもまたグローバル権力政治の現実といえよう。たとえば，前述の湾岸戦争ではイラクに侵略国の烙印が押され，アメリカが「制裁する側」すなわち「正義の側」の中心となったが，実は，それ以前にはアメリカはイラクの「味方」であってイラクを使ってイランを牽制しようとしていた——悲惨なイラン・イラク戦争（1980〜1988年）ではイラク側を支援した——のである。1979年のイラン革命以来，イランは反米政策をとっており，それへの対抗策としてアメリカはイラクを援助していたのであった。

こうなると，国連憲章で謳われている自衛権と侵略国駆逐の義務は「きれいごと」のような印象を読者は受けるであろう。しかし，ここでいま一度，「たかがルール，されどルール」という現実を受け入れるしかないと序章で指摘したことを思い出してほしい。清濁併せ飲むしかないのである。

本書の立場　当事国は武力行使する際，「自衛のため」と正当化するのが常である。日本が大東亜戦争と名付けた戦争を「自存自衛のための戦争」と主張したのは一例に過ぎない。他方，アメリカは，太平洋戦争を軍国主義日本に対する民主主義の勝利であるとした。また，上で触れた湾岸戦争の際，イラクは「そもそもクエートはイラクの一部であった」として侵攻を正当化している。つまり，「正義は我にあり」として武力行使を国家は正当化する。言い換えれば，侵略国家でさえ，その武力行使を「正戦だ」，「自衛権の行使だ」と言い張るのである。

であれば，真の自衛権というのは存在するのであろうか，真の正戦，正義の戦いというのは存在するのであろうか，という問いが出てくるのは当然であろう。人類は長年この問題に頭を悩ませてきた。一方では，100人いれば100の正義が存在するので，答えは「ノー」という価値相対論の立場がありうる。あるいは，そもそも戦争行為自体が悪なので，武器をとった段階で正義などありえないという絶対平和主義の立場もあろう。さらには，キリスト教徒による十字軍やイスラム教徒のジハード（聖戦）といった概念にみられるように，限定

的な「イエス」という答えも，これまで出されてきた。
　これまで解説してきた国際連合の立場，そしてそれを受け入れる本書の立場は──大国のエゴの存在は認めざるをえないものの──「イエス」である。つまり，自衛権に関する限り，国際連合のいう個別的・集団的自衛権を行使するための武力使用は正戦であり，それ以外の目的で他国の領土を一方的に武力攻撃したり侵略する行為は正戦とは呼べない（その他，国連憲章に定められた侵略国駆逐のために行使する武力，ならびに国連 PKO 軍が自衛を含む任務遂行のために行使する武力も正当であるが，ここでは自衛権に話を絞る）。「自国の領土保全を図るために個別的自衛権を行使する」というのが古典的な正戦の状況であるが，ここでいう「領土」というのは，現存の国際法によって正当と認められる国境に囲まれた領域であることを確認しておこう。たとえば，戦争後の講和条約やその他の条約においてそういった国境が確立される。そういった条約に調印しておきながらも，それを無視して，かつ武力でもって一方的に領土変更を図る行為は，ここでいう正戦ではないし自衛権の行使とは言えない。
　実際はグレーゾーンともいうべき事例が多いのも現実であるが，その場合でもこの基準をできるだけ援用すべきであろう。たとえば，A 国は B 国に対して公然と武力行使せずに，まずは B 国の内部で独立運動を始めさせ，それを援助するという大義名分でもって侵攻することがある。それも正規軍ではなくて，「義勇軍」による援助であり，A 国政府軍は関与していないという建前でもって。このようにして B 国の自衛権（領土保全の権利）は蹂躙していないという立場を A 国は主張するのであるが，A 国は B 国の自衛権を事実上侵していることとなる。
　たとえば，すでに述べたロシアのプーチン政権によるクリミア併合（2014 年）の事例がこれに該当する。クリミアはその時，ウクライナ領であった。1994 年 12 月 5 日にロシア，アメリカ，イギリスが調印したブダペスト覚書において，ウクライナの領土保全が国連憲章に則って保障されたのである。その代わりウクライナは核兵器を放棄し，非核国として核拡散防止条約に加盟した。にもかかわらず，クリミアでの圧倒的国民投票の結果を根拠として，ロシアはその武力を背景に併合したのである。
　もちろん，1954 年にソ連共産党第一書記であったフルシチョフがウクライナの帰属変更を行うまで，クリミアはロシア領であったことは確かである。また，クリミアにおける住民の大多数がロシア語を第一言語としていた。しかし，領土の帰属はこういった条件によって決められるものではなく，当事者が調印

した条約に基づいて確定された国境のみが現時点では国際法上正当とされている。クリミア併合の例では上記のブダペスト覚書によるものがそれにほかならない。1994年以降は，クリミアの運命は元来ウクライナの内政問題であり，ロシアが武力でもって介入する事柄ではなかったのである。

　以上の議論が明確にあてはまるのは，国際法の原則に沿って当事者間で確立された国境に関してのみである。では，領有権が確立されていない領域に関してはどうであろうか。そういった状況では自衛権が確立されていないこととなる。しかし，現実問題としては，領土紛争の当事者がすべて自衛権を主張したとしても，その領土を実行支配している国の主張が国際社会に対してより重みを持つのは予想できよう。たとえば，日本が領有権を主張しているものの韓国が実行支配している竹島，そしてロシアが実効支配している北方領土について考えてみよう。これらの領土を日本が武力制圧しようとすれば，物理的には韓国・ロシアの領土を侵しているように見える。したがって，いくら日本が自衛権の行使を叫んでも侵略国の烙印を押されることとなり，日本側の正当性を国際社会に納得させるのは簡単ではない。他方，日本が実行支配している尖閣諸島に関しては，同じ論理により，日本側が有利な状況にあるといえよう[16]。

　さて，ここまで議論してきたのは，始まった戦争が自衛権の行使かどうかという開戦理由の正当性に関する問題であった。これと並行して，「戦争のやり方自体が違法ではないのか」という戦闘行為の正当性に関する問題も存在する。つまり，正戦というのは，戦争を起こす理由が正しいのと同時に，戦争のやり方も正しいという二つの条件を同時に満たさなければならないのである。たとえば，自衛権の行使だからといって，侵略国側の一般市民を大量殺戮したりすることは正当ではない。国際法においては，開戦理由の正当性に関するものを「戦争のための法（jus ad bello）」，そして戦争における戦闘行為の正当性に関するものを「戦争における法（jus in bello）」という。繰り返しになるが，「すべての戦争が悪い」という立場は現代国際法，つまり現代国際社会では採用されていないことが，ここでも理解できよう。「戦争における法」については，本書では戦時のことは対象としていないので，これ以上は議論しないこととする。

　以上，個別的自衛権を領土保全の文脈で解説してきたが，この概念は古典的なものでその主な対象を軍隊による武力攻撃，つまり伝統的な戦争に絞っている。その基本的枠組みは，戦争と異なった形の物理的な攻撃——その国民の命や財産に対する物理的攻撃——にも基本的には適用することができよう。ただ

し，その適用度は事例によって異なるであろう。古典的な戦争を最も強度が高い主権の侵害とするならば，それ以外の形態のものが持つ主権侵害度の程度は一般的には低いものと考えられる。他国による特殊部隊や工作員，さらには無人飛行機による要人暗殺や施設爆破といった行為はあきらかに強度の主権侵害，つまり準戦争事態と考えることができようが，他国民を誘拐したり人質にとるといった行為，とりわけその国民が住む国の中でのそのような行為は主権侵害行為には違いなかろうが，その主権侵害の度合いはより低いものといえよう。他方，情報収集目的でスパイを他国に潜り込ませる行為は，主権の重大な侵害であるとは単純には認めがたいのではないだろうか。したがって，主権侵害度が低くなればなるほど，上で解説してきた国連憲章の自衛権や侵略国駆逐の義務の法的枠組みの適用度も低くなるといえる[17]。

この文脈でいまだに不透明なのは，サイバー攻撃である。この事象に関する国際ルールはいまだに十分には整備されていない。一方では，もし実際に大規模なサイバー攻撃で国家機能や国民の生活が大きくマヒしてしまえば，主権の重大な侵害となりうる（こういった極端なものではなく，諜報行為からウイルスによる小規模攻撃といったようなより低度な攻撃はもはや日常茶飯事である）。他方，サイバー攻撃を仕掛けた者がどの国家であるかは容易に判定できない可能性，あるいは仕掛けた者はいかなる国家組織にも参加していないといった可能性のため，制裁を下されるべき対象国家が特定しにくいという特性をサイバー攻撃は持っている。サイバースペースそのものが主権国家間でのルール整備がいまだに未発達な分野であり，これからの進展が注目されるところである。

基礎国力の増強

大戦略の視点からすれば，究極の強制力である軍事力は重要であり，日本でも適切な整備が求められよう。しかし，軍事力は長期的には経済力や科学技術開発力に依存する。したがって，開放的自由主義経済体制維持という基本方針のもと，自国が得意とする分野を伸ばして国民経済全体を活性化し，経済力を伸ばしていくというのが正攻法であろう。しかし，その基盤的条件というものにもわれわれは目を向ける必要がある。つまり，科学技術がつねに発展し続ける現代においては，こういった経済力・科学技術力は人の量と質，とりわけ質の高い教育制度を経たのちに社会で活躍する人々，つまり優秀な人材の量と質が決定的に重要であるという事実である。

表 3-2　日本の将来の人口推移予測

	総人口（千人）	比率[1]	生産年齢人口[2]	比率[1]	生産年齢人口率[2]	年少人口率[2]	老年人口率[2]
1920	55,963	44	32,605	43	58.3	36.5	5.3
1965	99,209	78	67,444	88	68.0	25.7	6.3
1995	125,570	99	87,165	114	69.5	16.0	14.6
2015	*127,095*	*100*	*76,289*	*100*	*60.7*	*12.6*	*26.6*
2035	112,124	88	63,430	83	56.6	10.1	33.4
2055	91,933	72	47,063	62	51.2	9.4	39.4
2075	70,689	56	35,329	46	50.0	9.2	40.8
2095	53,322	42	26,627	35	49.9	9.0	41.1

注1：2015年の人口を100とした際の各年人口の規模
注2：生産年齢人口，年少人口，老年人口はそれぞれ15-64歳，14歳以下，65歳以上の人口を指す。人口率とは総人口において占める割合を意味する。
出典：総務省統計局『日本の統計2017』第2章人口・世帯，2-1人口の推移と将来人口（http://www.stat.go.jp/data/nihon/02.htm）より作成（2017年10月9日アクセス）。比率は筆者による。

　この視点に立てば，日本が直面している根本的問題はその人口規模の縮小にあるといわざるをえない。周知のとおり生産年齢人口（15 ～ 64歳）は低下傾向にあり，日本社会では高齢化・少子化が進んでいる。この傾向はよく指摘されているものの，その規模は表3-2が示すように衝撃的というほかない。

　2015年を基準としよう。総人口は将来減少し続け，40年後の2055年には2015年の約70パーセント，そして今世紀末の2095年には約40パーセントにまで縮小する。1920年の人口規模にまで減るのである。くわえて，これから少子高齢化現象がより進んでいく——2055年以降，「日本人10人中4人が老人」という状況が常態化する。その結果，絶対数でみれば，2075年段階では生産年齢人口は2015年のそれの半分以下まで縮小するのである。2095年では，ほぼ三分の一まで縮小する。

　社会現象は予測が大変難しい。そういったなか，人口推移は最も正確に予測できることで知られている。「数字はウソをつかない」という言葉がここに当てはまる。人口の推移は基礎国力の推移に多大なる影響を与える。日本の大戦略を考えるなら，この制約条件を直視するしかない。これをベースにして最善策を練るしかないのである。

　上で述べてきた生産年齢人口は，高校生や大学生を含んでいる。そのうち，学業を終えた者たちが占めるのが労働人口である。労働人口の減少を軽減すべく，さまざまな政策が実施されてきている。これまで男性中心であった労働環境を変えて女性が活躍しやすいようにするための諸政策や，さらには優秀な外国人が日本で就業しやすくするための法律改正などである。開放的で平等な社

会をめざすという自由民主主義の立場からみても，こういった政策は望ましい。同時に，生産競争力を維持・強化しようという政策もとられてきている。たとえば，大学部門を含む教育制度の見直しがその一例であろう。高質な人材育成がその長期的な目標である。また，安倍政権は国家戦略特別区域——行政による従来の規制を大幅に緩和した区域——を設定したが，小泉政権時代から続く「規制緩和による経済再生」の一環といえる。その他，高齢者を働きやすくしたりする諸政策や，職場での労働生産性を上げるため（より一般的には効率を上げるため）のさまざまな政策があろう[18]。

人口の変化というのは構造的な問題であり，即効薬は存在しない。カナダやアメリカとは違って大規模な移民を受け入れるといったような解決策は，現実的にいって日本には当てはまらないと思われる[19]。生産年齢人口の長期的な減少傾向がもたらす日本社会への負荷は増え続けるであろう。こういった状況下においては，すこしでもこういった負荷を軽減する上記のような諸政策は必要である。

人口減少という制約条件のもとでは，潜在的経済成長率が伸びず従来のマクロ経済政策を駆使するのみでは順調な経済成長はなかなか達成できないように思われる。上で触れたような諸政策を含む構造改革の必要性，さらには労働生産性の向上が謳われてきたゆえんである。関連政策や発表された方針などを見ていれば，経済力増強に関して「やるべきテーマ」は現時点で出つくした感がある。あとは，実施の程度と成果を見るしかない。

こういった状況において将来めざすべき日本の基礎国力を考えるならば，とりわけ重点を置くべき政策分野は（人口関連のものを除くならば）(1)イノベーション，(2)サイバーパワー，それに(3)インテリジェンス能力であると思われる（ここではサイバーパワーの強化を基礎国力増強プログラムの一部として取り扱う）。これら三分野すべてにおいて「ヒトの質」つまり高度な人材の養成が欠かせない。教育・訓練を含むそのための制度整備が必要である。限りある資源をこれらの分野に戦略的に集中することが求められる。おのおのの分野に関しては，すでに専門家が多くの議論を行っているので，ご関心あるむきはそちらをぜひご覧いただきたい。ここでは，本書の関心に照らして基本的なことだけ押さえておこう。

イノベーション　発明や新製品開発を意味するイノベーションであるが，これから日本が「高度な科学技術力に基づく（広い意味でのソフトウエアを含む）工業生産力」を追求するのに際してこれは決して欠かせない[20]。現時点

において，AI（人口知能）やロボット工学，材料工学，さらにはバイオテクノロジーやナノテクノロジー等々が期待される分野であるとよく言われる。

大戦略の視点に立てば，このイノベーションという概念は科学技術における発明そのものを意味するだけではなく，そういった発明を何回も生み出すことができる豊かな制度的土壌をも含んでいる。そして，そういった土壌は人材育成制度や資金供給制度，さらには労働関係を司る「目に見える制度」のほか，文化や伝統といった「目に見えない制度」からも成り立っている。発明品の創出だけではなく，こういった制度そのものの改革・発明をもこれからの日本はめざすべきであろう。「豊かな土壌の上に花（製品）が次々と咲き続けるのと同時に，そういった土壌そのものがつねに改良されている」というイメージであろうか。科学技術立国とよく言われるが，これまで以上にイノベーションが日本という国家にとって死活的課題となるにつけ，基礎国力の長期的増強は「人づくり」ができるかどうかにかかっている。そしてそれには適切な制度設計——とりわけ教育・訓練制度の設計——が欠かせない。

サイバーパワー　ここで本章の冒頭の図3-1に掲げた次の公式を思い出してほしい。

　　総合的国力＝ハードパワー＋ソフトパワー＋構造力＋サイバーパワー

総合的国力を維持ないしは向上させたいとき，ハードパワーの上昇が難しければ，その他のパワーを強化しなければならない。その一つとしてサイバーパワーがある。

コンピューターとインターネットが社会変革の波となり社会の隅々に行き渡りつつある現実を考えれば，日本にとってこれらを使いこなす能力——サイバー能力——が決定的に重要なのは容易に推測できよう。インターネットの発達は印刷技術に次ぐ文明史レベルでの大革命であり半永久的な影響を社会にもたらす可能性がある。前に指摘したドイツ流にいえば「第四次産業革命」に匹敵しよう。その昔，日本では「読み書きソロバン」が必須と言われたが，サイバー能力が国民が持つべき基礎能力として捉えられる時代が到来している。官民あげて国民のサイバー能力を向上させていく必要があろう。社会生産を含む経済活動においてインターネットは革命的な意義を持っている。こういった状況において国家の経済力を増強させていくには，インターネットに関して広い国民レベルでの素養・知識——サイバー・リテラシー——が知的インフラストラ

クチャーとして必要になってこよう。

　このサイバー・リテラシーは「社会のコメ」ともいうべき重要性を日本社会において占める可能性が高い。まず，イノベーションと深くかかわってくると思われる。さらには，軍事力の分野でもそのインパクトは大きくなろう。すでに指摘したとおり，核兵器を相対化するような新しい兵器パラダイムを生みだす可能性がある。核兵器を頂点とする現代の兵器パラダイムにおいては，その地理的条件のために日本は周辺に位置づけられてきた。サイバー戦を含む新たなパラダイムにおいて，日本がいかなる軍事力を保持することができるのか。答えの大部分はサイバーパワーを日本がどれだけ維持できるのかにかかっていると言わざるをえない。このように，イノベーションそのものと同時に，サイバーパワーの育成が日本の将来にとって重要であるといえよう。

　現状維持陣営内部では，やはりアメリカがサイバーパワーにおいて抜きん出ている。とりわけアメリカのサイバー軍は日本の数倍の大きさである。日本はアメリカとの協力を一つの手段としながらも，自らのサイバーパワーを強化していく必要があろう。

　インテリジェンス能力　ここでいうインテリジェンスとは基本的には相手国内を含む国際状況に関する情報収集・分析を指し，防諜つまり国内におけるカウンターインテリジェンス（自国における敵国スパイへの対応）は基本的には含まない。防諜はもちろん重要であるが，それは別の文脈で重要ということである。

　インテリジェンス能力はまさに国家の「目と耳」にあたる。外部の状況を正確に把握するというのは言うまでもなく重要であるが，ハードパワーの面で制約されるこれからの日本にとっては，インテリジェンス能力の重要性はより大きくならざるをえない。イギリスの例が模範となろう。19世紀において覇権国であったイギリスは，その基礎国力が衰退していったものの，一目置かざるをえないほどの政治力をいまでも維持している。その理由の一つは高度なインテリジェンス能力，つまり海外動向に関する情報を収集・分析する能力で，いわゆる諜報活動能力にほかならない。

　この文脈で指摘しなければならないのは，「ファイブ・アイズ（Five Eyes）」の存在である。敵国の暗号を解読するため，協力関係を米英両国は第二次世界大戦期に作り上げていたが，カナダ，オーストラリア，ニュージーランドの三国を含むより包括的な協力関係を1947年に成立させた。これが「五つの目」，つまりファイブ・アイズである。中心となっている機関は，アメリカの国家安

ファイブ・アイズの中心を担うアメリカ国家安全保障局本部（メリーランド州フォート・ジョージ・ミード陸軍基地内）［写真：National Security Agency］

全保障局（National Security Agency）、イギリスの政府通信本部（Government Communications Headquarters）、カナダの通信安全保障局（Communication Security Establishment）、オーストラリアの信号局（Australian Signals Directorate）、ニュージーランドの政府通信保安局（Government Communications Security Bureau）である。これら以外の機関、たとえばアメリカのCIAやFBI、イギリスのMI5とMI6も参加しており、実際にはこれら5カ国のインテリジェンス機関が総合的に協力している強固な、そして世界最強のインテリジェンス同盟といえる。

　ファイブ・アイズの諜報活動は、世界の主要部を網羅している。さらにはフランスやドイツといった主要なNATO加盟国、さらにはイスラエル等ともファイブ・アイズは緊密な協力関係にあるといわれており、ファイブ・アイズはまさに西側——本書の言葉でいえば現状維持陣営——のインテリジェンス体制の中核を構成しているといえよう。同じ陣営内において、国際情勢に関する質の高い情報ならびに認識を共有するのが重要なのは繰り返すまでもなかろう。これからの国際秩序戦を戦っていくには、日本はアジア情勢だけではなく、ヨーロッパや中近東といった他の地域に関する事情をも把握しなければならない。日本はアジア（とりわけ中国）に関する情報力をその強みにして、ファイブ・アイズとより近い関係を打ち立てていくことが望ましい。

　日本のインテリジェンス体制については、関係機関がバラバラでまとまりがないといったような評価をよく聞く。こういった点に関して専門家からさまざまな政策提言も出ている[21]。問題を克服し、現状維持陣営内におけるインテリジェンス同盟に深く食い込んでいくことが大戦略の視点からは好ましいといえよう。くわえて、人工衛星による宇宙空間からの情報収集能力をこれからも強化していく必要がある

自然災害への備え　日本の特殊事情として，自然災害の問題がある。一つは地震である。もう一つは台風のような気象の問題であるが，これは気候変動の影響を大きく受けている。「国難級」ないしは「日本の存亡にかかわる規模」といった形容詞が当てはまる大規模な被害が自然災害によって発生してきたし，これからも発生するであろう。日本はそれに備えておく必要があるので，ここで少々検討しておきたい。

　自然災害，とりわけ地震の場合は，それがもたらす人的・物的損害からして準戦時ともいうべき状況であるといえる。たしかに，自然災害は戦時とは決定的に異なっている特徴を持っている。つまり，交渉相手となる敵国がなく，被害をもたらす自然現象は継続せず一過性のものに過ぎない。いわば単発的に，一方的に日本国民は被害を受けるのである。それにもかかわらず，自然災害がもたらす被害は甚大であり，人命への被害を最小限にするには優れた危機管理能力が求められる。くわえて，被災地の復興には多大な時間とコストがかかる。

　2011年3月11日に発生した東日本大震災を例として見てみよう。日本観測史上最大ともいわれるマグニチュード9の地震が三陸海岸沖で発生し，東北地方は震災に見舞われた。それだけではなく，三陸海岸地方は高さ10メートルを超す津波に襲われ，津波の一部は東京電力福島第一原子力発電所に届いたのである。電源を失った発電所の原子炉4基においては，メルトダウンや水蒸気爆発が発生した。その結果，大量の放射性物質が放出され，近隣地区にいた10万人以上の住民が避難することになった。放射能で汚染されてしまった地域に住民が戻れるには，10年単位の計画が必要である。この三重苦は，まさに未曾有の事態であった。死傷者と行方不明者の総計は2万人以上にも上ったのである。

　戦時においては予想していなかったことが起こる。この点を，クラウゼヴィッツは霧の見通しの悪さを例えに使って指摘しているが，東日本大震災においても政策担当者はこの「霧」を経験した。三陸海岸地方では津波被害が過去にも起こっており，過去のデータをもとにして防潮堤などが建設されていたが，今回の津波はその規模を超えたものであったという。当時，よく「想定外」という言葉が使われたことを覚えている読者もおられるであろう。前代未聞の原子炉メルトダウンに関しては，菅直人首相以下の政府首脳陣ならびに東京電力本社が直面した状況はまさに「濃霧に包まれていた」というべきものであり，そういった中で彼らが下した判断や指示がどれだけ適切であったのかという点についてはこれまでいろいろ議論されてきた[22]。

こういった最大級の巨大地震が，再び日本を襲うであろうことはほぼ確実である。いまのところ南海トラフ巨大地震と首都圏直下型地震が主要な候補である。前者の場合，30年以内に発生する確率が70パーセント程度とされている[23]。1923年9月1日発生の関東大震災が後者の例である。いずれの場合も，関東地方から九州の太平洋岸に広がる人口密集地帯が被災する。南海トラフ地震の場合，千葉県から宮崎県にかけての太平洋岸地域において被害が発生するが，死亡者数は数十万人，経済的被害総額も200兆円以上と予想されている[24]。まさに国が傾きかねない規模となろう。くわえて，日本に襲来する台風の規模も大きくなってきている。台風以外にも大雨に見舞われることが多くなってきている。これらがもたらす被害も甚大なものといえるが，この傾向はますます強くなっていくであろう。

　自然災害に関してはいかに被害を最小限に収まるようにするのか，被災後の復興をいかにして早めるのかという点が政策課題となる。巨大な自然災害の後，東京を中心とする首都機能をいかにして維持するのか，十万人単位で被害者が出た場合の経済的・社会的混乱をいかにして最小化するのか，さらには復興への道のりをいかに早く進めるのかといったような問題である。幸い，政府を中心に対応計画が進められている[25]。

脆弱性の低減

　関係操作力つまり脆弱性の観点からすれば，日本にとっての政策課題はいくつもあろう。ここではいわゆるエネルギー安全保障，金属資源の輸入，それに食料安全保障を簡単にみてみたい。

　　　　エネルギー安全保障　　エネルギー資源を海外からの輸入に頼っている日本にとっては，エネルギー安全保障は死活的問題である。2014年においては，日本のエネルギー自給率は6パーセントに過ぎない。日本はこういった宿痾ともいえる状況に対応し，その脆弱性をできるだけ減らさなくてはならないのである。日本のエネルギー自給率を他の国々の場合と比べると，日本が持っている潜在的脆弱性の程度がわかる。表3-3にまとめてみた。

　第3節では一般論として，脆弱性を弱めていくには，(1)備蓄，(2)代替，(3)危険分散（入手先分散）の三つの手段があると論じた。エネルギーに関しても，これらを実践していくのが基本となる。化石燃料（石油，石炭，LNGつまり液化天然ガス），さらには原子力発電用の核燃料の備蓄量を維持・増加し，代替エネルギー源（太陽熱利用，地熱発電，風力発電等々）の開発，さら

表3-3　主要国の第一次エネルギー自給率（2014年）

	ノルウェー	オーストラリア	カナダ	アメリカ	イギリス	フランス	ドイツ	イタリア	韓国	日本
順位	1	2	3	7	14	15	21	29	31	33
自給率	683%	292%	168%	91%	60%	57%	39%	25%	18%	6%

出典：経済産業省資源エネルギー庁『日本のエネルギー――エネルギーの今を知る20の質問』（http://www.enecho.meti.go.jp/about/pamphlet/pdf/energy_in_japan2016.pdf）より筆者作成（2017年10月9日アクセス）

には輸入先の分散などがそういった政策にあたる。それと同時に，やはり市場でのエネルギー価格があまりに高くならないようにする注意が必要であろう。いくら脆弱性軽減の面で成果を上げたとしても，一般市民への経済的負担があまりにも増えるとすれば，やはりそれはよくない。

　経済コストのほか，他の要因もエネルギー安全保障にかかわってくるので話はより複雑になる。たとえば安全であること，そして気候変動といった環境への配慮などが挙げられる。化石燃料を燃やす火力発電所は二酸化炭素を多く排出するので気候変動には良くない。他方，二酸化炭素を排出しない原子力発電はその点では良い。しかし，2011年に起こった福島第一原子力発電所での事故以来，安全面において後者には不安が国民の間に生じ，その代替として前者に頼らざるをえない状況が続いてきたのである。そうなれば化石燃料をより多く海外から輸入しなければならず，脆弱性が増す。実際，2011年以前のエネルギー自給率は19.9パーセント（2010年）であったのが，2016年には前述のように6パーセントにまで下がったのであった[26]。

　備蓄，代替，危険分散といった三手段のほか，エネルギー資源の場合には効率化という手段が加わる。つまり，科学技術を生かすことによって，エネルギー資源をより効率的に利用し，できるだけ無駄をなくすという手段である。逆からみれば，効率化が進めば，同じ量のエネルギーを得るのにこれまでより少ない量の資源を使うだけですむのである。こういった効率化は日本が得意とするところであり，一つの政策路線としてこれからも推し進めていくべきであろう[27]。

　金属資源　　銅や鉛といったベースメタルと，希少金属類を意味する先端技術工業品に欠かせないレアメタルがあるが，石灰石を例外にして，こういった金属資源のほとんどを日本は輸入に頼っている。たとえば『通商白書』2008年版によれば，2006年における日本の鉄鉱石，ボーキサイト，銅鉱石の自給率はゼロであった[28]。また表3-4が示すように，金属資源は埋まっている場所が偏っており，生産に関しては寡占的状況にある。日本は圧倒的に海外に依

表 3-4　非鉄金属資源上位産出国一覧（数字はパーセント, 2007年）

	鉱石のトップ3産出国（シェア値）			上位三国の合計シェア
レアアース	中国 97	インド 2	ブラジル 0.6	99
バナジウム	南アフリカ 39	中国 32	ロシア 27	98
タングステン	中国 86	ロシア 5	カナダ 3	94
白金	南アフリカ 80	ロシア 12	カナダ 4	96
インジウム	中国 49	韓国 17	日本 10	76
モリブデン	アメリカ 32	中国 25	チリ 22	79
コバルト	コンゴ民主共和国 36	カナダ 13	オーストラリア 12	61
マンガン	南アフリカ 20	オーストラリア 19	中国 14	53
ニッケル	ロシア 19	カナダ 16	オーストラリア 11	46
銅	チリ 37	ペルー 8	アメリカ 8	53
亜鉛	中国 27	ペルー 14	オーストラリア 13	54
鉛	中国 37	オーストラリア 18	アメリカ 12	67

出典：経済産業省資源エネルギー庁鉱物資源課「最近における鉱物資源需給の動向及び鉱物資源政策の状況について」（平成20年8月1日）12頁,「3. 非鉄金属資源の遍在性」(http://www.meti.go.jp/committee/materials2/downloadfiles/g80801c04j.pdf) より筆者作成（2017年10月9日アクセス）

存しており，上記の三つの政策手段を使ってその脆弱性を少しでも緩和していくしかない[29]。

　食料安全保障　表3-5が示すとおり，2016年度では，日本の食料自給率はカロリーベースで38パーセント，生産額ベースで68パーセントとなっている。自給率がほぼ100パーセントであるコメのほか，野菜類や魚介類がそれぞれ75パーセント，50パーセントを占めているものの，その他の食品に関しては軒並み低い。食料に関しても単純に自給率を上げることはできないのが実状であろう[30]。消費者の食生活や嗜好の変化もあるが，就農人口があまりにも少ないのがより根本的な理由と思われる。

　このように，エネルギー，金属資源，食料の分野において日本は圧倒的に輸入に依存している。その脆弱性を弱めようとしても，一筋縄ではいかない。これまで述べてきた脆弱性減少策を引き続き展開することは必要である。その一方で，自給率が低い日本がこれまでやってこれたのも，アメリカを中心とする現状維持陣営が海上輸送ルートを含む国際秩序を堅持してきたからだという事実をあらためて認識する必要があろう。そういった安定的かつ日本にとって有利な国際環境――国際秩序――があって初めて日本経済の生命線が維持できる。こういった国際環境を維持するのに日本が貢献していくことが欠かせない。

　以上で「ハードパワーの増強と行使」政策プログラムに関する議論は終了で

表 3-5　近年における日本と諸外国の食料自給率（数字はパーセント）

	カナダ	オーストラリア	アメリカ	フランス	ドイツ	イギリス	イタリア	スイス	日本
カロリーベース	264	223	130	127	95	63	60	50	38
生産額ベース	122	128	92	83	70	58	80	70	68

出典：農林水産省ウェブサイト（http://www.maff.go.jp/j/zyukyu/zikyu_ritu/attach/pdf/012-4.pdf）より筆者作成（2017年10月9日アクセス）

ある。次に「ソフトパワーの育成と行使」政策プログラムについて解説しよう。

第4章
ソフトパワーを育てる

●1 はじめに

　まずは、さまざまなパワーの中で、ソフトパワーが占める位置をいま一度確認しておこう。次頁の図 4-1 で影が入っている部分がソフトパワーにあたる。
　以下、本章ではソフトパワーという概念の説明から話を進める。一般的にソフトパワーと言われるものを解説したのち、秩序戦特有のソフトパワーについて説明したい。最後に日本が採用すべきソフトパワー作戦を説明する。

●2　ソフトパワー

　いま、仮に A と B という二者がいるとしよう。A が B に対して効果的にソフトパワーを行使しているということは、単純に言って、A が B をいわばマインドコントロール（洗脳）して B の行動を操作している状態を意味する。これが A にとって理想的な状況であるが、そこでは B は自分の行動に疑いを持たず、そして計算づくではなく、「ただ単に正しいから」という理由で A の思惑どおりの行動をするのである。経済力や軍事力などを使って B が直面している物理的条件（報酬や懲罰）を変え、そのことを通じて B の行動を操作するのがハードパワーの行使であるのに対して、何らかの情報・シンボルを通じて B を心理操作しようとするのがソフトパワーの行使といえよう。別の視点に立てば、ソフトパワーを行使する際、力の根源となるのは情報・シンボルということとなる。以下、分類作業を通じて、ソフトパワーの形態の数々を説

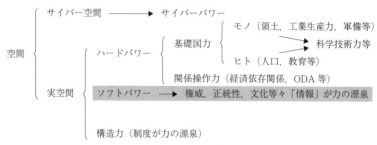

図 4-1 パワーの分類の中のソフトパワー

総合的国力 = ハードパワー + ソフトパワー + 構造力 + サイバーパワー

明していこう。ソフトパワーはその性格上，次章で取り扱う国際制度の形をとることがある，つまり価値やシンボルが制度に体現化される。その際にはソフトパワーと国際制度を明確に分けることはできない。この点，あらかじめ留意して読み進めてほしい。

一般的分類

　政府が主体となるもの　「情報発信者は誰なのか」という設問に答えることでソフトパワーを分類していくことが可能である。単純化していえば，中央政府が主な発信者なのか，あるいは市民社会の構成員——たとえば市民団体や教育機関，さらには地方政府——がそうなのかという設問にそっての分類であるが，なかには両者がかかわってくるものもある。

　主に政府が発信者であるものとしては，プロパガンダやパブリック・ディプロマシー（世論外交）が典型的であろう。自国の立場を正当化すべく——そして対抗国の立場を「非正義」として貶めるべく——国際社会あるいはターゲットとなる国の国民に向かって説得しようとする行為は，古来より頻繁に見られる。大義名分を掲げ喧伝する行為ともいえよう。宣伝戦や広報戦とも呼ばれる。

　歴史解釈をめぐる政府の立場を喧伝する「歴史戦」という言葉も一部のメディアで使われているが，これはこの種類のソフトパワー行使の一バリエーションといえる。また，中国外交には三戦という概念が存在する。これは心理戦・世論戦・法律戦の三つを指すが，これらもソフトパワー作戦の一種といえよう。孫子兵学の伝統では戦わずに相手側を降伏に導くのが最上の策とされる。つまり相手側の心理状況を操作して，交戦意欲をなくさせるべしというわけである。

たとえば，交戦中，相手国兵士に向けて宣伝用のビラをまいて交戦意欲をそぐという作戦がある。あるいは「相手国側には正義がない」と説得することも考えられよう。このように，相手国側の対抗意識を削ぎ，あるいは受け身に立たせ，そして自信をなくすようにしむける作戦こそが心理戦（英語ではpsychological warfare）なのである。もちろん，ニセ情報をメディアに流すといったような情報操作も選択肢に入ってくる。これは情報戦の一形態といえよう。これの延長版が世論戦で，文字通り相手国の――そして自国の――国民に向かって訴え世論を操作しようとするものである。くわえて，現存する法律を自国に都合のよいように解釈し外交政策の正当化を図る――同時に相手側の法律上の立場を悪くする――行為が法律戦（英語ではlawfareという）と呼ばれる。法律戦については別の章で制度戦の文脈で解説する。

　こういったプロパガンダは基本的には文書，言説（言葉で表されるもの）メッセージ，画像メッセージを送信するもので，政府がキャンペーンをはって計画的に行うものである。より間接的なものとしては官営メディアの海外放送を挙げることができよう。画像ニュースや番組を通じてその国の事情を紹介し，友好的態度を視聴者の間に醸成するという目的のほか，一定の解釈に基づいた内容の番組を放映することにより微妙な形で政治的に心理的影響を視聴者に与える目的を持っている。この種のもので明白に後者の目的を持つものとしては，アメリカによるボイス・オブ・アメリカや，ロシアのスプートニクといった放送局が挙げられる。

　他方，シンボルを操作するタイプの情報発信行為においては，たとえば戦勝記念日などの軍事パレードやセレモニーといった儀式や，博物館も含む広い意味のモニュメント，さらには国旗・国家やその他のシンボルとなるものが往々にして使われる。いわばその国家や国民の政治的アイデンティティや「正しく敬うべき価値」がそういう行為やモノによって象徴されるのである。外国の首脳がこういった儀式やイベント，モニュメントに出席することにより国家同士の絆を表明することも頻繁に行われる。

　首脳外交が持つ高い象徴性も，ここで指摘しておきたい。つまり政府首脳が直接，他の国を訪問するという行為そのものが（首脳会談の内容は別にしても），訪問国に対して好意を持っているという態度を示すのである。逆にいえば，首脳外交がない二国間はかなり冷え込んだ関係だといえる。

　首脳外交の象徴性と関連して指摘しておかなければならないのが，王室外交である。日本では皇室外交と呼ばれる。この種の外交は，首脳外交が持つ象徴

性をさらに強くしたものといえよう。王家のメンバーとりわけ最高権威者である王または女王が他国を訪れるということは、とりもなおさず訪問された国が「信頼たる国である」という承認をその王家から獲得したに等しい[1]。

くわえて、そういった情報やシンボルを理解・発信する主体そのもの、つまりヒトを国内外に移動させることにより受け入れる側あるいは送り込む側（あるいは双方）への効果をねらうというタイプのソフトパワー活動も存在する。

古典的かつ典型的な例としてはアメリカ政府が主催するフルブライト・プログラムであろう。このプログラムを通じて他国における将来のリーダーたちをアメリカの大学に短期間迎え入れることにより、そういった国々のエリート層において親米派を作り上げていくという長期的事業である。また、海外ジャーナリストを招聘して自国の状況をよりよく理解してもらうという短期プログラムも、各国政府がよく採用している。さらにはODAの一環としてさまざまな国から海外技術者（とくに若手）を招き訓練を授けることにより、間接的ながら友好関係をそれらの国々と築いていく一助にするという手法もある。他方、国内に迎え入れるのではなく、海外に自国の知識人や技術者を送り込むことにより受け入れ先における自国の心証をよくするという事業も実施されることが多い。対外援助政策はすべてこういった目的のためというわけではないが、友好関係を副次的な目的として追求していることは否定できないであろう[2]。

以上見てきた政策手段の数々は、「他国に働きかける」というタイプのものであるが、それと並行していわば「文化伝達のインフラ整備」ともいうべき政策もある。それは自国の言語の海外普及を図る政策にほかならない。たとえばA国の言語が外国で普及すれば、外国人がA国の文化を簡単に理解でき、その文化を吸収しやすくなる。そうすればA国政府は直接外国に働きかけなくても、自国の文化が外国にほぼ自動的に伝播していくのである。そうなれば自国に対して好意的な意見を持つ者たちの数も外国で増えていく。このように、言語の伝播はその国の文化が伝播していく際のインフラストラクチャーとしての役割を果たすのであり、その性格を政府は利用しようとする。もちろん、言語そのものは政治中立的なものである。ある国の文化というものはその国で使用されている言語と密接な関係があり、その文化を知るには語学勉強は欠かせない。そこに政治性はない。しかし国家間のソフトパワーの文脈では、言語の持つ特別な性質ゆえその普及が外交政策の一目標として追求される。もちろん、文化自体の伝播も政府は試みるが、自国の言語の海外普及は特別重要な位置を占めているといえよう。

イギリスのブリティッシュ・カウンシル，フランスのアンスティチュ・フランセ，ドイツのゲーテ・インスティトゥート，それに日本の国際交流基金（海外ではジャパン・ファウンデーションと呼ばれている）といったような機関が，おのおの自国政府の援助・監督を受けながら自国の言語ならびに文化伝播活動に従事しているのは，まさにこの理由による。アジアにおいては，日本のほか，中国の孔子学院，韓国の韓国国際交流財団（コリア・ファウンデーション）が同様の活動をしている。

国際社会における言語の重要性は現代における英語の地位をみれば，十分に理解できるであろう。非英語圏の人間が英語を理解できるようになれば，米英両国を中心とする英語圏の情報・文化にアクセスできるだけではなく，自然にその価値観なども吸収していくこととなる。植民地主義が盛んであったころ，ヨーロッパ系宗主国の言語がその植民地での公用語となっていたが，言葉を通じてその植民地支配を強化していたことは間違いない。そして植民地原住民のエリートの多くは宗主国の文化・教育にあこがれていたのである。

アメリカとその植民地であったフィリピンとの関係も例外ではない。植民地時代，フィリピンの公用語は英語であり，現地の日常語であったタガログ語を公的な場で話せば罰金が科せられた。学校の教科書もアメリカ本国の教科書を使って，見る映画はハリウッド，という具合であった。このようにフィリピン社会とはかけ離れた内容のものが英語を通じてアメリカ本国から伝播し，フィリピン人のアイデンティティを形成していったのである。まさに文化帝国主義ともいえる状況だったといえよう[3]。

植民地時代以降においても，大国というものは独自のオーラ，文化的魅力，吸引力ともいうべきものを持っている。「大国の文化はまぶしい」とでもいえようか。小国は大国にあこがれる傾向が強い。とりわけ覇権国の場合は特別である。そういった地盤があって，その上で大国の政府はこれまで説明してきたようなさまざまなソフトパワー政策を行使していくのである。

民間レベルのもの　　政府主導での情報発信・シンボル操作といった活動のほかに，市民社会がより深くかかわっているソフトパワー活動もある。簡単にいえば民間レベルのソフトパワーである。政府が音頭をとったり財政援助するなど補助的な役割を果たすかもしれないが，実際の活動レベルにおいては市民がソフトパワーの担い手となっているというタイプを指している。ここでいう市民社会とは「外交権を行使する中央政府以外の団体・個人」つまりいわゆる民間団体——NGO・NPO法人や宗教団体，それに一般企業等々——や個人を

指している。くわえて，県庁や市役所といった地方政府も含まれているので注意されたい。

まず指摘できるのは，広い意味での文化活動やその成果である。さまざまな形の芸術ならびに大衆文化が海外に普及する結果，その国に対する親近感やあこがれ，時には尊敬心さえも生じることが期待されている。小説など言語を介するものやビジュアルにアピールするもの（絵画や彫刻，それに建築や陶器類），さらには音楽，そしてこれらを組み合わせた演劇，テレビ番組，映画，インターネット動画，漫画，アニメ等々といったように，さまざまな形態の芸術作品が存在する。最近は食文化がもたらすインパクトも注目を浴びている。日本のような伝統的社会が持っている神社仏閣，着物に代表される服飾類や伝統工芸品も文化を構成しているのはいうまでもない。このような文化活動が対外政策とは関係なしに日夜営まれているが，広報活動や観光さらにはインターネットを通じてこういった活動が外国人の間で知られることにより，その国に対するイメージが外国人の心の中にできあがっていくのである。また，その国が持つ自然そのものも，文化活動と並行して海外でのイメージを構成する重要な要因といえよう。

市民社会が深く関与しているソフトパワーはヒトの交流にも関連している。上で触れた観光のほか，留学生や移民の受け入れ，JET（The Japan Exchange and Teaching Program）やワーキングホリデーのような短期就労者プログラム，さらには姉妹都市協定を通じてヒトが動く。こういった事業や活動を通じて人的交流が盛んになれば自国に関して比較的良い印象や友好的な態度が外国人の間に広まるという前提のもと，これらの活動が奨励されている[4]。それと同時に，暗黙の前提として，自国民の間においても排他主義的ナショナリズムが起こらないようにするという目的があるようにも見受けられる。というのも，この種の民間活動が持つ「人的交流を通じてお互いをよりよく知り合えば，友好関係が成立・維持できる」という前提は，ヒトを送るほうと受け入れるほう双方において心理的変化が起こることを想定しているからである。この意味での「双方性」が顕著なのは市レベルで結ばれる姉妹都市協定であろう。

ここで地方公共団体の外交活動に触れておこう。上で指摘した姉妹都市協定は，最近「都市外交」（city diplomacy）と呼ばれるようになった，とりわけ東京のような大都市が「都市対都市」レベルで展開する外交活動が注目されている[5]。ただし，都市外交すべての活動が本章でいうソフトパワーに直接かかわるものではない。たとえば，他国からビジネスを呼び込むことにより，その地

域の経済活力上昇をめざす活動も都市外交の一部として考えられるが，それは地方公共団体レベルのハードパワー増強手段ともいうべきものであってソフトパワーには関係ない。

　しかし，都市外交のかなりの部分はソフトパワーに関連している。上で触れた姉妹都市協定はもとより，市民に直接かかわるような環境問題，交通問題，人口・福祉問題といったような課題を国境を越えた地方公共団体同士が——中央政府同士の公式外交レベルにとらわれない形で——交流・協力することにより友好関係が構築されるという，間接的な国際政治的効果をもたらしているのである。もちろん，直接的にソフトパワーの育成をめざす都市外交活動もある。たとえば，オリンピック等の巨大イベントを開催することによる国際ブランドを確立し，威信やあこがれといった感情の操作をねらう活動がそれにあたる。

　政府によるプロパガンダとは異なり，都市外交を含む市民社会レベルでの諸活動は特定の内容を持った情報やシンボルを相手国側に刷り込むというようなものではない。そういった具体的なメッセージの代わりに「親近感，友好的態度，あこがれや心理的絆」といった一見曖昧な感情を醸成するものである。もちろん，好意的な感情を持ったとしても，それが具体的な行動に反映されるとは限らない。たとえば外国人が日本のアニメが好きだからといって，日本政府が実施する外交政策を支持してくれると期待すべきではなかろう[6]。「その国の文化が好き」ということと「その国の政府の外交政策を支持する」こととは別次元の話なのである。そもそも，文化交流が進めば進むほど（つまり相手の国を知れば知るほど）好印象を持つという前提がつねに正しいとは限らないことに注意する必要がある。相手を知れば知るほどアラが見えてくることはわれわれの日常と同じである。

　この点を秩序戦の文脈で捉えなおしてみよう。長期的には，自国の文化や言語を海外において理解してもらう，またそのように理解してくれる集団を培っていくという地道な対外文化啓蒙活動は必要であり望ましい。しかし，秩序戦の文脈で注意すべき点は「自国のことを他国民がよく知っているかどうか」ではなくて「自国は正義を体現しているのかどうか」がより大きな政治的意味を持っているということである。そしてその正義は普遍的な言葉で語られなければ他国民の心を打たないことを肝に銘ずべきであろう。

　しかし，こういったさまざまな注意点にもかかわらず，民間レベルでの文化交流，とりわけ人的交流がもたらすインパクトが重要なのは変わりない。長期的に国民レベルでの信頼感や安心感，いわば心の絆ともいうべきものを確立し

ていくためには，こういった地道な交流は絶対欠かすことができないのである。そしてこういった何世代にもわたる心の絆は，政府レベルのプロパガンダのような恣意的・短期的なものでは決して醸成できない。

　将来を担う若い世代においての人的交流は，とりわけ重要といえよう。それはまさしく「将来の花を咲かす種をまくような根気のいる事業」といえる。こういった人的交流の重要性を示す好例としては前述のJETが指摘できる。日本の中学校・高等学校における補助英語教員として比較的若い外国人を招聘するというこのプログラムは，過去30年もの間に海外で親日派を育成してきたほか，それまで外国人と接する機会が少なかった地方にも好ましい刺激を与えてきた。よく政府間の共同声明で「青年交流の促進」が付け足しのごとく最後のほうに掲げられることが多いが，こうした取り組みは間違いなく重要なのである。

　また，観光旅行がもたらす国民への心理的影響も，無視できないものがある。現在の日本人からみればとうてい信じられないかもしれないが，第二次世界大戦以前の日本人はハリウッド映画をみてアメリカ人の国民性を理解しようとしていたのである。渡航してアメリカ社会を直接理解するという機会がほとんどない当時の国民からすれば，映画が敵国の性格を判断する貴重な材料であった。もっとも，その逆も真なりで，アメリカ人のほとんどが真の日本を知らなかったのである。ともあれ，実際に会ったこともない敵について歪められたイメージ——「鬼畜米英」という表現が示すごとく——に基づいて，国民は戦争に参加した。戦後初期，アメリカに渡った多くの日本人が「こんなに豊かで強大な国と戦争して勝てるはずはなかった」と感嘆したことは多くの記録が示すとおりである。

　現在，多数の中国人観光客が毎年日本を訪れているが，こういった「妄想や幻想を取り除く観光の機能」がある程度は働いていると推察できる。反日教育を受けた中国人が真の日本社会を体験することにより，彼（女）らがそれまで培っていた日本の印象が大きく訂正される機会が発生しているのである。日本側としては基本的には国民が普段の生活を続けるだけでいいので，このソフトパワー作戦はコストが少ないという利点もある。

　このようにヒトの交流がもたらす心理的効果にわれわれは注意を向ける必要がある。それはメディア媒体を通じた情報の場合とは異なり，体験を通じた，いわば「肌で感じた」認識がもたらす心理効果ともいえる。生身のヒト同士が交流し，互いの文化や社会を直接体験する機会というのは，メディア媒体を通

じて「知る」こととは次元が異なる。この点は，海外に出たことがある者であれば直感できるであろう。もちろん「その国を訪れればその国が好きになる」とは限らない。上の比喩を続ければ「必ずしも花が咲くとは限らない」のである。さらには，そういう海外経験がない国民が多数いることも事実であり，ここでいうような心理的変化は国民全体で見ると限られているかもしれない。それにもかかわらず，民間レベルにおけるヒトの交流はソフトパワー作戦を推し進めていく上では欠かせない選択肢といえよう[7]。

最後に，大学が代表する研究・教育機関がソフトパワー行使の上で持つ役割に触れておきたい。まず，海外から留学生を多数迎えることにより，上記の人的交流で指摘したのと同じ効果が期待できる。その他，10代から30代の若い人々が持つ知的想像力やそれを行動に移す能力を考えるに，大学はいわば「次の世代のソフトパワーを担う人材」を創出する「ゆりかご」ないしは「工房」の役割を果たしているといえよう。くわえて，研究機関としての大学は「世界の大学ランキング」にみられるように，国が持つある種の威信を示す役割を担っている[8]。ハードパワーを扱った前章でとりあげた科学技術力は一国の威信にも影響を与えるが，その科学技術力に大きな影響を与えるのも研究機関としての大学である。このようなさまざまな役割を大学は持っているわけであるが，研究・教育の両面において活発な高等教育部門を抱える国はより高いレベルのソフトパワーを行使できるといえよう。

間接的なソフトパワーの行使　本節の冒頭でマインドコントロールという表現を用いたとおり，ここまでは直接的に他国民の心にインパクトを与えようとする作戦を論じてきた。これと並行して，自国の評判や威信に政策の焦点をあて，それを通じて他国民——そして自国民——の心に影響を与えようとする作戦，つまり間接的な作戦も実施される。この種のソフトパワー行使を理解する際に鍵となる概念は二つある。評判とブランディングである。

「評判」(reputation) とは，吉田茂の言葉を使えば「国際信用 (credit)」となる[9]。評判がよければ，実力を行使せずに服従・支持・協力を他国から得られる。あるいは実力で得られるものよりも大きな規模の協力を他国から得られるかもしれない——担保なしで金銭を借りる「信用貸し」という行為のごとく。国家にとって理想的なのは，こういった高い評判を国際社会において獲得することである。そして，そういった評判があれば強力な発言力や政治力を行使することができる。つまり他国を説得する力を得ることができるのである。

実は，国の威信や権威も評判の一形態である。それは「実力の評判」といえ

る。国の威信が最も高いのは、戦争に勝利した直後である。その中でも、覇権戦争に勝利した最も強力な覇権国の威信は最大限のものといえる。そしてその軍事力を再び使用しなくても高い威信のおかげで、他国からの服従が得られ自らデザインする国際秩序に協力させることができるのである。逆に戦争に負ければ、その国家の威信は弱まる。とりわけ覇権戦争に敗北すればその威信は地に落ちる。

　平時において「実力の評判」を経済力の向上を通じて上げることができるのは、前述した第二次世界大戦後の日本と西ドイツの例で理解できよう。バブル期以降の経済力の低下により、日本の威信が落ちていることも驚くに値しない。他方、中国は大きな戦争を1979年以来25年経験していないものの、その経済力の伸びによって威信が高まっている――人民解放軍の戦闘能力は実戦ではいまだに証明されていないにもかかわらず。

　また、平時においては経済力ならびに軍事力のほかに、民間レベルでのさまざまな評判、たとえば科学技術や教育の質、ノーベル賞受賞の数、町のきれいさ、安全、さらには国民文化等々が影響して、国全体の評判を構成する。こういった好印象の要素ともいうべきものを総合して評価する「国の評判ランキング」(reputation ranking) がBBC（英国放送協会）やその他の団体によってしばしば発表されている。その上位に陣取っている常連は、カナダやドイツ、さらには日本といったような、いわゆる武力を行使しない国々であるが、このことは大変興味深い[10]。

　次に、「ブランディング」(branding) とは信頼や共感、さらにはあこがれといった感情を他者から引き出すイメージ作戦を意味する。ブランディングはブランド化と、ブランド化をめざすブランド戦略の双方を伴う。商業活動においてよく行われるブランディングであるが、政府や地方自治体も対外向けに自国・地域のブランディングを行っている。一種の広報・文化外交、あるいはイメージ戦略ともいえよう。最近の例としては、前述の日本のクール・ジャパンやイギリスのクール・ブリタニアといったキャンペーンが指摘できる。その他、芸術や食といった分野において豊かな伝統を持つフランス、雄大な大自然に恵まれたカナダ、ほがらかでダイナミックなアメリカといったようなイメージも、一定の程度は各政府による対外ブランディングの成果である。

　政府によるこういった対外活動には失敗もあり、なかなか一筋縄ではいかない。最近の日本の例でいえば、海外で増え続ける日本レストランを農林水産省が審査し「本物」かどうか認証するという案が持ち上がったが、結局頓挫した。

さらには，経済産業省が旗をふってクール・ジャパン戦略を打ち出してきたものの，その成果は思ったよりかんばしくないといわれている[11]。そもそも，民間に任せておくほうが，こういった活動はより効果的に展開できるのかもしれず，難しいところであろう。こういった限界があるものの，ブランディング活動はこれからも続けられていくと思われる。

秩序戦独特のもの

　これまではソフトパワーに関する一般論を展開してきた。次に秩序戦という文脈特有のソフトパワー行使の特徴について述べていこう。これまで説明してきたさまざまなタイプのソフトパワーがいかに秩序戦において使われるのかが，ここでのわれわれの関心事である。

　「四つの政策プログラムと五大政策目標との関係」と題した第2章6節において，ソフトパワーは五つの政策目標——領土分配，正統性，国際制度をめぐる闘争の勝利，ならびにバランス・オブ・パワーにおける自国の地位の強化，そして対抗国国内体制の中和化——すべてに使用できると解説した（表4-1を参照）。これら五つのうち，ソフトパワーが最も適しており，かつ必要な政策目標はいうまでもなく正統性をめぐる闘争，すなわち情報戦・心理戦（あわせて情報心理戦）で勝利することである。

　この正統性をめぐる闘争は少なくとも三つの側面を持っているといえる。定式化すれば以下のようになる。

　　　正統性をめぐる陣営間闘争＝「思想戦」＋「歴史解釈戦」＋「威信戦」

- 思想戦＝戦勝国が「正統」，つまり唯一正しいと認識する価値やイデオロギーをめぐる論争で，大義名分をめぐる論争
- 歴史解釈戦＝戦勝国が先の覇権戦争に関して唯一正しいと戦勝国が認識する歴史解釈，つまり「正史」をめぐる論争
- 威信戦＝戦勝国が最高位に立つ国家間階層（ヒエラルキー）をめぐる争い

戦勝国は現状維持陣営と解してよい。これら三つにおいて現状維持陣営は守りにつき，現状打破勢力が攻勢をかける——それに市民社会よりも政府が主導する——という状況が基本的なものといえる。

表 4-1　秩序戦におけるソフトパワーの効用の例

	五大政策目標				
	秩序の「三本の柱」をめぐる政策目標			バランス・オブ・パワーの優位化	対抗国国内体制の中和化
	領土分配をめぐる闘争の勝利	正統性をめぐる闘争の勝利	国際制度をめぐる闘争の勝利		
ソフトパワーの育成と行使	領土紛争に関して国際世論を味方につけるメディアキャンペーンをはる。	さまざまなキャンペーンを通じて自国の「正義」を国際社会に浸透させる。	国際組織における相手陣営の立場を弱くするような情報を流す。	文化外交などによって同盟国との精神的絆を強くしていく（間接的・補助的効果）。	対抗国内の社会にむけてプロパガンダを行い，対抗意識をそぐ。
政策手段	外交，広報	外交，文化	外交，広報，諜報	外交，文化	外交，広報

　覇権戦争終了後，秩序形成の過程において戦勝国は自身が奉じる政治的価値やイデオロギーを「国際社会における正統なもの」として確立する。ここに，正義は戦勝国側，つまり現状維持陣営側にあるという状況が発生する。これ以降，道徳的に優位な立場に現状維持陣営は立つことができ，挑戦してくる国々を「悪」と非難できることが可能となるのである。それと同時に，先の覇権戦争を「正義（戦勝側）と悪（戦敗側）との戦争」とする解釈こそが正史として情報・シンボル操作される。要するに，戦後秩序は「善が勝利した後のより良い世界」と喧伝されるといえよう[12]。他方，思想面，歴史解釈面において現状維持陣営の優位性が確立されるのと並行して，これら戦勝国は自国が最も高い威信を保てるようなヒエラルキーをソフトパワーを使って制度化しようとする。

　このように確立された「戦後秩序の正統性」はしばらく安定しているものの，実力をたくわえてきた新興勢力が現存する国際秩序に不満を持つようになり，それまでは正義と広く認められてきたイデオロギーを不正なものとして——あるいは他の議論でもってその絶対性を否定し相対化する目的で——言説・イメージ・シンボルの操作，さらには制度改革といったさまざまな方法でもってキャンペーンを始める。これが思想戦である。また正史とされてきた覇権戦争の解釈（歴史解釈戦）や現存する威信ヒエラルキーに対しても同様の挑戦（威信戦）を始める。そして現状維持勢力側も対抗キャンペーンで応酬するという展開となる。こういった形でソフトパワーの次元における秩序戦が二大陣営の間に展開していくのである[13]。

　以下，思想戦，歴史解釈戦，威信戦それぞれの典型的な形を解説していこう。

思想戦　これは，正義や大義名分にかかわる論争の形をとり，言説（スピーチやパンフレット等々），イメージ（ポスターや画像，動画等々），シンボル（儀式やモニュメント等々）といった手段でもって陣営間で戦われる。すでに指摘したとおり，現存する国際秩序ではその構造上，現状維持側が「正義の側」でそれに挑戦するものは「悪」という二分法が成立しやすく，現状維持陣営の基本政策はこの状況を強化することが基本となる。これの一つのバリエーションが，現状維持側は自分に都合がよい「安定」と「平和」を唱える一方，現状打破側を「秩序をみだす不埒な輩」と位置づけるというものである。こういった文脈において，現状打破陣営を「悪魔化（demonization）」，つまり極悪非道の悪者であると強調するという手法がよく使われてきた。冷戦時，アメリカが共産陣営に対して「共産主義国による『人道に対する罪』（crime against humanity）」——旧ナチス指導者を裁いたニュールンベルク裁判で使用された罪状のうちの一つ——や「（ソ連は）悪の帝国」といったようなフレーズを使ったが，これは悪魔化の典型例であろう。また，現状打破陣営が「犯した罪」をことさら誇張することも，同様の目的を持っている。

　他方，現状打破陣営が積極的に既存の「正義」を攻撃する際には，さまざまな手法がとられる。「『正義』とされているが，実は欺瞞である」といった直接的な攻撃のほか，他の価値や大義名分を持ち出してきて「正義」とされている価値を相対化し，絶対的な立場から引きずり下ろすという間接的な方法も現状打破陣営側は採用する。こういった手法を同時に使うことにより相乗効果をねらって，現状維持陣営を貶めるのである。さらには，「現在『正義』とされる価値自身は維持されるべきであるものの，わが国のほうがそれをよりよく体現している」というように政治的価値そのものよりも，それを担う国の資質を攻撃の対象とする手段も存在する。もちろん，相手国に関するデマやニセ情報を流すといった古典的な手法も忘れてはならないであろう——この手段はもちろん現状打破国に限ったことではないが。

　例を挙げてみよう。たとえば冷戦時のソ連が唱えた「効率的な富の創出という建前の裏で実際には資本家が労働者を搾取している体制こそが資本主義」といったような議論が，上で指摘した直接的な攻撃方法にあたる。「自由貿易というのは聞こえはいいが，実は強者に便利な政策」というのは重商主義者リストの議論であった[14]。この議論は19世紀後期の新興工業国ドイツを代表する声であったが，そのターゲットはいうまでもなく自由貿易主義を掲げていた先発工業国イギリスにほかならない。注意しなければならないのは，こういった

思想戦の一環、「人道に対する罪」を裁いたニュールンベルク裁判の被告席

主張には一定の（もっともらしい）根拠があって「うそ出鱈目」ではないことである。それゆえアピール性が高い——もちろん、ナチスばりの「うそ出鱈目」が使われることがあるので、気をつけなければならないが。たとえば、上のソ連が喧伝したほどではないかもしれないものの（そして共産主義国でも起こりうるものの）、資本主義社会では富の格差が広がるという矛盾が存在していることは否定できない。また、自由貿易体制では他の国々も恩恵を受けていたものの、先発工業国であったイギリスは後発工業国よりも高い競争力を持っていたので、より多くの恩恵を受けていたのである。こういった点を巧みに突くことにより、現状打破国は現存の「正義」を攻撃する。

次に、現存する国際秩序を非難する際の間接的な攻撃方法をみてみよう。現存する「正義」に対して「より普遍的な価値」を持ち出すという作戦である。現状維持陣営が奉じる思想は実は絶対的なものではないのだとし、その道徳的優位性を切り崩していく手法と言い換えることができる。たとえば、第二次世界大戦前、枢軸国側が使ったロジックは「すべての国は平等であるべき」という一見もっともらしいものであった。しかし、これは「英仏（米）陣営は特権的立場にあり、その主張には道徳的に説得力がない」という議論を意味していたのである。海外植民地からなる大帝国を持つ英仏（米）は「持てる国」（the haves）であり、これに対して（大帝国を持たない）新興勢力であった日独伊三国は自らを「持たざる国」（the have-nots）と規定した。そして、「持たざる国」が「持てる国」と平等になるには、軍事力を背景とした海外膨張主義でもってアウタルキー（自給自足経済圏）をめざすしかないとして自身の行動を正当化したのである。

こういった「既存正義の相対化」作戦は別の形をとりうる。ソ連が1949年に始めた国際スターリン賞（後に国際レーニン平和賞に改名）の例をみてみよう。ノーベル平和賞に対抗する目的で設立され、主に共産主義者やソ連を支持する者に贈られたのがこの賞である。1991年のソ連崩壊とともに廃止されたが、この賞をノーベル平和賞と並立させることにより、ノーベル平和賞の権威を相

対化させようとしたものだったことがわかる。

　中国政府は直接関与していないものの，似たような「並立戦法」は孔子平和賞の設立にも見られる。2010年10月，ノルウェーがノーベル平和賞を中国の民主運動家・劉 暁 波（りゅうぎょうは）（国家転覆罪で懲役刑を受け，後2017年に中国国内で死亡）に贈り，日本を含む西側諸国はこの決定を大いに歓迎した。この平和賞決定に強く反発した中国政府は，ノルウェーに対してさまざまな妨害・圧力行為を繰り返したのであるが，中国の民間団体がノーベル平和賞に対抗すべく2012年12月に創立したのが孔子平和賞であった。

　こういった「既存の権威を象徴するものに競合するものを並立させることにより，それを相対化する」という戦法は別の分野においてもみられる。中国政府が指導している（第1章で触れた）AIIBが好例であろう。もちろん，AIIB設立の「本来の理由」は，アジア全般におけるインフラストラクチャーへの投資が不足するなかそれを解決するというものである。しかしこの分野では，アメリカと日本との指導下にあるアジア開発銀行が1960年代からすでに活躍している。その枠の中でアジア開発に貢献するのではなく，アジア開発銀行とAIIBを中国は並列させたのである。つまりアジア開発銀行の権威を，そしてアメリカと日本の権威を削ぐ狙いがあるといわざるをえない。

　これらの例のように正義とされる思想や価値そのものに挑戦するケースのほか，そういった思想や価値を奉じる現状維持国の資質を標的とする思想戦作戦も歴史上みられる。いわば「正義のチャンピオン」の地位に横滑りしようというタイプの行動である。最近の好例は，習近平・中国国家主席の演説である。中国が主催した一帯一路サミット（2017年5月14日）において，習主席は演説し，その中で自由貿易協定の推進を訴えた[15]。本来，自由貿易体制のチャンピオンであったアメリカがトランプ政権のもと保護主義の方向に舵をとりつつある状況においての演説であり，まさに「中国こそが自由貿易主義という正義の担い手であり，アメリカはもう信頼するに足らない」というメッセージを国際社会に発信するものであったといえよう。こういった微妙で「積み木を積み上げる」あるいは「少しずつ削り取る」ような方法でもって，現存の「正義」を溶解させようというわけである。

　さて，ここまでは思想戦の方法についてみてきたが，ここで思想戦の内容をいま一度考えてみたい。思想戦の根源部を構成し，「何が政治的正義か」という問いに答えるのは，やはりイデオロギーであり，国内体制に関する思想といえる。現時点においては，国際秩序において正義とされるイデオロギーは自由

民主主義と開放的資本主義——米英陣営の伝統的思想——にほかならない。このイデオロギーを体現している国は「正義の立場」に立っており，そうでない国は「不正義の立場」に立っている。こういう構造が成立しているのである。こういった米英陣営の思想はいまだに独自の矛盾を抱えているものの（この点については後述する），この点を忘れてはならない。

　現代のわれわれからすれば想像しにくいが，戦間期においては自由民主主義や資本主義が持っていた思想的地位は絶対的なものではなかった。ファシズムや共産主義といった全体主義思想が持つ魅力も，実はかなり強かったのである。言い換えれば，自由民主主義・資本主義が大変魅力的で諸国民がこれらを自明の理として選んだ，というわけではない。とりわけ，大恐慌というような前代未聞の社会的悲劇を経験した人々が資本主義に疑問を持ったのは想像にかたくなかろう。第二次世界大戦と冷戦を通じて自由民主主義・資本主義は全体主義という「生存にかかわる脅威」にかろうじて勝利し，それを受けてはじめて現在の国際秩序が存在しているのである。

　現在の国際秩序においては，中国が思想戦のテクニックにいくら長けていても「不正義の国」という枠を越えられない。一党独裁体制や個人的自由の抑圧を国内で続ける限り，そして現在の国際秩序が続く限り，この状況は続かざるをえないのである。たとえば数々の機関——すべて米英陣営系である——が発表する国家の評判ランキングをみてみよう。その台頭する実力にもかかわらず，中国の評判が思うほどかんばしくないのはやはり国内政治体制の問題に行き着くと思われる。これは，端的にいえば「正義の国」とされている西側陣営の国民からは信頼されていないのである[16]。もちろん，中国は成長マーケットとしては魅力的である。しかし，結局は「金儲けの対象」に過ぎない。

　将来，米英陣営の思想に内包している矛盾がひどくなって資本主義体制が自壊していき，さらには中国の国内体制が一定の程度「自由化」していけば，何らかの中間地点——たとえばシンガポールにみられるような国内体制——が「新しい正義の思想」となる可能性は否定できない。そうすれば現在の国際秩序とは異質な世界がわれわれの前に登場することとなる。しかし，自由民主主義・資本主義という政治思想が正統であり，唯一正しいものであるという現在の状況が続く限り，正義は米英陣営に属する。そして，このことは日本も正義の陣営に属することを意味するのである。

　歴史解釈戦　　いま，仮に歴史上の一時期を選ぶとしよう。その時点で現存している国際秩序の始まりは，「正義の戦い」つまり正戦であった先の覇権戦

争である。戦勝国側はさまざまな儀式（戦勝記念パレード等々）やモニュメント等を通じて国際社会に対して「先の大戦は『正義対悪』の戦いであって正義の側であるわれわれが勝利した」というアピールを大々的にする——まるで広告キャンペーンのように。この正戦のアピールは，覇権戦争後に敗戦国側と締結された講和条約をもその対象として含み，講和条約を妥当なものと再確認する目的も持っている。また，敗戦国側が戦時中に犯した「不正義」や「犯した罪」もこのアピールは含むのであり，「戦勝国側の正義，敗戦国側の不正義」はいわば一枚のコインの裏表のような関係にあるといえよう。

　第二次世界大戦後，戦勝国であったアメリカは前の大戦時と同様に正戦キャンペーンを張った。しかし，今回は前回にはなかった作戦を展開した。敗戦国内部の体制改革である。これは従来のソフトパワー作戦の枠をも越えるものであったといえよう。すでに指摘したとおり，戦争に導いた指導者たちの責任を「平和への罪」として戦犯裁判で問うだけではなく，国内体制そのものが「悪」であり根本的に変革する必要があるとして，敗戦国ドイツと日本を占領統治した。ドイツにおいては非ナチ化が行われ，日本においては非軍国主義化・民主化をねらった改革が数多く実施された。こうして「第二次世界大戦は『正義と悪』との闘いであり，『正義』が勝ち，『悪』が負けた」とする歴史観が国内体制レベルで日独両国内に深く植え付けられた。日本の現行憲法にみられるように，この歴史観は国内において制度化されていったのである。

　史実を客観的に判断すれば，アメリカの作戦は大成功したというほかない。言い方は悪いかもしれないが，この節の冒頭の表現を使えば「日独両国のマインドコントロール」にアメリカはほぼ成功したのである。対日講和の際，あまりにもドイツに苛酷であったヴェルサイユ講和条約で失敗したのに懲りたアメリカは，比較的寛大な講和条約を結ぶこととした。もちろん，当時は冷戦が始まっており，日本を自国の陣営に入れておきたいという思惑もアメリカ側にあった。この対日・対独占領の事例は，その他の戦後処理やソフトパワー行使の事例と比べればかなり特殊であったことがわかる。その特殊性は，対日講和が成立した約半世紀後，同じアメリカが対イラク侵攻（2003年）後にイラクを民主化しようとして大失敗していることからも理解できよう。

　いずれにせよ，現状維持側は「正義の戦争に勝利した」と喧伝する。先の覇権戦争では敗戦国であったがその後に現状維持陣営の一員となった国々——第二次世界大戦後の日独やナポレオン戦争後のフランスが好例——は「悔い改めた」として同調するのが世の常であった。

これに対する現状打破国の対応はどうであろうか。先の覇権戦争にどうかかわっていたかによって、それは異なる。もし敗戦国であったのならば、「『正義の戦いであった』というのは嘘」あるいは「講和条約は妥当なものではなかった」という議論を流布するようなキャンペーンを張るであろう。たとえば、戦間期のドイツがそうである。第一次世界大戦ではこの国は敗戦国であり、その後、現状打破国になった。戦間期のドイツでは、ヴェルサイユ講和条約はあまりにも懲罰的で不当であるという議論が強かった。たとえば、ドイツに科せられた賠償金はまさに天文学的な規模のものだった。そういった国民感情を背景にして、反ヴェルサイユ講和条約の立場を喧伝し続けたのがナチスである。1933年に政権についた後、この政党は実際に行動に打って出た。1935年には徴兵制施行、翌1936年にはラインラント進駐といったようにヴェルサイユ講和条約で禁止されていた行為を次々に行った。対する英仏側が対独宥和政策を採用した結果、ヴェルサイユ体制は崩壊したのである。

「先の覇権戦争で戦勝国、その後に現状打破国」の例としてはソ連が挙げられる。第二次世界大戦後、戦勝国側、つまり連合国は米英両国とソ連とに分裂した。冷戦である。現状打破国として米英陣営に対峙したソ連は、第二次世界大戦を自国なりに「正義の戦い」として定義した。共産主義（ソ連）の「善」に対するファシズム（ドイツ）の「悪」という構図である。ファシズムという「絶対悪」を撲滅するために、本来なら「悪」である資本主義国家と組んだものの、ファシズムなきあとは共産主義国の本来の敵であった資本主義国家と再び戦う、というわけであった。

第一次世界大戦後のナチス・ドイツの例は、時の現状維持陣営が擁護する覇権戦争観に正面から挑戦するものであったといえよう。思想戦を解説した際、間接的な戦法に触れたが、歴史解釈戦においても間接戦法が存在する。

たとえば、現在の中国がそれを採用している。日本が講和条約を結んだのは現在台湾にある中華民国とであり、中国、つまり中華人民共和国とではない。平たくいえば、中華人民共和国ではなくて中華民国に日本は戦争で負けたのである。しかし、2015年に「抗日戦争勝利70周年記念式典」を開催したり、アメリカに対して「戦勝国同士協力しよう」と近づいたりして、あたかも中国は対日戦勝国であるようにふるまっている。なぜか。

その第一の理由は、中国を統治する際に欠かせない、中国共産党が絶対維持しなければならない国内向けの正統性にある。「中国共産党は抗日戦に勝利した」という歴史解釈のみが唯一正しいものとして、中国国民に対して言い続け

なければ政権が持たない。まさしく，歴史解釈戦の中国国内版といえよう。1979年以降，経済面において共産主義を捨て開放経済に政策変更した中国共産党は，共産主義ではなくナショナリズムにその正統性の根拠をシフトせざるをえなくなった。その上，政治面においては天安門事件（1989年）のような衝撃的な「反革命的事件」が起こった。こういった状況においては「抗日戦勝利の神話」を絶対的なものにする必要があり，抗日教育にみられるような国内キャンペーン——「悪」の烙印を日本に押すキャンペーン——を中国共産党は展開してきたわけである。

「抗日戦勝利の神話」に中国が固執する第二の理由は，外交戦略にある。つまり，現状打破国としての中国は日米同盟を弱体化する必要があり，第６章で説明するようなクサビを日米間に打ち込もうとしているのである——つまり日米分断作戦である。「中国もアメリカも戦勝国」という議論の裏には「だから敗戦国である日本にアメリカは近づいてはならない」というメッセージが含まれている。このように自らを戦勝国として飾り立てるというソフトパワー作戦は，間接的に，しかし実に巧妙な形で，アメリカの地政学的ポジションを弱体化しようとしているのである。実は，似たような手法は冷戦中，ソ連も日本に対して使った。日本は中立化し，さらにはアジアにおいて多国間安全保障機構をともに構築しようではないかとソ連は日本に持ちかけてきたのである。1959年のことであった。一見，無害にみえるこのメッセージの裏には「だから日米同盟は破棄すべきである」という別のメッセージが潜んでいたが，それを見破った日本政府は，ソ連の提案を断っている[17]。

こういった言説を使ったクサビ打ち作戦は，国際政治においては常套手段の一つに過ぎない。相手陣営からのクサビ打ち作戦に惑わされないように，歴史解釈ならびに正統イデオロギーに関して何らかの共通理解を自陣営内部で常時維持していくことも，秩序戦におけるソフトパワー作戦の一側面であることを言い添えておこう。

　　威信戦　　威信というものは，実力に関する評判である。実際に実力を行使しなくても威信が強ければ，他国は指示にしたがう。信頼が高ければ高いほど説得力があるのと同じである。このような力を持つ威信を，国際社会に生きる国家は大変重要視している。国際会議や儀式などにおける席順や掲げる国旗の順番等々といった一見些細なことに各政府がひどくこだわるのも，威信を意識しているからにほかならない。会議を主催するほうも，招待されるほうも，この点は同じである。主催するほうは席順で各国の威信ランキングを表示し，招

かれるほうはそのランキングを受け入れるかどうか判断することとなる。

　覇権戦争終了直後においては，戦勝国が最も高い威信を持っており，それを反映するような国際制度を打ち立てる。他の方法も存在するが，国際制度という形でもって威信が具現化——そして永久化——されることが多い。いうまでもなく，敗戦国の威信は一番低い。たとえば，第一次世界大戦後，戦勝国が中心になって国際連盟が設立された（ただしアメリカはその上院の反対で加盟しなかった）。そのうち英仏伊日が大国の威信を示す常任理事国の地位を占めた。他方，敗戦国であるドイツはすぐには加盟できなかったのである（1926年に加盟）。

　第二次世界大戦後の場合は，国際連合である。大戦に勝利した連合国の米英仏ソ中（中は中華民国）が特権的な安全保障理事会常任理事国の地位についた。第1章で触れたとおり，敗戦国日本の前に立ちはだかる国際組織の壁は，ここでも高かった。日本が国際連合にやっと加入できたのが1956年12月である。それまでソ連が反対していたが，同年10月に発表された日ソ共同宣言で戦争状態の終結に合意したのを受けて，実現した。その他，国連システムの一部をなしたガットへの日本加入は，西ヨーロッパ勢の反対に会って1955年まで実現しなかったのは第1章ですでに指摘したとおりである。サンフランシスコ講和条約が発効した1952年からガット加入を希望していた日本であったが，アメリカが西ヨーロッパに圧力をかけることでようやく実現したというのが実状であった。こういった「戦勝国中心の国際組織の壁」が比較的低かったのはIMF（1952年日本加入）とユネスコ（国際連合教育科学文化機関，1951年日本加入）ぐらいだったのである。

　2000年前後から，経済成長が著しかったのが中国である。その威信も経済力の上昇に伴って高くなった。国際経済制度の場においてアメリカが中国に見せた態度をみてみよう。そこに威信戦をみることができる。

　2001年12月，中国は念願のWTO加盟を果たした。このとき，アメリカは歓迎したのである。以前からアメリカは既存の国際経済秩序に中国が参入できるよう計らっていたが，台頭する中国の威信をWTO加盟という形で受け入れたわけであった。アメリカ側の目論見は，中国を「責任あるステークホルダー（responsible stakeholder）」つまり現存する国際秩序に責任をもって貢献する国となるように導くというものであった。しかし，これ以降，アメリカ側の希望的観測は崩れていき，より厳しい態度で対中威信戦に臨んでいくことになる——そして相次いで負けていった。

たとえば，アメリカが長年君臨していた IMF において，中国やその他の新興国が持つ発言権——これは議決権比率に表される——の上昇をアメリカ上院は長らく拒んでいたが，2015 年ついに承認するにいたった。先に触れた中国による AIIB の創設も対米威信戦の一部をなしている。AIIB の設立ならびに一帯一路プロジェクト宣言でもって，中国はその威信のさらなる拡大を図った。AIIB に対するアメリカの反対も，威信戦の文脈を考えれば理解できる。しかし，アメリカの同盟国のほとんどが AIIB に参加した結果，この対中威信戦でもアメリカは敗北したといわざるをえない。

　時間が経つにつれて覇権国の相対的優位性が下がるにつけ，威信戦が生じるのが世の常であった。いうなればバランス・オブ・パワーのシフトが威信ヒエラルキーを動かしてきたのである。しかし，21 世紀に入って，国家の威信に影響を与える別の要因が無視できなくなってきている。つまるところ，威信も前述した評判の一形態であり，そして評判は「国家のイメージ」の一形態に過ぎない。イメージに影響する要因——すくなくとも短期的に影響する要因——は実力以外にもあり，そういった要因の重要性が増しているのである。なかでも，多数の国民を対象にした世論調査技術の発達，そしてインターネットにみられるメディアの発達により，国際世論の重要性が増している。パブリック・ディプロマシー（世論外交）という言葉がより頻繁に聞かれるようになったことからも，この点が理解できよう。

　こういったより複雑な状況では，幅広い多数の要因が威信戦にかかわってくる。たとえば「海外における〇〇〇国のイメージ」を読者自身思い浮かべてほしい。そういったイメージには，上の一般論のところで指摘してきたもののほか，民度と呼ばれるような市民の行動や社会の質，さらには自然環境や住みやすさといような「あこがれ要因」までもが入ってくるのが実感できるであろう。実際，多数のメディア機関やその他の団体がいろんな種類の「世界の国ランキング」を発表しており，それをみれば国々が持っているイメージを理解することができる。その上，SNS を含むインターネットの発達は，現代における威信戦が持つ複雑性のレベルを一段と上げている。

● 3　日本が採用すべき政策──四つの原則

　以上，ソフトパワーの一般的性格を述べた後，秩序戦の文脈におけるその使用法を解説してきた。後者に関しては，思想戦，歴史解釈戦，威信戦の三つに

焦点をあてた。これらの議論を踏まえた上で，本節では日本が採用すべきソフトパワー政策について述べていく[18]。四つの原則という形でまとめてみた。

原則1

現在の国際秩序においては，日本は「先の覇権戦争での敗戦国」であると同時に「現在の正義を体現する現状維持国」という特異な地位にあることをまずは自覚し，その上で秩序戦を勝ち抜くために適切な行動をとること

先の覇権戦争，つまり第二次世界大戦で負けた日本は，米英中心の現状維持陣営に現在では属しているものの，陣営内ではいわば「かつてリハビリを受けた存在」である。この構造的状況を冷静に見つめた上で，そして秩序戦に勝つという大戦略を遂行する上で，日本にとって最善の道を選ばなければならない。こういった構造的状況を見失い，秩序戦での勝利に貢献しないような行動をとれば，日本はまさに墓穴を掘っていくこととなろう。

言い方を変えよう。先の覇権戦争をめぐる歴史解釈戦においては，「敗戦国日本」はもともと不利な状況に置かれているのである。そういう国際構造になっていることはなんとも動かしがたい（仮に次の覇権戦争が起これば この構造は変わりうるが，そういった大戦争が起これば日本を含む人類そのものが核兵器により絶滅寸前にまで追いやられかねない）。日本が置かれたこういった構造的な位置を十分に理解し，その上で現状打破陣営からのクサビ打ちに対する守備を固め，オウンゴールを避け，さらには攻勢に出ることが欠かせない。

現状打破陣営は，現状維持陣営を分断し弱体化するためにクサビを打ちこむことをつねにねらっている。「リハビリ経験者」である日本を名指しで取り上げ，その他の現状維持国家に向かって「日本は実は心を入れ替えておらず，あなた方にとっては『裏切り者』ですよ」「日本は昔はあなた方の敵であったでしょう」といったようなメッセージをさまざまな形で発信する。言葉だけではなく儀式（たとえば，前述の中国が開催した抗日戦争勝利70周年記念式典）などを使って，巧妙にこういった情報心理戦を日本以外の現状維持国に対して仕掛けてくる。こういった作戦をはねつける絆を他の現状維持国との間に構築し強化すべく，強力なソフトパワー作戦を日本はつねに展開していかなければならない。

また，それと同時にオウンゴールを避けることが求められる。以下，具体的な事例を二つ取り上げて，この点を説明したい。

靖国神社参拝問題　個人的な信念でもって，小泉首相（在任2001～2006年）は靖国神社参拝を続けた。大戦略の視点に立てば，これは不必要にリスキーな政策といわざるをえない。そもそも，靖国神社参拝問題やいわゆる歴史問題に関する中国の対日政策は，中国共産党が中国国民に対してその正統性を訴えるという側面のほか，日本を「いまだに反省していない元罪人」とすることにより道徳的に日本を攻撃する手段であると同時に，アメリカ等に対して「だから日本は裏切者でしょう」というクサビを打ち込むためのメッセージを送る手段でもあった。「一石三鳥」をねらうこの情報心理戦術は，まさに権力政治的なものであったといえよう。それにもかかわらず，小泉首相は靖国神社への参拝を続けた。中国共産党にとってはまさに「飛んで火に入る夏の虫」であったというほかない。

　なるほど，アメリカのブッシュ大統領との厚い個人的信頼関係を小泉首相は構築しており，アメリカは問題視しなかったのは事実である。しかし，首脳間の個人的信頼という非組織的・非構造的なものに頼らなければならないような外交政策は，全く危ういものといわざるをえない。実際，2013年になって安倍首相が小泉首相同様，靖国神社に参拝した際，アメリカのオバマ政権は「残念」（disappointed）という声明でもって不快感を表明した。「安倍はオウンゴールという愚行をなぜ犯したのか，ディプロマティック・センスを彼は持っていないのか」というメッセージをアメリカ側が発していたと思われる。

　米英両国を中心とする現状維持陣営において日本が占めているのは，「リハビリ国家」という地位である。日本に対して好意的な他の現状維持国でさえ，「実は日本はリハビリを完了していません」ということを示す行為──あるいは，そのように受け取ることができる行為──を目の前に突き付けられれば「これまで応援していたのに，いったいどうなっているのだ？」と困惑してしまう。日本の指導者はその個人的感情に惑わされず，この点を徹底的に理解しなければならない。

　その上で小泉政権がとりえた一つの権力政治的対応策は，日本の（そして現状維持陣営の）価値である政治的自由や民主主義を全面的に出し，徹底的に中国の非民主主義体制の問題点を指弾するというものであったと思われる[19]。あるいは，もっと巧妙な攻勢作戦に大いに知恵を絞るべきであった。現在の国際秩序において正統とされる価値観はまさに現在の日本が信奉し体現している価値観であって，中国が体現している価値観ではない。しかし，小泉政権はそのような土俵に議論を乗せずに終始してしまったのである。

別の権力政治的対応は，歴史問題を棚上げする方式である。北朝鮮の核問題なども追い風となって，第一次安倍政権がこの戦術を採用し，成功した。安倍首相の「あいまい作戦」（靖国神社に参拝したか，あるいはこれからするかいっさい公言しないというもの）は玉虫色の解決策であるが，それゆえに権力政治の観点からいえば絶妙な作戦であった。この巧妙な外交により修復が可能となり，2006年10月，中国と「戦略的互恵関係」を結ぶことに安倍首相は成功したのであった。付言するならば，1985年において似たような状況に置かれた中曽根首相は，戦略的観点からそれまでの靖国神社参拝をとりやめた。まさに戦略的センスの賜物といえよう。

　しかしこの安倍首相も，個人的信念に突き動かされたのか，後に2012年12月，靖国神社参拝を行ってしまっている。まさに自ら中国の思うつぼにはまったのである。サッカーでいえばオウンゴールを献上したのに等しい。安倍首相はその後，靖国神社に参拝していない。個人的感情に突き動かされた指導者がオウンゴールを繰り返し，国家が秩序戦に負けてしまえば元も子もない。国家指導者はつねに秩序戦の文脈を理解して行動することが欠かせないのである。

　東京裁判　先の覇権戦争で負けた後，「勝者（米英両国を中心とする現状維持勢力）の正義」を受け入れ，その後現状維持陣営に入っておきながら「実はその正義は受け入れていなかったのだ」というようなジェスチャーを示すことも，大戦略の観点からすれば好ましくない。たとえば，もし仮に日本政府高官がいわゆる東京裁判の正当性を否定するような行為に出たならば，そのような問題が生じうる。

　日本が調印・批准したサンフランシスコ講和条約の第11条において，日本は東京裁判の正当性を認めている。それを覆すような行為は次の意味で全く危険なものといわざるをえない。つまり，戦後，現状維持勢力に表明してきた姿勢は実は偽りのものであったというだけでなく，自ら講和条約にサインしておきながらそのような偽装工作・背信行為を長年続けていたことを示唆するからである。その上，「力ではなく法による国際秩序」の維持を現在の日本は謳っているのであり，二枚舌以外の何物でもなくなる。そうなれば，現状維持陣営内において，日本はまさに信用がおけない嘘つきの国だということになろう。もしこういったことが現実化すれば，まさに日本にとってオウンゴールを犯す行為としかいいようがない。

　以上，二つの具体的シナリオを検討した。ここで大戦略の論理をいま一度明確にしておこう。なるほど，首相による靖国神社参拝は「一国の最高指導者に

東京裁判の被告者席

よる英霊への礼儀」であり，こういったことは他の国でも常時行われている。したがって日本の場合だけ問題視される筋合いはない。「東京裁判は『法の裁き』という政治中立的な体裁をとりつつも，実際には勝者による敗者の裁き・復讐という政治行為に過ぎない」という見解にも一理ある。もし仮に立場が逆であれば，原爆投下を含む無差別空襲計画を日本に対して実施しジェノサイド級の規模で一般市民（非戦闘員）を殺戮した米軍指導者たちは，日本人の手で戦時国際法違反に問われたであろう。

しかし，こういった視点ではなく「いま，現在，この時点において進行中の秩序戦において勝利するにはどうしたらよいのか」という観点からみて，国家指導者は正しい行動をとらなければならないのである。それができない者は大戦略を語る資格がない。吉田茂流にいえばディプロマティック・センスを持ち合わせていない。

ここで序章で論じた政治的合理性の概念をいま一度思い起こしていただきたい。何らかの政策手段を選ぶ際，その政治的効果が「大戦略の最高目的である秩序戦での勝利」に貢献する——少なくとも危害を与えない——ようにしなければならないという原則がそれである。政治的合理性を維持できなければ大戦略は危うくなる。そして正しい大戦略が実施できなければ，めぐりめぐってさまざまな問題が噴出し，ついには国運が傾きかねない。この原則は，上でとりあげたような具体的シナリオにも当てはまる。

こういった議論は，アメリカ追随主義や事なかれ主義を意味しない。現状維持陣営のリーダーであるアメリカやその他の現状維持国への批判を決して封印するものではないことを，ここで強調しておこう。しかしアメリカへの批判は，現状維持陣営強化の名のもとに行われなければならない。正義を標榜する現状維持陣営全体の利益がアメリカによって損なわれるときには，アメリカを批判

してもかまわない——むしろすべきである。しかし，そのような対米批判は，本来であればアメリカも遵守すべき普遍的道徳や正義の言葉でもって，冷静に，同志に対していさめるように，そして親密な形で——できれば他の現状維持国と協力して——なされなければならない。また，「現状維持陣営内部に亀裂が生じている」「アメリカ政府のメンツが壊れる」といったような印象を外部に与えない手段を通じての対米意思表示が求められる。

たとえば，悪名たかきグアンタナモ基地（キューバ島の端にある米軍基地）での捕虜尋問方法を取り上げてみよう。2001年以降のテロとの戦いにおいて，ブッシュ政権は捕まえたテロリストたちをこの基地に監禁していたが，そこでの尋問は拷問と判断可能な方法で行われていたのである。「捕虜に関するジュネーヴ議定書」は正規兵だけに該当しテロリストには適用されないというブッシュ政権の主張は説得力に欠けていたと言わざるをえない。現状維持陣営が「正義」と認める基本的人権概念やジュネーヴ議定書といったような基準に照らせば，ブッシュ政権の行為は行き過ぎたもの——そしてそれは対テロ戦の正当性を自ら損なうもの——であった。アメリカのテロとの戦いを支援する同盟諸国が批判すべき行為であったのである。

これらの例が示すように，自国の正義を国際政治の文脈で語るときには権力政治の文脈に十分に留意し，自国の大戦略にとって好ましい政治的効果をねらうセンスがつねに求められる。こういったことを理解せずに「言いたいことを言う」「自分の国を思って何が悪い」というような態度は国益を損ないかねない。政府レベルはもとより，国内言論をリードしていく——そして外国人と接する——エリート層にもこの点の十分な理解が求められる。

原則 2

ソフトパワーの領域では，各国とも短所（弱点）と長所（強み）を同時に持っているが，短所にとらわれないで長所を伸ばすことに努力を集中せよ

自分の短所に関して「誤解であり真実はこうである」「自分は悪くない」と何回も訴え続ければ，その点に世間の関心を繰り返し集め，そういった短所に自ら光を当て続けることになる。いわば「話を蒸し返す」こととなる。それだけではない。その関心の的が短所であるがゆえに，こういうことが常態化すれば「言い訳」を何回も聞いているように他人は思ってしまう。くわえて，この短所に関する印象が他人の心の中で増幅されてしまう。

こういったネガティブ・フィードバックの結果として，社会の中で人望さえなくしかねなくなるのである。皮肉というほかない。自分としては「誤解」を解くべく合理的に最善を尽くしていると思っていても，実際には全く逆の結果が生じてしまうのであるから。そしてそういった「最善」を尽くせば尽くすほど，結果は悪くなり続ける──「負の連鎖」ともいえる状況に陥る。こういった心理的パターンは，まさにトラップの一つといえよう。

　この「負の連鎖」がさらに強くなるのは，「一度は更生した（はずの）前科者」が過去に犯した罪に関して弁護を繰り返すときである。一度は罪を認めあがなったにもかかわらず，その後，犯行現場の細かい点について「ここを皆は誤解している，事実はこうである」といったことを何回も繰り返せば，それが事実であるにせよ，この前科者にとっての状況はますます悪くなる。他者からみれば，前科者は「言い訳」しているのに過ぎず，さらにはそれが「言い逃れ」となり，ついには「この前科者は本当は更生していない（悔い改めていない）のではないか」という疑惑にまで発展してしまうであろう。

　その上，悪意をもって過去のことについて議論を吹きかけてきたり犯罪者呼ばわりする者が出てくれば，前科者にとって状況はさらに難しくなる。細かい点に関して「真相はこうである」と反論すればするほど上で指摘した「負の連鎖」が強くなり，前科者は墓穴を掘り続けることとなる。まさに蟻地獄としかいいようがない。そして，前科者を貶めようとする者はこういった構造的状況を理解した上で，トラップを仕掛けてくるのである。このトラップにかかれば，これまで好意的な態度をとってくれていた人達からの信頼──これまでの更生の過程で培ってきた貴重な信頼──を，前科者は失うことになる。

　逆に，長所を伸ばし，世間に対して喧伝し，かつ行動で示していけば，他人は次第に短所に関心を持たなくなる──「ああ，そういえばそういうことがあったな」「しかし，この人はここがいいよね」といった具合に。いわば，短所が長所の影に隠れるようになるのである。長所を強調することによって，短所を相対的に縮小化させ，目立たないように「薄める」ことができる，とも言い換えることができよう。短所をなくすことは決してできない。そう悟った上でとりうる最善の策が長所を強調し，伸ばしていくことなのである。そうすることにより他人からの信頼を勝ちとっていく。同時に「負の連鎖」のトラップに陥らないよう，つねに心掛けることも必要であろう。

　前科者の例を続けるならば，自分が更生したことを言葉と行動で示し続けるのである。とりわけ，支持者ともいうべき，これまで好意的な態度をとってき

てくれた人達に対して更生した自分を示すことにより，彼（女）からの信頼を強固にすることが肝要となる。他方，過去に犯した犯罪について生じている誤解を解く機会があるとしても必要最低限にとどめ，「負の連鎖」が生じないように十二分に心がけることが望ましい。悪意をもって過去をほじくりかえす輩に対しては，自分の支持者たちが守ってくれるような形を作り上げるように努力すべきであろう。

　ここまで抽象的に話を進めてきたが，本書を読み進めてきた読者はどの国が「更生した前科者」「その支持者たち」そして「前科者を貶めようとする者」に相当するか，すでにおわかりであろう。いうまでもなく「日本」「現状維持陣営の国々」「現状打破陣営の国々」がそれぞれに対応する。日本にとっても「負の連鎖」トラップを避け，長所を伸ばす努力が求められる。原則1のところで日本はリハビリ国家であり，歴史解釈戦では不利だと指摘したが，これを言い換えれば歴史解釈戦に固執すればするほど「負の連鎖」トラップに陥る危険性が高いということである。

　日本にとって長所を伸ばすということは，現状維持国としての正義，つまり自由民主主義をよりよく体現する社会をその国内で作り上げ，さらには国際社会の安寧と発展に貢献することを意味する。そうすることにより現状維持陣営内，さらには国際社会全般における日本への信用や信頼を強化していくのである。

　同時に，現状維持陣営内において日本への信頼をより強固にすべく，さまざまなソフトパワー外交を体系的かつ重層的に――つまり，民間レベルを含むさまざまなチャンネルや部門を通じて――実践していくべきであろう。まず，他の現状維持国と共感を分かち合い，心理的絆を強めるような言説（たとえばスピーチ）やシンボル操作（儀式など）が，政府レベルでは欠かせない。何度でも繰り返すべきである。

　次に，現状維持陣営内では「手を取り合って共通の課題や問題を解決していく」という姿勢と政策を採用するように留意すべきである。対象には外交・安全保障・経済問題はいうまでもなく，それ以外にも高齢化問題，環境問題，大都市をめぐる問題，さらには女性の地位上昇をめざすプログラムといった先進国社会が抱える諸問題も含まれる。「テーブルに座る際，互いに横に並んで同じ方向を見るように座る」というイメージを持っていただきたい。これまで日本のソフトパワーといえば日本文化など日本の特殊性を強調することが多かったが，それは暗黙的に「テーブルをはさんで対峙する座り方」のように日本と

外国との間に溝を置くような方式であった。もちろん日本の良さや日本文化独自の特徴を否定するわけではない。日本のことを外国人に知ってもらうことは重要である。しかし，秩序戦の文脈において，他の現状維持国との間に政治的な信頼関係を築くためには，「違い」よりも「共通性」を強調する視点が必要であることをわれわれは忘れてはならない。

　こういった議論に関連して，以下，二点ほど指摘しておきたい。

　海外における日本の評判　まずは日本への信用である。信用そのものを測るのは簡単ではないが，評判に関しては一定のデータが存在している。前述したBBCなどが実施している国際アンケートなどである。こういったデータに基づいて全世界を見渡せば，日本の評判はすこぶる良い。一貫して悪いのは，中国と韓国においてだけである。これら二国が例外であって，その逆ではない。中国と韓国における日本の評判だけをみて，国際社会全般における日本の評判を誤解してはいけないのである[20]。

　ここで注意しなければならないのは，中国と韓国における日本の評判はこれら二国それぞれの国内事情でほとんど決まっているのであり，日本政府やその他の国の政府が外からどうこうできるものではないという点である。評判改善のために日本政府が何らかの政策をこれらの国々に対して講じたとしてもよい成果は出ず，失望するだけであろう。日本に対する「冷たい感情」を長期的――次世代か次々世代――に氷解させるべく地道な民間交流活動にいそしむことしかできないと思ったほうがよい。そのように達観すべきである。

　すでに指摘してきたとおり，中国国内では中国共産党がその正統性維持のため，反日キャンペーンを中国国民に対して繰り返す必要がある。他方，韓国国内における反日態度は韓国人自身のアイデンティティの問題に起因する。自民族に関するアイデンティティをめぐる論争が韓国人の中で展開され，その中で日本の位置が議論される。そういった「内輪の議論」に対して外部者である日本側の態度が決定的に影響を与えることはほぼありえない。こういった構造を理解せずに「日本が何とかすれば――たとえば謝罪すれば――事態は改善できる」という誤解に基づく日本側の行動が多かったように思える。そして，こういった努力をしても事態が改善されずに失望するという結果も，この構造を理解すれば驚くに値しない。

　もっとも，一部の論者の中にはこういった国内原因の影響を無視する者がいたことも事実である。たとえば「中国を脅威として扱えば，それが現実となってしまうので避けるべきだ」という議論が一時見受けられたが，これは中国国

内独自の論理で外交政策が大きく決定されているという側面を見失っているものと言わざるをえない[21]。たとえば，1993年から2013年にかけて，中国の防衛費は公表されているものだけでみても15倍から17倍に膨れ上がったが，外国からの脅威がこれほど上昇したとは考えられないのである[22]。したがって，中国と韓国に対しては特別扱いする必要がなく，他の外国同様，国際法に基づいて付き合っていくのが賢い策といえよう。

「負の過去」の中和化　　「リハビリ国家」日本が第二次世界大戦にまつわる「負の過去」を中和化——無害化——するとすれば，どのような方法があるのであろうか。

一つの作戦は，現在，21世紀の国際社会において「善」と思われている理念を実現していくための「過去の教訓」として捉えなおし，その上でその理念の実現のために力を注いでいくという未来志向のものであろう。たとえば，いわゆる従軍慰安婦問題を取り上げてみよう。日本軍の強制的関与があったのか，「性奴隷」という表現は適切かどうかといったようなことにこだわればこだわるほど，前述の「負の連鎖」に陥ってしまう。そうではなく，女性の地位保全・地位向上，そして女性への差別撤廃といったような普遍的な問題の一部としてこの事例を捉えなおし，日本の過去の事例を「人類が再び繰り返さないための教訓を得るべき，過去例のうちの一つ」と位置付けるのである。その上で，よりよい将来をめざして必要な諸政策を外交政策として他国と協力して促進していく。本腰を据えている証として女性の担当大臣をすえるほか，各関連省庁に担当局を設ける，さらには総理大臣への諮問機関を設ける（もちろん女性が構成員と長）といった制度上の整備も欠かせない。海外においてはNGOと協力するほか，日本国内においても女性の視点からの政策（雇用，育児支援等々）を進めていく。そうすることによって，対外的に革新的・進歩的というイメージを獲得するのである。

いうなれば，「善」というパッケージで「負の過去」を包み込む作戦といえよう。そこにある前提は，過去に犯した過ちが「本当に過ちであったかどうか」という泥沼論争に入らず，また入るべきではないというものである。「負の過去」をそのまま受け入れることも，この前提は意味する。実は，過去の出来事を道徳的に判断する作業は「過去の行動を現在の基準・規範で判断することはできるのかどうか，それに意味があるのかどうか」といった哲学的な問題まで含んでいる。このように二重三重の形で泥沼状態にある。「リハビリ国家」という構造的弱者の位置にある日本がそういった泥沼に足を入れれば入れるほ

ど，前述の「負の連鎖」に自らをつなげていくことにならざるをえない。

　日本が推し進めるべき大戦略の視点に立てば，そういった愚行は避けるべきである。過去の罪を認めるものの，それを教訓として積極的に捉えなおし，「善」の実現をめざして未来に目を向け希望をもって進んでいく，そうすることによって日本の威信をこれから高めていく。そういった前向きの政策路線こそが次の世代の日本人にとって必要だと思われる。過去の過ちを認めることは「負け」を認めることではない。賢者は過去の失敗を認め，二度と同じ過ちを犯さないよう改善策を練る。そして仲間ともその教訓を分かち合う。日本人はこういった賢者になるべきである。

　第二の中和化作戦は，「負の過去」が政治問題化するのを避けるために，問題を歴史研究者にまかせてしまうというものである。これまで従軍慰安婦問題を例にして取り上げた作戦は「プラス方向への政治問題化」作戦とも呼べるべきものであるのに対して，この第二の作戦はそもそも政治問題として取り上げることを否定し，もっぱら学問の対象として「負の過去」を取り扱うものである。つまり，歴史的事件に関して，何が起こったのかという客観的事実を確定する作業は学者に任せるという形での非政治化・中和化である。

　政治指導者がある事実を取り上げれば，その時点でその事実は政治化する。仮に，政治指導者が客観的に歴史事例を解説したとしても，国際政治的文脈では「それは何らかの政治的意味合いを持った行動」つまり一つの政治行動として他者は判断する。そうであるならば，自分にとって都合の悪い事実にはそもそも言及しないという知恵も必要になってこよう。それがここでいう「歴史研究者にまかせてしまう」という手段である。第一次安倍政権の靖国神社参拝に関して触れたような「あいまい作戦」ないしは「棚上げ作戦」も中和化作戦の一変形にほかならない。

原則3

偏狭的ナショナリズムに走らず，立派で責任ある「自由民主主義モデル国家」として国際正義を語り，自らそれを体現するのと同時に，他国から共感を呼ぶような普遍的な概念でもって日本を語れ

　偏狭的ナショナリズム——自国民を他国民から分け隔て，自国民の特殊性・優位性・無謬性を情緒的に強調する種類のナショナリズム——は危険である。過去を見る限り，日本人，とりわけ日本のメディアはこの種のナショナリズム

に毒されやすいように思える。1980年代の言葉でいえば「ソープナショナリズム」（天谷直弘）であろうか[23]。その底に潜んでいるのは日本特殊論にほかならない。日本人は，右派も左派も押しなべてナショナリズムが大変強い。右派の復古主義はもちろんそうだが，左派の反米スタンスや護憲運動もナショナリズムの一形態なのである。最近左派の勢力が落ちてきている現状にかんがみてここでは右派に焦点をあてて，以下議論を進めていこう。

ナショナリズムを持つこと自体は自然であり健全である。また，ナショナリズムに特有な自己中心性はいかなる国家も持っており，これまた目くじらを立てることではない。問題は，そのナショナリズムが日本特殊論的な色彩つまり民族的独自性を強調するという意味での，まさにエスノセントリズム（自民族中心主義）の体裁をとりがちなところにある。ひと皮むけば，日本特殊論が顔を出す。「日本人でどこが悪い」「日本の行為（文化，習慣，歴史）のどこが悪い」「悪いのは外国だ」と開き直るのである。さまざまな復古主義調の著書がベストセラーとなるような状況もこの日本特殊論に基礎を置くナショナリズムの一表現といえよう（他方，左派にとっては，日本の特殊性は現行の「平和憲法」や広島・長崎の被爆経験に由来している。そういった平和で立派な国であることを誇りに思う一方で，「戦争好きのアメリカ」との同盟を嫌うのである）。

これでは，自然と「日本対非日本（つまり他のすべての国々）」の構図に陥りやすい。つまり，他の国と共感を分かち合うことが必要以上に困難になってしまうのである。さらには現在の国際社会ではタブーとされる人種主義的な響きさえ伴いかねない。さまざまな国が地球規模でかかわっている秩序戦においては，普遍的な言葉でもって他国に語りかけるのが必須である。自国の特殊面ばかりを強調する姿勢はその意味で日本の国益に反するといわざるをえない。

多くの国々に対して日本が信じる政治的価値を伝える際，他国が共感する普遍的概念を使うことが望ましい。この視点からすれば，日本の大戦略を記した『国家安全保障戦略』は高く評価できる。自国が支持する政治的価値を語る箇所は本章の第2節ですでに引用したが，以下，もう一度引用しよう。

> 我が国は，豊かな文化と伝統を有し，自由，民主主義，基本的人権の尊重，法の支配といった普遍的価値を掲げ，高い教育水準を持つ豊富な人的資源と高い文化水準を擁し，開かれた国際経済システムの恩恵を受けつつ発展を遂げた，強い経済力及び高い技術力を有する経済大国である[24]。

ここには日本文化の特殊性を強調するような表現はみられない。

次章においてより詳しく解説するが、資本主義体制は「自壊の種」をつねにその内に抱えている。不況のように社会全体にストレスがかかるような状況が起これば、その種が花となって咲きかねない。つまり、人種差別や民族差別といった排他主義的ナショナリズムを説くデマゴーグが出現し、自由民主主義の首を自ら絞めあげるような行動に国民自身が向かいかねないのである。最近のヨーロッパ大陸諸国における極右勢力の動向をみれば、この点をおわかりになるであろう。それは、上で指摘した偏狭的ナショナリズムが悪性腫瘍のごとく表面化したものとして理解できる。

現時点において、日本社会は幸いにもそういった排他主義的ナショナリズムに毒されていない。G7諸国の間では日本と多文化主義を掲げるカナダのみがそうである。これは日本にとっては大いに誇るべき状況といえる。これからも偏狭的ナショナリズムが排他主義的ナショナリズムに変容しないように注意しなければならないのと同時に、適切な行政側からの措置が求められる。たとえば、日本在住の外国籍者に対するヘイトスピーチや暴力をしっかり取り締まる必要があろう。立派で責任ある自由民主主義モデル国家として、正義を体現し、そして他国とともにその正義を実現していくという姿勢が切に望まれる。

原則4

未来と希望を語れ

過去よりも未来に目を向けろと歴史解釈戦・思想戦の文脈で指摘したが、この未来というキーワードの重要性は威信戦についてもいえる。これに希望も加えたい。未来と希望という言葉は人間の心を良い方向に掻き立てる。ワクワク感を生じさせる。これらはあこがれや共感を得るには好ましい言葉といえよう。とりわけ、人類共通の関心事に関する未来と希望を語ることができれば、その効果は大きく増す。

幸いにも、日本はそれができる材料を数多く持っている。たとえば、高齢化社会の問題をみてみよう。日本における少子高齢化は第3章で取り上げたが、これは先進国共通の問題である。中国や韓国といったその他の国々も近い将来、高齢化社会を迎える。介護保険といったような新しい制度を作り上げた日本はいわば社会実験の場であり、各国が注目しているといってよい。このように日本はいわば「最先端社会実験国家」として、多くの国々が将来抱えるであろう

問題を解決するのに役立っている。くわえて、高度成長期に経験した悲惨な公害問題を通じて学んださまざまな環境保護技術を、日本は他国にこれまでも提供してきている。こういった活動を続けて日本はその威信を高めていくべきである。

　日本が持っているアセット（財産）は、もっとある。健康と長寿、安全と安心、きれいな飲み水に代表される優れた公衆衛生環境、貧困からの脱却、快適な交通設備、政府に反対できる自由、政府を選ぶ自由等々……これらはすべて人類の長年の夢であった。現在の日本は、これらすべてを満たしている「あこがれの国」なのである。さらには、「自己文明を維持しながら強力なヨーロッパ文明といかにしてつきあっていくのか」という人類史の大問題に対して、「ヨーロッパ文明の拒絶」や「ヨーロッパ文明への屈服」のいずれとも異なる答えが可能であることを現代日本は示している。それは、自己文明とヨーロッパ文明との共存・調和・融合にほかならない。そもそも、西洋文明に飲み込まれることなく近代化に成功した初めての事例が日本である。数々の試練や葛藤を経たのち、異なる二つの文明が共存・共栄しているというユニークな状況に日本は行き着いた。

　人類の未来を先取りし、希望を体現する「未来志向国家日本」として自己を定めることは十分可能であり、日本がこれからその威信を向上していく際、こういった発想は大切な視点を提供するものと思われる。「世界・人類にとって、日本はなくてはならない国」という地位をめざすべきである。

　ここまで「ソフトパワーの育成と行使」政策プログラムに関する議論を展開してきた。次に「国際制度の戦略的運用」政策プログラムに話を進めよう。

第5章
国際制度を戦略的に活用する

● 1　はじめに

　これまで解説してきたハードパワーやソフトパワーに比べて，国際制度という概念は一般的に馴染みが薄いものかもしれない。国際政治学では，主権国家間に介在する取り決め全般を国際制度として理解する。国際法や慣習法（不文法）さらには公用語や度量衡といったようなルールはもとより，国際連合や世界銀行のような国際組織も加えて，こられらすべてをひとくくりにして「国際制度」なのである。

　そこに潜む発想は，主権国家がこれらの制度を作り上げる第一主体であって，究極的には主権国家が不必要と認めれば，こういった制度は衰退するという「主権国家第一主義」ともいえるものにほかならない。国際連合も主権国家を治める世界政府のような組織では決してなく，「主権国家の集まり」あるいは「主権国家が都合よく作り上げ操作する一制度」に過ぎないのである。この論理に従えば，同盟も国際制度の一部である。参加している国の数にかかわらず，同盟は条約や協定に政府代表が調印（署名）することによって成立するのであるから。

　このような国際制度をパワー行使の一手段として，国家は利用しようとする。国際制度を操ることができれば，諸国家を取り巻く政策環境を変えることができる。つまり，そういった国々に直接働きかけなくても，行動に影響を与えることができるのである。したがって，国際制度に何らかのバイアスをあらかじめ加えて設計しておけば，その枠組みの中で行動する他国の行動はそのバイア

スの方向に自動的に進むであろう——制度を設計した国が何ら行動しなくても。ビリヤードに例えれば，制度はビリヤードの台にあたる。台の角度を変えることによりビリヤードボールを動かすことができるのと同様に，制度を変えることにより間接的に他国を動かすことができるのである。こういった政策環境を操作するパワーを構造力という。前章まで使ってきた表現を使えば，構造力の源泉は国際制度にあるといえよう。

それと同時に，第2章で触れたとおり，国際制度そのものが大国間闘争の対象となる。これを「制度戦」と呼ぶこととしよう。国際制度は国際秩序の一部である。よって，現状維持陣営と現状打破陣営との間において制度戦が展開される。

構造力について一つ注意点を指摘しておきたい。国際制度のほか，言語や思想も「構造力の源泉」になりうる。言語や思想ならびにその他の心理的要素（情報など）といったソフトパワーが，構造力に変換されるのである。前章で解説したとおりである。本章では，国際制度を中心に議論を進めていこう。

本章は次のステップで議論を進めていく。まず，国際政治学において制度はどう理解されているのか，三つの基本的見解を紹介する。次に秩序戦における制度戦においてこういった三つの見解をどう組み合わせていくのか解説した後，現状維持陣営と現状打破陣営はそれぞれどのような制度戦戦略を展開していくのか説明する。最後に，日本がどういった政策を採用すればよいのか，本書の立場を述べる。

● 2　国際政治学における制度の理解

国際制度に対する見解については，国際政治学では基本的には三つの異なる立場が存在する。リアリズム，ネオリベラル制度論，そして構成主義の三者である。

リアリズムの国際制度観

国際制度とは「名目だけのもので大国は無視できるもの」ないしは「国家がパワーを他国に対して行使するために作り上げた政策手段」というのがリアリズムの見解である。いずれの解釈を採用するにせよ，制度というものは，大国を制約するようなものではないというのがリアリズムの立場にほかならない。リアリズム学派の中でも古典的リアリズムの立場を本章は採用しているわけだ

が，古典的リアリズムは「パワー行使のための手段」としての国際制度にとりわけ注目する[1]。

こういった古典的リアリズムの見解を発展させたのが，構造力の視点である[2]。本章の冒頭で触れたように，構造力とは国際体系レベル，つまり国際関係の枠組みそのものから発生するパワーで「国家固有のもの」である基礎国力（ハードパワー）とはその意味で対照的である。繰り返しになるが，基礎国力を行使しない状況においても――つまり何らかの行動を起こさなくても――国家は国際環境の枠組みを通じて他国に影響を与えている。あるいは基礎国力の差に関係なく，あるいは基礎国力の差とは別に，この国際的枠組みが国家間の関係に影響を与えているともいえよう。そして，この枠組みは一定の国が有利となるようにバイアスがかかっていることが多い。言い換えれば，その国が構造力を持っていることとなる[3]。

こういった構造力は，国際制度という有形の形や思想という無形の形をとるが，その一つの特質は長く続けば続くほど当然視される傾向にあることであろう。つまり，長く続けばいわば制度化された状況になり，そこでは特定の国のみが享受できる構造力を持ち，その上で国家間の交流が続行されることとなる。

国際制度という有形の形をとる構造力は，たとえば，国連憲章によって安全保障理事会常任理事国の特権が認められている事例にみることができる。より目に見えくい形のものとしては，たとえば後に説明する基軸通貨（キーカレンシー）や世界共通語の地位を持つ英語の例を挙げることができよう。現代の国際交渉や広報外交の場において，英語を母国語とする者たちが優位に立っているのは否定できない。そういった場所に参加した経験がある日本人ならば，誰でも英語圏諸国家が持つ構造力を直感的に理解できるであろう。さらには，国際メディアにおいては英語系の報道機関が圧倒的な地位を占めているため，国際社会での情報の伝達や操作においてこれらの報道機関は構造力を行使できる立場にある。その他，度量衡や会計基準，さらには各業界にみられる共通の基準といったような国際基準が一国ないしは少数国の慣習に基づいて形成されれば，そういった国々が構造力を有することとなる。

また，思想やイデオロギーという言説の世界――つまりソフトパワーの世界――においては，自由民主主義や基本的人権，さらには法の支配といった概念が正統的とされていると繰り返して指摘してきた。現代の国際社会においては，それらの価値を体現している国家が構造力を持っているといえよう。

現代の事実上の公用語としての英語，そして基軸通貨としてのポンド（19

世紀）やアメリカドル（第二次世界大戦後）の場合に見られるように，最初は特定の国が一方的にそのハードパワーを背景に他国に押し付けた場合でも，次第に使用者の数が増えていき，さらには「便利である」と大多数の使用者が認めることとなっていく。こうして，自然継続的な形で一国の構造力が維持される。英語や基軸通貨といったような財・サービスは，いうなれば国際公共財の性質を持つこととなるのである。この点を以下，基軸通貨の例を使ってくわしく説明してみたい。

　基軸通貨とは，国際的に広く流通されている一国の通貨のことを指す。本来なら，いかなる国にも特別の権利を与えない中立的なもの——歴史的には金や銀——が国際間の共通通貨として使用されるべきところであろう。しかし，金や銀は生産量に限りがあり，それに頼れば国際経済は一定のレベルを超えて成長することができない。そこでそういった現物よりも信用——われわれの身の周りでは小切手やクレジットカード——が国の間で使われることとなる。最も信用度が高い国の通貨（紙幣）がこの機能を果たすわけだが，それが基軸通貨と呼ばれるものである。基軸通貨でもって輸出や輸入の支払いが執り行われ，また諸国がその外貨準備金として基軸通貨を蓄積するのである。

　そもそも政府が発行する（兌換）紙幣は，物質的には単なる紙に過ぎない。それを国民が使用するということは，その紙幣を発行する政府を国民が信用しているということを意味する。実際，国内においてもこういった状況に至るまでには政府は金貨や銀貨という形の通貨しか発行できなかった。つまり，貴金属固有の価値に裏付けされなければ，国民は政府発行の通貨を信用しなかったわけである。しかし，政府自体に対する信用が固まったのちには，国民は政府が発行する紙幣を使用するようになっていった。そして，紙幣が国民の間に大量に流通することによって国民経済が活性化していったのである。逆に，政府の信用が弱くなれば，その政府が発行する紙幣への信頼も弱くなる。極端な場合，その政府の存続自体が危うくなれば，それまで使っていた紙幣も「ただの紙」になってしまうかもしれず，その紙幣の価値は暴落する。崩壊前のソ連におけるルーブルのように。

　こういった一国内での状況が，国家間の経済関係にも広がりうる。つまり一国の通貨・紙幣が，その国の信用（より正確にはその国の政府の信用）をもとにその国の外においても使用される状況が生じうるのである。極端な場合，その通貨が別の国の中で流通することもある。このように，多数国間の経済関係において広く使われている通貨こそが基軸通貨にほかならない。

第二次世界大戦以降，アメリカドルが基軸通貨の役割を担ってきた。最初のころは IMF のルールとして，ドルの価値が金によって裏打ちされていたのであるが，このドルと金の互換性は 1971 年 8 月にアメリカのニクソン政権によって打ち切られた。いわゆるドル・ショックである。しかし，それ以降も国際経済におけるアメリカドルの信用は続き，他の通貨に対するその地位は緩やかに低下してきたもののいまだに基軸通貨の地位を維持しているといえよう。アメリカドルの基軸通貨としての地位は，究極的には他国のアメリカに対する信用に基づいている。つまり「信用できるし勝手がよいので使う価値がある」と他国が思わなければ，アメリカ領土の外ではこの通貨は使われないのである。その意味で，アメリカドルはアメリカという国自身への信用・信頼を示す象徴にほかならない。

　すでに触れたとおり，一国が発行する通貨が基軸通貨となるということは，その通貨を他国は外貨準備金としてたくわえるだけではなく，国際貿易での決済用通貨として採用されることを意味する――たとえば，中近東とりわけサウジアラビア産の原油がアメリカドル建てで取り引きされるように。こういった形で一国の通貨が国際的に流通するということは，実は，その通貨を発行する政府が特別の権利を獲得することを意味するのである。つまり構造力である。

　この場合の構造力は基軸通貨発行特権の形をとる。単純化していえば，本来なら生産・労働の対価としてしか得られない価値を単に通貨を発行するだけで作り出すことができるという特権である。たとえば，他国からの物資をどうすれば得ることができるのか考えてみよう。本来ならば，自国が得意とするモノを生産し，それを輸出し，その代わりに他国の物資を輸入するという方法をとらなければならない。しかし，他の国が自国発行の通貨を使ってくれるのであれば，そういった生産なしに自ら通貨を発行するだけで海外から物資を調達できるのである。仮にサウジアラビア産の原油がドル建てではなくてリヤル建てだとしよう（リヤルはサウジアラビアの通貨）。その場合，アメリカは生産・輸出にはげみリヤルをまずはたくわえなければならない。そして，そのリヤルでもってサウジアラビアから原油を購入することとなる。他方，ドル建ての原油を購入するには，アメリカは手持ちのドル――理論上はアメリカ政府はいくらでも発行できる――を使ってすぐに購入することができ，生産・輸出という過程を経ずにすむのである。同様に，海外で物資やサービスを調達する際，それらがドル建てであればアメリカは自国通貨を発行するだけですむ。以下に指摘するように，この特権はコストが伴わないわけではない。しかし，この「甘

い特権」は手放せないほど魅惑的なのは容易に想像できよう。

　国際金融関係において，基軸通貨発行特権が構造力であるとするならば，前に説明した基礎国力に相当するのが外貨準備高であろう。外貨準備高は所有する額が多ければ多いほど，パワーが大きいこととなる。第二次世界大戦後の国際経済においては，アメリカドルが外貨準備高のかなり大きい部分を構成していたので，アメリカ以外の国についてはアメリカドルを多く持っていればそれだけパワーがあるということになる。対して，基軸通貨発行特権を持つアメリカ自身は，自国貨幣を別に取り置く必要がない。したがって，外貨準備高＝基礎国力といった方式はこの場合アメリカには当てはまらないのである。基軸通貨発行権という構造力はいわば質的なものであり，数値化できる外貨準備高とは異質の力というのがこの例で理解できよう。

　基軸通貨を発行できる「甘い特権」の威力は，より広くマクロ経済運営にも影響を与える。たとえば，貿易赤字——輸入が輸出を上回る状況——の調整過程を見てみよう。通貨発行特権を持たない「普通の国」が貿易赤字に直面した場合，ドル建ての輸入を賄うため手持ちの外貨準備金（アメリカドル）を使い，それが底をつくまでに需要緊縮政策を実行しなければならず，具体的には財政削減や増税，さらには金利の上昇といった国民に不人気の経済政策でもって輸入削減を図ることとなる。また，同時に為替市場において自国通貨の為替レートが安くなり，輸出が伸びる。これらの総合的結果として貿易赤字が解消されることとなる。しかし，アメリカの場合，基軸通貨発行特権を持っているため，外貨準備の制限が基本的にはない。したがって，アメリカ政府は国民に不人気な需要緊縮政策をすぐに実施しなくてすむのである。

　こういった「盾」を片手に持つ一方，アメリカに対して貿易黒字をたくわえている他国——つまりアメリカの貿易赤字の「源泉」——に対してさまざまな圧力をかけ，アメリカの貿易赤字（上でいう他国の対米貿易黒字）を修正するコストを負わせることが過去に多々あったのは，第3章3節で説明したとおりである。さらには，財政赤字を賄うために発行する国債をアメリカ政府は貿易黒字国に購入させもした。これにより，大幅な財政赤字を維持することが可能となる。以上説明した三つの作戦を通じて，「国内経済運営上の自由，つまり増税も財政支出削減もなしに支出を続ける自由」という特権をアメリカは享受してきた[4]。

　基軸通貨発行特権に基づくこういったメカニズムが，巨大な貿易赤字と財政赤字という「双子の赤字」をアメリカが抱えることになった一因である。当然，

こういった巨額な赤字を永遠にアメリカが維持することは不可能であろう。赤字体質を改善すべしという声は，アメリカ国内においても長年聞こえてきた。また，貿易赤字が続けばアメリカ経済においてインフレが発生しやすい。しかし，赤字体質改善を求める声はかき消されがちである。他国がアメリカドルを使い続ける限り，基軸通貨発行特権がもたらす数々の利益をアメリカは搾取し続けるであろうし，国際経済はそういったアメリカの特権を前提とした上で，これからも今しばらくは展開し続けると思われる——前に触れたように，アメリカドルの基軸通貨としての地位はゆるやかに低下してきているものの。

このような国際通貨システムにおいてアメリカが享受している構造力を前提ないしは与件として，国際経済活動が日々営まれている。日常的には，アメリカドルは世界中に流通しており，便利だからというのがその理由であろう。しかし，根源的にはアメリカ政府ないしはアメリカ合衆国への信用がそこにあるのは前述のとおりである。海外資産をアメリカドル建てで維持するという行為はまさにアメリカへの信用の結果であるし，さらには，世界のどこかで大きな紛争が起きれば，為替市場においてアメリカドルの価値が上がるという現象も軍事大国アメリカへの信用の表れといえよう。

以上の基軸通貨発行特権の例においてみられるように，構造力はいわば「当然視されている日々の活動」の底に潜む枠組みとでもいえるものである。その枠組みの中で，前に説明したハードパワーやソフトパワーに基づく国家間の交渉や紛争が展開されている。

基軸通貨や英語のような国際公共財の役割を果たしている例を挙げてきたが，新製品の規格も構造力となる。たとえばパーソナル・コンピューターのソフトウェア（オペレーティング・システム）では，マイクロソフトのウィンドウズが圧倒的な世界的シェアを誇っている。インターネット上の地図では，グーグルがそうである。両社はそれぞれの分野で構造力を持っているといえよう。

以上，構造力について解説してきたが，ここでまとめよう。リアリズム学派の中でも，古典的リアリズムが持っている国際制度観が本書の関心上重要である。「国際制度はパワー行使の一手段に過ぎない」というのがそれにほかならない。とりわけ国際制度を通じて発揮される構造力という現象にわれわれは注目する必要があろう。すでに触れたように，秩序戦を理解するには，こういった古典的リアリズムの発想が欠かせないのである。まず，覇権戦争後に戦勝国が作り上げる国際制度を通じてこれらの国々は構造力を確立する。他方，台頭する現状打破国は，こういった国際制度を弱める，ないしは相対化することに

より自らの構造力を拡大しようとする。かくして国際制度をめぐる闘争，すなわち制度戦が始まるというわけである。

リベラリズムと構成主義の国際制度観

こういった古典的リアリズムの国際制度観に比べて，リベラリズム学派の見解は大いに異なっている。そのキーワードは「パワー」ではなくて「協力」である。つまり「国際制度は国家間における協力の一表現ないしは協力のための一手段」というのがリベラリズム——とりわけネオリベラル制度論と呼ばれる理論——の見解だといえよう[5]。こういった国家間の協力関係は，政府同士が直接構築する場合もあれば，NGOや企業，科学者，活動家，宗教団体等の非政府団体や地方自治体が政府を助けて（あるいは独自に）構築する場合もある。協力を推進する機関・団体がいずれの場合においても，ある国が他の国を一方的に拘束するという観点がここにはない。協力関係は自発的になされる，こうリベラリズムは想定するのである。

さらにいえば，自発的協力関係の発露として成立する国際制度は，参加国すべてに平等な形で公共財を提供するともリベラリズムは説く。たとえば，気候変動に対処するための国際協定は，まさに「より低い気温」という財を地球上のすべての国々に平等に提供している。別の言い方をすれば，リベラリズムにとっては「諸国家が直面している共通の問題を解決するための一手段」こそが国際制度なのである。その根底にある発想は，制度は「問題を解決するためにこそ存在する」「その問題が解決されれば，作り上げられた制度はなくなる，またはなくしてもよい」というものにほかならない。

こういったリベラリズムにとって，政府同士が結んだ協定は，片方が強制的に別の片方に押し付けたものではなくて，自発的に結んだ「契約」と認識される。契約は当然，履行しなければならない。契約を結んだにもかかわらずそれを遵守しない行為は欺罔であり，だます行為として非難される。

他方，構成主義と呼ばれる学派においては，国際制度はどう位置付けられているのであろうか。そこでは「国際制度は，国家のアイデンティティや国家同士が守るべき規範（これにはタブーも含む）を表すもの」として理解されている。儀式の場合と同様に，何らかの価値や理念を象徴したり体現するもの——シンボル——として国際制度を捉えているといってもよい。ここで前章で解説したソフトパワーを思い起こしていただきたい。似たような議論がここでも当てはまる。たとえば，リアリズムの視点からみれば冷戦時NATOは軍事的に

ソ連に対抗するための取り決めであったが，構成主義者は「NATOの本質は自由民主主義という理念を体現することにあった」というであろう。また，最近の日米首脳が日米同盟を語る際「同じ価値観を持つ日本とアメリカ」といったような表現が使われるが，これも日米同盟という制度を一つのシンボルとして捉えるものにほかならず，構成主義の視点からみれば大いに合点がいくものである。

● 3 秩序戦における制度戦略

以上，国際政治学における国際制度の理解を，三つの主要理論の立場から紹介してきた。本節では，これら三者の見方が秩序戦ではどのように応用できるのか見てみたい。

繰り返し指摘してきたとおり，国際制度をパワー行使の一手段とみる古典的リアリズムの発想は大戦略に応用しやすい。では他の二つの理論的見解はどうであろうか。秩序戦の観点からすれば，「公共財提供を目的とする契約としての国際制度」というリベラリズムの発想も，「象徴としての国際制度」という構成主義の発想も，ともに大戦略の一部として取り入れることが可能である。

まず，構成主義であるが，ソフトパワー行使の一手段として国際制度が使われうるのは前章で説明したとおりである。現状維持陣営は現存の国際制度を「正義の象徴」として国際社会にアピールできる。他方現状打破陣営は同じ国際制度を「抑圧の象徴」として非難することができる。こういった発想にリアリズムの視点からもう一点付け加えるならば，理念を体現する国際制度が存在すれば，その制度の理念そのものの力を使って他国を説得できるだけではなく，その制度を「かくれみの」として使用できるという点であろう。理念を大義名分（建前）として使いながら，国家は真の国益（本音）を追求できると言い換えることができよう。戦間期，国際連盟から委任統治の任を託されたとして，日本は南洋を事実上の植民地として統治したが，これなどはまさに国際連盟を「かくれみの」に使った好例である[6]。

次に，リベラリズムの発想についてであるが，公共財を国際制度を通じて供給するという行為は，実は現状維持陣営を間接的に利する行為なのであり，その意味ではすこぶる権力政治的といえよう。ODAの場合と同様，公共財を提供したり人道支援するという一見政治中立的にみえる政策は，暗黙的な形で現存する国際秩序を維持することに貢献しているのである。もちろん，気候変動

表 5-1　秩序戦における国際制度作戦の例

	五大政策目標				
	秩序の「三本の柱」をめぐる政策目標			バランス・オブ・パワーの優位化	対抗国国内体制の中和化
	領土分配をめぐる闘争の勝利	正統性をめぐる闘争の勝利	国際制度をめぐる闘争の勝利		
戦略的運用 国際制度の	領土紛争に関して既存の国際法を自国に都合よく解釈する。	既存の国際制度を使って自国の行動や地位を正当化し国際世論を味方につける。	国際公共財として自国に都合がよい基準を新設し、他国の行動を長期的に拘束する。	軍縮会議などを使って自陣営の軍事バランス上の優位を確保する。	対抗国政府のイデオロギーが持つ「非正統性」を国際組織に確認させる。
政策手段	外交	外交、広報	外交	外交	外交
	↑構成主義（シンボル操作）	↑構成主義（シンボル操作）	↑リベラリズム（公共財供給）	↑リアリズム（パワー行使）	↑構成主義（シンボル操作）

対策のように全人類生存のために必要で、所属陣営に関係なくすべての国々が協力すべき政策が新たに出現している。こういった政策は秩序戦の枠の外に置かれるべきだと人々は思うかもしれない。しかし、仮にすべての国々が協力したとしても、その国際政治的効果は「現存する国際秩序に挑戦しない」つまり間接的に現状維持陣営を守るというものとなる。

くわえて、とある国際制度が提供する公共財が参加国の間に公平に分配されているように見えるかもしれないものの、実はその分配は国家間で不平等なものであるかもしれない。その場合、「より大きな分け前」ないしは「より小さいコスト」を享受する国が「国際社会共通の利益」の名のもとに、その国際制度を推進し、そして強要するであろう。

したがって、秩序戦を考える際には、構造力という概念を含む古典的リアリズムの国際制度観はいうまでもなく、リベラリズムと構成主義の国際制度観もすべて政策論として成立する。すなわち「相手国の行動を支配し拘束する手段」「暗黙的に現存秩序を強化する手段」「シンボル操作の手段」という別々の形で、国際制度が陣営間競争におけるパワー行使の一手段となるのである（これらが重複する場合もある）。これが本書のいうところの「国際制度の戦略的運用」である。こういった手段が大戦略の五大政策目標にいかなる効果を発揮するのか、以前第2章で示した例をもう一度、表5-1で確認しておこう。参考までに、どの理論的視点が関与してくるのか、矢印で表の下部に示した。

本章が取り扱う「国際制度の戦略的運用」という政策プログラムは五大政策

目標すべてに対して有効であるものの，この政策プログラムの持ち味が発揮できるのはやはり国際制度をめぐる闘争においてであろう。なかでも，新しい国際制度を構築していくことにより，国益を追求していくことが重要である。

では，以上の点を踏まえて，現状維持国と現状打破国がどのように制度戦に立ち向かうのかという点について，次に解説していこう。

現状維持国の場合

　秩序戦においては，現状維持陣営は基本的には「守り」の態勢をとる。つまり，先の覇権戦争が終わった直後に設立されたさまざまな国際制度を，この陣営はできるだけ維持・強化しようとする。この際，「攻め」の態勢をとらざるをえない現状打破勢力に対して，構造力を享受している現状維持陣営は優位な立場を構造的に得ている。何も具体的な行動を起こさなくても，現状維持陣営にとって有利な状況がほぼ自動的に展開される。「法と秩序」の名のもとに，特権階級の地位を維持できるともいえよう。こういった好条件を壊すことなく，対抗陣営に対して何らかの効果的な政策を実行することができれば，現状維持陣営はより有利な形で国益を追求できる。反対に，現状打破勢力からみれば，まるで「上り坂の下手に立って上手を見上げている」ような状況が目の前に展開していることとなる。坂の上手に立っている相手と戦い，勝利するのはなかなか容易ではない。

　たとえば，前章で指摘したように，正義と威信の面において優遇されている現状維持国の地位は，国際制度によって体現されている。その帰結として特権的な待遇を現状維持陣営に属する大国が享受しているのである。こういった政策環境においては，現状維持国は既存の国際制度の名のもとにもっともらしい大義名分を掲げて，現状打破国からの挑戦をはねつけるであろう。直接国際世論に訴えることもあれば，現状打破陣営にとって都合が悪い情報を国際メディアにリークするなどの隠密行動的な作戦も展開可能である。対して，現状維持陣営側によって「悪」のレッテルを貼られた現状打破勢力は，大きな負荷を背負うこととなる。しかも，こういった「評判」が自国の国民に浸透すれば，国内統治問題となりうる。こういった情報心理戦，国際世論戦の一手段として国際制度は使用できる。

　この点，領土紛争とよく似ている。いま，とある領土に関して，A国とB国とが領土権を互いに主張しているとしよう。その上，A国がその領土を実行支配しているとする。その際，A国は何もしなくても現状を維持できるの

でB国に対して構造上，優位な立場に立っている。対して，B国は何か効果的な政策を通じて，A国の実行支配を覆さなければならないので，その負担はA国よりも大きい。わざわざB国の敵愾心を煽り立てるような政策はとらなくても，A国はその領土を安全に支配し続けることができる。国内政治上の理由などでそういった不必要な政策をA国がとってしまえば，B国に付け込まれる口実を与えてしまいかねない。例として挙げられるのは，李明博韓国大統領による竹島上陸（2012年8月）の事例であろう。

この領土紛争の例にみられるように，現状維持陣営側は「いわばオウンゴールの結果，現状打破陣営が得をする」というような事態を避けなければならない。その一方で，以下に挙げるような作戦でもって自陣営の立場を強化することができる。自陣営内部における主要国同士の確執もよく起こるが，陣営は一丸となっているという前提でここでは話を進めていこう。

法律戦　既存の国際法という制度を自分の都合のよいように解釈し，対抗国に対して有利な立場に立つ。第4章2節で言及した通り，ソフトパワー行使の一形態でもあり，領土紛争など国際紛争では常套手段である。何らかの大義名分を掲げ，その理由づけのために特定の国際法をわざわざ持ち出してくることもある。2015年と2016年に，海洋安全保障に関する外相宣言・声明において，日本を含むG7諸国は「ルールに基づく海洋秩序の維持」という大義名分を国連海洋法条約を持ち出しながら掲げ，中国を名指ししないものの東シナ海と南シナ海における中国の強圧的で一方的な行動に反対するとした。G7のこの立場は現在も維持されているが，これは現状維持陣営による法律戦の好例であろう。

新制度を通じての勢力拡大　法律戦は新しい制度を作るのではなく，既存の制度を操作するという小技レベル・戦術レベルの作戦である。これに対して，より大技レベル・戦略レベルの作戦もある。

それは，新しい制度をつくり，あるいは既存の制度を改革することを通じて，既存の国際秩序――そして現状維持陣営の優位性――の守りを固める，ないしはより積極的に現状打破陣営にとって不利な状況を作り上げていくというものである。もちろん，一国ではこういったことは難しいので，利害を共有する複数の国々と協力してこの作戦が遂行されることが多い。

例としてWTOをみてみよう。第二次世界大戦後，非共産主義圏においてはガット（1947年設立）を通じて自由貿易体制が推し進められ，計8回もの貿易自由化交渉が成立した。その後，ガットが発展解消されWTOが1995年に

誕生した。ガットとは異なりWTOは加盟国間の紛争処理能力を持っているのが特徴である。しかし，そのWTOが主催する貿易自由化交渉であるドーハラウンドは2002年に始まったものの，いまだに「継続中」である。このように世界レベルでの自由化交渉がとどこおるなか，日本を含む諸国は二国間ないしは地域レベルでの自由貿易協定を代替手段として追求し始めた。TPP11などがそうである。こうした自由貿易協定は，現状維持陣営が新制度を構築していった好例といえよう。

新制度による現状固定化　上の作戦は，同じ陣営に属する国々との協力によるものであるが，対抗陣営ないしは対抗国との間に何らかの合意をめざす種類の制度戦略もある。たとえば，新しい制度を作ることを通じて，自国の勢力拡大というよりも，現状を固定化し何らかの了解を現状打破国側と図ろうとするものが指摘できる。戦間期におけるワシントン海軍軍縮会議やロンドン海軍軍縮会議が好例であろう。同様に戦間期ヨーロッパにおいて締結された，ロカルノ条約もそうである[7]。アメリカとソ連が締結した一連の核兵器制限条約も，この種の制度作戦にあたる。1972年のSALT Iならびに1979年のSALT II等である。さらには，歴史を振り返れば，大国同士，互いの勢力圏を承認しあう——つまり現状維持に合意する——協商（entente）と呼ばれる協定もよくみられる。協商協定についてはジオストラテジーの章で解説するが，これも現状固定化のための制度である。

宥和政策　これまで議論してきた一連の制度作戦は，台頭する現状打破陣営を抑えようとする，あるいは現状打破陣営に対抗しようとするものであった。これらとは対照的に，現状打破陣営を一定程度迎え入れる。つまり宥和する目的でもって制度を活用することもありうる。そのために既存の制度を変更することもあれば，新しい制度を作る場合もあろう。いずれの形をとるにせよ，上述の「新制度による現状固定化」と同様に対抗国との間に一定の合意を図ろうとするものであるが，それと比べて宥和政策は現状打破陣営側に「より好意的」である作戦といえる。

こういった宥和政策には，(1)戦術レベルにおいて現状打破陣営側に一定の譲歩はするものの，より戦略的レベルにおいては，優位の維持を意図するというもの，そして(2)戦略レベルにおいて現状打破陣営に対して譲歩の意を示すというもの，という2種類があろう。われわれがここで関心あるのは(2)である。(1)はこれまで議論してきたものと本質的に同じといえる。たとえば，アメリカは中国のWTO加盟を認めたが，まさに現存の秩序に中国を迎え入れる

処置であって，中国を宥和したものとはいいがたい。またロカルノ条約も同様に(1)にあたる。以下，(2)の意味で宥和政策という言葉を使用しよう。

宥和政策の対象事項は，勢力圏を含む領土問題であることが多い。つまり，現状打破陣営側からの領土要求に対して現状維持陣営側が譲歩する証として協定を結ぶのである。ヨーロッパ史でいえば，ミュンヘン協定（1938年9月29日）が典型とされる。チェコスロバキアのズデーデン地方（ドイツ系住民が多数いた）をドイツが併合したがっており，これ以上の領土要求をしないとドイツに約束させるかわりに英仏側がそれを認めたのである。ドイツの脅威に立ち向かうチェコスロバキアは1920年代からフランスと同盟関係にあっただけではなく，1935年にはソ連とも軍事同盟条約を結んでいた。他方，ドイツはすでにオーストリアを併合していた。ドイツが対チェコスロバキア戦の準備を始めるなか「平和の道」を探るべく，ミュンヘンにて英仏独伊四カ国首脳会談が開かれた。その結果——小国であるチェコスロバキアの犠牲のもと——調印されたのがミュンヘン協定なのである。イギリスは1935年の時点で英独海軍協定を結んでおりすでに対独宥和の立場をとっていたが，こういった一連の宥和政策はヒトラーにとっては「弱者の印」でしかなかった。ドイツの現状打破計画は止まることなく，その後ポーランドにドイツが侵攻（1939年9月1日）したのは歴史が示すとおりである。宥和政策に関しては第7章で，より詳しく説明する。

現状打破国の場合

これに対して，いわば反体制行動をとらなければ現状打破国は構造的弱者の地位に甘んじなければならない。となると「現状打破国の行動は秩序を乱すものであり，それを悪として『懲らしめる』のが現状維持国」という「悪対善」の方式で現状維持陣営は状況を認識しがちである。こういったなか，現状打破陣営の結束を強め参加国を増やすために，機会を見つけては新たなる国際制度を作り，直接的に現状維持陣営に対抗するという「直接対抗型」の作戦が追求される。ソ連が主導したワルシャワ条約機構や，中ロ両国が現在主導する上海協力機構が好例である。もちろん，現状維持陣営からの譲歩を文書にさせるという可能性も否定できない。これらのほか，次のような巧妙な間接的作戦を追求するオプションもある。

既存の国際制度を内部から弱体化させる　　現存する国際制度に参加するものの，当該制度を内部から機能不全ないしは弱体化しようとする作戦である。た

ミュンヘン会談に集まった首脳たち。前列左からチェンバレン英首相，ダラディエ仏首相，ヒトラー独総統，ムッソリーニ伊首相，チャーノ伊外相

とえば，国際会議での議事進行上の技術的な妨害のほか，反対意見，さらには別の解釈や取り決めを執拗に主張し，妨害行為を繰り返すフィルバスターが挙げられよう。これを勢力を結集して集団で行う。強制的脱退までには至らないように注意しつつも，制度・組織を内部から攻撃する。冷戦期前半の国連安全保障理事会におけるソ連の作戦がこの型のものであった。拒否権を持つ五大常任理事国のうち，ソ連以外の四国すべてがアメリカ側（当時は中華民国，すなわち台湾が中国を代表していた）に付いていたのであり，ソ連は拒否権をことごとく行使することでアメリカ側に対抗したことはよく知られている。

既存の国際制度から脱退　既存の制度・組織内に残るのではなく，脱退する。対抗的制度を作り上げるまでにはいかないものの，既存の制度・組織の権威を無視ないしは否定する行為といえよう。日本の国際連盟脱退が好例である。

既存の国際制度を「薄める」作戦　既存の制度・組織と同じ分野において，「直接的対決ではなく競合する」ようなものを作る。そうすることにより，既存の制度の権威を相対化せしめ，結果として貶める。前章の第2節で指摘した「既存正義の相対化」作戦とだいぶ重なるが，そこで示したとおり最近の中国によるAIIB設立が好例であろう。

● 4　国際公共財と新領域

国際公共財

　公共財供給は国際社会の一員にとっての義務であると同時に，現存する国際

秩序の強化を間接的に強化するという意味で現状維持国の利益にもなる行為である。くわえて，国威発揚にもなり，国家威信にも寄与する。したがって，秩序戦の文脈からは切り離すことはできない。開放的な自由貿易体制のほか，気候変動への対処，対人地雷の禁止や除去，小型武器の回収，感染症予防，最貧国や自然災害被害国への人道的援助，女性の地位の向上といったものがここでいう国際公共財の例である。そして，その多くは「人間の安全保障」の問題として扱われる。

「人間の安全保障」の分野では，国際連合を中心舞台にしてカナダのようなミドルパワーが活躍しており，その威信を上げている。ともすれば「アメリカが得意なのは伝統的・強制的な国家安全保障であるのに対して，カナダはより平和構築的・非強制的な『人間の安全保障』が得意である」という単純化した論調が見られがちである。言い方を変えれば，「人間の安全保障」を「国家安全保障」と区別してより開明的とする発想といえよう。その底にある考え方は「人間の安全保障は平和的で国際公共財にかかわるので善」対「国家安全保障は戦争にかかわるので悪」という二文法にほかならない。しかし，こういった二文法は幻想である。「人間の安全保障」は一見秩序戦には関わりがないようにみえるが，実際には上で触れたとおり現状維持陣営を利するものなのである。「人間の安全保障」のチャンピオンであるカナダも，実は現状維持国であることを忘れてはならない。

「国際公共財の提供は国際社会の一員としての義務であると同時に現状維持国の利益になる」という命題は，国際安全保障を公共財とする場合においても成立する。国際社会内における安全——つまり平和——が国際安全保障である。第3章6節の自衛権のところで指摘したとおり，国連が侵略国と認定した国は国際社会の安寧を壊す国にほかならず，そういった国に制裁を加えることは国際社会の一員としての義務である。また，紛争の後に停戦を維持するようなPKOにも同じ議論が当てはまるであろう。もちろん，こういった行動にまつわるコストの面には適切な注意を払う必要があるものの，これは義務の問題であることを忘れてはならない。とりわけ「資金援助だけしておけば，人員を派遣しなくてよい」というような態度は勘違いもはなはだしいといわざるをえない。住んでいる町内において火事が起こり，町内の人たちが総出で消火活動を行っている際，消火活動に参加するかどうか家族会議に時間を費やす，あるいは「援助」と称して金だけ出して消火活動にはいっさいかかわらないというようなことをすれば，町内の一員として義務を果たしていないのは明白であろう。

1990年の湾岸戦争の際，日本政府がとった行動は，この比喩でいえば「延々と家族会議を開いた結果，金だけだしてすまそうとした」というものであった。国際社会からすれば，こういった日本の行動は国際社会の一員としての当事者意識が全くない無責任なものだったといわざるをえない。日本の威信と信用が傷ついたのは当然の成り行きであった。

新領域

　技術の発達等に伴い，それまでは考えられなかった新しい分野が目の前に開かれることがある。その際，制度，つまり「ゲームのルール」が設定される。一般的にいって，発足時のルール設定にかかわれば自分にとって都合のよい制度を敷くことができ，それ以降は主導権を握ることができよう。これこそ一種の構造力である。逆に，制度が他人によって設定された後にその分野に参加することになれば，学習時間が必要になるなど参入コストが大きくなる。新制度の創立にかかわることで得られるアドバンテージは大きい。そして，複数の参加者がその制度設計にかかわってくる。

　したがって，新しい分野が誕生する際，ルール設定をめぐる確執が激しくなりがちなのは想像にかたくない。参加国は自国にとって都合のよいルールが設定されるように交渉する。例として，第二次世界大戦が終わったあとの国際金融秩序の基礎を作るべく，40以上の連合国代表が参集したブレトンウッズ会議（1944年）をいま一度みてみよう。この会議における一つの重要議題は，将来の国際通貨制度であった。イギリス代表であったケインズは国際清算同盟（international clearing union）ならびにバンコール（bancor）という貿易決済用の人工的な国際共通通貨を提唱したが，これはとりもなおさず基軸通貨を否定するものであった。当時最強の経済力を持っていたアメリカが，ケインズ案を否定したのは驚くに値しない。アメリカドルが基軸通貨になるのがアメリカの国益であり，その論理は前節で説明したとおりである。結局，金との兌換性を持つアメリカドルが基軸通貨となり，ブレトンウッズ協定が成立した。

　このブレトンウッズ協定にみられるように，戦勝国間の間にさえこういった確執が起こるが，それ以降においても同様の確執が新しい制度を設定するごとに生じた。第二次世界大戦後に国際連合を通じて調印された条約としては，核拡散防止条約（1968年），海洋法に関する国際連合条約（1982年），気候変動枠組条約（1992年），対人地雷禁止条約（1997年）などが挙げられるが，おのおのにおいて激しい交渉が参加国の間で繰り広げられたのであった。くわえて，

地域レベルでの制度設定の際にも似たような確執が起こる。たとえば、アジア太平洋地域において成立したAPEC（アジア太平洋経済協力，1989年）やアセアン地域フォーラム（1994年）の形成過程においてもこの点は該当する。2017年にアメリカのトランプ政権の反対によって頓挫したTPPの事例は、まさにそういった確執の結果といえよう。

これからもさまざまな分野でこういった国際制度が作られていくであろうが、その中でも注目しなければならないのはサイバー空間に関する国家間ルール作りである。これは、緒に就いたばかりである。まず、2001年にヨーロッパ諸国の間でサイバー犯罪条約が調印された（日本も署名）。その後、サイバー空間に関する国際会議がロンドン（2011年）、ブダペスト（2012年）、ソウル（2013年）、ハーグ（2015年）と開かれてきている。OECDや国連といった場においても討議が進んでおり、2016年に伊勢志摩で開催されたG7首脳会議ではサイバー空間に関する作業部会が立ち上げられた。サイバー空間の登場は、人間社会のさまざまな活動にとって画期的な意味を持っているものである以上、目が離せない。日本も積極的にルール作りにかかわっていくべきであろう。

5　日本が採用すべき政策

以上、国際制度ならびに制度戦について解説してきた。では、現状維持国日本はいかなる国際制度作戦をこれから展開していけばよいのであろうか。ここでは、大戦略上重要と思われる多国間の国際制度に絞ってこの問いに答えていきたい。日米同盟に関しては第6章で述べる。

現存している国際制度

開放的自由主義経済制度の維持　現存している国際制度のうち、日本にとって重要なものの一つは、アメリカ等が第二次世界大戦後に設立した国際経済制度である。第二次世界大戦で敗戦国となり貧しかった日本が奇跡的な成長を果たすことができ、豊かになることができた一つの重要な制度的要因は、まさにこの国際経済制度にある。IMFやWTOといった国際組織は開放的自由主義経済を支えており、日本はこれらをこれからも支持していくべきである——仮にアメリカが反対にまわっても。またこれらを補完するTPP11のような地域レベルの自由貿易構想や、2018年に調印された日本とEUとの間の自由貿易協定なども歓迎すべきものであり、こういった政策をこれからも日本は推進し

ていくべきであろう。

　より広い視点に立てば，開放経済・自由貿易制度は，人類が見つけた最善の「富製造装置」といえる。これとは対照的に，共産主義体制はうまくいかなかった。共産主義を経済面で放棄した中国やヴェトナムの繁栄をみれば——そして放棄しなかったソ連やキューバ，さらには北朝鮮の経済的惨状をみれば——この点は明らかであろう。国際社会全体において現行の貿易制度や国際通貨制度の正統性に本格的に挑戦する経済イデオロギーは少なくともいまのところは存在しない。

　富を生産するには効率的な資本主義体制ではあるが，同時にそれは根本的な矛盾を抱えている。このことをわれわれは決して忘れてはならない。20世紀において国家社会主義（ナチズム）や共産主義といった競合的イデオロギーには勝利したものの，資本主義は「自壊の種」を内包しつつ今日にまで至っている。極端な経済格差から生じる社会的・政治的な危機こそが，それにほかならない[8]。経済格差が不景気と重なれば，「虐げられた人々」の怒りや不安はさらに高まり，そこからファシズムが生まれ出てくる可能性さえある。自由民主主義国家にとってはまさに危険な状況である。この種の危険は，ポランニーをはじめ，さまざまな研究者によってこれまで指摘されてきた[9]。

　この資本主義体制の鬼子ともいえる経済格差現象であるが，戦後長らくケインズ主義の総需要政策と福祉国家政策によって緩和されてきた。総需要政策でもって大型不況を避けることができた一方，失業保険といったような福祉政策を通じて経済的弱者を救済してきたのである。

　しかし近年では，この伝統的な処方箋の効果が薄れてきていると思わざるをえない。まず，福祉政策は財政負担を政府に課すが，その費用がどんどん膨らんだ結果，大きな財政赤字が発生してしまった。総需要政策も財政赤字を大きくすることに貢献した。不況時に公共投資と減税を実行することで不況緩和を図ってきたが，そのために国債を大量に発行してきたのである。多くの政府はこれ以上の財政負担を負うことに躊躇している。その上，不況時には財政・金融政策——金利はほぼゼロ・パーセントまで落ちている！——を講じているものの，人口減少や規制といったような構造的要因により効果が思ったより上がらなくなってきているのが実状といえよう。他方，グローバリゼーションに象徴されるように資本主義の論理がますます強くなり，その恩恵を受ける少数派とそれ以外の多数派との間において，経済格差が広がってしまった。その論理がとりわけ強く，かつ福祉政策が手薄いアメリカ社会においては，中流階級が

消滅したとまでいわれるぐらい経済格差が広がっている。日本においても似たような傾向がみられる。そして不景気になれば失業者が増え、こういった格差問題が悪化してしまう。

　格差問題が顕著になるにつれ経済的弱者の不満やうっ憤が蓄積されるが、不況や何らかの外的ショックが起こればそれが増幅されてしまう。そんなとき「この体制そのものがおかしい」「伝統的なエリート層が憎い」という思いを情緒的に煽るデマゴーグが登場すれば、ファシズムの典型的なレシピとなる——1930年代のナチスが台頭したドイツにみられるように。こういった煽動的指導者は「見た目でターゲットにしやすい」者たち、典型的には少数民族や移民といった人種的に目立つ者たちを悪者に仕立てあげ大衆の不満のはけ口にする一方、「簡潔で明瞭な答え」を複雑な社会的・経済的問題に関して大衆に示す。このように示された答えは「○○に反対する」というような単純な形——合理的に考えれば問題解決には至らないもの——をとることが多いが、大衆にとっては大変魅力的なものに映るのである。さらにはさまざまなシンボル操作を繰り返すことにより、煽動的指導者は情緒的な一体感や高揚感を大衆に与える。そこでは自国（自民族）を「善・清」とし、他国（他民族）を「悪・汚」とする排他主義的二分法がよく使われる。理性的に自分で考えるという行為を放棄した大衆はこのように煽動かつ動員され、まるで熱心な宗教信者のように指導者をあがめたてることになるのである。

　2016年、「トランプ旋風」が起こったアメリカ大統領選やEU脱退に関するイギリスの国民投票において、こういった現象の一部をわれわれは見た。自由民主主義の本家とされる米英両国、現状維持陣営の核であるこれら二国においてさえ「ファシズム体制誕生のメカニズム」が機能しかねないという現実は、衝撃的でさえある。それは自傷行為にさえ思える。第二次世界大戦と冷戦という秩序戦にかろうじて勝利した自由民主主義陣営であったが、その内部にある「自壊の種」をつぶすことはできず、この種が花開く危険性をつねに抱えているといえよう。経済的成長が伸びず他地域からの移民（とりわけイスラム教徒の移民）が多くなったヨーロッパの各地において、極右勢力が伸長しているさまを見るときにもこの思いは強くなる。

　この問題は日本にとっても他人事ではない。自由民主主義と資本主義が持つ「自壊の種」は日本国内にもつねに存在する。これが「花咲く」ようなことが決してないよう、注意すべきである。現状維持陣営の主要国において、こういった「花」が咲いてしまえばこの陣営は自壊するしかない。しかし、だからと

いって IMF・WTO を核とする開放的自由主義経済制度は放棄できない。福祉政策や総需要政策からなる従来の枠を越える社会経済政策がいまほど求められるときはないといえる。

核拡散防止条約の維持　核拡散防止条約を維持するのがいまのところ日本の国益にあっている[10]。言い換えれば，日本は独自の核武装はせずにアメリカの核の傘を便宜的に使う一方，世界における核兵器の全廃と削減を長期的にめざすという現在の方針を維持するほうが，政治的な費用対効果計算の上では正しいと思われる。その理由は以下の通りである。

- 核拡散防止条約を反故にすれば，日本が持っている「唯一の被爆国」としての発言力（ソフトパワー）をわざわざ放棄することとなる。
- 同時に「核兵器アレルギー」を持っている日本国民からの大規模な反対運動が起こる。
- 日本ほどの潜在的軍事力を持つ国が独自の核武装をめざせば，「核拡散防止条約体制を崩壊させた悪人」のレッテルを現状打破陣営だけでなく現状維持陣営からも貼られるであろう。そうなれば，ウラン禁輸といったさまざまな形の制裁をアメリカをはじめとする現状維持諸国から日本は受ける。さらには現状維持陣営からも放逐されかねない。そうなると現状維持国日本の大戦略は決定的な損害をこうむり，日本の国運が傾いてしまう。
- すでに指摘したとおり日本はその地勢の特徴上，戦略的縦深性に欠ける。その結果，信頼できる核抑止力を独自で獲得することが大変困難であり，上のような政治的コストを支払ったとしてもそういった抑止力を獲得できるかどうかわからない。
- 「核兵器を持った日本」が誕生すれば，アメリカは日本に単独で中国と対抗させ，自身はハワイまで勢力圏を引くことによりコスト削減を図るというオプション——オフショア・バランシングと言われる——を検討し始めるかもしれない。そうすれば，西太平洋は不安定化し流動化するだけではなく，日中軍拡競争がヒートアップする可能性が高い。そういった状況では日本の安全は現在よりも低いレベルに落ちるであろう。

ここで二点ほど補足しておきたい。まず，アメリカによる核の傘ならびに核拡散防止条約からなる基本的枠組みを維持する中でも，日本が戦術レベルで政策変更をする余地はあるという点である。たとえば，現在の「核兵器を持たず，

作らず，持ち込ませず」の非核三原則のうちの（アメリカの戦術核兵器を日本国内に）「持ち込ませず」の部分は柔軟に考えないといけない場合も出てこよう。抑止を基本戦略とするものの戦術レベルにおいては敵基地攻撃能力を必要であれば獲得する，という議論と同じ論理である[11]。戦略レベルにおいてはこういった基本的枠組みを維持しつつも，核兵器パラダイム自体の変化を見据えてサイバー戦略に資源を集中するほうが日本にとっては長期的には好ましいと思われる。サイバー空間では，日本はその地勢的条件に拘束されない。

　第二点は，上で指摘した条件が根本的に変われば，日本の核戦略も変わらざるをえないというものである。たとえば，日本が自ら政策変更を何らしなくても，国際環境が将来劇的に変化するかもしれない。そうなれば，日本が追求すべき政策も当然変わってこよう。極端な場合，現在では想像もつかないものの，アメリカが核の傘を提供しなくなる（あるいはできなくなる）と同時に，日本の近隣諸国すべてが核武装し日本を敵視するという悪夢のような事態が生じれば，日本はその生存のために核兵器を持たざるをえなくなるかもしれない。あるいは，これまで想像もしなかった別の条件が将来，出てくるかもしれない。

　ここでのポイントは，つねに日本にとって核兵器やその他の兵器を開発・獲得する際の政治的費用対効果——財政や軍事といった面だけではなく総合的で政治的な費用対効果——を，日本はその時々の状況において判断し合理的な行動をとるべき，ということである。序章で既述した政治的合理性の議論を思い浮かべてほしい。この視点に立てば，現時点においては，現状維持国である日本は非核中級国家として生きていくほうが賢い選択だと思われる。

現存する国際制度の枠の中における法律戦の展開　　外交戦術として法律戦は欠かせない。つまり現存する国際法を自国の都合のよいように解釈していき，現状打破陣営に対処していくという作戦のことである。この中には国際司法裁判所や常設仲裁裁判所（ともにハーグにある）といったような国際司法機関を使うのかどうかという判断もかかわってくる。もちろん，その時々の事情により細かい政策は分かれてくるであろう。たとえば，日本がかかわっている領土紛争は尖閣諸島（対中国・台湾），竹島（対韓国），北方領土（対露）の三件があるが，国際司法機関に持ち込むか否かという点に関してはこれら三件別々の対応が当然求められる[12]。

　この法律戦を展開できる分野は領土問題に限らない。正義や威信というソフトパワーにかかわってくる分野においても展開できるほか，その他の分野においても，つねに法律戦を実践することが求められる。数多い国際法が存在する

法律戦の舞台の一つ，オランダ・ハーグの国際司法裁判所

ので，当然，法律戦を展開する分野も増えるであろう。

　いずれの分野における法律戦であっても，つまるところそれは大義名分，それも（言葉は悪いかもしれないが）「国際法に基づいて『もっともらしい』大義名分」を作成する作業であることを忘れてはならない。いわば理論武装をする作業である。もちろん，実力がなければ大義名分そのものは威力がないかもしれない。しかし，大義名分がなければ実力は単なる暴力に過ぎないのも，また事実なのである。これらはともになければならない。それゆえ，いかなる国家も行動する際に大義名分を掲げるだけではなく，対抗国側の大義名分を「矛盾あるもの」「説得力がないもの」として徹底的に攻撃してくる。それに負けないような，いわば理論的に強固な大義名分を掲げることが欠かせない。法律戦というのはこういった文脈において実践されるのであり，この基本点をわれわれはこれからも理解していく必要がある。

　地球をつつむ国際公共財の提供　気候変動対策や貧困国への援助等々，国際社会全体の利益のために存在する諸制度に関しては，これまで通り日本は積極的に貢献すべきである。これらは国際公共財を提供する制度といえる。国際社会の責任ある一員としての義務を果たすことを通じて日本は威信を高めることができるほか，現状維持陣営の利益のためにもなる[13]。

　こういったなか，気候変動への対策は特別の位置を占めている。それは日本の国際的義務だけではなく，日本の長期的生存そのものがかかわってくるからである。これまでよく議論されてきたように，気候変動が日本にもたらす脅威は複合的なものである。たとえば，海面上昇の結果，東京等の沿岸部地域は縮

小化される一方，高波などに対してより脆弱になる。そこへ巨大化した台風や竜巻による破壊が重なれば被害は甚大になろう。それがほぼ毎年繰り返されるさまを想像してほしい。また海面上昇は沿岸部における地下水を塩水化させる。日本の場合，その工業活動は沿岸部に密集する傾向にあるので，なにも対策を施さなければ多大な被害を受けてしまう。他方，巨大化した台風のほかにもさまざまな異常気象が頻繁に起こり，われわれに被害をもたらす。大規模な集中豪雨による洪水や，異常に暑い夏に発生するエアコンによる電力供給不足が好例であろう。さらには，気温上昇がもたらす（輸入を含む）農産物・水産物への悪影響も見逃せない[14]。

新制度の戦略的構築

　デモクラティック・リーグの設立　　日米豪印の海洋四カ国を核とする「デモクラティック・リーグ」つまり民主連盟ともいうべき多国間組織を構築すべきである[15]。日米同盟とアンザス同盟（アメリカとオーストラリアならびにニュージーランドの同盟）は解消せず，首脳会議を含む四国の代表が一堂に会する会議を積み上げていき，インド太平洋地域における現状維持陣営の団結を図っていくのがその目的である。それと並行して四国の間で軍事演習——とりわけ海上自衛隊がかかわるもの——を開催していく必要がある。四国を核とする一方，他の現状維持国の随時参加も歓迎すべきであるが，四国間の団結に抵触しないよう注意する必要があろう。

　このデモクラティック・リーグは自由民主主義・開放的自由経済，それに開かれた海洋を共通の利益とする国家集団である。「自由民主主義・経済的相互依存・国際機構」の三要素が，そこでは満たされている[16]。世界における現状維持陣営を見渡せば，NATOやEUといった多国間組織がヨーロッパには存在するが，インド洋圏と東アジア全体をあわせた「インド太平洋地域」には存在しない。太平洋をまたげば，アメリカを中心として複数の二国間同盟がある。また，イギリス，オーストラリア，ニュージーランド，シンガポール，マレーシアの間には同盟ではないものの，軍事的協力の枠組みである五カ国防衛取極がある。しかし現時点では，現状維持陣営国家からなる政治的・軍事的協力枠組みがインド洋圏には見当たらない。デモクラティック・リーグはこの隙間を埋めるものである。

　デモクラティック・リーグは正式な軍事同盟ではないことを，ここで強調しておこう。むしろ政治的協力関係の枠組みであり，まさに秩序戦において現状

維持陣営の団結強化を図るための一手段である。その枠組みの中では活発な軍事協力を推進すべきであるが、防衛義務に関してはこれまでの条約レベルの同盟や協定がそのまま継続される。たとえば、日本はオーストラリアならびにインドを相手に軍事演習や情報交換などさまざまな軍事的協力を発展させることができるが、正式な同盟関係はアメリカとのものだけとなる。そして、デモクラティック・リーグは政治・経済・文化の分野でも日米豪印間における協力を促進する枠組みとしても機能できよう。くわえて、NATOならびにEUとの協力を促進する主体ともなりうる。ヨーロッパ諸国からみれば、NATOやEUのアジアにおける現時点でのパートナーは日本やオーストラリアといったような一国単位のものであり、多国間組織パートナーに関していえばASEANしか選択肢がない。デモクラティック・リーグは本部組織がないものの、準多国間組織としてNATOやEUとの対話や協力関係を促進できる主体となりうる[17]。

　日本にとって、デモクラティック・リーグは現状打破陣営に対する牽制、つまりバランス・オブ・パワーを強化する有効な手段であるほか、アメリカの対日外交圧力を薄める絶好の手段でもある。アメリカだけを相手に交渉する従来の二国関係においてはアメリカの外交圧力を日本は直接受けざるをえない。それに対して、多国間組織の枠組みの中では日本は他の国々と組んでアメリカに対抗しやすいのである。アメリカからの外交圧力を拡散できるといってもよい。

　こういった形で、デモクラティック・リーグがもたらす効用は大きい。日本はぜひこういった政治的な新制度を構築していくべきであろう。

偶発的戦争回避のための新制度の設立　　海軍膨張主義を続ける中国に対しては、抑止を維持すべきである。しかし、同時に中国との戦争が偶発的に発生しないよう、中国海空軍と海上・航空自衛隊との間で誤認発生を避ける取り決め、つまり衝突回避の手続きを完備させておく必要がある[18]。これも、現在のバランス・オブ・パワーを維持していく、言い換えれば現状固定化のための制度である。対中宥和政策の一環ではない。西太平洋のアメリカの覇権を覆したいと中国が画策している限り、それを阻止したい日米同盟側と中国との間で協商関係——相互の勢力圏に合意するという関係——はいまのところ打ち立てることはできない。

　以上、「国際制度の戦略的運用」政策プログラムについて解説してきた。次章では四つの政策プログラムの最後のもの、「ジオストラテジーの実践」について説明しよう。

第6章 ジオストラテジーを実践する

● 1 はじめに

　本章は四つの目的を持っている。第3章からこれまでさまざまな議論を展開してきたが，そこには一つの暗黙の前提があった。それは，一国単位の作戦のみを主に論じてきたということである。ところが，実際の秩序戦ではそういった「個人戦」ではなくて「団体戦」が展開される。そこでは陣営間だけではなく，陣営内での問題にも国家は対応しなければならない。そこで，これまで議論してきたハードパワー（サイバーパワーを含む），ソフトパワー，国際制度をそれぞれ中心とする三つの政策プログラムが団体戦の文脈ではどう当てはまるのか，この点を本章で解明していく。これが第一の目的である。

　第二の目的は，こういった団体戦の作戦を地政学的文脈に当てはめることにある。これまでの議論は抽象的なものであったが，地政学的な見地からそれを具体化する作業を本章は進めていく。地球の表層を将棋盤のように想定し，競争相手と向かい合いながらゲームを進めていくというイメージを想定していただきたい。ユーラシア大陸を一つの「盤」として，そして各国を「将棋の駒」として考え，対抗陣営側の動きを考えながらも自陣営全体としての攻略法を練って遂行していくのである。あるいは軍の図上演習のように，地理的条件が含まれた図面の上においていくつもの駒を動かし，敵の動きを踏まえながら攻略法を練っていく。

　こういった比喩が示すように，秩序戦は実際には地政学的文脈で戦われるのであり，この点を踏まえた上で大戦略を遂行していくことになる。その際，地

政学的条件に合致するように具体化された作戦を考えていかなけれならない。こういった作業こそがジオストラテジー (geostrategy, 地政学的戦略とでも訳せようか) の作業である。秩序戦に参加し政策を効果的に遂行していくには，ジオストラテジーの思考法が欠かせない。大戦略を地図上に可視化する思考法ともいえよう。

第三の目的は，これら二つの目的から論理的に導き出されるものである。つまり，団体戦特有の現象を地政学的文脈に当てはめていけば，それまで取り扱われなかった新しい概念が出てくるであろう。そういった概念を整理していく。

これら三つの目的を達成することにより，大戦略という枠の中で行われる諸活動を統合的かつ具体的に本章は解説していく。その上でユーラシア大陸全体を俯瞰し，日本が他の現状維持国と協力しつつ秩序戦を勝ち抜いていくための諸作戦を提示する。これが第四の目的である。

以下，次の順で議論を展開していく。まず，次節で上の第一の目的を達成する。つまり前章までの「個人戦向け」議論を「団体戦向け」に構成しなおす。具体的には陣営間闘争における基本的な政策メニューを提示する。そして，第二・第三目的を達成すべく，(1)大国間地政学ゲームとでもいうものの基本的パターン，(2)ジオストラテジー特有の諸概念，(3)陣営別のジオストラテジー，を順を追って解説していく。こういった議論を踏まえ，最後に日本が採用すべきジオストラテジーを説明して本章を閉じることとしたい。

2 陣営間闘争策の基本メニュー

「団体戦」の可視化

二つの図表を使って話を進めていこう。まずは，図 6-1「秩序戦における陣営間闘争の概念図」をご覧いただきたい。この図の中心部に「領土分配をめぐる闘争」「正統性をめぐる闘争」「国際制度をめぐる闘争」とあるが，これらを境にして上から現状維持陣営，下から現状打破陣営がいわば「二頭の牛が角を突き合わせている形」で対峙している。その左手に目を移せば，二大陣営のハードパワー間のバランス，つまりバランス・オブ・パワーが表示されており，ここでも両陣営が対峙している。第 2 章で解説した最高位目的を頂点とする大戦略の図式を，ここで思い出していただきたい。二大陣営がそれぞれ大戦略の図式を持っており，それら二つの図式を互いの頂点が向き合う形に組み合わせたものが，この「秩序戦における陣営間闘争の概念図」といえる。

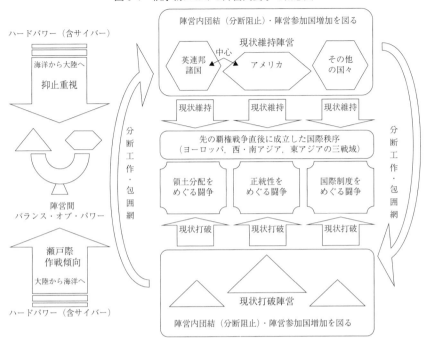

図6-1 秩序戦における陣営間闘争の概念図

この比喩を続けよう。これら二つの図式を組み合わせることにより、一つ一つの図式にはなかった要素が出現する。それが分断工作（クサビ打ち）と包囲網で、図では矢印で記してある。各陣営とも対抗陣営内の内紛を助長し、分裂を引き起こすためにさまざまな手段をとる。分断されれば陣営は弱くなる。対抗陣営からの分断工作に対抗するため、自陣営内の団結をつねに図る一方で、各陣営は新たな参加国を取り込もうとする――それも敵陣営を包囲する形で。数の上において対抗陣営を圧倒しようとするのである。陣営規模が大きくなれば当然、その陣営が持つハードパワーが増え、バランス・オブ・パワーの上で対抗陣営に勝ることが可能となる。そういった新参加国は中立的立場をとっていた国の場合もあるが、対抗陣営から引き抜くことができれば、分断工作も兼ねることとなり、効果はすこぶる大きい。

もう一つの図表は、表6-1「陣営間闘争における政策メニューの例」である。図6-1「秩序戦における陣営間闘争の概念図」は陣営間闘争をイメージ図として表現したものであるのに対して、陣営間闘争において採用される具体的な政

表6-1 陣営間闘争における政策メニューの例

作戦（対抗陣営向け）	空間	対抗陣営に向けた政策	自陣営に向けた政策	空間	作戦（自陣営向け）
対抗陣営の物理的対外影響力を弱める作戦	実空間	敵側軍事力が劣勢になるよう図る	自陣営の軍備を整備及び拡張する（情報分析・防衛諸制度・訓練の充実化等も含む）	実空間	自陣営の物理的対外影響力を強める作戦
			自己軍事力の相対的強化を図る		
			軍事技術開発におけるリードを保つ		
		敵に無駄な戦争を他の地域でさせる（浪費させる）	無駄な戦争や浪費をさける		
		敵の非正規軍の使用を阻止する	自身の非正規軍を使用する		
		示威行為をやめさせる	示威行為をする		
		敵側の総合的経済力の弱体化・脆弱化を図る一方、経済力（エネルギー資源を含む）によって敵を懐柔する	味方側の総合的経済力の強化・非脆弱化を図る一方、敵からの経済力（エネルギー資源を含む）による懐柔策を阻止する		
		敵の同盟網や勢力圏の拡大を阻止する一方、その弱体化・縮小化を図る、包囲網を形成する	味方側の同盟網・勢力圏の強化・拡大化を図る一方、対抗陣営による包囲網形成を阻止する		
		相手側が図る既成事実の積み上げを阻止・骨抜きにする	自陣営に有利な既成事実の積み上げを図る		
		情報収集戦において味方陣営が優位になるように図る一方、カウンターインテリジェンス作戦で勝利する			
		サイバー戦			
		サイバー攻撃・防御、ならびに情報収集戦において味方陣営が優位になるよう図る			
対抗営内（敵国内も含む）の政治的結束を阻害する作戦		敵同盟にクサビを打つ、仲たがいを助長させる、離脱国を増やす	自陣営内にクサビを打たせないようにする、陣営内の協力関係を促進する		自陣営内（自国内）の政治的結束を促進する作戦
情報心理戦（パブリック・ディプロマシー）		思想戦・威信戦			情報心理戦（パブリック・ディプロマシー）
		敵の国内的結束、ならびに国際的正義、威信、評判を弱めるための情報心理作戦・スパイ工作等を実施する	自らの国内的結束を維持し、ならびに国際的正義、威信、評判を強める一方、敵の情報心理作戦・スパイ工作を打ち砕く		
		歴史解釈戦			
		先の覇権戦争に関して自己に都合のよい解釈を喧伝する			
		法律戦			
		相手側の行動を縛るよう国際法を解釈	自陣営に都合のよいよう国際法を解釈		
		プロパガンダ（世論戦）			
		相手側を貶めるような国際世論キャンペーンを展開（メディア、会議）	自陣営をよく見せるための国際世論キャンペーンを展開（メディア、会議）		
国際制度戦		既存の国際制度における敵陣営の立場を弱くする	既存の国際制度における自陣営の立場を強化する		国際制度戦
		自己に都合のよい国際制度を新たに構築する			
その他		コバートオペレーション（暗殺、破壊工作等）、軍事力を背景とした直接交渉、軍縮交渉、等々			

策を体系的にまとめたものが表 6-1 である。この表に含まれている諸政策を同時に，総合的に展開していくこととなる。

　この表は，ハードパワー，ソフトパワー，国際制度戦の各章において議論してきた諸作戦を組み換え直したものともいえる。これまで触れてこなかった政策——たとえば非正規軍の使用や既成事実の積み上げ——やジオストラテジーに関するものも便宜上加えた。また，自陣営は一丸となっているという前提を設けてある。前章までの議論は，一国が対抗陣営（国）に対応するという前提に基づくものであったが，陣営間の団体戦となれば，各国は対抗陣営に対する政策と並行して自陣営内部に関する政策も同時に遂行しなくてはならない。それをまとめたのがこの表である。したがって，この表は観音開きのように左右対称となっている。また，この表は政策メニューの例を示すものであり，他の政策も随時ここに入れることが可能であることに留意してほしい。

団体戦における二大基本作戦——分断工作と包囲網

　これらの図表にあるとおり，団体戦においては，対抗陣営を引き裂くことによって弱体化させ，その周りを自陣営の同盟網で取り囲むという作戦を展開すると同時に，対抗陣営からの分断工作と包囲網構築作戦を阻止するというのが基本的戦略となる。当然，こういった種類の政治外交政策に関して，われわれは感度をあげ，よく理解する訓練をしておく必要がある。まさにわれわれのディプロマティック・センスを研ぎ澄ます必要があるといえよう。実際，大国は分断工作や包囲網といった外交政策を活発に行っている。それは密使を通じて秘密裏に進められることもある。キッシンジャー大統領特別補佐官が密使として活躍しアメリカのニクソン大統領による電撃的な北京訪問（1972年）に至った例にみられるように。

　分断工作展開の例　　分断工作ならびに対抗策の例を見てみよう。冷戦後の世界を見渡せば，中国によるクサビ打ち作戦が目につく。たとえば，カンボジアは親中国であるが，カンボジアを使って ASEAN 分断を図り，成功している。フィリピンとヴェトナムとを相手にして，中国は南シナ海において領土問題を抱えているが，カンボジアを抱き込むことにより，ASEAN が反中で一致団結できないようにした。たとえば，ASEAN 外相会議においては共同声明を出すことが慣例となっていたが，カンボジアが主催した 2012 年では共同声明が出ないという異例の状況に陥ったのである。フィリピンとヴェトナム等が中国に対して批判的な共同声明を望んだのに対して，カンボジア等が反対したのがそ

の真相であった[1]。

　また，必ずしも意図的ではないものの，結果的には陣営が分断されるという事態も生じうる。たとえば，冷戦終了後，中国は韓国と国交を開いたが，中国政府の思惑はなんであれ，この行為はまさに中国と北朝鮮との間に中国が自らクサビを打ちこむ処置であり，北朝鮮に対する裏切り行為と北朝鮮政府の目には映った。似たような状況は，これまでたびたび触れてきた中国指導下のAIIBに西ヨーロッパ諸国がアメリカの反対にもかかわらず参加を決定した際にも起こっている。西ヨーロッパ諸国は経済的利益を追求して参加したと思われるが，結果的にはクサビが西側陣営に打ち込まれ，すくなくともアメリカ政府の目にはそう映ったのである。そして，そのアメリカ政府も2017年に政権がかわった途端に日本と西ヨーロッパ諸国（EU），それにカナダに対して保護貿易主義政策を取り始め，自ら西側陣営に亀裂を走らせた。

　他方，分断工作に対抗すべく自陣営の団結を図る処置としては，中国とロシアが主導している上海協力機構が好例であろう。ロシアのほか，カザフスタンやウズベキスタンといった中央アジアにある旧ソ連共和国，ならびにそれらの国々と国境を接する中国が，互いに安定的な地域関係を模索する目的で1996年に始まった会合――上海ファイブと呼ばれた――がそもそもの始まりであった。2001年6月には，上海協力機構としてこれが格上げされたのである。それ以降，反米路線が目立つようになる。2001年9月にアメリカ国内で発生したアルカイダによる同時多発テロがその契機であった。アルカイダをかくまっているとされたアフガニスタンのタリバン政権に対して同年10月，米英軍（ならびに有志連合を構成した他の軍）が空爆を始めたのと同時に，この戦争のためキルギスにアメリカ空軍が駐留し始めたのである。アメリカの軍事プレゼンスが中央アジアにおいて出現して以来，上海協力機構加盟国間における軍事協力が進み，現時点では事実上の同盟機構として上海協力機構は機能しているといわざるをえない。仮想敵国はアメリカではないかもしれないものの，こういった軍事的協力関係はアメリカの介入をはねつけようとする姿勢を象徴している。実際，アメリカのオブザーバー加盟を2005年に却下しているほか，アメリカへの反感が感じられる言動が上海協力機構においてたびたび見受けられる[2]。

　包囲網の例　　ポスト冷戦期における包囲網の例として米印原子力協定の事例（2005～2007年）を取り扱ってみよう[3]。それまでのインドは，核拡散防止条約（NPT）や包括的核実験禁止条約（CTBT）を不平等であるとして拒

絶し、これらに参加せず核兵器を保有していた。アメリカはこれを非難していたのだが、2006年、インドとの間で民生用原子力協力を定めた米印原子力協定に合意したのである。この協定内容は、(1)核燃料供給面での協力を含むインドの民生用原子力体制への協力をアメリカが提供する一方、(2)その引き換えとしてインドは核実験を引き続き控えることならびにその民生用原子力施設に国際原子力機関の査察を受け入れる——つまり核拡散防止条約

米印原子力協定に関する会談を終えたブッシュ米大統領とシン印首相（2006年3月2日）
［写真：White House］

と包括的核実験禁止条約で指定されている義務を事実上受け入れる——というものであった。本書の視点からして重要なのは、米印協定の内容そのものではない。冷戦期以来冷えた関係にあったアメリカとインドが本格的にともに歩み始めたという秩序戦的意味合いこそが重要なのである。冷戦中、インドは中立の立場を名目的には維持していたが、実質はかなり「ソ連側に近い中立」というものであった——印ソ平和友好協力条約（1971年）の存在が示すように[4]。

歴史を振り返れば、似たような状況を見つけることが可能である。前述の米中国交回復（1972年）のほか、「偉大なる和解」（Great Rapprochement）と呼ばれる米英両国の相互接近を挙げることができよう。19世紀末までの米英関係は、とりわけ西半球で競合的であった。しかしベネズエラ危機（1895年）や米西戦争（1889年）を皮切りにして、両国関係は協調的なものへと転換していき、第二次世界大戦前ごろには「特別な関係」（Special Relationship）と呼ばれるほどの戦略的パートナーシップが米英間で誕生したのである[5]。

米印原子力協定は両国間の和解を示すものだったのであり、ポスト冷戦期ユーラシア大陸をめぐる秩序戦において、まさに画期的な合意であった。インド洋を制圧し、そして冷戦期以来どちらかといえば現状維持陣営とは疎遠であったインドが核保有国として台頭する中で、アメリカはインドを自陣営に引きつけたいという意思表示をした。いうなれば米印協定はインドの（完全なものではないかもしれないが）「陣営鞍替え」のサインなのであったといえよう。そのターゲットは当然、中国にほかならない。インドの核兵器はパキスタンと中国に向けられており、1962年の中印国境紛争にみられた中印間の領土問題は

未解決のままである[6]。

最近の日本の例　日本もクサビ打ちや包囲網といった政策を近年実行してきていることを，ここで確認しておこう。たとえば小泉首相がその政権末期（2006年夏）さらには安倍首相が2015年にそれぞれ中央アジアを訪れたが，それはまさに上海協力機構のモメンタムを削ごうとする意思表示を間接的にせよねらったものと理解できる。他方，自陣営の団結強化，ならびに勢力拡大のために日本はさまざまな政策を打ち出してきた。たとえば，中国の台頭に呼応する形で進んできた日米豪間における閣僚レベル戦略協議は，まさにアジア太平洋地域における現状維持陣営の団結を図る一措置として理解できる。同時に，南シナ海において中国と領土問題を抱えているフィリピン・ヴェトナムへの支援も対中包囲網の一部をなしている。これにくわえて，モンゴルへの接近にも同様のねらいがみられる。ユーラシア大陸全体に目を移せば，その最極端にあるNATOとの提携，そしてインドとの提携も，現状維持陣営の強化という戦略的意図に基づくものにほかならない。

現状維持陣営の拡大と団結強化をねらった日本の外交政策は，間接的な形や名称をとることがある。たとえば，第一次安倍内閣（2006〜2007年）に打ち出された「価値観外交」や「自由と繁栄の弧」をみてみよう。自由民主主義の価値——自由，民主主義，基本的人権，法の支配，開放的市場経済といった普遍的価値——を共有する国々との協力が「価値観外交」を意味する。そして，北欧，バルト三国，中・東欧諸国，中央アジアやコーカサス，中近東，インド地域，東南アジア・北東アジアにつながる「弧」において，こういった普遍的価値に基づく安定的地域を築いていくというものが「自由と繁栄の弧」という政策概念にほかならない。こういった概念が暗黙的に想定しているのは，自由民主主義を共有していない現状打破国に対する牽制である。別の例としては，TPPが挙げられる。アメリカが不参加を決めたので不発に終わったものの，TPPが持っていた秩序戦における意味合いも，現状維持陣営の団結強化・参加国増加であった。最近になって合意に至った，日本とEU間の自由貿易協定も同様の政治的意味合いを持っている。

こういった外交活動に関して，われわれは理解力（リテラシー）を研ぎ澄ます必要がある。日本は他国との間の新しい合意や制度の発足を知るにつけ，秩序戦におけるその意味を理解するとともに，自国自身，秩序戦に効果的な政策を推進することがこれからますます必要となろう。

● 3 大国間の地政学的ゲーム——基本パターン

　分断工作や包囲網といった団体戦特有の作戦をここまで説明したきたが、こういった競争は地政学的文脈において展開される。まずは、大国間における地政学的ゲームにおける基本的な構図を確認していこう。その上で地政学特有の概念を解説していきたい。

　すでに論じたとおり、秩序戦は「ユーラシア大陸の外縁部にある三つの『戦域』、つまりヨーロッパ、西・南アジア、東アジアを誰がコントロールするのかというゲーム」として地政学的視点からは理解できる。それ以外の地域、すなわちアフリカ大陸、北米以外の西半球における国々、南極、それに北極圏はいまのところこのゲームの圏外にある。将来、これらの地域もゲームに組み込まれていくかもしれない。たとえば、地球温暖化が進むにつれて北極圏での航海がより自由になれば、将来、われわれは第四の戦域の登場に対応しなければならないであろう[7]。しかし現段階では三戦域たるリムランドをめぐる闘争という枠組みが最も妥当なので、その前提で話を進めることとする。くわえて、サイバー空間や宇宙空間はここでの実空間をめぐる議論には入っていないことも確認しておこう。

　このゲームに参加する主要プレーヤーは三つに分けることができる。ロシアとアメリカ、それにリムランドに所属する大国複数である。イギリス、フランス、ドイツ、インド、中国、日本等がこの第三のカテゴリーに含まれる。以下、第三カテゴリーの国を「リムランド大国」と呼ぶことにしよう。単純化した形でこれら主要プレーヤーの地政学的位置関係を表現すれば図6-2のようになる[8]。

　以下、このゲームが持つ地政学的性質を明らかにすべく、各プレーヤーの立場を詳しくみていこう。

ロシア

　リムランドから見て北極圏への方向にロシアがある。ロシアは三戦域と国境を接しているので、潜在的には自国のみでこれら三戦域に同時に陸地を伝って、つまり陸軍力でもって進出できるというまれな地理的位置にある。ユーラシア大陸の上にある大国で、そういう位置にあるのはロシアだけである。たとえばドイツ、フランス、中国、インド、イランをみてほしい。こういった国々の勢

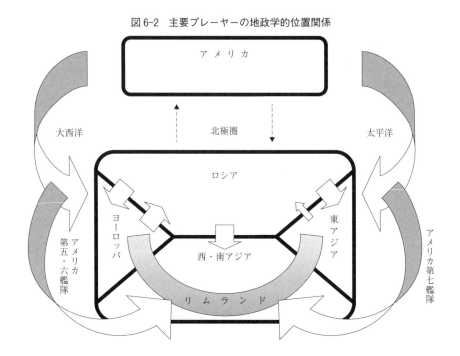

図6-2 主要プレーヤーの地政学的位置関係

力は、上述の三戦域のうち一地域かせいぜい二地域に限られている。大陸から海峡で離れているイギリスと日本はここには含まれておらず、これらについては後で触れる。

このようなロシアにとって最良な状況は「三戦域をすべて制圧し、ユーラシア大陸全域をその覇権下に置く」というものであろうが、歴史上それが達成されたことはない。三戦域それぞれに伸長していったロシアの勢力を「不凍港を求めての伸長」――南下政策とも呼ばれる――と捉えることも可能であろう。その努力は、バルチック海、黒海、日本海それぞれにおいて軍港を設立したという事実にみることができようが、ロシアの勢力が三戦域を制覇するまでには至らなかった。反面、ロシアにとっての最悪な状況は、「三戦域すべてが同時に敵対勢力の手に落ち、完全なロシア包囲網が完成され、全面攻撃にあう」といったものであろう。ソ連成立時に資本主義諸国から介入戦争を受けた際、これに似たような状況まで追い込まれたが、持ちこたえた。三戦域すべてを制圧する、あるいは制圧される、という極端な二つの状況の間には、さまざまなパターンが存在しうる。たとえば「それぞれの戦域がロシアないし敵対勢力の一

方的な制圧下にはなく，両者間の力のバランスがすべての戦域で成立している」とか，あるいは「二戦域はロシア側に，一戦域は敵対勢力の手にそれぞれ落ちた」といったような状況である。

ロシアの人口はヨーロッパ側に集中しており，フランスやドイツといったリムランド大国から首都モスクワが近いという事実からして，三戦域のうちヨーロッパがロシアにとって最も重要な戦域といえる。いわばヨーロッパ戦域がロシアにとって前方であり，東アジアが後方，そして中近東が「脇腹」といった位置関係にあると思われる。「ヨーロッパ正面」の重要性は一貫しているものの，それ以外の戦域にどうロシアは対応するのかという点に関しては，時代によって——そしてその時々の政権によって——態度は異なってきた。たとえば，2010年代の状況を見てみよう。東アジアにおいては台頭する中国に不安を感じながらも友好関係を保とうとしている一方で，ヨーロッパ正面と中近東方面にプーチン政権は攻勢に出ようとしている。ヨーロッパにおいては，NATOとの緩衝地帯——とりわけウクライナ——における闘争に集中している。中近東においてはシリアを足掛かりに勢力を伸ばそうとしているといえよう。

以下，ロシアの視点から各戦域の特徴を見ていこう。まず，死活的に重要であるヨーロッパ戦域である。ここでは，ナポレオン率いるフランス軍，そして後にナチス・ドイツ軍にロシア領土深くまで侵略された歴史が目に付く。ロシア政府はこれらに耐え忍んだ。さらには，対米冷戦には敗れたものの，ベラルーシとウクライナをNATOとの緩衝地帯としてロシアはいまだに維持している。

近代ロシアでは自由民主主義・資本主義が十分に花咲いたことがなくイギリス・フランス・ドイツとの間で価値観を深く共有することが困難であることも，ロシアのヨーロッパ戦域での立場を難しくしている一因といえよう。フランス・ドイツ・日本の三国は現状打破国として覇権戦争で敗北した後，米英主導下の現状維持陣営に組み込まれ，自由民主主義国家として再び大国化した。それらがたどった軌跡とは対照的に，ロシアは第一次世界大戦以降，つまり過去100年間，現状維持陣営に長く組み込まれた歴史がなく，潜在的にも顕在的にも現状打破国の地位を保ってきたといえる。

他方，ロシア領内のコーカサス地域（黒海とカスピ海にはさまれた地域）からカスピ海の東側に広がる中央アジア（カザフスタンあたりの地域）という広い範囲において，ロシアは中近東に接している。このあたりのロシア領内には非ロシア民族が目立ち，ロシア政府が民族問題で悩むことが多い地域である。

コーカサス地域の向こう側には，ロシアの伝統的な競争相手であるトルコが控えている。中近東をめぐるロシア外交史を見て印象に残るのは，アフガニスタンの重要性である。19世紀にアフガニスタンをめぐってロシアはイギリスと争った歴史があるが，1979年からのソ連によるアフガニスタン侵攻は失敗に終わっている。

東アジアはロシアにとって新規開拓の地であり，アメリカでいえば西部に相当するといえよう。アメリカ人は大西洋岸からアメリカ大陸を西進していったが，ロシア人はモスクワからシベリアに向かって東進していった。東アジアにおいては，モンゴル・中国とロシアは長い国境を接している。1860年の北京条約により現在の極東ロシアを清国から割譲して以来，ロシアはその勢力を満州さらには朝鮮半島に伸ばそうとして日本と衝突したことは日本人ならよく知っている歴史であろう。中国との関係も長い歴史をみれば大変複雑で，敵対した時期と協力関係にあった時期が入り混じっている。圧倒的な人口を誇る中国と国境を接している地方ではロシア人の数が少なく，人口密度も低い。このことが時代を超えてロシアが中国に対して持っている不安感の根本にあるように見受けられる。また冷戦期以来，ロシア領海であるオホーツク海では核ミサイルを搭載する原子力潜水艦を展開しており，ロシアの核戦略にとっていわば聖地となっている。

アメリカ

ユーラシア大陸とは大きな海洋をはさんで分かれているものの，三戦域での趨勢に重大な利害を持つ国がアメリカである。ヨーロッパと東アジアでの趨勢は，とりわけアメリカにとっては死活的といえよう。これらの戦域が敵対勢力の支配下に落ちた場合，強力な海軍力を背景にして大西洋か太平洋，あるいは双方からアメリカ本土が直接脅威にさらされかねないからである（そういった対米対抗策の中には，アメリカが地域覇権を握っている西半球にある国々に反米政権を樹立させ対米軍事基地を設けるなどして，アメリカを追い詰めるというものも含まれる）。こういった意味での重要性は西・南アジアにはない。反米勢力がこの地域からその海軍力をアメリカ本土に向けて派遣するには，アフリカ大陸ないしは東南アジア・オーストラリアを通過しなければならないからである。スエズ運河やマラッカ海峡といったチョークポイントを海軍力に勝るアメリカに封鎖されれば，ひとたまりもない。したがって，この面だけに焦点をしぼれば，三戦域の中で西・南アジアの地位がアメリカにとっては最も低い

といえよう。

　ロシアの場合と同様，伝統的にはヨーロッパを最も重要な戦域としてアメリカは扱ってきた。現在でもNATOを通じて，アメリカはヨーロッパの防衛にコミットしている。ヨーロッパの大西洋側はアメリカ海軍第二艦隊，地中海は第六艦隊の守備範囲——第五艦隊が中近東——となっている。アメリカとユーラシア大陸との地理的関係を考えれば，ヨーロッパから東アジアにその最重要戦域の地位を移すことは，アメリカにとってさほど難しいことではない。この点はロシアの場合と大きく異なる。アメリカは「両洋国家」なのである。

　縁海が多い東アジア——北から南にオホーツク海，日本海，黄海，東シナ海，南シナ海，珊瑚海と続く——では，海軍力がものをいう。したがって，強力な海軍力を持っているアメリカにとっては東アジアは都合がよい戦域といえよう。実際，東アジアにおいてロシアを除く域外の大国がその勢力を伸ばしていく際，海軍力が重要であったことは歴史を見れば明白である。19世紀にイギリスやフランス，オランダがこの地域にやってきた時にも海軍を使った。その後，日本海軍が西太平洋の制海権を牛耳ったものの，第二次世界大戦終了以来，西太平洋の制海権はアメリカに移り今日までいたっている。その要はいうまでもなく，横須賀に司令部を置くアメリカ第七艦隊である。第七艦隊は西太平洋のほか，中近東の東側まで伸びるインド洋を担当している（第1章3節を参照）。

　リムランドはロシアと地続きであるので，リムランドをめぐる大国間の確執はロシアにとってホーム・ゲームの色彩が強い。当然，軍事力の面では陸軍がロシアにとって重要である。他方，海洋でリムランドと離れているアメリカにとっては海軍力に頼るアウェー・ゲームとなる。その海軍力を効果的に展開するためにリムランドにある国々とアメリカは同盟を結び，さらにはそういった国々に軍事基地を設けることとなる。これらの軍事基地から派遣した艦艇ならびに海兵隊を使って，大陸側に向けて攻撃を仕掛ける，こういったものがアメリカの基本的態勢となる。第二次世界大戦終了時以来，そうである。その結果，アメリカはロシアに対して外線作戦つまり対ロシア包囲網作戦をとり，ロシアはアメリカに対して，内線作戦つまり対ロシア包囲網突破作戦をとるという形で双方が対峙する。

リムランド大国

　リムランド大国が秩序戦にかかわる際，五つの基本的パターンが歴史上あった。

イギリスによる単独覇権　複数あるリムランド大国の中で「単独でもって三戦域すべてを完全支配」する状況に最も近づくことができた唯一の国が，最盛期のイギリスである。19世紀後半におけるイギリスの地位を簡単に見てみよう。まずヨーロッパを制圧こそしなかったものの，フランス，ドイツ，ロシアといった大陸国による地域覇権をイギリスは許さなかった。他方，西・南アジア地域の大部分をその勢力圏に組み入れた。なかでも英領インドは「（大英帝国の）王冠にある宝石」（the jewel in the crown）とまで呼ばれるぐらい重要な位置にあった。東アジアでは，中国領内部に権益を築くことにイギリスは成功し，その上要衝であるシンガポールを含むマレー半島を押さえた。これら三地域でのイギリスの勢力を一括して支えたのはいうまでもなくその卓説した海軍力——そしてその背景にある経済力——にほかならない。三戦域を結ぶシーレーンをイギリスは支配したのである。

　その後，20世紀初頭，経済力をたくわえたドイツが海軍力を増強するにつけて，イギリスはヨーロッパ戦域にその資源を集中してドイツに対抗するようになった。しかし，両大戦という二度にわたる対独戦でイギリス経済は完全に疲弊してしまう。第二次世界大戦が終了した後，20年ほどかけてイギリスは西・南アジアと東アジアから事実上の撤退を敢行し，1970年代に入るころには「ヨーロッパのみの大国」となったのである。この間，アメリカとの「特別な関係」を通じながら両大戦ならびに冷戦期をしのいだ（前節を参照）。

リムランド同盟　単独で三戦域を制覇できないのであれば，リムランドの中で同盟国を募るという作戦がある。こういった同盟をリムランド同盟と呼ぼう。こういった形で三域すべての制圧をめざしたのが日独伊三国同盟であった。いうまでもなくドイツとイタリアがヨーロッパと中近東担当，日本が東アジアとインドの東側を担当するという振り分けである。地理的にいって，リムランド同盟は二正面作戦の危険をつねに伴わざるをえない。一方ではユーラシア大陸の内陸部（ロシア側）に向かって侵攻するのと同時に，アメリカそしてイギリスといった海洋国に向かって戦うというものである。こういった二正面作戦を成功裏に展開するのは難しい。くわえてリムランド同盟は距離的に大きく離れた国が参加するので，当然，同盟国間の政策調整も難しくなる。日独伊三国同盟ではまさにこういった問題が露呈した。ドイツの対米英・対ソ同時戦争，日本の対米英・対中同時戦争——そして最後は対ソ戦も加わった——はともに二正面作戦であった。また日独間の戦争協力もほぼ皆無に等しかったのはよく知られるところである。

単一戦域の中でのリムランド同盟も存在した。つまり同じ戦域にあるリムランド大国を抑えるのに，他のリムランド大国同士が組むという形がヨーロッパでよくみられた。英仏同盟がドイツに対抗するというのは典型的なパターンであろう。

単独でロシアまたはアメリカに対抗　リムランド大国が単独で自分が属する戦域においてロシアないしは米英のいずれかと対峙するというパターンもある。対峙しない大国とは同盟を結ばず，中立か協商の関係を維持する。そして，他の戦域には直接かかわらない。現在の中国外交がこの型といえよう。第二次世界大戦中の日本も，大陸側においてはソ連と中立条約を結ぶ一方で，海洋側においてアメリカと対峙するという態勢をとった。

ロシアまたはアメリカとの同盟　ロシアないしはアメリカと同盟を組めば，そこから強力な支援を得ることができると同時に，二正面作戦を避けることができるので，リムランド大国からすれば一石二鳥である。イギリスがアメリカと組んでドイツに対抗した両大戦の例のほか，冷戦期においてイギリスを含む西ヨーロッパ諸国がNATOを通じてアメリカ側についてソ連に対抗したのは好例といえよう。第二次世界大戦初期のドイツも，ソ連と不可侵条約を結び二正面作戦を避けつつ英仏戦に挑んだ。冷戦期，中国がソ連と，また日本がアメリカと同盟をそれぞれ結んだ事例も同様に解釈できる。

リムランド大国がこういった同盟をロシアないしはアメリカと組む際に想定している対抗国はアメリカまたはロシアの場合もあるし，別のリムランド大国——同じ戦域内の大国，別の戦域にある大国にかかわらず——もありうる。第二次世界大戦中，中華民国がアメリカと組んで日本に対抗したのは一例である。

以上，リムランド大国からの視点に立って解説をしてきた。他方，ロシアから見れば，リムランド大国との同盟はそれを通じてリムランドに自らの勢力を浸透させていけるのと同時に，リムランドからアメリカの勢力を駆逐することができるので，大変好都合である。リムランド大国に対米代理戦争をさせ，自分は手を汚さずにすむのも魅力的であろう。冷戦期の北朝鮮や北ヴェトナムはリムランド大国ではなかったものの，こういった対米代理戦争に従事した好例である。

アメリカから見ても事情は似たようなもので，リムランドの大国と同盟を結ぶことができれば，まずユーラシア大陸に対して橋頭堡を築くことができる。たとえばNATOを通じて地上軍をドイツなどに駐留できる。また日本やイギリスは「不沈空母」として機能し，そこからアメリカは海軍・空軍を使ってユ

ーラシア大陸に向かってパワープロジェクト（兵力投射）できる。うまくいけば，リムランド大国が対露牽制のための「アメリカの手先」とさえなってくれる。1972年に中国がソ連と袂を分かちアメリカ側についた際の中国の役割はこう理解できる。

米露コンドミニアム　　米露両国が結託してリムランドを分割支配するというパターンである。三戦域すべてにおいて，こういった状況が歴史上出現したことはない。冷戦期のデタントが最も近いものといえよう。1975年のヘルシンキ宣言でアメリカとソ連はヨーロッパにおける当時の国境をともに承認した。つまり互いの勢力圏を承認したこととなる。

4　ジオストラテジー特有の諸概念

　前述のとおり，地図上において大戦略を考えていく際に必要ないしは便利な概念がある。本書の造語である戦略前線が一つ。その他，要衝（チョークポントを含む），緩衝地帯，勢力範囲，「力の真空」等々が挙げられよう。既述した分断工作や包囲網といった概念も戦略前線概念を使えば地図上に表すことができ，そうすればこういった概念も直感的に理解できる。これらジオストラテジー特有の概念を本節では解説していく。

戦略前線

　戦略前線とは，大国の勢力圏同士が接触して緊張が高まっている地域を意味する。いわば「おしくらまんじゅう」のように双方が押し合っている地域といえよう。したがって，「高気圧と低気圧が押し合ってできる前線のようなもの」という意味合いをこめて「前線」という言葉を使用する。山県有朋の言う利益線と似ているものの，利益線という概念は一国（日本）からみた表現なのでここでは使わないこととする[9]。要するに，戦略前線は二大勢力間ないしは二国間に成立している一種の均衡点といえよう。

　ユーラシア大陸に関していえば，六種類の大規模な戦略前線が理論上存在しうる。世界規模で展開する秩序戦にとってとりわけ重要な戦略前線を考えるとき，それらが登場しうる場所が六カ所あると言い換えることもできよう。前に示した図6-2を思い起こしていただきたい[10]。

(1) ロシア領土内における戦略前線──ロシア領内にリムランド大国が攻め込

んでいる場合に現れる。平時には考えにくいが、ナポレオンやヒトラーによるロシア内部への侵略時にこの戦略前線が登場した。

(2) リムランドとロシアとの国境と重なる戦略前線——例としては冷戦時における東ドイツと西ドイツとの間の国境ならびに冷戦後期における中ソ国境がある。

(3) リムランド地域同士が接する地域に現れる戦略前線——例としてはインドと中国の勢力がぶつかる東南アジア、中近東とヨーロッパが接するトルコ・ギリシャのあたりがある。

(4) リムランド内部における戦略前線——対峙しているのがリムランド大国同士の場合、ロシア対リムランド大国の場合、リムランド大国対アメリカの場合の三通りがある。例としては第二次世界大戦までのフランスとドイツとの国境、満州地域における大日本帝国とロシア（ソ連）、北朝鮮（中国が支持）と韓国（アメリカが支持）との国境がある。

(5) リムランド海岸部に現れる戦略前線——アメリカとリムランド大国が対峙する場合に現れる。例としては冷戦期の台湾海峡ならびに宗谷海峡、現在の第一列島線があげられる。

(6) ロシアとアメリカが対峙する北極海上に現れる戦略前線

われわれが世界規模の秩序戦を考察する際、まずはこの地政学的特徴を押さえておきたい。注意点として少なくとも以下の三つを指摘しておこう。まず、これら六カ所は潜在的戦略前線に過ぎず、戦略前線が実際に顕在化するか否かはその時々の状況によるということである。第二に、押し合っている大国同士が戦略前線あたりに緩衝地帯を設け緊張緩和を図ることがある点にも注意を払う必要があろう。最後に指摘できるのは、これら六カ所以外の場所にも、戦略的前線は当然発生しうるし——たとえば、パキスタン対インドといったように——あるいは政策として発生させることができる[11]。

戦略前線構築作戦　戦略前線は大国が競争している過程において自然に発生するかもしれないし、あるいは意図的に設定ないしは顕在化されるかもしれない。後者の場合、つまり政策の一つとして戦略前線を作り上げるならば、その際には以下の原則を受け入れるべきであろう。その大前提にあるのは、戦略前線の存在は国家にとって負担となるというものである。

距離の原則：戦略前線はできるだけ自国から遠く、対抗国に近いほうがよい。

数の原則：自国が対峙する戦略前線の数はできるだけ少ないほうがよい。同時に，対抗国が対峙する戦略前線の数を増やし，地理的に対抗国を戦略前線で包囲していくようにする。

団結の原則：自陣営内において戦略前線が生じないようにするのと同時に，敵陣営内部に戦略前線が生じるように仕向けよ——つまり相手方からのクサビ打ちを避けながらこちらが相手側に対して効果的にクサビを打つこと。

　距離の原則は，直感的に理解しやすいであろう。敵性国家が自国から遠ければ遠いほど，安全は高まる。数の原則も飲み込みやすい。戦略前線に対処するにはコストがかかる。となれば直面する戦略前線が少なければ少ないほど国家によっては都合がよい。一般的にいって国境をともにする隣国の数が多いほど，潜在的な戦略前線が多くなる。基礎国力などといった他の件を除外して考えれば，そうである。これらすべてが顕在化してしまうことはないかもしれないが，安全保障の面から考えれば隣国の数が少ないほうが安心度は高まる。敵性国家に囲まれる——つまり包囲網が周囲に形成される——ほど国家にとっていやなものはないであろう。

　団結の原則は，まさに団体戦特有のものである。この面で優れた政策は，これまでたびたび触れてきたニクソンとキッシンジャーによる米中国交正常化である。実はこの政策は，団結の原則のほか，距離の原則，数の原則をも満たすものであった。まず，中ソ間に顕在化しかけていた内紛を見逃すことなく共産主義陣営内部において戦略前線を打ち立てたという意味で，団結の原則が当てはまる。つまりクサビ打ちに成功したのである。地図でいえば，中ソ国境（当時，ソ連の衛星国であったモンゴルも含む）が新たな戦略前線となった。

　このことは，同時に，アメリカにとっては戦略前線がアジア内陸部に移動することを意味していた。したがって，距離の原則が当てはまる。ニクソンとキッシンジャーは泥沼化していたヴェトナム戦争——海岸部で展開されていた——から「名誉ある撤退」を中国の協力のもとにねらっていたのである。ヴェトナム戦争という形をとっていた共産主義圏との戦略前線からアメリカが抜け出す一方，中国がいわばアメリカの代理となってソ連に対峙するという状況を作り出すことに成功したのであった。

　他方，ソ連のほうからすれば，米中国交正常化以降は，NATOと中国という二正面作戦を本格的に展開せざるをえなくなった。つまりソ連からみれば戦略前線の数が増えたのである。それも包囲される形で。それまでは中国を事実

上の緩衝地帯として東アジアにおける米軍と対峙する一方，NATO正面にその兵力を集中することができたので，あきらかに国際状況がソ連政府にとっては悪化したといえよう。さらには，アメリカが撤兵しヴェトナム戦争が終了した後，統一ヴェトナムがカンボジアに侵攻した。これに対して中国が対抗することになり，ここ中越関係においても戦略前線が誕生した。それまでは対米共闘で協力関係にあった（北）ヴェトナムと中国との関係が，全く様変わりしたのである。このように，ニクソンの北京訪問から10年の間に新しい戦略前線が二つも共産主義陣営内で誕生するという，アメリカにとってはこの上もない状況が出現したのであった。

　距離，数，団結にかかわるこれらの原則を肝に銘じる形で，国家は戦略前線を対抗国・対抗陣営に対して構築していく。また，対抗国・対抗陣営側からの戦略前線構築作戦を阻止することが，それと同時に求められる。

　現代西太平洋における戦略前線　アメリカを中心とする現状維持陣営は，基本的には海洋勢力ともいえるべきものである。他方，冷戦期以降，ユーラシア大陸にある現状打破国は大陸勢力の場合がほとんどであった。海洋勢力は海軍力に優れ，とりわけ海上から陸上に向けて兵力を投入する能力（パワープロジェクション能力）に優れている。具体的には航空母艦からの飛行機による地上攻撃と水上艦や潜水艦から発射する巡航ミサイルによる地上攻撃，さらにはリムランドにある空軍基地からの爆撃機による空爆が，現代では主流になっている。それを迎え撃つ大陸勢力としては，敵国の艦隊をできるだけ自己領土から遠ざけておきたい。伝統的には大陸勢力は強大な陸軍を持っており，その海軍は比較的新しい。現状維持陣営が持つ海軍力と対等なレベルの兵力を打ち立てるには，時間と膨大なコストがかかる。

　この図式によれば，現状維持陣営と現状打破陣営とがせめぎあう重要な戦略前線の一つは，上でいう(5)，つまりリムランド海岸部において発生することとなる。現在の東アジアにおいては，よく指摘されている第一列島線がまさにそれにあたる。第一列島線がアメリカと中国との間にある今日の戦略前線なのである（第1章で示した図1-2で確認されたし）。

　第1章で解説したように，第二次世界大戦後においては西太平洋は「アメリカの湖」になり，「航行の自由」をアメリカは旗印にしてきた。一見政治色のない「航行の自由」という概念は，実際にはアメリカがパワープロジェクション（兵力投射）能力を海上から大陸に向かって行使する「自由」を意味しているのであり，アメリカにとって都合のよいものであった。自由貿易主義という

概念を掲げた 19 世紀のイギリスと似たような状況である。「航行の自由」や自由貿易もともに一種の公共財であり，その恩恵はどの国にも行きわたる。しかし，実際には海洋覇権国が最も得をするという構造になっている。第 3 章で構造力の例として取り上げた基軸通貨の場合と同様である。南シナ海・東シナ海において「航行の自由」を享受していたアメリカは，中国本土を海から攻撃する「自由」をも享受していたのである。

「航行の自由」がいかにアメリカにとって重要であるのかという点は，三回にわたって起こった台湾海峡危機を見れば理解することができる。過去に三回，米中間において危機的な状況が台湾海峡にて発生した（1954 〜 1955, 1958, 1995 〜 1996 年）。これらすべてのケースにおいてアメリカは台湾側に立ち，その強力な海軍力でもって中国に対抗したのである。「航行の自由」がなければアメリカは台湾を助けられなかったであろう。

これら三つの事例では，中国は引き下がるしかなかった。とりわけ冷戦後に発生した第三次台湾海峡危機が重要である。この事例においては，アメリカは航空母艦を 2 隻派遣し，ミサイルを台湾近海に落下させることにより台湾を威嚇していた中国を抑制したのであった。この事例以降，いかにしてアメリカ海軍が台湾海峡に侵入できないようにするのかが，中国にとっての重要政策課題となった。陸上からミサイルでアメリカ海軍を攻撃する能力のほか，中国はその海軍力を大幅に増強してきたのである。

中国としては，まずは第一列島線から西の海域にアメリカ海軍が入れないようにする，つまりこの海域を「中国の湖」とすることをめざしている。つまり第一列島線がアメリカとの戦略前線として理解されている。そして中国にとって次に望ましいのは，この作戦が第一列島線を越えて第二列島線まで展開できることである。言い換えれば，アジア大陸からなるべく東の方向に戦略前線を押し出していけることが中国にとっては望ましい。上で触れた戦略前線の距離の原則のとおりである。そして最終的にはハワイあたりまで戦略前線が動けば，中国にとっては最高のシナリオであろう。別の言い方をすれば，中国としては対米戦略前線を第一列島線から第二列島線まで「押し上げる」ことをめざしているといえる。

台湾は第一列島線の要の位置にある。つまり要衝である。台湾を支配下に治めることができれば，そこから外洋部に向かって——第二列島線方向に向かって——海軍力を行使することが可能となる。その上，台湾からであれば海軍を北へ（九州方面へ），または南へ（フィリピン方面へ）と運用することが容易

になり第一列島線を事実上制圧することさえ可能となろう。沖縄も似たような地政学的要衝の位置にある。仮に中国が台湾と沖縄を支配下に入れることができれば，第一列島線に大きな「穴」を確保することが可能となり，その「穴」を通じて艦隊を安全に第二列島線側に向けて航行させるようになろう。

他方，戦後これまで享受してきた「航行の自由」をアメリカは簡単には諦めないと思われる。できるだけ戦略前線を第一列島線に維持しようとし，その要である台湾と沖縄を自身の勢力圏内にとどめようとするであろう。中国からのベクトル，それにアメリカ側のベクトルが第一列島線あたりでぶつかりあい均衡しているのが現状である。これが東にずれていくのかどうか，注意深く見ていく必要がある。

分断工作と包囲網　分断工作と包囲網作戦は「抵抗陣営内に戦略前線を作り上げる作戦」「対抗陣営（国）の周囲に戦略前線を増やしていく作戦」とそれぞれ理解できる。いわば，戦略前線作戦の応用形といえよう。分断工作の例についてはかなり触れてきたので，ここでは包囲網作戦について解説したい。

上で戦略前線の数の原則を説明した際に，相手側が直面する戦略前線は多ければ多いほどよい，と記した。同時に自国側が対処する戦略前線はなるべく少ないほうがよいとも，記した。となれば，自国にとって都合のよいシナリオは，自国が直面する戦略戦線はたった一つであるのに対して，対抗国は多数の戦略戦線に対応しなければならないという状況である。そして最も苦しいのはその逆のパターン，つまり自国が包囲網で囲まれるというものである。戦時の例ではあるものの，日本の例をみてみよう。第二次世界大戦では日本はまさにそういった「最も苦しい状況」に陥ったといえる。対米戦（第一・二列島線を北上してくるアメリカを迎え撃つ），対英戦（東南アジアから西にかけての英連邦との対戦），対中戦（中国内部での戦い），そしてついには対ソ戦（満州付近）を日本は同時に戦ったのである。これでは，とうてい勝ち目はなかろう。

こういった極端な例は別にしても，二つの戦略前線に同時に対応することは，いかなる国にとっても大きな負担となる。つまり二正面作戦はできれば避けたい。第二次世界大戦までのドイツが，その地政学的位置上フランスとロシア（ソ連）と同時に戦わなければならないという宿痾に苦しんだのはよく知られている。他方，スターリン率いるソ連も1940年代初頭，ドイツと日本（満州）とを同時に敵とする二正面作戦の可能性に悩まされた。アメリカにとって悪夢のシナリオは，ヨーロッパと東アジアがともに敵対勢力によって支配された後，両洋から同時に攻略される――大西洋岸と太平洋岸とが同時に戦略前線になる

——という状況にほかならない。

　日本にとっても，二正面作戦を避けることは大変重要である。それは，まさしく大陸と海洋にはさまれた特異な地政学的環境に日本が位置しているからにほかならない。しかし，第2章3節で触れたとおり戦前の日本においては国内調整がうまくいかず，適切な態勢が採用できないままであった。日露戦争から第二次世界大戦にかけての平時には，アジア大陸での戦略前線を重視する（ロシア・ソ連を仮想敵国とする）陸軍と太平洋での戦略前線を重視する（アメリカを仮想敵国とする）海軍との間で国防方針に関して深い対立が続いたのである。その結果，日露戦争後に制定された帝国国防方針（1907年）ならびにその後の改訂版においては，両論が並記されるというありさまであった。基礎国力が十分でない日本がロシア（後にソ連）とアメリカとを同時に敵に回して競争するのはとうてい無理であったにもかかわらず。結局，「別々の方向を見ている双頭の鷲」ともいうべき内部分裂状態が続いたまま，日本は第二次世界大戦に突入した。対ソ戦は初期では避けられたものの，対中戦を1937年以降続けていた日本は，その上に第二戦線をアメリカと（そしてイギリスとも）開いてしまった。避けるべき二正面作戦の状況に，自ら陥っていったわけである。

　敗戦後の日本は大陸からその勢力を引き上げざるをえなかったので，現在まで大陸側の戦略前線——宗谷海峡から始まり，日本海の中間線と朝鮮半島38度線を経て台湾海峡へと流れていく線——ただ一つに集中している。くわえて，アジア大陸とは海峡を挟んでいるので，直接的な敵陸軍からの脅威は受けない。海峡がいうなれば緩衝帯となっているのである——敵空軍やミサイルによる攻撃には引き続き警戒しなくてはならないものの。

　この戦略前線は三つの部分ないしは三正面に分かれている。対ロシア（ソ連）の北海道，対朝鮮半島の北九州，それに対中国の南西諸島である。これらの間は大きく離れているため，日本国内における兵力移動は時間がかかる。その点が，事情を少々複雑にしている。しかし，戦前日本が防衛しなければならなかった領土の大きさと比べれば，かなりコンパクトなものといえよう。

　包囲網作戦を潜在的に心配しているのは，やはり中国と思われる。そもそも，中国は10以上の国々と国境を接している。戦略前線を数えれば，海岸部（東シナ海・南シナ海），ロシアとの国境地域，中央アジアとの国境地域，南アジア（インド）との国境地域，それに東南アジア（大陸部）との国境地域という，これら五つに中国は囲まれているのである——北朝鮮を除いたとしても[12]。したがって，包囲網のターゲットになりかねない潜在的脆弱性を中国は持って

いる。

その他の概念

　ユーラシア大陸を舞台とする秩序戦は，まるで陣取り作戦の様相を呈する。同盟締結や協商関係を通じての勢力圏の拡張を各大国ならびに各陣営は図るほか，要衝を支配下に置こうとする（ないしは対抗勢力が使えないようにする）。あるいは大国との間に緩衝地帯を設定し，その国との緊張関係を管理しようとする。こういったなか，革命が起こり国内体制が流動化してしまった国家や急速に崩壊した帝国の後は「力の真空」が出現しその地域を不安定にする。こういった概念を以下，簡単に解説しておこう。

　勢力圏　　勢力圏とは，一つの大国がその権威やパワーを必要であれば強要する形で他国に対して行使できる地域のことを指す。そういった大国が集まり同じ陣営に参加しているならば，各大国が持つ勢力圏の集合体がその陣営の勢力圏となる。また，そういった連合勢力圏が対抗陣営を地理的に取り囲む形になれば，包囲網が形成されることとなる。

　勢力圏は同盟や協商関係を通じて築かれることが普通である。共通の仮想敵国に対して何らかの軍事的相互協力をすると約束した合意が同盟であり，たいていは正式文書で調印され本国政府に承認されることによって，締結される。

　他方，日本語でいう協商関係は，実は二通りの文脈で使われるので注意が必要である。一つは英語でいうアラインメント（alignment）で「提携」とでも訳せる意味である。これはインフォーマルな同盟ともいうべきもので，正式文書を通じての「仮想敵国を対象とした軍事的相互協力」ではないものの，暗黙的あるいは明示的に理解された共通の仮想敵国に対して相互協力するという関係・約束である。第二の意味は，アンタント（entente）と呼ばれるもので，いわば「了解」にあたる。すなわち，大国同士が互いの勢力範囲を認め合い，相互干渉はしないといういわば「縄張りに関する相互理解」の取り決めであり，これは正式文書で示されることが多い。一つの協商関係を述べるとき，これらいずれかの場合が該当する場合もあれば，双方が同時に満たされる場合もあるので注意が必要である[13]。

　たとえば，現在の日本とインド，さらには日本とオーストラリアとの関係は，中国を共通の対抗国とする「提携」にあたる。日本はインド・オーストラリアと同盟関係にはない。他方，1907年に締結された第一次日露協約は「了解」にあたる。日本が朝鮮半島と南満州，ロシアが北満州と外蒙古をそれぞれの勢

力範囲として秘密協定の形で互いに認めた。第三国に対する軍事的相互協力を両国が約束したわけではない。

要衝　ここを押さえておけば軍事作戦の上で有利になる，という箇所が要衝であるが，要衝をめぐって陣営間――陣営内でも――争奪戦が繰り広げられる。それは，まさに陣取りゲームの様相をなす。陸戦の観点からいえば見晴らしがよい峠，さらには敵軍が一列になって通らざるをえない谷間（坂の上からだと攻めやすい）といったような箇所が典型的なものであろう。砂漠におけるオアシスそしてウランや石油といったエネルギー資源の埋蔵地も要衝となる。海洋国からみれば，ジブラルタル海峡やマラッカ海峡といったチョークポイントが要衝にあたる。日本の宗谷海峡，津軽海峡，対馬海峡も同様の地位にある。あるいは補給基地や軍港も要衝の一つといえよう。たとえば，インド洋に浮かぶ英領ディエゴガルシア島（米軍が使用）がそれにあたる。中国海軍がインド洋において進めているとされる「真珠の首飾り」戦略は，複数の補給基地を建設しインド洋におけるプレゼンスを確保しようとするもので，これが完成すればチェーンづたいに中国艦艇が使用できるようになる。こういった補給基地は中国と友好的関係にある国々に作られるので，「真珠の首飾り」戦略は中国の勢力範囲を拡大するという意味合いもある（図6-3を参照）。

海洋における要衝は他の形をもとりうる。たとえば，オホーツク海や南シナ海といった縁海はそれぞれロシアと中国が所有している核ミサイル搭載潜水艦が隠れる海域であり，両国の核戦略にとって重要な海域となっている。この海域を支配しなければ，両国は有効な報復用核ミサイルシステムを維持できなくなる。それほど重要であることから，ロシア側がこの点について満足できる条件を日本側が提示しない限り，北方領土問題が解決に近づくことはありえないと思われる。同時に，なぜ南シナ海の支配に中国がこれほどにこだわるのかも理解できよう。

要衝を確保するには，軍事力でもって占領するという直接的な方法のほか，既成事実を少しずつ積み上げながら達成するという間接的な方法が存在する。この間接的な方法は「サラミ戦法」と呼ばれる。まさにサラミソーセージを薄く一枚一枚切り取るような作戦で，一つ一つの行動は小規模なものである。しかし，塵も積もれば山となるという表現のとおり，時間が経ってみれば動かしがたい状況となっているという作戦である。

近年におけるサラミ戦法の典型的な例は，序章からこれまで再三触れてきた中国による南シナ海における人工島埋め立て作業であろう。その海軍の力を背

図6-3 中国の「真珠の首飾り」戦略

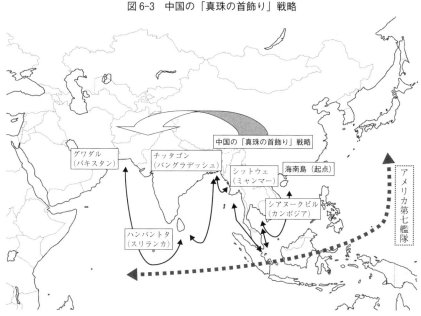

景にして，そして必要であれば準軍事力——中国海警局の艦艇ならびに民兵化された漁船——を使って，係争地である島・サンゴ礁での埋め立て作業を中国は繰り返してきた。軍事施設もそこに建設した。それと同時に，そういった係争地に自国の公船を展開させ，さらには係争地に国内法上の行政区の地位を与えるなどして，自国の領土であるという既成事実を積み上げてきたのである。これらの手法の結果，南シナ海の制海権を中国は押さえつつある。現時点ではアメリカでさえもこの状況を覆すことができないほど，事態は進んでしまったといわざるをえない。また，似たような手法を使って東シナ海・南シナ海の係争区域における油田の発掘を中国は進めてきている。日本が領有している尖閣諸島に対しても，中国はサラミ戦法でもって既成事実を作り上げる意図があるように見受けられる。

緩衝地帯　要衝攻略が攻めの作戦ならば，緩衝帯構築が守りの作戦となる。緩衝帯もジオストラテジー特有の概念である。国家にとってなによりも避けたい事態は，敵軍が国境を越えて侵入してくることにほかならない。であれば，国境から敵の地上軍が遠ければ遠いほどよい。したがって，大国が一定地域を緩衝地帯として指定し「そこには他国の介入を許さない」と宣言することがあ

る。第2章3節で述べたようにローランド地域をそのようにイギリスは伝統的に取り扱ったほか，中国にとっての朝鮮半島（とりわけ北朝鮮）そしてロシア（ソ連）にとっての東欧（とりわけベラルーシとウクライナ）がこの型の緩衝地帯にあたる。また，競合関係にある大国の間で一定の合意（公式か非公式かにかかわらず）が成立し，緩衝地帯が設けられることもあれば，山脈地帯のように自然条件がそのまま緩衝地帯として機能することもある。前者の例としては，中立国として大国が合意したスイスや第二次世界大戦後のオーストリアが挙げられる。後者の例としては，インドにとってのヒマラヤ山脈や日本にとっての海域などが指摘できる。さらには，二つの大国の間において一列にならぶ島嶼があるとしたならば，これらの島々が緩衝地帯となりうる。

　力の真空　革命や帝国の崩壊が短期間のうちに起これば，その国内・帝国内の政治が混乱に陥る。内戦が続けばなおさらである。こういった安定的政治秩序が崩壊した状況を指して「力の真空」と呼ばれることが多い。力の真空が生じると，それまで一定の均衡状態にあった周囲の国際政治環境が崩れ，不安定化する。周りの国々がどのように介入・対処するのか互いに疑心暗鬼になるからにほかならない。それはまるで穴がぽっかり空いたような状況とでもいえる。内戦となった場合はことさらである。内戦に従事している勢力はそれぞれが国内支配の正統性を掲げるだけではなく，おのおの異なった大国の支持をとりつけようとするであろう。そうなれば大国は直接的な軍事介入や経済的支援，さらには間接的な支援（たとえば正統性の承認）をしかねない。複数の大国がこうして内戦に関与していけば，内戦は事実上の代理戦争となってしまい，当然大国間の緊張も高まってしまう。このように，力の真空が突然発生すれば，さまざまなメカニズムを通じてその付近が不安定化するのである。

　力の真空に対して大国が軍事介入——いわば干渉戦争——に踏み切った場合，成功するのは並大抵ではない。ここでいう成功とは，初期にめざした目標が軽減なコストでもって達成されるという意味である。失敗例は数多く，軍事介入した大国は目標を満足に達成できないか，達成できたとしても膨大なコストを負担してしまうといった形で終わることが多い。むろん，大きな犠牲を払ったにもかかわらず目標が達成できないまま撤退するという最悪の事態——アメリカのヴェトナム戦争，ソ連のアフガニスタン戦争にみられる——も起こっている。日本の対中戦争（1937〜1945年）もこのたぐいの干渉戦と考えることができよう。ロシア革命後に日本や英米両国がロシア国内で干渉戦争を展開したが，これも結局失敗している[14]。現在のアフガニスタンに至っては，2018年

アフガニスタンで村をパトロールする米軍兵士（2009年）
[写真：U.S. Federal Government]

現在，2001年に始まったアメリカの軍事介入がいまだに続いている。

こういった軍事介入を大国が始める際，その大国にとって都合のよい，それも安定的な傀儡政権を力の真空に打ち立てるのが目標となる。これがなかなか難しい。仮に実力でもって対抗勢力を鎮圧したとしても，この傀儡政権をその土地に住む多くの国民が正統とは認めないかもしれない。政治秩序は実力と正統性から成り立っているというこれまでの議論を思い起こしていただきたい。正統性という心の問題は，大国がその実力をもってしても強制できないのである。この視点からすれば，日本政府が存続したことがアメリカの対日占領が成功した一つの理由として理解できよう。天皇を戴く政府が残ったため，正統性に関する混乱が日本国民の間では起こらなかった。内乱に直面することなくアメリカは数々の占領政策を遂行できたのである。

力の真空に軍事介入すれば，それは泥沼状態となる。失敗を重ねているのになかなか抜け出せない状況に陥るのである。その理由の一つとして「英霊の罠」ともいうべきメカニズムが指摘できよう。介入作戦を続ければ続けるほど，大国の兵士が死んでいく。犠牲者が増え続けるなか，仮に撤退しようとすれば「英霊に顔向けできない，これだけ被害者を出したので絶対に目標を達成する，できるまで撤退しない」という感情的な議論が持ち出されるのである。それでは現状の客観的な把握ができなくなる。勝ち目がなくても戦い続けるという状況に陥ってしまうのである。日本もアメリカも過去にこの「英霊の罠」に陥っている[15]。

したがって，力の真空が出現した際には，慎重に慎重を重ねることが欠かせない。できれば軍事介入しないほうがよい。もちろん，幸いにも現在の日本には軍事介入のオプションはない。PKO部隊を派遣する際にもこういった慎重な態度や冷徹な計算——撤退に関する明確な基準や計画——が求められよう。

内戦の休戦協定を監視するというような本来の PKO はよいが、破綻国家の中に安定的な政府を外国が打ち立てることはほぼ不可能だと割り切ることが必要である。そういった場合、人道的支援はすべきであるものの、国家建設（nation building）の主体はやはりその土地の住民であることをわきまえた上で最善を尽くすことが求められよう。他方、現状打破国・現状打破陣営が力の真空に軍事介入していく場合、現状維持陣営側にとっては敵失が得られることとなる——現状打破国はその基礎国力を無駄に消費するであろうから。場合によっては、「力の真空」内で現状打破国・陣営に対抗している勢力を支援するといった政策が必要となろう。

5　陣営別ジオストラテジー

　現状維持陣営と現状打破陣営との間では、最適なジオストラテジーは異なる。本節でそれぞれ解説していくが、大量の核兵器を両陣営が所有しており、核戦争となる陣営間の全面戦争は避けたい、しかし核兵器は手放さない、と両陣営とも理解しているという前提を便宜上置くこととしよう。言い換えれば、「明らかに覇権戦争に至るであろう道」を両陣営は避けたいと思っているという前提である。

現状維持陣営

　米英両国を中心とする現状維持陣営は、すでに指摘したとおり地政学的には海洋勢力として捉えることができる。ユーラシア大陸の周りを取り囲み、包囲網を構築し、リムランドに対して海洋から影響を与えようとするというのが現状維持陣営の基本的な態勢といえよう。この態勢は「封じ込め」と呼ぶにふさわしい。冷戦期におけるアメリカの対ソ封じ込めがその最たる例といえる。

　これまで解説してきたジオストラテジー特有の諸概念を使って作成した封じ込め戦略の概念図が図 6-4 である。現状維持陣営はこういったジオストラテジーを展開すると同時に、軍事力を含む総合的国力の増強（広い意味でのバランス・オブ・パワーにおける優位の維持）を図るだけではなく、さらには本章 2 節の陣営間闘争における政策メニューにおいて示されているさまざまな政策を同時に展開することとなる。

　いま、現状維持陣営側が現状打破陣営側に対して直接的・全面的な武力行使はしないとしても、直接的・全面的でない通常兵力の行使はありうる。となれ

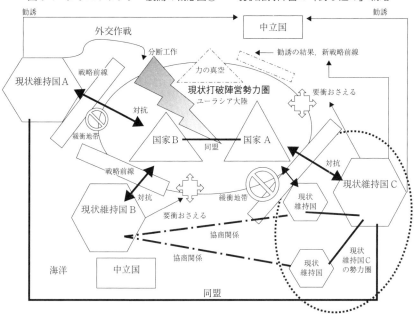

図6-4 ジオストラテジー展開の概念図①——現状維持陣営の「封じ込め」戦略

注：現状維持陣営側がその総合的国力を増強しつつ（広い意味でのバランス・オブ・パワーにおいて自陣営が勝るように政策をとりつつ）図にあるようなジオストラテジーを展開していると想定している。煩雑になるので、他の政策プログラムや陣営間・各陣営内部での動きは図には入れていない。実際の大戦略においては、それらがすべて同時に展開される。

ば、現状打破陣営に対する現状維持陣営側の軍事的態勢は、基本的には抑止を中心とするものにならざるをえない。つまり、「現状打破陣営がその軍事力を機会主義的に使わないよう、強い軍事的な『盾』を維持する」という態勢である。この基本的態勢のもと現存する国際秩序を維持すべく何らかの譲歩はするものの、本書がこれまで解説してきたようなさまざまな政策を駆使して現状打破陣営に対抗することとなる。

そうなれば、周りから抑え込む態勢を維持しながら現状打破陣営の中和化、つまり無害化をねらうのが現状維持陣営側が追求する基本目標となる。そのためには経済を通じての懐柔策も一手段であろう。しかし、現状打破陣営側の基礎国力がその結果増強してしまうというリスクがこの手段にはつきものであることに十分注意する必要がある——日本とアメリカが中国に関して学んだように。

本章で解説してきたような分断工作や戦略前線の新設といった手段も効果的

である。究極的な中和化は，現状打破国においてその国内体制が中和化するというものにほかならない。力の真空とならない（つまり国内秩序の崩壊が起こらない）形で現状打破国が中和化し，その国内体制が比較的順調な移行期を通じて変革され，いずれは現状維持国（つまり安定的な自由民主主義国家）となるというシナリオが理想的ではある。もちろん，一国の国内体制の中和化や民主化は他国がどうこうできるものではなく，直接介入したり幻想を抱くことは極力避けたほうが賢明であろう——さもなければ，幻滅したり，力の真空をつくりかねないことは冷戦後のロシアや中近東の事例をみても明らかである。

現状打破陣営

現状維持陣営が「封じ込め」を追求するならば，現状打破陣営はそれを突き破る態勢，つまり「包囲網突破」戦略を採用することとなる。その概念図を示したのが図6-5である。

現存する国際秩序は現状維持陣営にとっては都合がよいものなので，この陣営はとりたてて行動を起こさなくてもよい。それとは対照的に，現存秩序は現状打破陣営にとっては不都合なものである。よってこの陣営は，現存秩序を揺るがす行動や作戦をあえてリスクを負ってまでも追求しようとする，いわゆる瀬戸際作戦と呼ばれる行動をとるのである。現状に甘んじることはしないが，核戦争につながりかねない現状維持陣営側との全面的戦争はできるだけ避けたいとも，現状打破陣営は思っている。となれば，現状維持陣営が持つ強大な兵力体系をフル稼働させないまま——たとえばグレーゾーンといわれる状況をうまく利用して——現存秩序をなし崩しにする，いわば「溶解させる」「骨抜きにする」といったような巧妙な作戦をとるであろう。現状打破陣営のこういった攻勢的な態勢を地政学的に表現したのが「包囲網突破」戦略というわけである。そして，それを現状維持陣営が守勢的な形で「封じ込め」ようとする。こういった構図の中で，丁々発止の秩序戦が陣営間で戦われていると理解していただきたい。

包囲網突破戦略においても本章2節の政策メニューで示されている諸政策が採用されるが，ジオストラテジーの文脈に限れば，分断工作ならびに海洋への勢力圏拡大がとりわけ重要であろう。現状維持国同士の絆を弱体化すべく，情報心理戦を含むさまざまな工作が採用されるのは，これまで他の章でも指摘してきた。現状維持陣営の中でも，比較的弱い国，つまり大国でない国がそのターゲットとなりやすい。近年，南シナ海の領土問題に関して，アメリカではな

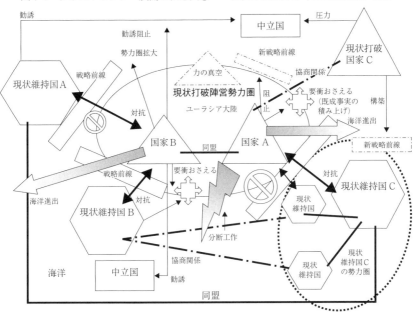

図6-5 ジオストラテジー展開の概念図②——現状打破陣営の「包囲網突破」戦略

注：現状打破陣営側がその総合的国力を増強しつつ（広い意味でのバランス・オブ・パワーにおいて自陣営が勝るように政策をとりつつ）図にあるようなジオストラテジーを展開していると想定している。煩雑になるので，他の政策プログラムや陣営間・各陣営内部での動きは図には入れていない。実際の大戦略においては，それらがすべて同時に展開される。

くフィリピン（アメリカの同盟国）や ASEAN に対して中国がその外交工作を展開しているのは，まさに好例である[16]。

　海洋での勢力圏拡大については，（造船技術力を含む）海軍力の増強だけではなく，リムランド海域において要衝を新たに支配下に入れたり，さらには中立国を勧誘し海軍基地を設けたりするといったような作戦がとられる。くわえて，中国の事例にみられるように，民間部門における造船の技術や量の充実化や海運業の興隆をも図られるのである。まさにマハン流のシーパワーをめざすように[17]。

　同時に，ユーラシア大陸内部においても，現状打破陣営は勢力圏を拡大しようとする。ロシアのウクライナ外交（クリミアを併合）さらにはコーカサス地方や中近東に対する外交をみても，この点は容易に理解できよう。

　くわえて，現状維持国内における「現状打破国を敵視する心理」を中和化しようとして，現状打破国はさまざまなソフトパワー作戦を——最近ではサイバ

一戦も――展開する。宣伝・情報戦はいうまでもなく，現状維持国内におけるスパイ工作の実施も躊躇しない。さまざまな手段を使って現状打破陣営に協力的な人物や団体を援助していく。そういう分子が現状維持国内部のエリート層――とりわけ政権内か政権に近い人物――に多数できれば現状打破陣営にとっては都合がよい。この作戦の究極の形が，現状打破陣営とイデオロギーを一緒にする――あるいは親和性があるイデオロギーを奉じる――国内政権が現状維持国内で選挙の結果成立する場合である。要するに，正面対決しないまま，それでも軍事力を背景にしつつ既成事実を積み上げ，さまざまな手段を使って現状維持国・陣営を宥和させ，最終的には平和裏のうちに現存する国際秩序を自陣営にとって都合のよいものに「入れ替える」というのが究極の現状打破陣営の目標といえよう。このように，両陣営とも，武力による正面対決は避けつつも，相手陣営をいわば政治的に変革しようと互いに闘争しているのである。

● 6　日本が採用すべき政策

　以上，秩序戦において展開されるジオストラテジーを解説してきた。では，日本が採用すべきジオストラテジーとはいかなるものであろうか。
　まずは，現状維持陣営のジオストラテジーのところで解説したもの，つまり中国を中心とする現状打破陣営に対する封じ込め戦略が基本となる。その核心となるのは，現状維持陣営の団結と強化を図る一方で，他国との協力のもと軍事的には抑止態勢を維持しながら――こちらから戦争を仕掛けることなく，同時に現状打破国が武力行使の誘惑に負けないようにしながら――現状打破国内の政権が中和化するように努めるという政策路線である。そしてその大前提となるのは，第2章で指摘したとおり「日本からみて太平洋側にある大海軍国（現在ではアメリカ）との強固なる同盟を維持する一方で，日本と大陸との間の『陸橋』とりわけ朝鮮半島において何らかの緩衝地帯を保つ（現在では韓国がその役割を果たしている）等して大陸からの潜在的・顕在的脅威を除去する」という条件が満たされることである[18]。こういった基本的態勢のもと，戦術レベルにおいては現状打破陣営側と何らかの妥協に行き着く余地があるかもしれない。しかし，秩序戦での勝利をめざす大戦略という戦略レベルにおいては，封じ込め戦略の根幹を揺るがしてはならないであろう。
　現状打破国の軍事力が絶え間なく膨張し続けるならば，それに対抗して当然，日本側もその軍事力を量・質ともに向上せざるをえない。現時点において中国

の年間防衛費は日本の3倍以上ある。軍事力における対中バランス・オブ・パワーにおいて日米同盟側が優位に立つようつねに努力し，抑止態勢を強化することが欠かせない。また，こういった態勢の枠を維持し抑止力を強化するためには，（技術的には大いに検討の余地があろうものの原則として）敵基地攻撃能力の獲得を頭から否定すべきではない。中国がバランス・オブ・パワーにおいて日米同盟を追い上げているなか，日米同盟側の優位性を継続するためにはミサイル防衛や海上保安庁の巡視船を含む従来の防衛力のさらなる強化策と並行して，サイバー戦力，さらにはレーザー兵器といったような新たなる軍事的能力の獲得や強化をできるだけ図っていくことが肝要である。

　また，日本の防衛政策を単に「自国の国防」の視点から考えるだけではなく，ユーラシア大陸を囲む現状維持陣営の防衛ネットワークの一部であるという発想で策定し，実施することが欠かせない。とりわけ，そういったネットワークの中で日本が「弱い鎖」にならないことが求められよう。縁海が連なる東アジア戦域において，西太平洋に突破口を見つけようとする大陸勢力（現状打破陣営）に対して「フタをする」位置に日本はある。宗谷・津軽・対馬の三海峡はもとより，宮古海峡を含む南西諸島がチョークポイントであり，いざとなればこれらを封鎖する責務を日本は負う。こういった要衝を堅持するのに加えて，外交手段等々を使いながら第一列島線上にある台湾やフィリピン，さらにはその延長にあるインドネシアといった国々を現状維持陣営側に引きつけておくことも，日本のジオストラテジーの一部をなす。機会があれば（そして条件が満たされているならば），現状打破陣営に向かっての分断工作や包囲網を強化するため，新しい戦略前線の設立といった手法も他の現状維持国と協力しつつ考慮する必要があろう。

　現時点の秩序戦では，中国，ロシア，イランの三国が主要な現状打破国である。これらのうち，現在の日本にとって最も問題なのは大国化した中国にほかならない。中国――より正確には膨張する中国の海軍力――に対しては，米軍との協力のもと上で説明したような態勢での抑止力を維持することがまずは基本となろう。自衛隊ならびに海上保安庁の主力が第一列島線に移るのは，至極当然である。東シナ海における中国のサラミ戦法にも継続して対処し，既成事実を積み上げさせないようにすることが欠かせない。その上で，ユーラシア大陸全体を見つめながら，現状維持陣営の一員として他の現状維持国――アメリカ以外のNATO諸国やオーストラリア，さらにはインドといったような国々――と協力しつつ，そのジオストラテジーを展開することとなる。以下，戦略

前線をキーワードにして議論を進めていこう。

東アジア正面

中国との戦略前線　繰り返しになるが，まず現状を確認したい。日本と中国との間において戦略前線が伸びている。それは朝鮮半島を含むほか，日本を含む第一列島線から成り立っており，この地域においてアメリカの勢力圏と中国の勢力圏がぶつかっている。中国の海洋戦略としては，この「二大勢力圏の境界ゾーン」を東に移したい——第一列島線から東にこの境界ゾーンを移したい，つまりアメリカ海軍の活動範囲を中国沿岸部から遠く離したい——のと同時に，できれば北の方向に向かって短縮したいのである。そのためには南シナ海，そして東シナ海を自国の黄海のように支配下に置くというのが第一目標で，その次に第一列島線の南部にあるフィリピンや台湾，そしてできれば沖縄を影響下におくことによって日米同盟に拘束されることなく西太平洋に進出できるようにするのが第二目標と思われる[19)]。つまり現在日本からフィリピン南部に延びる第一列島線は，大日本帝国崩壊後にアメリカがその勢力圏に組み入れたが，中国としてはこの勢力圏をできるだけ東側に押し戻し，さらには北の方向に向かって——日本側に向かって——縮小させることが理想的なのである。これに対抗し，現状を維持しようとするのが日米同盟側ということになる。

こういった中国にとって理想的なのは，いわば「フィリピン化された日本」であろう。第二次世界大戦までは米領フィリピンの周りの海域はすべて日本海軍が制海権を握っていた。フィリピンを日本軍から防衛するのに，アメリカ海軍は西太平洋を横切る形で遠洋航海をせねばならず，それを日本海軍は迎え撃つという態勢であった。将来の日本が似たような状況に陥ったと想定してほしい。沖縄・台湾から南の第一列島線海域はいうまでもなく，アメリカの同盟国である日本の周辺海域ではすべて中国海軍が制海権を握っているという状況である。日本単独では中国に対抗できない。友軍であるアメリカ海軍が日本に到着するにはハワイ等から遠洋航海をしなければならず，中国海軍がそれを待ち受ける態勢となる。そこまではいかなくても，日米同盟の勢力が沖縄までしか伸びず，台湾付近から南の海域においては中国艦隊が自由に航行できるというのが，中国側にとっては好ましい。

こういった対中戦略前線に対峙する中で，日本は中国による日米間分断工作に引き続き注意を払う必要がある。別の言い方をすれば，現在あるアメリカとの同盟を当然視するのではなく，維持・強化の努力を怠ってはならないという

ことである。たしかに将来において日米間の役割分担は変わるかもしれない。たとえば日本の軍事的役割が増えたり、日本（とりわけ沖縄）における米軍基地の数や規模が減るかもしれない。さらには、自衛隊と米軍との間でインターオペラビリティー（兵器相互運用性）がいっそう深化していくであろう。しかし、基本的な同盟関係は堅持する必要がある。

　ジオストラテジーの観点からすれば、日米同盟という取り決めは（同盟の具体的内容はともかくも）アメリカが提供する軍事力を日本側が有効に使用するという側面のほか、以下のような政治的メカニズムを日本に提供している。(1)アメリカの行動をなるべく日本側に引きつけておき、「抜け駆け」させないようにする。(2)アメリカ政府中枢部へのアクセスを確保する。(3)アメリカのその他の同盟国――現状維持陣営の諸国――との協力をしやすくする。もちろん、米軍基地問題や日本が持つ行動の自由が狭くなる等々、アメリカと同盟を組むことのコストをわれわれは忘れてはならないであろう。できるだけこういったコストを小さくする努力は必要であるが、上で指摘した日米同盟がもたらす効用を失わないようつねに注意が欠かせない。日米同盟が希薄化したり、日本を無視して米中のみで取引が始まるといったような事態は好ましくない。

　一方で、ソフトパワーや経済力等、さまざまなパワー資源を使い（既出の表6-1を参照されたし）、さらには外交交渉や民間外交を通じ、そして他の現状維持国と協力しながら、中国共産党政府の反日政策を日本は中和化していくべきである。軍事的抑止策が守備ならば、いわばこれが攻勢にあたる。この点、とりわけソフトパワーは重要である。再三指摘してきたとおり現在の国際秩序においては、自由民主主義が正義であり、その正義は日本側にある。中国国内における数々の人権問題や少数民族抑圧の問題は国際社会全体の関心事であり、中国政府を守勢に追い込むような政策を戦略的アプローチによってこれからも日本は展開していかなければならない。

　くわえて、市場経済を中国により深く浸透させていくことも欠かせないであろう。対中経済関係は維持しつつも、できるだけ対中脆弱性を下げる、つまり中国に対して経済的に一方的に依存しすぎないようにする努力がまずは必要である。その上で、第3章3節の関係操作力のところで解説した「市場によるしっぺ返し」を思い起こしていただきたい。日米経済摩擦の最中、パワーの面で劣っていた日本がアメリカに対して強要できなかった政策変更を、市場は実行できた。この例にあるように、市場は政治的拘束力を発揮する。さらには国際制度の第5章で指摘した資本主義特有の「自壊の種」――格差の激化――がす

でに中国を侵し始めており，この傾向は続くであろう。もちろん，市場を日本が操作できるわけではないが，市場経済が中国国内により深く浸透すれば，こういったメカニズムに対して中国の政治体制はより脆弱になる。日本としてはこのような間接的な手段も多いに活用していくべきと思われる。その他，アメリカ市場に中国の輸出は依存しているという点で，中国は脆弱性を抱えている。その脆弱性を利用する作戦も当然，封じ込め戦略の一部をなす。

要するに，第一列島線上を走る戦略前線を東側に後退させず対中抑止力を維持する一方で，中国と直接的な軍事対決を避ける。そしてその裏付けとなる対中軍事バランスをできるだけ日米側に有利な状況に持っていく。これが日本にとって肝要である。それと同時にさまざまな非軍事的手段でもって中国に対して中和化作戦を展開していく。いわば持久戦であり，究極的には中国側の国内政治体制が中和化するまで日本側は中国の攻勢を凌いでいく態勢となる。その間，日本は自らが持つ「自壊の種」を抑制し，オウンゴールを避け，不条理的状況（次章で取り扱う）に適切に対処していくのは当然のこと，分断工作や包囲網作戦，さらには日本国内におけるスパイ活動，そして既成事実の積み上げといった中国からの仕掛けにそのつど対抗していく必要がある。

ワイルドカードとしての朝鮮半島　　北東アジア地域の大陸部において，現在アメリカの勢力圏下にあるのは韓国のみである。他方，中国にとって朝鮮半島における対米関係上の緩衝地帯が北朝鮮である。そして，核開発やミサイル開発を続ける北朝鮮そのものは中国が十分にコントロールできない状況となっている。朝鮮半島をめぐる情勢は大変複雑で，予測がつかない。日本が何らかの形で深くかかわらざるをえないさまざまなシナリオ（半島統一や戦争を含む）も描いておく必要があろう。

挑発を続ける北朝鮮に対し軍事的抑止を維持する一方で，制裁といった経済力の行使やサイバーパワーさらにはプロパガンダ等々の使用や外交交渉を通じて北朝鮮の国内体制ないしは北朝鮮の外交政策の中和化をめざすという態勢が，現状維持陣営側（日米韓）の平時における基本的なものとなる（ソウルが持つ脆弱性を考えると北朝鮮への先制攻撃は困難である）。北朝鮮が「窮鼠猫をかむ」ごとく暴走しないように，何らかの戦術的な妥協が必要となるかもしれないが，基本的な態勢としてはそうである。そしてこの封じ込め戦略を実施する際，米中間の秩序戦という文脈に朝鮮半島情勢を置けば，少なくとも以下の五点に注意が欠かせない。

まず，北朝鮮を含む朝鮮半島は，究極的には米中二大勢力圏の間に横たわる

大きな戦略前線の一部に過ぎないという点である。となれば，朝鮮半島内での展開がどういう形でこの戦略前線全体に影響を与えうるのかさまざまな可能性を考えておくべきであろう。たとえば，仮に米中間で朝鮮半島に関して何らかの合意が成立した場合，その他の地域にどういった影響を与えるのであろうか。とりわけ第一列島線における影響が重要である。たとえば朝鮮半島における中国の協力との引き換えに，アメリカ側は第一列島線で何らかの対中譲歩（たとえば台湾問題について）をするかもしれない。また，朝鮮半島での動向は，沖縄における海兵隊を含む在日米軍へ直接的な影響を与えるであろう。同時にその逆のパターンが起こる可能性も否定できない。台湾海峡で有事が起こる際，北朝鮮が朝鮮半島で何らかの行動を機会主義的に起こす可能性である。このようにいわば朝鮮半島と第一列島線とがリンクするという状況を見逃してはならない。さらには，経済分野と朝鮮半島問題（そして第一列島線問題）とをリンクさせて米中間で何らかのディール（合意）が結ばれる可能性も，忘れてはならないであろう。

　第二に，日米韓の間に，さらには台湾も加えて，何らかの齟齬が生じる可能性も否定できない。たとえば，上の対中大幅譲歩のシナリオでは，台湾が犠牲になる[20]。日本と韓国，それに台湾からすれば，そういった動きがないようにアメリカを手元に引きつけておく必要がある。また，北朝鮮がクサビを打ってくることがあろう——とりわけ日韓間に。台湾を加えた日米韓の現状維持陣営が団結を維持していくことが肝要である。

　第三に留意しておきたい点は，対中戦略との兼ね合いである。現状維持陣営と北朝鮮との間に立つ中国は，北朝鮮問題に関してはいわば中立的な立場にある。ポスト冷戦期においては北朝鮮を中国が支配下における状況にはなく，核開発・ミサイル開発を続ける北朝鮮に中国は手を焼いているのが現状であろう。しかも，北朝鮮のミサイルは現在はアメリカに向けられているが，中国にも向けることができる。かといって現状維持陣営側とは中国は与しない。在韓米軍が存在する以上，中国にとって北朝鮮はそれを止める死活的な緩衝地帯の位置にある。この緩衝地帯が消滅するような事態を中国はなんとか避けたい。したがって，緩衝地帯としての北朝鮮を維持しつつも，北朝鮮の何らかの中和化——体制転換とまではいかないまでも，核・ミサイルの軽減・開発停止・放棄——を，そしてそのための一手段としてのアメリカの「敵対的」北朝鮮政策の停止を，望んでいる。

　朝鮮半島の安定には，こういった立場にある中国から一定の協力を受けるこ

とが必要である。他方，現状維持陣営は対中ジオストラテジーも同時に推し進めていかなくてはならない。ここに難しさがある。北朝鮮政策を遂行していく際，日韓台を犠牲にした米中協力はアメリカにとっては魅力的かもしれないが，そういったアメリカの行動は対中ジオストラテジーの上では現状維持陣営にアメリカ自らがクサビを打ちこむことを意味する。こういった状況が発生するのを避けながら——他の現状維持陣営諸国はアメリカを引きつけておきながら——中国からの協力を北朝鮮問題に対しては獲得していかなければならない。

　四番目に指摘しておきたいのは，何らかの戦争が朝鮮半島で発生し，その後に朝鮮半島ないしは北朝鮮が力の真空となる可能性である。これまでの議論は「戦争前」つまり平時に関するものであった。戦争が始まれば在日米軍基地がある日本も何らかの形でかかわっていくのは不可避であろうが，ここで問題としているのは「戦争後」の状況である。

　現在では朝鮮半島が緩衝帯として米中間で安定要因として機能している。しかし，戦争が起こるか，あるいは北朝鮮内で政権が崩壊し破綻国家となれば，その結果として緩衝地帯が消滅することになる。そうなれば，かわりに力の真空が発生し，北東アジア地域すべてがいっきに流動的な状況に陥り不安定化することは免れない。くわえて，すでに指摘したように，東アジア戦略前線のほかの箇所にその影響が及ぶ可能性も未知数である。朝鮮半島に力の真空が発生した場合，日本も影響を受け（たとえば朝鮮半島からの難民への対応），いやでも日本が何らかの形でかかわっていかざるをえなくなるであろう。少なくとも，朝鮮半島が政治的に安定するための経済コストを一定程度負担することは免れまい。こういった「戦後シナリオ」に関してシミュレーション等の準備が欠かせない。

　以上のように朝鮮半島問題はさまざまなタイプの予測不可能性や複雑性に富んでおり，その結果，現在では思いもつかないような展開がわれわれを待ち受けているかもしれない。まさしくワイルドカードの位置にある。しかし，朝鮮半島をめぐる問題は，究極的には戦略前線で向かいあっている二大大国，つまりアメリカと中国が，何らかの地政学的了解・協力に達した時にのみ平和的に解決できるであろう。これが第五点である[21]。「核兵器を放棄した後の北朝鮮」あるいは「統一された後の朝鮮半島」に関して，米中間の合意，つまりグランドバーゲン（壮大な取引）が成立して初めて，北朝鮮の生命線を握っている中国が問題解決に対して本腰を入れると思われる。北朝鮮の「非核化」は当然のこと，中国は緩衝帯を維持したいため，将来の朝鮮半島における米（韓）軍の

軍備配備がそういった合意の核心部をなすことは想像にかたくない。

日本としては北朝鮮の完全なる非核化を引き続き求めていくのと同時に，米中合意が成立する際，上で指摘したような現状維持陣営内での犠牲や分裂状況が発生しないよう努力していく必要がある。北朝鮮の核兵器は凍結よりも，撤廃が当然望ましい[22]。日本には拉致事件という別の問題を北朝鮮との間に抱えているが，核兵器・ミサイル問題がやはり最優先課題とならざるをえない。現状維持型ジオストラテジーの基本である封じ込め戦略を北朝鮮に対して実践していく一方，これまで指摘してきた点に留意しつつさまざまなコンティンジェンシー（偶発的シナリオ）に備えていくことが日本にとって望ましい。そして全く意外な事態が発生した場合においても，本章で議論してきたジオストラテジーの発想にいま一度立ち返り，とるべき日本の対応を考えていくこととなる。

インドの重要性

現状維持陣営内部の強化策として，アメリカのほか，オーストラリアやインドとのさまざまなレベルにおける提携は欠かせない（これに対して，中国はさまざまな分断工作を繰り返してくるに違いないが）。とりわけ基礎国力が上昇しているインドが日本にとってますます重要となる。日本の基礎国力は長期的には下降線をたどる。となると，大国間関係においては，アメリカとインドが中国に対峙するというのがこれからの基本的構図となるであろう。

戦略前線の観点からいえば，ヒマラヤ山脈付近が中国とインドとの間の戦略前線となっている。1962年の国境紛争以来，インドは中国をその仮想敵国の一つ――核ミサイルのターゲットの一つ――として認識しているが，最近の中国によるインド洋進出にも神経をとがらせている。中国の勢力が東南アジアはもとよりパキスタンを含む南アジア地域に浸透していくにつれ，現在ではヒマラヤ山脈地域に限られている中印間の戦略前線は変化していくと思われる。インドと競合関係にあるパキスタンは中国の一帯一路戦略において鍵となる国のうちの一つであり，インド洋における中国の「真珠の首飾り」戦略においても重要な地位を占めている（前の図6-3で確認されたし）。いかなる形で現在の中印間戦略前線が変化するにしろ，インド洋の中心に位置するインドと中国が南アジアにおいて競合していくことには変わりはなかろう。要衝であるマラッカ海峡に近いアンダマン・ニコバル諸島を領有しているインドであるが，最近はその海軍力の成長が著しく海上自衛隊との合同演習も繰り返している。イン

ドを加えた対中包囲網を強化することが、日本にとっては望ましい。

　他方、中国を囲むその他の地域が本格的な戦略前線になる可能性は、将来はともかく現時点ではかなり低く、日本ないしは他の現状維持国が現状打破陣営内での分断工作を成功させる条件が整っているようには思えない。たとえば、ロシアと中国との国境地帯、ならびに中央アジアと中国との国境地帯がそうである。仮に日本が中露離反をねらってロシアに近づいたとしても、ロシア側は現在の中国との関係を悪化させるつもりは毛頭なく、むしろ日本の経済力を一方的に搾取するのに徹すると思われる[23)]。現在のロシアは基本的にはその関心をヨーロッパと中近東に向けている。では、中央アジアと中国の間柄はどうであろうか。上海協力機構のおかげもあり、ここも安定している。新疆においてイスラム教徒を圧政下に置いている中国共産党政府ではあるが、これに対してイランはおろか他の近隣イスラム教諸国さえも強力に反対している様子は見られない。イランの関心はもっぱら中近東にあるといえる。イランと日本とは伝統的には友好関係にあるものの、日本がイランとの関係をその対ロシア・対中国戦略上に使えるという立場にはない。東南アジア方面においては中国が分断工作と経済的懐柔策を駆使して成功しており、小国の集まりであるASEANがまとまって中国に対抗できる立場にはない[24)]。

　しかし、このことは日本が何もしなくてよいということではない。ロシア・中国・イランそして北朝鮮もが一枚岩となって現状維持陣営に挑戦することとならないように、日本は他の現状維持国と協力していくべきであろう。現状打破陣営にみられる「緩やかな連帯関係」が強固なものに変わらないようにすべきともいえる[25)]。同時に、戦術レベルにおいて分断工作が可能かつ望ましいのであれば、日本は見過ごすべきではない。たとえば、国連安全保障理事会での決議の際にロシアと中国との意見が割れるように努力するといった工作が挙げられる。ロシアや中国は分断工作ゲームに長けているため、中露側からの分断工作を効果的に阻止する一方で、これら二国の間に巧妙なクサビを打ち続けることで対抗していくべきであろう。

オーストラリア、そしてデモクラティック・リーグ

　したがって、日本が中国と対峙する際、当分の間は「東アジア正面」と「中印戦略前線」の二つにその注意を払うこととなる。東アジア正面と中印戦略前線とほぼ等距離にある海洋国家がオーストラリアにほかならない。この国は、西・南アジアと東アジアとに同時にかかわっていける特異な地政学的位置にあ

る。アメリカの同盟国，現状維持陣営の一員であることはいうまでもない。日本との間においてもすでに2プラス2会談（両国の外相・防衛相とが同時に参加する会談）を行う等，オーストラリアと日本は良好な関係にある。これらの理由により，オーストラリアはこれからの日本にとって，引き続き重要な戦略パートナーとなろう。

　第5章でも取り上げたが，日本としては日米豪印の四ヵ国を核とするデモクラティック・リーグを立ち上げることにより，現状維持陣営の結束を図っていくべきである。これら四ヵ国が共同で首脳会議，外相会議，防衛大臣会議等を繰り返して「事実上の制度化」を推進していくべきであろう。もちろん，場合によっては他国の参加を呼びかけてもよい。

　この日米豪印デモクラティック・リーグはいわば全世界にまたがる現状維持陣営の一部に過ぎない。いわば「一支部」の地位にあり，当然，他地域のデモクラティック・リーグと協力していくべきである。とりわけ，「ヨーロッパ支部」であるNATO・EU諸国との協力関係は欠かせない。ヨーロッパにおけるNATOとロシアとの関係や，トルコやイスラエルを含む中近東情勢の動静を無視せず，ユーラシア大陸全体をつねに見つめていかなければならないのである。東アジア，西・南アジア，ヨーロッパの三戦域の間で相互反応が生じ，思いがけない形で事態が発展することがあるのは歴史が証明ずみである。なかでも三戦域に同時に影響を与える地政学的位置にあるロシアとアメリカの行動に──そして両国の関係にも──つねに注意を払う必要があろう。

　以上，「ジオストラテジーの実践」プログラムを説明してきた。これで四つの政策プログラムすべての解説が完了した。第2章の最後に「四つの政策プログラムは『なすべきこと』にかかわるものであるが，それだけではだめで『（できるだけ）避けるべきこと』──つまり不条理的な状況──の面にも留意しなければ，大戦略の成功はおぼつかない」と記した。そこで，次章において不条理的状況を説明しよう。

第7章 不条理的状況に対応する

●1 はじめに

　合理的に物事を進めることができればよいが，そうはままならないことは社会生活を営んでいる者なら誰でも経験したことがあるだろう。「前門のトラ，後門のオオカミ」といった板挟み状況はその好例である。良かれと思って行動を続けているうちに気がつけば自らを窮地に追い込んでしまっていた，というような矛盾も起こりうる。こういったことは，組織が何らかの決定を行いそれを実施しようとする際にも生じることがよく知られている。「前例がない」といったような組織内部特有の理由で新提案が採用されない，自分が所属している部署の利益を優先するため組織全体の利益が十分に追求できない等々といった状況である。対外政策にかかわる政府もこの点，例外ではない。

　そういった不条理，非合理，理不尽な状況のうち，秩序戦にかかわっていくのに際してわれわれが知っておくべき基本的・代表的なもの——国際政治学や政治学でよく知られているもの——を本章では解説していく。これらは大まかにいって三つの種類に分けることができる。トラップ，ジレンマ，それにトレードオフである。

　トラップ（罠）は避けることができる種類の不条理的状況である。深い罠，浅い罠さまざまあれど，すべてこの点は等しい。避けることができれば，被害はほぼなしですむ。あるいはトラップに落ちたとしても被害を最小限にとどめるすべがある。いかにしてトラップを避けるのか，そして仮に陥ったとしてもいかに被害を最小化するのか。こういった点が政策課題となる。

247

対照的に，ジレンマとトレードオフは避けることが原理的にできないタイプの不条理的状況である。そして，ジレンマやトレードオフに遭遇した国家は，何らかの被害を受けることとなる。便益を得たとしても何らかの被害が生じる。したがって，政策課題はいかにして純便益（便益から被害を差し引いたもの）を最大化するかという点に集中される。

まず，ジレンマであるが，これは「二つある選択肢のうち，どちらかを選ばねばならず，両方同時に選ぶことはできないが，いずれを選んでも何らかの被害が必ず発生してしまう」という状況である。上で触れた「板挟み」の状況に相当する。原理的にいって根本的な解決はできない状況と言い換えることができよう。こういった場合，被害をゼロですますということはできないので，知恵を絞りつつ純便益の最大化をめざして凌いでいくしかない。いわば根治不可能な病気にかかったのと同じで，「つきあっていく」しかないのである。

最後にトレードオフである。これは「二つ選択肢があり双方とも追求できるものの，一選択肢の便益を少しでも求めれば別の選択肢において必ず犠牲を生んでしまう状態」を指す。ジレンマ同様，トレードオフの状況では二つの相対する要請に対処しなければならない。しかし，ジレンマでは原理上，どちらか一つの選択肢のみを選ばなければならないものの，トレードオフの場合では二つの選択肢を同時に追求できるのである。その場合，二つの選択肢の間に何らかのバランス——たとえば「7割対3割」といったようなもの——を選ぶこととなる。そして，どのバランスを選ぶのかという点が政策課題となる。

一国が大戦略を追求する際，自国の対外政策においてこれら三種類の不条理的状況に対処していかなければならず，失敗すれば被害が大きくなり大戦略がうまく成功しない憂き目にあう。これらへの単純な解決策はない。この点は当然，日本にも当てはまる。日本としては全知を注いでこれらに対処していき，大失敗を避けるしかない。それと同時に，同盟国がこういった不条理的状況に陥る可能性も否定できない。そうであれば同盟国を助ける必要が出てくるであろう。くわえて，対抗陣営が不条理的状況に陥っていく可能性もつねに考えておくことが肝要である。

本章が取り上げる不条理的状況は表7-1が示すとおり13ある。他にもあるかもしれない[1]。おのおののものについては専門書があるので，本章では簡単な解説にとどめる。

以下，順を追って説明していこう。

表7-1 不条理的状況一覧

一般的なもの	全体利益対個別利益	ジレンマ
	官僚制度特有の病理的現象	トラップ
	既存制度特有の劣化	トラップ
	感情と心理バイアス	トラップ
国内体制特有のトラップ		トラップ
国際政治特有のもの	力の真空	トラップ
	自立と相互依存	トレードオフ
	安全保障のジレンマ	ジレンマ
	同盟のジレンマ	ジレンマ
	政軍関係のジレンマ	ジレンマ
	自由民主主義防衛上のトレードオフ	トレードオフ
現状維持国特有のもの	トゥキュディデス・トラップ	トラップ
	宥和政策のジレンマ	ジレンマ

● 2　一般的なもの

全体利益 対 個別利益

　「秩序戦においては自陣営の利益と自国の利益は一致する」という前提のもと，本書はこれまで議論を進めてきた。しかし，この前提が成立しないこともありうるだろう。つまり，序章で示唆したとおり，自国の利益を追求すれば自陣営の利益が損なわれるという事態である。自国の利益を陣営のためにどこまで犠牲にすべきなのか。一見すれば，どこかで自国の利益と陣営の利益との間に「線引き」をして何らかの均衡点を見つけることができそうに思える。しかし，事態はそう簡単ではなく，二重・三重にも複雑である。まず，仮に自己犠牲を受け入れたとしても，陣営が成功するとは限らない。であれば，犠牲を払うのに意味がないのではないか。しかし，犠牲を払わなければ，陣営の成功はおぼつかない。ところが，犠牲を受け入れたとしても，陣営が成功するとは限らない……。このように議論は堂々巡りになってしまう。では逆はどうであろうか。自国の利益を最優先し，陣営の損失を受け入れることとしよう。しかし，そうすれば陣営自身が秩序戦に負けてしまいかねず，そうなれば自国の大戦略は失敗する。このように出口がないのである。

　自国の利益と自陣営の利益が衝突する際，「この方法がどんな場合でも良い」というような解決策はなく，その時々の状況で判断し，何らかの決着をつけざるをえない。よって何らかの犠牲を払わざるをえない。そしてその犠牲が重すぎないものとなるような解決策を模索することとなろう。たとえば，日本の場

合，アメリカの利益とは必ずしも合わない中近東政策をとることもあろう。その際，コストを最小限にするような処置をしつつ，自国が思うところの中近東政策を追求することとなる。

　この問題をより一般的な形でいえば，「全体（多数派）の利益と個別（少数派）の利益とが両立できない」状況だといえよう。たとえば，危険にさらされた少数の仲間を救うには多数の仲間の安全を損ないかねない行動をとるしかない，といった状況を考えてほしい。この場合，少数派を見捨ててしまうのか，あるいは「一人の犠牲者も出さない」という決意のもと，多数派をあえて危険にさらしてまで少数派の救援に駆け付けるのか（駆け付けたとしても救援が成功するとは限らない）。

　実は，これは国際政治学における倫理問題の一つである。本書に関係ある倫理問題として二つ別のものをここで指摘しておきたい[2]。まずは，「正当防衛はいつ，どこまで許されるのか」というものである。「他人を殺める罪は絶対悪であるので自分はそういった罪を犯さない，たとえ誰かに殺されてしまっても」という絶対平和主義的な立場がある一方，「少しでも襲われればその攻撃してきた者を殺しても全く問題ない，そういった攻撃者はすでに罪を犯しているのだから」という逆の立場も存在しうる。これら二つの極論の間に立つ「過剰でない限り，正当防衛は許される」という立場がわれわれにとって最も馴染みがあるものであろう。この第三の立場の場合，「過剰でない限り」という条件の内容によって許される暴力と許されない暴力との間の境界線が決まる。国際政治でいう自衛権の行使がここでいう正当防衛にあたる（自衛権については本書の第3章6節で述べたとおり）。

　最後の倫理問題は「とある政策や現象を『良い』と判断する際，規範主義と結果主義のいずれを採用するのか」というものである。この点を明確にするため，ジェノサイドの例を考えてみたい。「殺人は悪」という観点——平時に暮らしているわれわれの観点——からすればジェノサイドは当然「良くない」ものであろう。これが規範主義による判断である。ところが，「地球は過剰人口を抱えているので，人口を削減する効果を持つジェノサイドは『良い』政策である」という議論も可能である。これが結果主義による判断にほかならない[3]。前者は「結果よりも行動規範が重要」，後者は「結果良ければすべて良し」という見方をそれぞれとっている。規範主義を表すことわざとして「武士は食わねど高楊枝」があり，結果主義には「命あっての物種」という言葉があるといえばわかりやすいであろうか。もちろん規範主義・結果主義いずれの立場から

みても「良い政策」という状況となれば問題ないが，それはまれであろう。実際には上のジェノサイドの例が示すようにいずれかの基準を採用せざるをえないことが多い。その際，選ばなかった基準からすれば「悪い政策」となる。したがって「誰が見ても『良い』政策」というのはなかなか存在しにくいのである[4]。

政策にはこういった倫理問題がつきものである。秩序戦においては，大義名分の理論武装にもこういった問題はかかわってこよう。頭の中でつねに準備しておく必要がある。

官僚制度特有の病理的現象

外務省・防衛省といった省庁も民間の大会社もともに巨大な官僚組織で，さまざまなトラップに陥る危険がよく知られている。たとえば，極端な前例主義，膠着的な人事異動システム，自己組織利益を国益より優先する傾向，組織間の縄張り争い等々が挙げられよう。そもそも，官僚組織というものは作業をルーティーン化することが得意な組織である。官僚組織では従うべき作業手続きがあり，組織構成員はそれに従う義務を負う。この意味での安定性・予測可能性がその強みにほかならない。しかし度がすぎると，これらの悪弊が噴出して，国益を損なってしまう。

こういった病理的状況の国際政治研究としては，アリソンが指摘した二種類の非合理的政策決定モデルがよく知られている[5]。これらのモデルはいかに政府が非合理的な過程を経て政策を決定するのか説明しようとするものである。ここで前提としている合理的な過程とは，考えられる複数のオプションについて費用対効果を測った上で最善のオプションを政府（内部分裂はしていない）が選択するというものであるが，アリソンの二つのモデルはそういった過程を否定するものにほかならない。

そのうちの一つは政府内政治モデルと呼ばれるものである。利害が衝突する官僚組織の間で，ないしは閣僚の間で到達した妥協こそが政府の公式決定となるというのがそれである。当然，そういった決定のすえにできあがった政策内容は問題を含んでいる。たとえば，相互に矛盾しかねない政策が並立して含まれている場合が指摘できよう。第2章3節などで繰り返し言及してきた帝国国防方針がまさにそれである。別の言い方をすれば，政府は一枚岩であるという合理的モデルの前提を否定するのが政府内政治モデルといえよう。

アリソンの第二の非合理的政策決定モデルは官僚組織内のルーティーンに注

目するものである。緻密に計算された結果として政策が決定されるのではなくて、官僚組織内の規程にただ従っただけの決定が政策となったというものである。われわれは他の組織——とりわけ敵対視する組織——を「悪意に満ちており、計画的・意図的に攻撃してくる」と思いがちであるが、実際は組織としての日常業務をこなしているのに過ぎないかもしれない。アリソンは敵国政府の非合理的な行動を合理的な行動と間違わないように忠告する。その前提は、日本も含め政府というのはまさしくそういった非合理的行動をとりがちだというものにほかならない[6]。こういった議論を頭に入れた上で、われわれは自国、それに他国の官僚組織の行動を注視していく必要がある。

既存制度の劣化

　昔成功した作戦や制度が「時代に取り残された」状況になり、そのため新しい環境に適応できなくなる。その結果、失敗が続く。制度改革が必要なのにできないという事態に陥り、成果が上げられないまま状況が悪化してしまう。これが既存制度の劣化のトラップである。こういった状況が発生する背後には、現存する制度からさまざまな利益を享受しているグループが支配的な地位にあって、「過去の栄光」やその他の大義名分を掲げつつ制度改革グループを抑え込んでいることが多い。いうなれば守旧派が改革派を排除しようとしているのである。あるいは、昔成功した作戦方法がドグマ（教条）となってしまい、まるで洗脳されたがごとく変わりつつある客観的環境を分析できない、そして失敗から教訓を学ぶことができない、といった状況にまで陥ってしまう。

　よく引き合いに出される例は、第二次世界大戦まで日本海軍が信じていた大艦巨砲主義であろう。航空機の時代が始まっていたのにもかかわらず、航空母艦重視の戦略に転換することに抵抗した。最後まで「戦艦対戦艦」の決戦——大艦巨砲主義——にこだわったのである[7]。他方、日本陸軍では白兵銃剣戦が絶対視されていた。これらはともに、日露戦争において成功を収めた軍事ドクトリンであり、それらがドグマ化したのである。その結果、対米戦において戦闘に負けても戦術を変えずに、同じ失敗を繰り返し続け学ぶことをしなかった[8]。

　すでに指摘したとおり、官僚組織には独自の「組織の論理」——よく「○○村の論理」と揶揄される——があり、外部環境の変化に関係なく同じルーティーン（規則に則った手順）を繰り返す傾向が強い。日本海軍の例に戻るならば、戦時ないしは準戦時といった状況にもかかわらず、海軍兵学校の卒業年次や成

績に固執した形で人事を決めていたのである。戦時においては実力主義の原則によって立ち，組織内で上位の者をさしおいて下位のものを抜擢することがあったアメリカ海軍とは全く対照的であった。もちろん，改革派の言うとおりにすれば必ず成功するとは限らない。しかし，制度が硬直化し，必要な改革がなされないまま時間が過ぎて国益が損なわれた事例は歴史上，実に数多い。

感情と心理バイアス

　人間が人間である以上，その行動は感情に突き動かされることがあり，後で後悔することもある。そういった感情の中でも，とりわけ国際政治にとって重要なのは恐怖とおごり，それに強欲である。ときには怒りさえ混じることもある。これらいずれをとっても，愚行の原因となってしまう。

　政策にかかわる者たち——とりわけ首相や大統領，さらには閣僚といった首脳部——がこういった感情に捕われる可能性があるほか，国民レベルでも似たような危険性がある。たとえば1950年代のアメリカにみられたマッカーシズムという反共ヒステリーが挙げられよう。それ以降も，一国が共産主義化すれば隣国もそうなるという「ドミノ理論」がアメリカの一般国民から指導者層まで幅広く信じられた。また，さまざまな国において国民が偏狭的ナショナリズムに熱病のようにかかることも，たびたび起こる。

　しかし，そういった病理的状況にない人間にも，どうしようもない状況が起こりうる。つまり一定の心理バイアスに人間は陥ってしまうのである。たとえばプロスペクト理論によれば，焦りが募るような状況にわれわれが陥ったならば，損失を避けるために高いリスクをいとわない傾向にあるという——そういった行為が客観的にみれば非合理的なものであるにしても[9]。こういった感情や心理バイアスのトラップにわれわれは十分注意しなければならない。

● 3　国内体制特有のトラップ

　各種の国内体制においてそれ特有の「自壊の種」がある。たとえば，共産主義体制の経済的非効率性はソ連，北朝鮮，キューバの経験が示している。これらの国々は経済的に破綻したが，資本主義への舵を切った中国やヴェトナムの経済的革新と比べればその差は歴然としていよう。資本主義体制が持つ「自壊の種」については第5章5節で論じたとおりである。

4 国際政治特有のもの

力の真空

第6章4節で説明したとおり、国内の政治秩序が崩壊した状況が「力の真空」である。「力の真空」が生じれば、その国を取り巻く国際政治状況がいっきに流動化し不安定化する。その際、秩序崩壊した国がトラップとなり、隣国が深く内政介入すれば泥沼状態に陥り脱出することができなくなってしまう。

一般的にいって、民主主義国家よりも非民主主義国家のほうが「力の真空」になりやすいように見受けられる。長期的視点に立てば、「力の真空」が北朝鮮あるいは中国において生じる可能性は否定できない。日本自身がトラップに陥らないのは当然のこと、アメリカやそのほかの関係国がトラップに陥らないよう、日本は注意する必要があろう。

自立と相互依存

「自立の維持」と「他国との相互依存関係の維持」という二つの相矛盾する目的をいかにして両立させるのか。これは国際政治において根源的な課題の一つである。他国と協力関係を結ぼうとすれば、その分自国の行動の自由が制限されることとなる。しかし、かといって協力的外交関係をまったく結ばないわけにはいかない。

たとえば、同盟を結ぶという行為をみてみよう。「他国を助ける、そして他国に助けられる」という取り決めが同盟であるが、そういった取り決めを結ぶことによって同盟パートナーからの協力を得られる。しかし他方では、同盟パートナーに協力するという責務を負うので、その分、行動の自由が奪われることとなる。「日米同盟があれば、アメリカが引き起こす戦争に日本は巻き込まれる」という声が日本国内で聞こえるときがあるが、この議論を言い換えれば「日米同盟があるから日本の行動の自由が（不当に）制限されている」ということとなる。

国際政治経済学では、こういった「国際的相互依存関係と国内的自立性との矛盾関係」が長く指摘されてきた。他国との経済関係を促進していけば富をさらに作り出すことができる。しかし、他国との経済的相互依存関係を強化すればするほど、国内経済を運営する際の自由が損なわれてしまうのである。別の言い方をすれば、国際経済関係の安定・促進を追求すれば、その分国内におい

てさまざまなコストが生じる。逆に国内安定を優先すれば国際経済関係をある程度犠牲にせざるをえない。自立性を維持しながらも国際経済活動の恩恵を最大限に引き出す妙案は何か。これが根本的な政策課題となるが、グローバリゼーションの時代になってこの課題はますます重要になってきている[10]。

　くわえて、安全保障と経済関係が結びつく形でこの矛盾関係が表面することもある。台湾が好例であろう。対中経済関係が進めば進むほど中国への依存的な経済関係が深まり、中国政府からの政治的拘束が強まるという状況に陥ってしまう。対中関係において経済的利益と安全保障上の利益とをいかにバランスすればよいのかという難問に、台湾は対応せざるをえない。この問題は台湾だけのものではなく、中国という現状打破国と経済関係を保ちたいすべての現状維持諸国——当然日本もそのうちの一つ——に共通のものである。こういった構造を変えていくには、脆弱性を弱める三つの作戦（第3章で提示したもので「備蓄、代替、危険分散（入手先分担）」）の実施と同時に、製品（パーツ）の質・技術といった面やその他の面において中国こそが他国に依存せざるをえない状況を作り上げていくことが必要であろう。そういった状況ができあがれば、中国に一方的に依存するのではなく中国との間においてより相互依存的な関係が成立することとなろう。

安全保障のジレンマ

　安全保障のジレンマは「一般に、軍備の増強、同盟の締結など、自国の安全を高めるためにとる行動が、意図せざる結果として、敵対国側に同様の行動をもたらし、むしろ自国の安全が損なわれかねない状況をもたらすこと、またはその心理的葛藤を指す」[11]。国際アナーキー下においては、自国の安全は究極的には自国自身で守らなければならない。したがって国家は、その生存を確保するために軍事力を追求することになる。しかし、皮肉なことにその拡大する軍事力は他の国——とりわけ近隣諸国——の安全を潜在的に脅かすこととなる。A国の軍事力拡大は、それまでと比べてB国がより危険な状態に陥ったことを意味するからである。B国の安全を損なうことなしにA国はその安全を増強できない。AB両国の立場が交替してもこの状況は変わらず、A国の安全を損なうことなしにB国は安全を増強することができないのである。このように国際アナーキーが続く限り（序章4節で説明した安全保障共同体内を除いては）、これら二国は同時に安全を増強することができない。ジレンマとは「あちらを立てればこちらが立たず」ということだが、ここでは「A国（の安全）

を立てればB国（の安全）が立たず」という状況を指す。こういった状況ではAB両国が相互反応しスパイラル的に競争が激しくなるであろうが，両国は安全保障のジレンマそのものから逃げることはできない。

　実は，安全保障のジレンマの厳しさの度合いはさまざまな要因によって変化する。所有している攻撃兵器と防御兵器との間にある関係や緩衝地帯の有無といったものが，そういった要因としてこれまで指摘されてきた[12]。たとえば，大きな緩衝地帯をはさんで対峙している二国の間では緊張度はあまり高くなく，一方が軍事力を向上させても他方の反応は鈍く，安全保障のジレンマは厳しくないだろう。同様に，国家間にある軍事力の差の大きさも安全保障のジレンマが持つ厳しさを左右する。いま仮にA国の軍事力がB国のそれよりもかなり大きいとしよう。A国にとってB国の軍事力拡大はそれほど脅威ではない。だとすると，ここで成立する安全保障のジレンマは緩やかなものである。他方，緩衝帯がなくて国境を接している大国同士の関係や，軍事力の差が小さい大国間の関係においては，どちらか一方の軍事力拡大は他方にとって大きな脅威であり，すばやい対応が生じる。

　軍拡競争はもとより，戦争の可能性さえ安全保障のジレンマの延長に想定する国際政治学者たちも多い。こういった研究者たちは以下のようなシナリオを展開する。まずはA国が軍事力を増強するとしよう。脅威を感じたB国が対抗上自らの軍事力を増強させる。それに怯えたA国がさらなる軍事力をたくわえ，結局両国間で軍拡競争が生じる。互いに攻撃するつもりはなく自衛だけのつもりでいても，相互不信と恐怖心から軍拡競争が始まり，それがスパイラル的に続くのである。そしてついには，AB両国間に偶発戦争が勃発する可能性が高まるという[13]。

　以上のシナリオは一見もっともらしいが実は限定的で，AB両国の間においてA国の軍事力が圧倒的に強い場合には当てはまらないという点を確認しておく必要がある。仮に軍拡競争が起こってもA国は強力な抑止力を持っており，自ら開戦しない限りAB間で戦争は起こりにくい。したがって「B国が反発して軍拡に走るから，A国は軍拡路線を進んではいけない」という単純な議論はこの抑止の論理を無視しており，説得力に欠けているといわざるをえない。たとえば「中国が反発して軍拡に走るから，日米同盟側は軍拡路線を進んではいけない」といった議論である。

　安全保障のジレンマを解決するには，国家は軍事力を放棄すればよいのであろうか。しかし軍事力放棄によっても安全が獲得できないのである。なんとい

う不条理であろう！「平和を願って自ら軍縮すれば、相手国もそれに呼応して軍縮を敢行し、その結果として平和が成立する」ということにはならない。

　理由は二つある。第一の理由は、軍事力を自ら弱めると、他国からの軍事介入を引き起こしかねないというものである。国と国との軍事関係はいわば「おしくらまんじゅう」の状況、つまり互いに押し合っている状況にある。片方が一方的に引いてしまえば、押していたほうは前につんのめってしまう。この比喩のように、一方的に軍縮を始めれば、相手国による軍事介入ないしは軍事力を背景にした政治介入を自ら誘うことになってしまうのである。抑止力の低下が相手国側に強硬策を採用する機会を与えてしまうと言い換えることができよう。冷戦終了後に米軍を追い出したフィリピンがよい例である。米軍が撤退した後フィリピン近海は「力の真空」状況となり、軍事力に勝る中国がミスチーフ礁をすばやく占領した。これに対してフィリピンは手も足も出なかったのである。

　第二の理由は、軍備というものは他国の動向とは関係なく、国内の事情によって継続されうるというものである。たとえば軍というものはその組織性格上、軍拡をめざす傾向が強いことはさまざまな研究者によってこれまで指摘されてきた[14]。軍が政権の中枢に位置するような国家においては、この傾向はとりわけ強い。そういった国においては、防衛予算はいわば聖域となっており軍事費削減はなかなか難しい。そういった隣国に直面した際、「安全保障のジレンマの結果そういった国は防御的に軍拡をしているのであり、ここで対抗すれば軍拡スパイラルをさらに引き起こすので賢策ではない」として対抗措置をとらなければどうなるであろうか。それは一方的に抑止力を放棄していることと同じである。現時点において、中国と北朝鮮はまさにそういった「国内事情のために軍拡している国」であり、日本による一方的な軍縮路線の追求が日本の安全保障を弱めてしまうのは想像にかたくない。

　したがって、軍事力を増やしても、増やさなくても、十分な安全はなかなか達成しがたい。軍拡による戦争もあれば抑止力低下による戦争もある。これが国際政治の現実である。主権国家の上に立つ政治権力がない国際社会においては、国と国が軍事バランスを保たなければ平和は達成できない。そのバランスは軍拡によっても、抑止力低下によっても崩れるのである。「自国が『平和主義』に努めれば、自国の安全は保障される」という命題は一見もっともらしいが幻想に過ぎない。このもっともらしい罠にわれわれは十分注意する必要があるが、この罠の根源は「安全保障のジレンマ」の不十分な理解、そして戦争勃

発メカニズムに関する不十分な理解にあるといえよう。

　以上の議論を踏まえれば，日米同盟が持つ総合的軍事力が中国側のそれよりも勝っている現時点においては，日本は安全保障のジレンマの心配にとらわれることなく，抑止力の維持・向上に努めることが望ましいと思われる。しかし，その場合でも安全保障のジレンマがもたらす潜在的危険性を決して忘れてはならないであろう。つまり，抑止の範囲を明らかに大きく越えた，自制なき軍事力増強や挑発的な軍事力の行使を日米同盟が追求すれば，中国や北朝鮮（さらにはロシアなどその他の国々）からの強硬な反発を招き，日米同盟との間で競争スパイラルが激化する。その結果，日本は不必要にもその安全を自ら損なってしまいかねない。さらには現状維持陣営内で西ヨーロッパ諸国と日米同盟との関係が冷えるかもしれない。

　こういったオウンゴールのシナリオにおいては，ルトワックのいう「戦略の逆説的論理」（paradoxical logic of strategy）が成立してしまう。そこでは，独善的に自国の利益を追求すれば，相手国からの反応の結果として状況が混沌となり，当初想定していた利益が得られなくなってしまうのである。「努力すればするほど結果が遠のくという逆説的な状況」と言い換えることができよう[15]。「抑止内」と「抑止外」との間の境界性を具体的に特定するのは単純ではないものの，つねに相手側の反応を想定した上で「やりすぎないよう」に日本は行動しなければならないのである。

同盟のジレンマ

　A国がそれ自身のみでは脅威国Cに対抗することができないので，利益をともにするB国の軍事力を得ることによって脅威国Cに対処しようとする政策手段こそが同盟である。しかし，ここに二種類の可能性が生じる。第一に，A国が脅威国Cとことを構えた際に，B国はそれまでの約束にもかかわらず，A国を援助せずにA国を見捨ててしまう可能性である。A国にとってこれは「見捨てられる危険」といえよう。第二に，「巻き込まれる危険」である。B国と結んだ軍事同盟でもってA国は脅威国Cを抑止したいだけであって，実際にはC国と戦争状態に入りたくないかもしれない。それにもかかわらず，A国からの応援を期待するB国はC国に攻め入るかもしれない。A国にとってはやりたくない戦争に引きずり込まれることになる。同盟を結べばこういった二つの危険にさらされることになるが，同盟なしでは脅威国Cに自国のみで対抗できない。さらには，見捨てられないようにとB国に深入りすればする

ほど，A国はB国が主導する対C国戦に巻き込まれる危険が増える。かといってB国と疎遠になれば，A国はB国に見捨てられる危険を増やすこととなる。これが同盟のジレンマである[16]。

　同盟のジレンマによる心配を小さくするには，同盟パートナー同士十分なコミュニケーションをとり信頼関係を打ち立てるしかない。そういったパートナーシップが制度化されればされるほど同盟のジレンマは弱くなるであろう。たとえば，軍事情勢分析，兵器の調達・開発計画，軍事ドクトリンや作戦計画，さらには軍事演習といった防衛活動の諸活動において同盟国が共同行動を繰り返すことが考えられる。その好例がNATOである。当然，日本もこの例に見習い，アメリカとの密接なコミュニケーションをさまざまなレベルで推進していくべきであろう[17]。

政軍関係のジレンマ

　他国から防衛するためには強い軍が必要であるものの，そういった軍（とりわけ陸軍）は政治介入しクーデターで政権転覆さえ図りかねない。かといって強い軍がなければ十分に自衛できない。これが政軍関係のジレンマである。そして，自由民主主義国家において文民が軍をコントロールしクーデターを起こさないようにする制度を，シビリアン・コントロール（文民統制）と呼ぶ。

　1930年代の日本において，まさにそういったクーデターが発生した。1932年におきた五・一五事件では海軍の青年将校たちが犬養毅首相を銃殺した。1936年に起こった二・二六事件では陸軍の青年将校らが斉藤実内大臣，高橋是清大蔵大臣，さらには渡辺錠太郎陸軍教育総監らを殺害するほか，鈴木貫太郎侍従長と岡田啓介首相を襲撃したのである。こういった危険を減らすために軍を弱体化してしまうと，国外からの軍事的脅威に対抗できなくなる。国内政治において軍を制御しながら外敵からの防衛をうまく全うするにはどうすればよいのであろうか。

　これまでさまざまな解決策が示されてきた。たとえばハンチントンが提唱したものは「軍をプロフェッショナル化する」というものである[18]。つまり，米英両国にみられるように軍を対外戦闘のプロフェッショナル部隊としてのみ活動するようにその組織文化を作り上げていくという方法といえる。第二の解決策は，軍人に文民の価値観を浸透させるという方法である。これら二つの方法は現代の日本において採用されており，おおむねうまくいっているといえよう。第三のものはこれらとは対照的に文民と軍人との垣根がないイスラエル型

二・二六事件,決起した兵士たち

ともいうべきものである。そこでは,国民皆兵主義のもと文民政治家も高級軍人としての経歴を持っている。

こういったシビリアン・コントロールの議論で注意が必要なのは,対外政策において文民リーダーが「平和的」で軍人が「戦争好き」という二文法は必ずしもつねに成立しないという点であろう。文民リーダーが好戦的なときが,過去にはあった。極端な例はヒトラーである。また,2003年にイラク攻撃を実施したアメリカ政府について,大統領をはじめとする文民リーダーたちの「好戦性」を指摘する声が当時多かったのを覚えているのは筆者だけではあるまい。

政軍関係のジレンマをめぐる問題は,次に解説する自由民主主義防衛上のトレードオフとともに自由民主主義体制の根幹部分に触れる重要なものである。日本は引き続きシビリアン・コントロールを維持しながら自衛隊による抑止力強化をめざしていくべきであろう。

自由民主主義防衛上のトレードオフ

自由民主主義体制を外部から防衛する際,国民の自由を一部制限することが必要となる。しかし,国家安全保障の名のもと,その程度は過剰になり自由民主主義体制そのものを内部から崩壊させかねない。そもそも,そういった「国民が自由を享受できる政体」を守ることこそが,安全保障政策の真の目的であろう。国民の自由を制限すれば,自ら守るべきものを傷つけていることになる。ところが,完全なる自由保護に固執すれば敵勢力の排除が効果的にできず,国そのものの安全が損なわれてしまいかねない。そうなれば,国民を外敵から守るという国家の役割が全うできないのである。自由民主主義を内部崩壊させずに防衛義務を全うするにはどうすればよいのか。全体主義も軍事的敗北も避けるにはどうすればよいのか。これが自由民主主義防衛上のトレードオフにほか

ならない。

　このトレードオフに直面した際，国民の自由をできるだけ制限せず，同時に国家安全保障を全うするという難しい政策を追求するしかない。バランスを間違えば，これら二つの価値のいずれかが大きく損なわれてしまう。「国民の完全なる自由」と「完全なる国家安全保障」とを同時に満たすことはできないと達観した上で最善の道を進むしかない——それが簡単ではないにしても。

　別の言い方をしよう。国軍それに政府の役割は二つある。外的脅威からの物理的な国民保護，それに国民が享受する自由の保護である。国内治安を担当する警察にもこの点が当てはまる。安寧と同時に国民の自由，この二つを守るのがその任務といえよう。この認識は自由民主主義国家にとって，死活的重要性を持っている。

　国家安全保障と治安維持の名のもとに個人の自由が侵されがちな傾向に，われわれはとりわけ注意する必要があろう。たとえばイギリスやカナダでは，国家権力から国民の自由を保護するための措置が幾重にも設置されているものの，それでも国家権力の行き過ぎがメディアで報道されることがある。外敵からの脅威感が高まれば，国家安全保障が優先される傾向はますます強くなる。自由民主主義を謳うアメリカでさえ，安全保障の名のもとに自国民の基本的人権を厳しく制限することが過去にあった。「テロへの戦い」のため国内で緊張が高まった21世紀初頭，アメリカ社会では政府を批判する者を非国民扱いするという状況——国民的ヒステリーに近い状況——が生じたのである。この例に見られるように「国防のためには皆団結して個々人も何らかの犠牲を払うべきだ」という意見が通りがちとなり，度を過ぎることさえ出てくる。

　この自由民主主義防衛上のトレードオフは別の形をとることもあるので，注意が必要である。たとえば，「国民の知る自由や権利」と秘密外交（秘密裏に外国と交渉すること）との間の緊張がそれにあたる。前者を盾にして秘密外交を全く否定すれば，外交交渉は成り立たない。他方，外交交渉の内容を国民にいっさい（事後的にも）知らせない，あるいは国会に報告しない政府というのは「国民の代表」に値しないであろう。

　日本において左派が日米安全保障体制・自衛隊に反対する理由のうち，大きな部分はこの「個人の自由が制限されることへの恐怖」にあると思われる。1930年から15年間，まさに高度国防国家・国防国家体制の掛け声のもと，基本的人権の蹂躙が日本で起こったのであり，1950年代から1960年代にかけて右派が掲げた復古主義的な主張の中に左派は基本的人権蹂躙の可能性を強く感

じたのである。そういった右派の論調には「国のためにはやむをえない（むしろ当然）」という論理が潜んでいたといえよう。

　危機的状況において，国民の基本的人権をできるだけ守りつつ，かつ同時に国家安全保障を全うする。これをいかにして達成するのか。国防の名のもとに基本的人権が大きく損なわれるといった自由民主主義国家にとっては自壊的な事態をいかに避けることができるのか。これが自由民主主義を謳う政体にとって決定的に重要なテストとなる。

　幸か不幸か，日本はこの難関テストをいまだに受けていない。左派はこのテストに日本が合格するという自信を持っておらず，不安なのである。他方，テストに合格できる程度に戦後日本の自由民主主義体制は成熟したと信じている者もいるであろう。しかし，いずれの立場が正しいのかは，テストを受けてみないとわからない。そして，日本がそのテストに合格できるかどうかは，日本政府，諸政党，そして国民──とりわけマスコミを含むエリート層──の行動にかかっている。安全保障のために仕方なく基本的人権を制限する際には，他の自由民主主義国の例を参考にしながらも慎重に慎重を重ねるべきであろう。

● 5　現状維持国特有のもの

トゥキュディデス・トラップ

　紀元前5世紀にアテネとスパルタの間で起こったペルポネソス戦争を記録したトゥキュディデスは，この古代ギリシャで起こった覇権戦争の究極的な原因をスパルタに挑戦するまでにアテネの力が成長したこと──バランス・オブ・パワーがスパルタにとって不利になったこと──に求めた[19]。パワーの違いが縮小してくれば（これをパワーシフトという），成長しつつある側がチャンス到来とばかりに戦争を仕掛けるかもしれない。あるいは追いつかれている側が「状況がより悪化するまえに相手をたたく」という予防戦争に走ることも考えられる。いずれにしても，覇権戦争勃発の可能性が高まる。これがトゥキュディデス・トラップである。アリソンによる最近の研究によれば，過去500年にあった16のパワーシフトの事例のうち，12事例において戦争が発生したという[20]。アメリカと中国がトゥキュディデス・トラップに陥るのかどうか，いまのところ予想不可能である。

宥和政策のジレンマ

　トゥキュディデス・トラップを避けるのには現状維持側が現状打破側に対して宥和政策をとり、譲歩すればよいと読者は思われるかもしれない。しかし残念ながら、仮に宥和政策を採用するとしても、そこには独自のジレンマが発生するのである。

　武力行使をちらつかせる現状打破国からの国際秩序変革の要求に応じれば、現状維持国側は戦争をしないですむ。しかし、そういった要求に譲歩すれば、現状維持国側は弱気だと現状打破国は判断し、さらなる要求をしてくる可能性がある。そのときには現状打破国のパワーはさらに増大しており戦争をすれば現状維持国側は負けるかもしれず、「最初の要求のときに武力行使をしておけば勝っていたのに」と悔やむこと

ペロポネソス戦争を記録したトゥキュディデス

になろう——ミュンヘン協定（1938年）を結んだ後の英独関係が経験したように。

　もちろん、この第二の要求を飲めば戦争はその時には回避できるものの、第三の要求が出てくるかもしれず、問題は解決しない。現状打破国側からの第二の要求に応じれば、現状維持国は「一方的に降りる」という状況に陥ってしまう。だからといって、現状打破国が国際秩序変更の要求を最初に求めたその段階で、現状維持国側は戦争を仕掛けてよいのか。勝つかもしれないが、戦争のコストを大きく負うこととなる——それも現在では核戦争の危険が伴う。

　これが宥和政策のジレンマであるが、トゥキュディデス・トラップとペアになって現状維持陣営を悩ませる。安全保障のジレンマと同様、相手側に強く出ても弱く出ても問題解決に至らないのである。

　これら二つの不条理的状況を乗り越えていき、覇権戦争なしで現状打破国との関係を調整していく道筋——国際政治学では「平和的な変革（peaceful change）」と呼ばれる——はいかなるものか。この問いに対する体系的な答えを提示する国際政治理論は、残念ながらいまだに存在しないのが実状である。カーが『危機の二十年』でこの問題を提起して以来、われわれはいまだに国家

指導者たちの英知に頼るしかない[21]。

6 おわりに

　以上，不条理的状況の数々を解説してきた。これで本書による大戦略の一般的解説が完了した。この作業を閉じるに際し，本書が前提としているイメージを再び記しておきたい。それは航海（ナビゲーション）のイメージである。大戦略の成功は，航海の成功になぞることができる。

　成功裏に終わる航海ではまず，当然のことであるが最終目的地が明確であって，そこにたどり着く海図（地図）がある。そして暗礁や天候，さらには風の動きや海流の流れなどに気をつかいながら，座礁や転覆といった危険を避け，できるだけ安全に船を航行させることが肝要となる。船長はじめ幹部は経験に基づく豊かな知恵を持っており，そういった危険をあらかじめ感知することができるだけでなく，緊急時においてさえも適切な対応をとる能力——危機管理能力——がある。同様に，航行中には機関室を含むさまざまな部署の間での調整や意思疎通を怠らず，乗組員間に齟齬や不備が生じないような気配りが幹部には求められる。とりわけ船長のリーダーシップが重要なのは容易に理解できよう。

　航海における最終目的と海図にあたるのが，大戦略における戦略目的とそれを具体化した政策目標である（以下，「政策目標」も含めて戦略目的とする）。それらを正確に理解することが大戦略策定の基本中の基本である。行き先がわからない航海は事実上漂流しているのと同様，戦略目的が明確でない対外活動は戦略レベルで失敗している。また海流や天候を判断することが欠かせないのと同様，その時々の国際環境を正確に把握する作業も欠かせない。そして戦略目的を達成するために，さまざまな政策手段が使われる。

　航海における暗礁や危険地帯に相当するのが，大戦略におけるトラップやジレンマ，さらにはトレードオフである。政策手段を使いこなして戦略目的を達成しようとする際に，こういった不条理な状況が起こりうる可能性は高いと想定しておいたほうがよい。

　こういった視点に立てば，大戦略を策定し実施する行為には，

(1) 戦略目的の達成をめざしてさまざまな政策手段を行使していくという合目的的な側面と，

(2) トラップやジレンマといったような国際政治に特有の不条理な状況，並びにいかなる政策決定・実施の際にも生じうるさまざまな病理的状況，これらに陥らないように国家を運営していくという側面，

という二つの面があるといえる[22]。前者は「目的に向けて前に進む」という意味で攻撃的な側面——サッカーでいえば得点をねらう行為——であり，後者は「途中にある罠を避ける」という意味で守備的な側面——サッカーで失点を避ける行為——と理解できよう。両者が同時にうまくいかなければならない。つまり，大戦略を成功させるには「罠をうまく避けながら前に進む」ことが必要となるのであり，「前に進むが罠に落ちる」ないしは「罠は避けてはいるが前に進まない」という状況はいずれも失敗なのである。攻撃と守備，矛と盾，双方が必要で，どちらか欠ければ成功はおぼつかない。

　日本がこれから追求すべき大戦略に関しても，この点は当然当てはまる。では，日本がとるべき大戦略とは何であろうか。答えは次の終章で提示する。

終章
日本がとるべき大戦略

● 1 はじめに

　日本は国際秩序戦の真っただ中にいる。以前もそうであったし，これからもそうである。国際社会がある限り，秩序戦はなくならない。半永久的に続く。「誰が天下を治めるのか」。統治・政治秩序に関するこの問いは根源的なものであり，人間社会が存在する限り決して消え去ることはない。主権国家からなる国際社会もこの点例外ではなく，軍事力を背景にして国家群の間でこういった秩序戦が展開される。この権力闘争は複雑であり，そして不条理に満ち満ちている。「一寸先は闇」という言葉がまさに当てはまる。こういった国際秩序戦をしたたかに生き抜いていくには，英知が欠かせない。それが大戦略である。

　こういった認識に基づき，大戦略という作戦計画の一般的枠組みを提示する一方，それを日本の状況に適宜応用するという形で，これまで議論を進めてきた。その大前提となる国際秩序の構造と動態についても解説した。そこで，これまでの議論を踏まえながら，日本が採用すべき大戦略を総括的に述べて本書を閉じることとしたい。

　本章が描く政策論は現時点のものであることを初めに断っておこう。状況が変われば，政策論の内容も変わってくる。しかし，本書がこれまで解説してきた大戦略の枠組みそのものは不変である。状況が変われば，この枠組みの中で新しい「日本がとるべき大戦略」を練り直すことが必要となる。

　本章は四つのステップに分かれている。まず，政策論の前に前提となる現状認識を明確にしておく。第二に日本がとるべき大戦略の全体像を示す。いかな

る大戦略もその要は戦略目的の設定にある。したがって、この点に関して本書が想定している事柄をより詳しく解説したい。これが第三のステップである。最後にこれまで行ってきた主な議論を「大戦略十カ条」として提示して、本書を閉じることとしよう。

2　秩序戦の現状

　現時点においては、第二次世界大戦後続いてきたアメリカの覇権が、比較的衰退している過程にある。世界におけるバランス・オブ・パワーにおいてアメリカの優位は、現状打破国中国の台頭により弱まってきている。現在は世界経済第二位という地位にある中国であるが、これからの経済成長は緩やかになり、高齢社会化が進むであろう。それにもかかわらず、大枠としては米中関係が国際政治における中核的関係として続くのは必至と思われる。その結果、経済力第一位と第二位の関係である米中間において秩序戦はますます熾烈化するであろう。他方、一時は経済大国として台頭した日本はその人口問題により、長期的には経済大国の地位から降りざるをえない。

　秩序戦に関する限り、より具体的に言えばユーラシア大陸の三戦域に関する限り、将来の大国はアメリカ、中国、インド、そしてヨーロッパ（EU）とロシアの五つで、五極体制となる。いまのところ、ヨーロッパはその統一を維持できるかどうかが鍵であり、「強靭な大国」という状況にはない。他方、ロシアは人口や経済力（そのGDPは現時点では韓国と同規模）の長期的トレンドから見れば衰退しつつあるが、その軍事力（とりわけ核兵器）と地政学的位置からかろうじて大国の地位にあるという状況である。

　第二ランクの国々を加えれば、現状維持陣営と現状打破陣営の内訳はそれぞれ図8-1のようなものとなる（中級国家以下の欄は例示に過ぎない）。

　もちろん、各陣営内部において各国が持つ関心地域は異なるし、陣営内部における絆の度合いもまだら模様であり、分裂の可能性はつねにある。その意味では、両陣営とも一枚岩ではない。

　日本が直接関心を持つ東アジアならびにインド洋（つまりインド太平洋地域）においては、米日豪印連合に中国が対抗しているというのが基本的な構図であろう。さらには世界における米中間秩序戦の重要性を考えれば、米日豪印連合と中国との関係がこれからの世界におけるセントラル・バランスとなる。これは冷戦時ヨーロッパにおけるNATOとワルシャワ機構軍との間のバラン

図 8-1　現時点における二大陣営

現状維持陣営			現状打破陣営	
大国	米欧印		中ロ	大国
中級国家以下	日豪加		イラン・北朝鮮	中級国家以下

ス・オブ・パワーに相当するものである。このような状況において，非核中級国家である日本は他の現状維持国と協力して現状打破陣営との秩序戦に挑む一方，現状維持陣営内において政治的地位を高めていくことが，その大戦略の基本となる。

　ここで一歩下がって日本が置かれた状況を見てみよう。第 1 章で解説した覇権サイクルは普遍的であるが，どの国が現状打破国となるかはその時々の経済発展のパターンによるので予測できない。たまたま中国において急激な経済発展が生じたため，今回，日本が秩序戦の最前線に立つこととなったのである。前回の秩序戦まではヨーロッパがそういった最前線であった。第 6 章で使った言葉でいえば，米中秩序戦における最も重要な戦略前線に日本は直面することとなったといえる。もし仮に将来において他の国々や地域において経済発展が生じた場合，戦略前線がそういったところに生じていくであろう。同時に，現状維持陣営の構成国，現状打破陣営の構成国も変わっていく。50 年前，誰が中国とインドの台頭を予測できたであろうか。このようにいまから 50 年後の陣営構成国は正確には予測できない。

● 3　日本の大戦略の全体像

　本章が思うところの「日本がとるべき大戦略」，その骨子を表 8-1 にまとめた。これまで展開してきた議論を要約したものである。
　まず表で注目していただきたいのは，大きく二つの部分に分かれている点である。上半分が「平時秩序戦における戦略目的」，下半分が「政策目標を達成するために実行すべき四つの政策プログラム（攻撃策）と避けるべき状況（守備策）」となっている。上半分が政策目的，下半分が政策手段にあたる。大戦略は「目的と手段」からなる政策体系であることを思い起こしていただきたい。そして戦略目的を具体化したのが政策目標であり，第一義目的の中に示してある。第 2 章で五大政策目標としたがここでは三つにまとめた。他方，政策手段を組み合わせたものが政策プログラムであり，政策目標を四つの政策プログラムをこなしていくことにより達成することが，大戦略を実施する際の具体的な

表 8-1　日本がとるべき大戦略

平時秩序戦における戦略目的		
戦略目的	第一義的目的	アメリカを中心とする現状維持陣営（自由民主主義陣営）が秩序戦に勝利すべく、陣営の一員として中国を中心とする現状打破陣営に対して「封じ込め戦略」を展開する。そのためには以下の**政策目標**の達成をめざす。 ・バランス・オブ・パワー（軍事的抑止力）の維持に貢献しつつ、 ・自由主義に基づく現存秩序が持つ三要素（領土配分・正統性・国際制度）を支え、 ・現状打破陣営（国）の「中和化」（無害化）を武力行使以外の手段でめざす。
	副次的目的	日本が持つ威信・政治力を非軍事的手段、とりわけソフトパワーで向上させる。
自国の位置	主観的判断	自由民主主義を奉じる現状維持陣営への支持を堅持すべし。責任ある国際社会の一員であるのは当然のこと、自由民主主義国家・現状維持国家・未来志向国家として日本は生きていくべきである。
	客観的判断	現在進行中の秩序戦において最も重要な戦略前線に位置している。現状維持陣営内では「リハビリ国家」である。ハードパワーが長期的衰退にある非核中級国家である。ユーラシア大陸三戦域の一つである東アジアの縁海にある島嶼国家で、つねに大陸勢力と海洋勢力とに挟まれている。
政策目標を達成するために実行すべき四つの政策プログラム（攻撃策）と避けるべき状況（守備策）		
攻撃策	ハードパワーの増強と行使	人口減に伴う基礎国力の低下をイノベーション、サイバーパワー、インテリジェンス能力の向上で補うと同時に脆弱性の悪化を防ぐ。自助努力による軍事力（通常兵器）の整備を怠らない。現状維持陣営の「弱い鎖」にならない。
	ソフトパワーの育成と行使	思想戦・歴史解釈戦・威信戦に関して以下の四つの原則に沿った行動をする。 1. 現在の国際秩序においては、日本は「先の覇権戦争での敗戦国」であると同時に「現在の正義を体現する現状維持国」という特異な地位にあることを自覚し、その上で秩序戦を勝ち抜くために適切な行動をとること。 2. ソフトパワーの領域では、各国とも短所（弱点）と長所（強み）を同時に持っているが、短所にとらわれないで長所を伸ばすことに努力を集中すること。 3. 偏狭的ナショナリズムに走らず、立派で責任ある「自由民主主義モデル国家」として国際正義を語り、自ら体現するのと同時に、他国から共感を呼ぶような普遍的な概念でもって日本を語ること。 4. 未来と希望を語ること。
	国際制度の戦略的運用	開放的自由主義経済制度の維持。核不拡散防止条約の維持。既存の国際制度の枠の中における法律戦の展開。地球をつつむ国際公共財の提供。日米豪印の海洋四カ国を核とする「デモクラティック・リーグ」の設立。中国との偶発的戦争回避のための新制度の設立と運用。
	ジオストラテジーの実践	第一列島線上を走る戦線前線を後退させず日米同盟でもって対中抑止力を強化する一方、対中包囲網を固め機会があれば分断工作を行い、さまざまな非軍事的手段でもって中国に対して中和化作戦を展開していく。中国側の国内体制が先に中和化するまで凌いでいくという態勢を維持する。分断工作や包囲網戦、さらには既成事実の積み上げといった中国からの攻勢作戦をそのつど阻止していく。
守備策		資本主義特有の「自壊の種」に注意する一方、オウンゴールを避け、偏狭的ナショナリズムに走らないこと。以下の「四つの課題」に失敗しないこと。 1. 数ある不条理的状況への適切な対応 2. 目的―手段間の政治合理性の維持 3. （カウンター）インテリジェンス機能を含む高質の政策決定・実施機構の整備と維持 4. 基本政策に関する国民からの健全な支持の獲得と維持

活動となる。また，それと同時にさまざまな障害を越えていかなくてはならず，それらを「避けるべき状況」（守備策）として記した。

こういった全体像は，ここまで本書を読んでいただいた読者にはわかりやすいものであろう。表の各箇所にある具体的内容は，これまで各章で論じてきたものを要約したものである。いま一度，読者自身で確認してほしい。

4　自由民主主義モデル国家としての日本

大戦略においては戦略目的が最も重要な要素であるのは，本書で繰り返してきたところである。本書が主張するのは，(1)現存する国際秩序，つまり自由民主主義に基づくもので第二次世界対戦後に米英両国を中心として構築された国際秩序の維持が日本にとっての第一義的目的であり，(2)「日本が持つ威信・政治力の向上を非軍事的手段，とりわけソフトパワーでめざす」というのが副次的目的であるべき，というものである。表8-1には入っていないが，「求める国際秩序の具体像」に関していえば，『国家安全保障戦略』が想定しているもの，つまり「自由，民主主義，基本的人権の尊重，法の支配といった普遍的価値やルールに基づく国際秩序」に本書は同意する[1]。

こういった戦略目的を効果的に追求するには，表8-1にあるように自国の位置を正確に認識することが欠かせない。自国が占める客観的条件を認識することの重要性はいうまでもなかろう。説明を要するのは，この表で「主観的判断」と示されているもの，つまり秩序戦という高度な政治的文脈における日本の「立ち位置」である。

これまでの日本は現状維持の立場にあったが，これからもそれでよいのか。事情によっては中立，もしくは現状打破の立場に移行すべきではないのか。この根幹的な問題に対する本書の答えは，「日本は現状維持陣営への支持をこれからも堅持すべき」というものにほかならない。

なぜか。数ある理由のうちでも根本的なものは，日本が持つべき，ないしは体現すべきと筆者が信じる政治的価値，つまり自由民主主義，とりわけ自由主義にある。ここでの自由主義とは，「国家権力から個人の自由，とりわけ弱者の自由を守るべきという信念」という古典的なものである。全体主義の拒絶と言い換えてもよい。自由民主主義は，そういった自由主義を確保・維持するための手段として民主主義制度が存在する状況を指す。表では「自由民主主義を奉じる現状維持陣営」とわざわざ自由民主主義を強調し，さらには「責任ある

国際社会の一員であるのは当然のこと，自由民主主義国家・現状維持国家・未来志向国家として日本は生きていくべきである」とした。これが本書が支持する理想的国家像である[2]。

　同じ表8-1にある攻撃策「ソフトパワーの育成と行使」の欄，第三原則に「立派で責任ある『自由民主主義モデル国家』として国際正義を語」ると記したが，これも同じことを指している。現状維持陣営の一員として日本が発展していくには，こういった自己認識を持たず「おおむね親米的」なものであればよいかもしれない。しかし，現状維持陣営内部はもとより国際社会全般において「日本が持つ威信・政治力の向上を非軍事的手段，とりわけソフトパワーでめざす」という副次目的を達成するためには，自由民主主義国家・現状維持国家・未来志向国家という三位一体方式で表現された政治的価値観こそが日本に求められる。そう本書は信じるものである。仮にアメリカがその覇権的地位から脱落しても，あるいは（考えにくいものの）アメリカが自由民主主義へのコミットメントを放棄しても，この立場は変わらない。

　形式でも実態においても日本はすでに自由民主主義国家であることはいうまでもなかろう。また，これまで再三言及してきた『国家安全保障戦略』が説く自己定義（第2章3節「戦略目的」で言及した）にも，本書は深い共感を覚えるところである。では本書の説く「日本が持つべき政治的価値・自己認識」とは具体的にはどういったものであろうか。この問いに対してより深く読者の理解を得るため，本書が提示する国家像を従来の左派が説く「平和国家としてあるべき日本」像，ならびに右派が支持する「美しい国としての日本」像と比較してみたい[3]。こういったラベルは必ずしも正確ではないかもしれないが，便宜上，これらを採用することで話を進めていこう。

普遍主義 対 一国特殊主義

　左派も右派も形は異なるが，ともに日本の特殊性を強調する。左派は「戦争放棄を謳った『平和憲法』」や「唯一の被爆国家」であることを強調し，そういった点に日本が持つべきナショナリズムの源を求める。他方，右派は日本の伝統的文化や特色を強調し，ややもすれば国粋主義とも捉えられかねない，そして復古主義的にも思える議論でもって日本の良さを語る。左派・右派いずれのタイプのナショナリズムも一国特殊主義ともいうべきものであって，いざとなればいわゆる一国平和主義や偏狭的（排他主義的）ナショナリズムとなり国際社会から日本を隔離する危険性を持っている。

これらとは対照的に，本書が支持する国家像は自由民主主義という人類にとって普遍的な政治的価値でもって自身を定義する日本である。それは普遍主義的ナショナリズムともいうべきものである——『国際安全保障戦略』にみられるように。

　もちろん，日本的伝統や文化の特殊性は現実として存在するし，日本人がその伝統や文化を誇りに思うのは当然である。日本人であることや日本の特殊性を否定したり卑下したりするのはよくない[4]。しかし決して忘れてはならないのは，他の国々も独自の伝統や特殊性，そして誇りをそれぞれ持っているという事実である。国際社会はそういった「特殊な国々」から——まるでサラダのように——成り立っている。日本はその一員に過ぎない。そういった国際社会で展開される政治状況を生きていくには，他国との違いを強調するのではなく自国自身が「善」として信じる政治的価値を分かち合う国々や民族と協力し，共感し，ともに栄え発展していくことが望ましいし現実的である。また，そういった政治的価値を共有しない国々や民族は実際に存在し，それらと日本が一定程度距離を置くのは当然であろう。

　こういった国際社会の文脈を従来の平和国家論や「美しい国」論は十分に理解していないように思える。まるで独り相撲を見ているようである。それゆえこれらの国家像に忠実に従えば，日本はさまざまなオウンゴールや失敗——表8-1の「守備策」に示してあるもの——を繰り返すこととなろう。以下，主要なものについて説明していく。

平和国家論との比較

　軍事力に関する認識度　　自衛隊や日米同盟の存続に否定的な平和国家論は，日本が武力行使することを認めていない。こういった議論が論理的に行き着くところは少なくとも二つある。

　まず，国際社会に対する責務の放棄であって，いわゆる一国平和主義といわれるものである。国際社会の構成員は義務と権利とをあわせ持っている。ハードパワーの章で指摘したとおり侵略国を武力でもって駆逐することは国連加盟国の義務であるが，それさえ左派の論理は否定する。その結果はいうまでもなく国際社会における日本の信用の失墜である。くわえて，一般的にいって平和国家論では，秩序戦に関する認識が十分でないといわざるをえない。本書が説く「責任ある国際社会の一員としての日本」は当然，侵略国を駆逐する責務から逃げない。

次に，平和国家論は抑止力の認識が十分でないことが指摘できよう。軍縮を唱える平和国家論に従えば，日本は力の真空となり現状打破国から軍事力を背景にしたさまざまな政治介入を招くであろう。まさにオウンゴールとなる。領土問題に関しても譲歩に譲歩を重ねることとなるのはいうまでもない。そういった「現状維持陣営の弱い鎖」に自らを陥らせれば，現状維持陣営内における日本の地位や信用に大きな打撃を与えるだけでなく，その他の外交面においても現状維持陣営諸国からさまざまな損害を日本は受けることとなる。こういった事態は当然本書が望むものではない。

自由民主主義体制の強度に対する見解　第7章4節の自由民主主義防衛上のトレードオフのところで指摘したとおり，国家安全保障上の危機が起これば，安全保障の名のもと国家は国民の自由と基本的人権をある程度制限する。この圧力に対して自由民主主義体制はどれほど耐えることができるのか。自壊してしまうのか。このテストを戦後日本はいまだに経験したことがない。この点に関して左派は不安なのである。つまり現存する日本の自由民主主義制度の強度に自信がない。他方，右派はこのトレードオフそのものに関して比較的鈍感であり，ややもすれば国家安全保障の必要性を強調し，基本的人権の制限——とりわけ少数派や社会的弱者の基本的人権の制限——を必要悪として認めがちである。当然，左派はこういった「美しい国」論に反発する。右派の管理主義的国家像に全体主義の「匂い」を彼（女）らは感じるのである。

このトレードオフの重要性を認めることに関しては，本書は左派に強く同意する。しかし，左派とは異なり，日本の自由民主主義体制の強度に自信があるというのが本書の立場といえる。もちろん，日本はテスト未経験なのでどちらの見解が正しいのかいまのところわからない。日本の国民と政府がこのトレードオフを理解し，自壊行為に走らないよう望むばかりである。

「美しい国」論との比較

ソフトパワーの第4章で述べたのでここでは繰り返さないが，戦前への回顧主義のように思える右派の言説や行動は「現状維持陣営内におけるリハビリ国家」としての日本の地位に鈍感であり，オウンゴールの罠——現状打破陣営からの分断工作——に自らを陥らせるものと言わざるをえない。秩序戦では陣営内の団結が欠かせないのにもかかわらず，右派の言動は他国からの共感を得られないのである。さらにこれまで本書で繰り返してきたとおり，核武装化——「美しい国」論が説くタイプのナショナリズムを究極的に体現している——は

現在の日本にとってはその大戦略上，得策ではない。

　この核武装問題に示されるように，安全保障問題を狭義の軍事問題ないしは「国が持つべき権威・威信の象徴」として捉えるのではなく，秩序戦における政略上の問題として考えなければならない。本書で使ってきた言葉でいえば，大戦略における政治的合理性を維持しなければならないのである。こういった立場を本書は政治中心主義的リアリズムと呼んだが，それは原敬や浜口雄幸，吉田茂，久保卓也，高坂正堯といった先人達の系譜につながる発想といえよう。彼らは軍事中心主義的リアリズムに一貫して反対し続け，広く国際政治の観点から，つまり政治中心主義的リアリズムの観点から，それも軍事力の効用を十分に理解した上で，日本が進むべき道を説いたのである。

着実で希望ある未来

　このように，平和国家論に沿って進んでも「美しい国」論に沿って進んでも，秩序戦にかかわらざるをえない日本は自らを危険な状況に追い込んでしまう。両者が共有する問題の根源は，「国際社会において展開されている秩序戦」を十分に理解せずに日本一国のみに視点を集中して議論していることにある。本書の立場は，左派からみれば「右派寄り」，右派からみれば「左派寄り」にみえるかもしれない。しかし事の本質は，「右派寄りか左派寄りか」というものではなく，「秩序戦という国際政治の文脈において日本の針路を考えるか否か」という点こそにある。

　くわえて，従来の平和国家論と「美しい国」論は別の限界を持っている。これらいずれを選んでも，国際社会で生きていかなくてはならない日本がどうすれば「着実で希望ある未来」に向かって進むことができるのか，われわれは明確な指針を得ることができないのである。

　一方では平和国家論はわれわれにより良い未来への希望を抱かせるものではあるが，その議論は多分に夢想的であり，権力政治や抑止力の現実を深く認識していない。その意味では着実さ，そして信頼性に欠ける。国の針路を託すには全くもって危うい。たとえば，核兵器即時撤廃を叫んでも非現実的であろう。さらには自衛隊を弱体化させれば力の真空をつくってしまう。

　他方，復古主義的・伝統主義的なきらいがある「美しい国」論は逆で，着実性の点では平和国家論よりも上ではあるものの心を引きつける夢や希望という面では弱い。過去に目を向ける国家像であり，未来志向に乏しいのである。

　本書が説いてきた日本像は，ソフトパワーの第4章の最後で説明したように

「将来に人類が直面するであろう挑戦に率先して立ち向かい,問題解決に貢献していく日本」である。これは日本人が希望と誇りを持てる国家像と思う。さらには,国際公共財の提供に貢献し国際正義を体現するだけでなく,デモクラティック・リーグという国際制度の形で着実に進んでいく日本であるべきとも本書は説いた。デモクラティック・リーグでは国際政治学者がいうところの「カントの三角形」が成立している[5]。そういった状況においては,自由民主主義国家は経済的相互依存状況にあり,かつ同じ国際組織に属している。そこでは序章で触れた安全保障共同体,つまり戦争がない国際関係が成立しているのである。このように,本書が説く国家像は着実で希望ある未来を日本にもたらすものといえよう。

以上,本書が提唱する国家像を既存の平和国家論と「美しい国」論と比較する作業を通じて明確にしてきた。こういった思いを込めて,「責任ある国際社会の一員であるのは当然のこと,自由民主主義国家・現状維持国家・未来志向国家として日本が生きていくべき」と信じる次第である。こういった「国のかたち」が成立しているような日本こそが,本書が主張する「日本がとるべき大戦略」の根本にあるといえよう[6]。

● 5　大戦略十カ条

ここで,本書のエッセンスを十カ条方式でまとめてみたい[7]。
(1) **大戦略の本質**：大戦略の本質は政略である。目的達成には軍事や国内政治を含めすべての政策手段がかかわってくるが,目的に沿うようこれらを行使しなければならない。目的と手段との間では,政治的合理性をつねに保たなければならない。
(2) **戦略目的**：国際社会で展開する秩序戦に勝利すること,具体的には現時点では自由民主主義と開放的自由主義経済を正統とする国際秩序の維持,そしてそういった価値を奉じる日本の国際的地位の上昇こそが日本が持つべき大戦略の目的にほかならない。この目的を達成・維持しない限り日本の長期的安全と繁栄は困難であることを心得よ。
(3) **陣営間闘争**：国際秩序をめぐる戦いは「天下」をめぐる普遍的かつ政治的な戦いであるが,それはユーラシア大陸を舞台に陣営間闘争の形をとる。現在日本が属する現状維持陣営の強靭化・拡大・団結を図る一方で,現状打破陣営の弱体化・縮小・分断を進めるという「封じ込め戦略」が採用すべき基

本的態勢である。それには軍事的バランス・オブ・パワーにおける優位性の維持やジオストラテジーの効果的な実践が欠かせない。覇権戦争を起こさずに勝利するには，現状打破国の国内体制の中和化をねらう必要がある。また，対抗陣営が打ち出してくるクサビ打ちや包囲網突破作戦を打破しつつ，自陣営内の確執や不協和音にも注意をつねに払うべし。

(4) **客観的判断**：所属する陣営内において自国が占める政治的位置，他国とのパワー・バランスと地政学的環境における自国の位置，それに国際動向をつねに冷静に把握せよ。希望的観測は避けるべし。ディプロマティック・センスをつねに磨け。

(5) **正義に基づく軍事力の行使**：軍事力の存在から目を背けるな。日本の軍事力は政策手段の一つである。武力行使は，国際連合が代表する国際社会が正義と認めている場合だけに絞り，責任をもってなす。核兵器を含む防衛力整備問題に関しては，戦略目的との政治的合理性をつねに維持せよ。

(6) **ハードパワー**：ハードパワーは総合的国力の基礎中の基礎である。人口減少という長期的トレンドのなか，イノベーション，サイバーパワー，インテリジェンス能力の向上を日本は図るべし。脆弱性はできるだけ低減させよ。サイバーパワーは革命的なインパクトをもたらす可能性が高いと心得よ。

(7) **ソフトパワー**：秩序戦の現実を直視し，短所にとらわれず長所を伸ばすようにせよ。現時点においては，国際的正義は日本の側にある。自由民主主義・開放的自由主義経済という正統的イデオロギーに恥ずかしくない国内整備が肝要である。自由民主主義モデル国家たれ。偏狭で排他主義的なナショナリズムは避けるべし。日本は西洋と東洋が「共存・共栄・共進」できている国，人類が長年夢みてきた「長寿，安心，自由，繁栄」が達成されている国である。おごらず，卑屈にならず，静かなる自信を持とう。そして未来を語るべし——人類共通の未来を。

(8) **国際制度**：国際機関や国際法といった国際制度の創出・運用は，構造力をめぐる戦いである。国際公共財を提供することで自国の国益を追求するしたたかさが欠かせない。法律戦に備えよ。秩序戦で勝利するためには国際制度を有効に使え。

(9) **不条理的状況**：国際政治は不条理に満ち満ちている。トラップには陥るべからず。ジレンマとトレードオフは英知をそそいで凌ぐべし。こういった守備策も大戦略の重要な一部分である。自壊すれば元も子もない。

(10) **素養の重要性**：国民の多くが大戦略に関する素養をたくわえること。これ

が半永久的に続くであろう秩序戦を生きていかなければならない日本にとっては決定的に重要である。「ディプロマティック・センスがない国民は，必ず凋落する」ことを肝に銘じよ。二度と失敗は許されない。

● 6 おわりに

　世代は変わりゆき，覇権サイクルは繰り返され，大国がこれからも交替していく。しかし，50年先，100年先，さらには200年先においても，日本がつねに秩序戦に勝ち続け，かつその平和と繁栄が保てるように願うばかりである。そのために必要な英知の結晶が大戦略にほかならない。本書はそういった大戦略の一案を国際政治理論を駆使する形で提示した。これは一案に過ぎない。本書をたたき台にして，読者も自分で日本がとるべき大戦略を思考し，さらには議論を重ねていっていただければと思う。そして国際政治理論を学んで理解を深め，日本外交を考える際の一つの思考道具として実際に活用していただきたい。

　主権国家からなる国際社会の歴史は1648年のウェストファリア条約にさかのぼるが，日本史でいえば第三代将軍徳川家光の治世の頃である。わずか370年前，人類文明史5000年の中では「つい最近」の出来事に過ぎない。こういった制度を永遠に人類は維持するとは思えないが，かといってSFの世界に出てくる地球連盟のようなものがいつ現実化するのか予測できない。気候変動のような人類共通の問題が直前に迫っているにもかかわらず，「政治的動物」である人間というのは実に浅はかで権力闘争——つまり国際秩序戦——を捨て去ることができない「悲劇的存在」なのである。覇権戦争が再び起こるのかあるいは冷戦のときのように不発のまま終わるのか予断を許さないが，秩序戦そのものはこれからも続いていくであろう。

　日本はこういった現実の中にいる。約150年前，ペリー来航を皮切りに国際社会に組み込まれて以来，この現実から逃げることはできない。秩序戦を直視しつつ，「いかにして着実な形で現在の日本国民が享受している平和と繁栄，それに政治的自由を確保していけばよいのか」という設問をわれわれは真摯にそして全力で考えぬかなくてはならないのである。本書はそういった「目的達成への道筋」を明らかにしようという試みであった。そのために英知の塊（かたまり）ともいえる国際政治理論の助けを借りたのである。

　日本外交研究の泰山北斗である五百旗頭真（いおきべまこと）・神戸大学名誉教授が戦後日本

外交を総括する際,日本外交が十分に能動的になれない理由を二つ指摘しておられる。一つは外交政策決定にまつわる制度の問題であり,もう一つは人的要因である。人的要因に関しては以下のように述べておられる。「このような,狭くなった地球の中で入り組んだ関係が錯綜する時代に,日本の官民にまたがる各分野のリーダー,とりわけ政治外交指導者は,国際経験を持ち,国際的水準をこなし,重要な認識を共有しつつ,日本の国益を展開し,自己主張ができるようでなければならない。そうした人材群からなる官邸があって,はじめて先に述べたような,国際関係を動かす創造的な日本外交が可能であろう。21世紀の日本外交は,以上のような制度と人的インフラを築きうるか否かに左右されるであろう」[8]。

　全く同感である。ここに「そうした人材群は健全なる大戦略の素養を有していること」という条件を付け加えたい。日本の将来はまさにそういった知的・人的インフラストラクチャーの育成にかかっているといえよう。本書がそのための小さな礎となれば幸いである。

あとがき

　本書が提起する問いは三つある。

- 軍事を従える高度な政略，そういった大戦略の具体的内容はどのようなものか。
- 未来に向かって日本が追求すべき体系的な大戦略とは，いったいどういうものなのか。
- 国際政治理論といった学術的知見を，いかにして大戦略の設計に役立てていけばよいのか。

　これら三つの問いに対して満足のいく解答は，管見の限りでは既存の文献には見つからない。そこで自ら答えを見出そうと，過去10年ほどさまざまな英語文献・日本語文献に目を通し，数々の論考を重ねてきた。なんとか自分なりの答えをまとめたのが本書である。

　一つの著書をより深く理解するには，その著者を含む背景にも目を向けるのが学問の常道である。そこで本書に関するそういった要因を，いくつか簡単に記しておきたい。

　本書が説くような「さまざまな政策手段を束ねる枠組みとしての大戦略」を学術的に議論することは，「現在の国際政治学界に存在するさまざまな専門分野を束ねる枠組みを提示する」ということを同時に意味する。となれば，外交史や軍事史はもとより，安全保障論や地政学，国際政治経済学や文化外交論といった諸分野に関する幅広い知識を総動員しなければならない。さらには国際政治学にとって基本であるさまざまなパワー論，国際社会論，国際倫理論，そしてリアリズム，リベラリズム，構成主義といった諸理論にも広く通じている必要がある。こういったさまざまな知識が統括されて，本書のいう「政略としての大戦略」論の基盤――本書で使った言葉でいえば「知的インフラストラクチャー」――が構成されている。

● あとがき

　この点，幸いにも（あるいは皮肉にも）筆者がこれまでたどってきた分野横断的な軌跡が役に立っている。学部時代には外交史，大学院時代は国際政治経済学，それ以降は安全保障研究という彷徨(ほうこう)ぶりであった。さまざまな分野でたくわえた知識が「糸」となっており，それを「一枚の布」として織り上げた成果が本書といえる。そのうちの一つの「糸」――それも太い糸――が，ギルピン教授から薫陶を受けた大学院時代以来ずっと関心を持っていた覇権サイクル論である。さらには，過去20年以上勤務校で担当してきた国際政治理論のクラスも，この基盤整備に一役買ったことは間違いない。
　一本一本の糸だけでは表現できないことが，糸の集合体である布を通じて浮かびあがる。そして，布全体が表現しているものの中に核心部というものが存在しうる。本書でいえば布が大戦略にあたり，その核心部にあるのが国際秩序ならびに国際秩序戦という概念である。
　ちまたにある大戦略論・戦略論と比較する際，国際政治理論を基礎にして議論を展開する本書は異質であるが，その異質性の根本にあるのがこの国際秩序という概念にほかならない。この概念から「国際秩序戦に勝利する作戦計画こそが大戦略」という本書の議論が導きだされる。
　こういった大戦略に関する一般的枠組みを古典的リアリズムという一国際政治理論をベースにして提示する一方で，本書は「日本が採用すべき大戦略」という政策論もその枠組みに基づいて展開した。その中で，「真の自由民主主義モデル国家としての日本」という「国のかたち」こそが，筆者の支持するものであるとも主張した。
　この立場は「権力政治の論理が充満している国際政治を直視する自由主義者」という筆者自身の自己定義に由来する。ここでいう「自由主義者」とは，「国家権力から個人の自由，とりわけ弱者の自由を守るという古典的な意味での政治的自由主義を支持する者」という意味である。「国際秩序戦や権力政治という国際レベルでの厳しい現実を無視せず，しかし同時に自由主義という『正義』をどうすれば維持できるのか悩み格闘する者」と言い換えることができよう。したがって現代日本でよく聞く「リベラル」とも異なる。こういった「中途半端」な立場は左派からみれば「グローバル権力政治の現実」をやみくもに唱える右派寄りのもの，そして右派からみれば「反国家的」な左派寄りの立場に見えるかもしれない。
　筆者の立場はアメリカのプラグマティズムに近いものであり，左派のユートピアニズムも右派のニヒリズムも否定するものである。現実は現実として認め

る一方で，着実な形で自分が正義ないしは善と信じる価値の実現をめざすことに何ら矛盾を感じない。

　筆者が自由主義を奉じ全体主義を拒絶するようになった原因の一つは，高度成長期の日本で育ったということと思われる。戦後自由民主主義を「善」として当然視する一方，戦時中の日本を生き抜いた親族たちからさまざまな経験談を直接聞けた世代に筆者は属する。また，ちょうど学生運動が下火になった時代に大学に通った「ノンポリ世代」でもある。くわえて，筆者の場合，中学・高校時代という人格形成期に自由主義教育を唱える学校，それもキリスト教主義の学校に通っていたということが大きい。キリスト教主義の学校が「敵性宗教を教えている」として旧陸軍の目の敵にされたというような話も，いまだに覚えている。16歳から17歳にかけて「古き良きアメリカ」で交換留学生としての日々を過ごしたことも，筆者に大きな影響を与えていよう。

　さらに，筆者が培ってきた国際政治観は「国際政治は二重の意味で悲劇」というものであることをここで指摘しておきたい。国際秩序戦や権力政治といったものが存在し続け，人間はそれらから逃げることができないことがまず第一の悲劇である。そして，不条理的な状況にうまく対応できない結果，愚行が外交を含む社会活動ではたびたび起こる。それが第二の悲劇を指す。これら二重の悲劇に向き合う際，夢想（左派のユートピアニズム）に走るのではなく，あるいは「長いものには巻かれろ」（右派のニヒリズム）と現実にただ従うのでもなく，現実を冷徹に分析しつつ自由主義やその他の正義や善を着実に実現していく道をわれわれは探し出し，そしてその道を歩いていかなくてはならない。こういった信念が，「大戦略は航海と同じで，難所を避けつつ前に進まなければならない」という本書でたびたび使用した比喩の底にある。

　以上，本書が説く大戦略論——大戦略観といったほうがよいかもしれない——の背景要因を説明してきた。これで本書の議論をより深く理解していただけるのではないだろうか。

　本書に至る道筋の実質的なスタートは，原貴美恵先生（ウォータールー大学）主催の共同プロジェクトの成果『「在外」日本人研究者からみた日本外交』（2009年に藤原書店から出版）にまでさかのぼることができる。そこに所収されている拙稿「国際権力政治の論理と日本」を執筆したころから，大戦略論に関する筆者の知的格闘が始まった。その後，野口和彦先生（群馬県立女子大学）のクラスで，大戦略論の枠組みを描いた本書第2章の初期バージョンを発

表する機会を頂戴した。本書の「まえがき」にあるビスマルクのエピソードを示唆していただいたのは，兄弟子にあたる柴山太先生（関西学院大学）である。森道哉先生（立命館大学）には資料収集の際，ご協力いただいた。そして，二人の査読者（匿名）の方々から頂戴した貴重なコメントは，本書をよりよいものにするのに大いに役立った。これらすべての方々にはこの場を借りて厚く御礼申し上げる次第である。その他，数えきれないほどの方々にさまざまな形で過去10年間支えていただいた。まったく感謝の念に堪えない。

　本書の執筆段階では，勁草書房の上原正信氏に大変お世話になった。たびたび筆者が持ち出した無理なお願いを快諾してくださっただけでなく，さまざまな助力を賜った。頭が下がる思いである。心より拝謝申し上げたい。

　本書では，以下の論文からさまざまな部分を大幅に加筆・修正した上で採用した。再掲の許可を頂戴した関係者の方々に御礼申し上げる。

Tsuyoshi Kawasaki, "Japan's Geopolitical Imperatives: A Fresh Look," in Lawrence T. Woods, ed., *Understanding Japan: Essays Inspired by Frank Langdon*（Vancouver: Center of International Affairs, UBC, 2004）, pp. 145-162.

川﨑剛「国際構造と戦後日本の安全保障政策」吉川元・加藤普章編『国際政治の行方——グローバル化とウェストファリア体制の変容』（ナカニシヤ出版，2004年）第三章．

川﨑剛「国際権力政治の論理と日本」原貴美恵編『「在外」日本人研究者がみた日本外交——現在・過去・未来』（藤原書店，2009年）終章．

　筆者の好きな格言の一つにケインズの "Ideas shape the course of history"（「思想・理念は歴史の進む方向を定める」とでも訳せようか）がある。目には見えないかもしれないものの政策思想という知的レベルないしは「ものの見方」レベルでの変化が，巨視的・長期的視点からみれば人間社会の活動を大きく変えていくというのである。外交政策も例外ではない。海外に在住する一国際政治学者という周辺的な存在が祖国の進む道に関して何か少しでもそういった知的貢献ができるとすれば，それはせいぜい小さな政策思想的論争を引き起こすことぐらいであろう。本書が説く大戦略論がそういった論争につながれば，筆者の本望である。

　冷戦という国際秩序戦を乗り切り，あの焼け跡から経済大国を築きあげた

父・母の世代に心から感謝しつつ、そしてこれから国際秩序戦に挑む甥・姪の世代に希望を託し、これら両世代に本書を捧げたい。

2019年1月
太平洋の向こうにある祖国を想いながら
川﨑 剛

注

※ 以下に言及されている URL はすべて 2018 年 7 月 2 日にアクセス確認ずみ。年号は一貫性を考慮してできるだけ西暦に統一した（政府文書も含む）。

まえがき

1) 田中彰『岩倉使節団「米欧回覧実記」』（岩波書店，1994 年）140～141 頁。1873 年 3 月 15 日，ビスマルク主催の招宴にての発言。
2) 同 141 頁。
3) 『日本及日本人』1918 年 12 月 15 号。北岡伸一編『戦後日本外交論集——講和論争から湾岸戦争まで』（中央公論社，1995 年）47～52 頁に所収。近衛はこの約 20 年後に首相となるが，1941 年 10 月に辞任するまでの間，日本を戦争と全体主義の方向に導くこととなる。敗戦後，服毒自殺した。享年 54 歳。
4) ディプロマティック・センス はアメリカのハウス大佐（Edward House，ウィルソン大統領顧問）の言葉として吉田茂『回想一〇年』の冒頭に出てくる（第 1 巻，新潮社 1957 年，22～24 頁）。第一次世界大戦休戦後に開催されたヴェルサイユ講和会議に参加した際，ハウスは若い吉田に対して「ディプロマティック・センス［ママ］のない国民は，必ず凋落する」と敗戦国ドイツがたどった末路に関して述べ，日本に対して忠告したという。吉田はこの言葉を「直訳すれば外交的感覚であろうが，国際的な勘」（22 頁）とした上で，「ところが，不幸にして，折角のハウス大佐の忠告も，ドイツの場合と同様に，わが国にも用いられず，明治以来長い間の外交上の伝統を狂わせて，無暴な戦争に突入し，興国の大業を根底から破壊してしまった」と結んでいる（24 頁）。
5) 日本政治外交史に関する学術文献は，いわゆる「歴史的アプローチ」ないしは「史実再構築アプローチ」を採用するのが普通である。つまり，入手できる史料に基づいて史実をできる限り正確に再現しようとする。そこでは，本書が取り扱うような大戦略や覇権サイクルといった抽象的概念，さらには各種の国際政治理論が分析道具として明示的・体系的に使用されることはない（数少ない例外は序章注 14 で紹介する）。この点は，日本政治外交史（通史）の教科書である五百旗頭真編『戦後日本外交史』第 3 版補訂版（有斐閣，2014 年）や北岡伸一『日本政治史』増補版（有斐閣，2017 年）等を見れば合点がいくであろう。
6) 創立 50 周年を記念して日本における国際政治研究の水準とこれから進むべき方向を示すべく，日本国際政治学会が四巻本の論集を 2009 年に出版した。その冒頭論文において当時の学会理事長であった田中明彦教授は「理論」と「実証」の間に三つの潜在的論争が学会内に存在すると喝破している。しかし，第四の潜在的論争——理論と政策（実践）に関するもの——も存在する。学会と学会外の外交政策コミュニティー（後者には官界，メディア界，政界などが含まれる）との間の論争である。そこで問われているのは，「国際

● 注（序章）

政治理論というのは実際の政策に役に立つのであろうか。『輸入学問』や『机上の理屈』だけではないのか」という疑問にほかならない。本書はこの論争に「理論は役に立つ」という回答を出すものである。田中明彦「日本の国際政治学——『棲み分け』を超えて」日本国際政治学会編『日本の国際政治学 1——学としての国際政治学』（有斐閣 2009 年）1～19 頁。アメリカにおける「理論と政策」の間のギャップに関しては Alexander George, *Bridging the Gap: Theory and Practice in Foreign Policy*（Washington, DC: United States Institute of Peace, 1993）がよい。また，イェール大学の大戦略論プログラム（https://grandstrategy.yale.edu/）も参考になる。

序 章　大戦略とは何か

1) 内閣官房のウェブサイトからダウンロードできる（https://www.cas.go.jp/jp/siryou/131217anzenhoshou.htm）。この文書は『国防の基本方針』（1957 年 5 月 20 日閣議決定）に代わるものである。『国防の基本方針』はすこぶる簡単なもので大戦略文書とはいいがたい。また，1976 年から数次にかけて発行されている「防衛計画の大綱」は軍事ドクトリン——大戦略の一部——であって，大戦略文書そのものではないことに注意されたい。

2) この文書 *NSC68: United States Objectives and Programs for National Security* は以下のサイトからダウンロードできる。https://www.trumanlibrary.org/whistlestop/study_collections/coldwar/documents/pdf/10-1.pdf

3) これとは対照的に，戦前の日本では「政略（外交）と戦略（軍事）」という形で並立概念として両者が取り扱われる傾向が強かった。本書のいうような軍事の上に立つ政略としての大戦略という概念は，英語文献においては第二次世界大戦中に発刊された Edward Mead Earl, ed., *Makers of Modern Strategy*（Princeton, NJ: Princeton University Press, 1943）の "Introduction" において見られる。この現代の古典は刊行から約 40 年後に改訂版が出版された。Peter Paret, ed., *Makers of Modern Strategy*（Princeton, NJ: Princeton University Press, 1984）であるが，そこに所収されている Gordon A. Graig and Felix Gilbert, "Reflections on Strategy in the Present and Future" が最高次の政略として大戦略を指摘されている。

　他方，伊藤憲一は『国家と戦略』（中央公論社，1985 年）の中で大戦略を「包括的・多重的な意味での国家の生き残りと繁栄追求の技術」（27 頁）とした上で，次のようにくわしく述べている。「大戦略は国家の最高政治戦略にほかならず，それは国家百年の大計を定めるものである。それは，国家・民族の経済的発展や文化的使命についても想いをはせるものでなければならない。しかし，そのような経済的発展の実現や文化的使命の達成は，その条件として国家・民族の独立や主権の保持を前提としている。国家・民族の死活について，最悪の事態を想定した覚悟の含まれていない戦略は，どのように華麗な経済的・文化的展望を描き出すものであってみても，それはひっきょう砂上の楼閣にすぎない」（34 頁）。そして，伊藤は以下のように続ける。「その意味で大戦略は国家・民族が最後にその死活を依存せざるをえない諸種の力，なかんずく軍事的な力がその時代その国にとってもつ意味をまず明らかにするものでなければならない。その意味でそれは軍事戦略と接点をもつが，しかしそれは同時に軍事戦略を越えるより高い次元とより広い視野の戦略でなければならないわけである」（35 頁）。

4) Robert Gilpin, *War and Change in World Politics* (New York: Cambridge University Press, 1981), p. 8. 翻訳は筆者による。残念ながらこの著作はいまだに日本語に訳されていない。
5) 国際経済活動は基本的に企業や個人といった非国家的アクターが中心となって行われるので、非政治的な行為のように思われがちである。もちろん非国家アクターたちは営利目的で経済活動に従事するのであるが、実はそういった経済活動は国家が定めるルールの枠の中で執り行われることに注意する必要がある。国家によって定められたルールそれ自体が、深い政治的性格を持っているといえよう。国家からすれば国益に被害がないから非国家アクターたちの経済活動を許しているのであり、国益に害を与えると判断すればその時点で国家は介入し、極端な場合は国際経済活動そのものを停止させる。冷戦期の米ソ関係にみられたように。
6) E. H. カー『危機の二十年——理想と現実』原彬久訳（岩波文庫、2011 年、原書初版は 1939 年）。彼の経済力に関する議論（第 8 章）をみよ。
7) ここでいう「成功」は、本書が定義した大戦略における文脈での成功という狭い意味でのみ使用している。すべてがうまくいったという意味では毛頭なく、この「成功」に伴ったコストの重さを何ら否定するものでもない。現在の日本国内に限っても、女工哀史や足尾銅山鉱毒事件に代表されるような近代化・工業化の裏の部分ともいうべき惨状や、明治政府によって支配下に置かれることとなった北海道のアイヌ人ならびに現在の沖縄県の人たちが経験した多くの苦難を忘れるべきではない。
8) 小倉和夫『吉田茂の自問——敗戦、そして報告書「日本外交の過誤」』（藤原書店、2003 年）222〜223 頁。小倉自身は、ここでいう「政策の根本」を政策理念と解釈している（212 頁）。また『日本外交の過誤』は第二の教訓として「つねに物事を現実的に考えねばならない」として具体例を挙げている。
9) 『日本外交の過誤』以外の回顧録のうち、戦時大戦略の視点から注目すべきものは参謀本部所蔵『敗戦の記録』（原書房、2005 年）の最後の箇所、稲葉正夫による「資料解説」に記録されている陸軍軍人が書いた複数の敗戦分析であろう。その他、海軍関係では戸高一成編『海軍反省会』（PHP 研究所、2009 年）等がある。戦術レベルでの日本軍の失敗を取り扱うものとしては、戸部良一ほか『失敗の本質——日本軍の組織論的研究』（中公文庫、1991 年）を挙げておく。太平洋戦争全般に関して多数ある研究書の中でも、先鞭をつけたのは日本国際政治学会・太平洋戦争原因研究部編『太平洋戦争への道』全 8 巻（資料編を含む）（朝日新聞社、1963 年）である。
10) この点について読みやすいのは加藤陽子『それでも、日本人は「戦争」を選んだ』（新潮文庫、2016 年）第 4〜5 章。
11) クラウゼヴィッツ『戦争論』上下巻、篠田英雄訳（岩波文庫、1968 年）ならびに J. J. ルソー『社会契約論』桑原武夫・前川貞次郎訳（岩波文庫、1954 年）。
12) より正確にいえば日本のような中級国家——現存の国際秩序を所与とする国家——が持つべき大戦略に本書は焦点を絞る。管見の限りでは、英語文献においても本書で提示するような中級国家を対象とする政略としての大戦略論はほぼ見当たらない。大国の軍事戦略を説く議論がほとんどである。また、日本には該当しない項目や政策は本書では深く検討しないことをここで明らかにしておこう。たとえば予防戦争（相手にとって有利な戦争開

● 注（序章）

始状況が発生するのを避けるために、こちらから先制攻撃をすること）、保障占領（交渉手段の一つとして他国の領土の一部を占領すること）、さらには要人暗殺等がそういった政策にあたる。

他方、本書の説くような「秩序戦に対する総合的政略としての大戦略」という概念は、学術的な日本外交研究ではほぼ見あたらない。現段階における日本外交研究の状況を鳥瞰図的に理解するのには、井上寿一ほか編『日本の外交』全6巻（岩波書店、2013年）が最適な文献であろう。総勢60名以上もの研究者たちが執筆にかかわった大プロジェクトであるが、そこでは国際秩序戦や大戦略といった事柄は取り扱われていない。大戦略を構成するさまざまな「側面」や「部位」は扱われているが、それらを包括する概念である大戦略そのものに関してはこのシリーズは沈黙したままである。この点は、たとえば対外政策課題編となっている第5巻にも当てはまる。安全保障や経済外交といったテーマが並んでいるなか、それらを統合する概念である大戦略に関する章は含まれていない。その巻末にある文献解題についても同じことがいえる。

13) 国際政治学における専攻分野からみれば、本書の議論の枠組みは基本的には外交政策研究と国際体制論の組み合わせからなっている。政略としての大戦略論は「現存する（そして権力闘争の対象となる）国際秩序の中で、自国のあり方や長期的な外交政策はどうあるべきか」という問いに答える作業があるから、というのがその主な理由である。別の言い方をすれば、外交政策研究や国際体制論のうち、いずれが欠けても大戦略論は成立しないというのが本書の立場にほかならない。

14) こういった理論的なアプローチを本格的かつ体系的に採用する日本の（政略としての）大戦略論は、本書の「まえがき」で触れたように管見の限りではほぼ見当たらない。唯一の例外は、山本吉宣ほか『日本の大戦略（グランド・ストラテジー）——歴史的パワーシフトをどう乗り切るか』（PHP研究所、2012年）と思われる。本書が覇権サイクル（後述）という歴史上において繰り返される現象に注目するのとは対照的に、この『日本の大戦略』は国際社会における歴史の変化に注目して、そこから日本が採用すべき大戦略を導こうとする。そこに提示されている政策の趣旨には共感を覚えるものの、議論全体の抽象度が高すぎるきらいがあり、具体的政策方針となると隔靴搔痒の感が残らざるをえない。この著作の続編としてPHP「新世界秩序」研究会『自由主義的国際秩序の危機と再生——秩序再編期の羅針盤を求めて』（2018年10月）と題する提言報告書がPHP総研から発行されている（https://thinktank.php.co.jp/ からダウンロード可能）。国際秩序に関して重厚な理論的分析を提出している著作であるが、その政策論に関しては『日本の大戦略』とほぼ似たような性格を持っている。

他方、小原雅博『国益と外交——世界システムと日本の戦略』（日本経済新聞、2007年）が唱える政策論も説得的ではあるが、この著作は（その副題にもかかわらず）国際体制論が十分に展開されておらず大戦略論としては論理的に未完結のままである。

その他の関連邦語文献としては、学術的基準にあった理論的枠組みを採用していない大戦略論、ないしは大戦略論ではなくて狭義の軍事戦略論・安全保障論を展開している著作の存在が指摘できる。前者の例としては、兼原信克『戦略外交原論』（日本経済新聞社、2011年）が挙げられよう。前述の伊藤憲一『国家と戦略』は軍事戦略論の解説書である。冷戦期に執筆された西原正『戦略研究の視角——安全保障戦略読本 平和と安全のための

12章』(人間の科学社，1988年)は，本書と似たような理論に基づいたアプローチを採用しているもののタイトルが示すように安全保障論のみに焦点を合わせている。これ以外にも軍事戦略論を説く書物は数多いが，本書のテーマと直接関係しないのでここでは割愛する。同様に，理論的アプローチを明示的・体系的に採用せずに日本が追求すべき外交政策を説く多くの著作や，日米関係のみに焦点を絞った多くの議論も，本書のテーマからすれば周辺文献に過ぎないのでここでは触れない。

本書が定義するような「政略としての大戦略」と異なるような意味，つまり「軍事戦略としての大戦略」を意図して大戦略という言葉を使用する著作があるので，注意する必要がある——たとえば，石津朋之『大戦略の哲人たち』(日本経済新聞出版社，2013年)。また，総合的安全保障という概念は本書でいうところの大戦略とは異なることをここで確認しておこう。1970年代後半から広まったこの概念については，軍事だけではなく経済安全保障(エネルギーや食糧も含む)を取り入れたものというのが通説的見解であるが，その具体的内容は何にせよ，国際秩序における正統性や正義——本書の大戦略論にとっては根本的に重要なもの——にはほぼ言及しない概念である。したがって，総合的安全保障論を読んでも日本がどういったソフトパワー戦略を追求すればよいのかよくわからない——たとえば谷内正太郎編『論集 日本の外交と総合的安全保障』(ウエッジ，2011年)を参照。

最後に英語での関係文献としては，リチャード・J・サミュエルズ『日本防衛の大戦略——富国強兵からゴルディロックス・コンセンサスまで』白石隆監訳・中西真雄美訳(日本経済新聞出版社，2009年，原書は2007年)やKenneth B. Pyle, *Japan Rising: The Resurgence of Japanese Power and Purpose* (New York: PublicAffairs, 2007)が挙げられる。ともに明治以来の日本外交の流れを考察に組み入れているが，前者は基本的には安全保障論である。後者は，明治以来の日本外交史を通じてみられる一定の政策パターン——国際秩序が変わるたび，それに対応するため国内政治体制が整えられ，その結果として日本の対外政策が発展してきたというもの——を帰納的に抽出しようと試みている。ちなみにパイルと似たような問題意識を持つ小野直樹『日本の対外行動——開国から冷戦後までの盛衰の分析』(ミネルヴァ書房，2011年)は，日本が国際秩序に適応する際に成功するかどうかは国内政治にかかっているという議論を展開し，冷戦後の日本は適応に失敗していると小野は結論づけている。

15) 古くはトゥキュディデスやマキャベリ，そして近くではカー，モーゲンソー，ケナン，キッシンジャー等々が古典的リアリズムの代表的論者として挙げられることが多い。国家行動の原因等々に関していえば，過去40年の間にアメリカで成長してきた構造的リアリズム——現在では防御型と攻撃型との二派に分かれるまでに至っている——と古典的リアリズムとの間では見解が異なっている。この点は，本書の議論全体がよって立つ重要なものなので，誤解が生じないようにここで詳しく解説しておきたい。

まず構造的リアリズムである。国家はその国内体制の種類にかかわらず，その行動は国際アナーキー(主権国家の上に立つ政治権力が存在しない状況)に突き動かされるとこの学派は説く。国家行動の原因として省かれているのは(1)国内政治体制や指導者の質といったような国内要因，そして(2)イデオロギーや理念，さらにはナショナリズムといった心理的な要因である。くわえて，構造的リアリズムによれば，国家は物理的な意味での生

存（survival）を最低限追求し，さらにはそれ以外の物理的な国益（後に説明するようなハードパワー）を追求すると想定されている。そこには，正統性の確保や権威（プレステージ）の伸張といった心理的な国益の要素は含まれていない。同様に，政策手段に関しては物理的なもの（軍備拡張や同盟，さらには経済制裁等々）に構造的リアリストたちは注目する一方，プロパガンダのような心理的な政策手段を軽視する傾向にある。さらにいえば，国際制度（国際組織や国際法を含む）に体現されたルール（規範）が存在している国際社会という概念を構造的リアリストは採用しない。そのかわり，彼（女）らは――利己的な国家同士が相互反応する国際システムという概念を採用する。当然，国際組織や制度を政策手段として国家が利用するというような状況は，彼（女）らの分析からは漏れざるをえない。

　対して古典的リアリズムの議論は，より包括的である。まず，国家行動の原因であるが，国際アナーキーだけではなくて上で示した(1)と(2)が含まれる（国際アナーキーがもたらす国家への圧力を古典的リアリズムが軽視するということではない）。また，古典的リアリズムによれば，物理的生存は死活的利益には間違いないものの，それ以外に心理的な国益の要素を国家が追求しても何ら不思議ではない。あるいは，物理的な利害関心（たとえば勢力圏の維持や拡大）とイデオロギーが混ざった国益に基づく国家行動――たとえば，キリスト教伝道と植民地獲得という二重の意欲に突き動かされた大航海時代のスペイン――も，古典的リアリズムからすれば合点がいく。そもそも国益とは国家権力を握る支配者層が重要と認識している価値を指すのであり，それは対外的，対内的にかかわらず「物理的・心理的・あるいは双方」の三者のうちいずれの形態をもとりうるというのが，古典的リアリズムの基本的認識である。国家間のルールについていえば，古典的リアリズムは「政策手段として大国は利用しようとするか，あるいは自分に都合が悪いルールを無視する」と説くが，そこでは国際社会そのものの存在は暗黙的に受け入れられている。

　要するに「リアリズム学派＝構造的リアリズム」ではない。古典的リアリズムを採用する本書は国内政治や非物理的な要因が持つ重要性を説いていく。こういった要因はリベラリズムや構成主義といったリアリズム以外の学派によって従来強調されてきたが，古典的リアリズムもこれらの要因を無視しないのである――古典的リアリズムと構成主義との共通点に注目するJ. Samuel Barkin, *Realist Constructivism: Rethinking International Relations Theory* (New York: Cambridge University Press, 2010) が示すように。リアリズム以外の学派と古典的リアリズムとの間の意見の相違は，「国際アナーキー下において国家同士が展開する権力政治」そのものに関する認識の違いから生じる。

16) 概念上の混乱を避けるため，このように現実主義をリアリズム，自由主義をリベラリズムと本書では表記することとした。他方，概念上の混乱をあまり心配しなくてもよいコンストラクティヴィズムに関しては，構成主義という表現を採用した。リアリズムの主要テーマはパワーである。リベラリズムは国家間における協力関係や非国家主体の活躍，さらには公共財に注目するのがその特色である。国際政治におけるタブーを含むルール（規範）さらにはアイデンティティの役割を構成主義は分析する。そして，主権国家が構築し運営している国際社会とそこにおける秩序を英国学派はその研究テーマとする。こういった国際政治理論に関する解説書としては吉川直人・野口和彦編『国際関係理論』第2版（勁草書房，2015年）がまとまっている。そこに抜けている英国学派についてはヘドリ

ー・ブル『国際社会論——アナーキカル・ソサエティ』臼杵英一訳（岩波書店，2000年，原書初版は1977年）が現代古典の位置を占めている。英国学派の入門書としてはバリー・ブザン『英国学派入門』大中真ほか訳（日本経済評論社，2017年，原書は2014年）がよい。日本人研究者による国際社会論としてはたとえば篠田英朗『国際社会の秩序』（東京大学出版会，2007年）がある。構成主義に関する教科書としては，大矢根聡編『コンストラクティヴィズムの国際関係論』（有斐閣，2013年）を挙げておく。

17) この国際アナーキーという概念そのものは混乱・紛争・無秩序を意味しないことに注意。たとえば，カナダとアメリカとの関係はこの意味でのアナーキーに相当するが，両国間の関係はおおむね良好で平和的・秩序的である。日常語として使うアナーキーとは異なる，国際政治学の専門用語と理解されたい。
18) 権力政治というのは「強要手段やその他の手段を通じて，相手国を自国の意思に従わせようとする行為」を意味する。この意味での権力政治は国家間において普段展開されている一般的現象であるが，権力闘争というときには秩序戦という特定の文脈で展開されている権力政治を指す。
19) 永井陽之助『現代と戦略』（文藝春秋社，1985年）328頁。
20) 批判的国際理論が「ノー」という立場をとる。この学派に関しては吉川直人・野口和彦編前掲書（前注16），第11章をみよ。
21) この学派は構造的リアリズムにほかならない（前注15）。この学派の代表作であるケネス・ウォルツ『国際政治の理論』河野勝・岡垣知子訳（勁草書房，2010年，原書は1979年）やジョン・J・ミアシャイマー『大国政治の悲劇 完全版』奥山真司訳（五月書房新社，2017年，原書は2014年）をみても，国際組織や国際法に重きを置いていないことがわかる。ただし構造的リアリストたちは「対外」経済政策には重きを置かないが，軍事力の源泉となる「国内」経済政策の重要性は認識していることに注意。
22) この点に関する古典的リアリストたちの見方は，上述のカー（前注6）のほか，ハンス・モーゲンソー『国際政治——権力と平和』上中下巻，原彬久訳（岩波文庫，2013年，原書第1版は1948年）を参照せよ。
23) この点に関してはギルピン（Gilpin）（前注4）の見解を本書は採用している。くわしくは第1章で解説する。
24) 以下，本書では特記しない限り「バランス・オブ・パワー」という概念は軍事力のバランス——つまり，国家間における軍事力の差——ないしは軍事力と経済力といった物理的パワーの総計に関する国家間の差を指すこととする。
25) 浅野裕一『孫子』（講談社学術文庫，1997年）40～41頁。リデルハートはこれを間接アプローチ戦略（indirect approach strategy）と名づけた。B. H. リデルハート『リデルハート戦略論——間接的アプローチ』上下巻，市川良一訳（原書房2010年）。
26) この外交路線については，そもそも高坂正堯が『宰相吉田茂』（中央公論社，1968年）で吉田の「商人的国際政治観」を説いていたが，1980年代になって永井が『現代と戦略』（前注19）において吉田ドクトリンという言葉を使って以来，この言葉が世間に広まった。高坂によれば「(i) アメリカとの同盟関係を基本とし，それによって安全を保障する。(ii) したがって，自国の防衛力は低く抑える。(iii) そうして得られた余力を経済活動にあて，通商国家として活路を求める」というのが吉田ドクトリンの内容である。高坂正堯

「日本外交の弁証」有賀貞編『講座国際政治4 日本外交』(東京大学出版会, 1989 年) 299 頁。近年における批判的検討の例として，『国際政治』(吉田路線の再検証) 第 151 号 (2008 年 3 月) を挙げておく。

27) この視点は専門家の間ではツーレベル・ゲーム (two-level game) と呼ばれるものといえる。くわしくは Peter Evans et al., eds., *Double-Edge Diplomacy* (Berlekey, CA: University of California Press, 1993) をみよ。

28) 無責任体制が国内で生じたために過剰な対外的膨張主義に走った事例はイギリスやアメリカ等においても見られ，なにも日本特有の問題ではない。こういった研究の代表的なものとしては以下のものがある。Charles A. Kupchan, *The Vulnerability of Empire* (Ithaca, NY: Cornell University Press, 1994); Jack Snyder, *Myths of Empire: Domestic Politics and International Ambition* (Ithaca, NY: Cornell University Press, 1991); Jeffrey W. Taliaferro, *Balancing Risks: Great Power Intervention in the Periphery* (Ithaca, NY: Cornell University Press, 2004).

29) 古典的リアリズムに基づく大戦略の枠組みを体系的に明確にし，さらには日本が採用すべき政策をその一般的枠組みに基づいて展開していくのが本書の趣旨である。古典的リアリズム以外の理論に基づく大戦略論を策定したり，そういった大戦略論と古典的リアリズムに基づく大戦略論を比較し優劣の判断を下すことは，本書の範囲外の作業なので本書では執り行わない。

　大戦略策定作業をその他の理論——たとえば構造的リアリズム——に基づいて執り行い，本書の議論と比較・検討することが理想的ではあろう。しかし，そもそも大戦略の全体像を国際政治理論に基づいて緻密に描くという基本的作業そのものがこれまで全くなされてこなかったのが実情である。そういった状況のもとでは，試験的なものがまずは公刊されるべきであろう。それがまさしく本書の目的にほかならない。本書の議論を参考にして別の大戦略論が続くことを願うばかりである。比喩を使うならば，本書は一本の「大戦略」という樹木——それは戦略レベルと戦術レベルからなる——を描こうとしており，複数の樹木を比較するものではない。

　将来，複数の大戦略論が比較・検討されるであろうが，その際に注意すべき点を指摘しておきたい。数ある大戦略案を比較し優劣の判断を下すのには特定の判断基準を採用しなければならないが，その判断基準を定める作業自体が論争の対象になる可能性である。そうなれば，「競合する大戦略案があるとき，日本はどれを採用すればいいのか」という問いに対して明確な答えが出ないままいくつかの大戦略案を羅列するだけで議論が行き詰まるであろう——戦前の日本陸軍と海軍との意見が衝突した帝国国防方針のように。たとえば，いま仮に構造的リアリズムに基づく大戦略論と本書の大戦略論とを比較するとして，どういった判断基準でもっていずれのものが日本にとってより適切だと判断できるのであろうか。「適切な判断基準」を確定するという作業は，論理上，大戦略策定作業とは別のものでなければならない (そうでなければ公正な優劣の判断は下せない)。そのような判断基準をめぐる論考は，大戦略策定に的を絞っている本書の守備範囲の外にある。

30) 第 7 章で示すようにこういった不条理的状況は少なくとも 13 ある。これらに関して日本が採用すべき具体的で実行可能な政策を体系的に提示する作業は，筆者の力量を大きく超える。第 7 章ではところどころ日本がとるべき政策を示唆するものの，基本的には不条

理的状況を解説するにとどめておく。
31) 抽象的な大戦略の枠組みからこういった諸政策を具体的かつ包括的に引き出す際，妥当と思われる一定の前提を置かざるをえない——たとえば第6章では，現状維持陣営，現状打破陣営ともに核戦争はなるべく避けたいと思っているという前提を置いている。できるだけこれらを明示的に示すように努めた。また，そういう前提が成立しない仮想シナリオの提示も必要最小限にとどめた。こういった処置をとらなければ多数の政策を無節操に抽出することとなり，話が大きく混乱してしまいかねないからである。

　もちろん，本書が採用する諸前提を順に変えていき，さまざまなシナリオを想定し，日本がとるべき政策を体系的に比較検討していくことは必要であろう。しかし，上の注29でも指摘したとおり，そういった作業は本書の次のステップと考えるのが妥当である。

第1章　国際秩序を読み解く

1) 本書が採用する覇権サイクルの議論はギルピン（Gilpin）前掲書（序章注4）に負っている。ギルピンが展開した議論に関する批判的検討と継承は G. John Ikenberry, ed., *Power, Order, and Change in World Politics* (New York: Cambridge University Press, 2014) を参照せよ。ギルピンの業績についてはそこに言及されている著作のほか，Wolfgang Danspeckgruber, ed., *Robert Gilpin and International Relations: Reflections* (Princeton, NJ: Liechtenstein Institute on Self-Determination at Princeton University, 2012) がある。ギルピン以外の覇権サイクル論も存在する。田中明彦『世界システム』（東京大学出版会，1989年）第三部をみよ。
2) これらの国際秩序の「三本柱」は，ギルピン前掲書，27～38頁にあるものを筆者が再構成した。
3) 覇権戦争の特徴としてギルピンは以下の点を挙げている。(1)ある国際体系において支配的地位にある国家（群）に対して国力が台頭しつつある挑戦国（群）が直接対決すること，(2)戦争の核心部にあるのは，その国際体系が持つべき性格や秩序体系（governance）に関する対立であること，(3)相手を負かすためにありとあらゆる手段が，徹底的に使用されるだけではなく，国際体系のすべての地域が巻き込まれること，この三つである（前掲書199～200頁）。
4) 覇権戦争はパワーシフト理論——単純化していえば，二国間の軍事力のギャップが縮まれば戦争が起こる確率が高まるという議論——の一形態として捉えられることがある。こういった見解は，最近ではトゥキュディデス・トラップという概念で語られることが多くなっている。詳しくは第7章で取り扱う。パワーシフト論の解説ならびにそれを東アジアの文脈に適用した研究として野口和彦『パワー・シフトと戦争——東アジアの安全保障』（東海大学出版会，2010年）を挙げておく。
5) ハルフォード・J・マッキンダー『マッキンダーの地政学』曽村保信訳（原書房，2008年，原書は1919年）。
6) ニコラス・J・スパイクマン『平和の地政学——アメリカ世界戦略の原点』奥山真司訳（芙蓉書房出版，2008年，原書は1944年）。
7) 現在の言葉でいえば，接近阻止・領域拒否（A2ADと略称されることが多い）作戦を展開した結果，第一次世界大戦・第二次世界大戦では陸戦と海戦が並行したのであった。

覇権戦争ではなかったものの，米ソ冷戦後期においてはソ連海軍の A2AD 作戦がアメリカ海軍にとって脅威となったのである。戦艦や航空母艦という水上艦艇の面において米英海軍が優位に立っていたので，大陸勢力は潜水艦戦——そして後には大陸から海上に向けての空軍力——をとりわけ重視したのがその A2AD 作戦の特徴といえよう。

8) この定義によれば，後述するように核兵器を持っているにもかかわらず英仏両国は大国ではない。両国は「大国としての威信」——国連安全保障理事会常任理事国の権威に象徴されるもの——に固執するゆえに，核兵器を持っていると思える。

9) こういった議論に関しては Ronald J. Deibert, *Parchment, Printing, and Hypermedia: Communication in World Order Transformation*（New York: Columbia University Press, 1997）をみよ。

10) G・ジョン・アイケンベリー『アフター・ヴィクトリー——戦後構想の論理と行動』鈴木康雄訳（NTT 出版，2004 年，原書は 2001 年）は，戦敗国を放棄するか，あるいは抑圧的に支配するか，はたまた立憲的・協約的な国際制度（戦勝国はその利益を確保するものの敗戦国にも一定の利益を与える，つまり戦勝国が自制するような取り決め）を設立するかという合計三つの選択肢が戦勝国にあるとする。そして第二次世界大戦後アメリカが選択したのは第三のものであると，アイケンベリーは論じる（もし仮にナチス・ドイツが第二次世界大戦に勝利していたら抑圧的支配をドイツは選択した可能性が高いかもしれない）。そもそもギルピン前掲書（序章注 4）は，自分に都合のよい国際制度を戦勝国は構築するとだけ述べていた——それが抑圧的であるのか協約的であるのかは議論されていなかった。この点をアイケンベリーはついたのである。

11) この点に関する古典的な理論はバーノンのプロダクト・サイクル説であろう。この理論に関する解説は，たとえば高中公男『海外直接投資論』（勁草書房，2001 年）第 5 章をみよ。もちろん最近の動向は，さまざまな研究が指摘してきたようにこの理論では十分に解説できなくなっている。しかし，それでも工業化が周辺地域に拡散していくという基本的なトレンドはこれからも続いていくと思われる。

12) 後ほど第 7 章で解説するトゥキュディデス・トラップというテーマのもと，こういった難問が現在研究されている。将来，再び覇権戦争が起こるのかどうかわからない現時点においては「覇権戦争への準備の仕方」を体系的に検討することは困難であり，具体的な大戦略を考える際には覇権戦争に関して何らかの前提を置かざるをえない。そこで本書では第 6 章において現状維持陣営，現状打破陣営それぞれのジオストラテジーを検討する際，「両陣営ともに全面核戦争・覇権戦争はできるだけ避けたいと思っている」という前提を採用した。

ちなみに，覇権戦争が起こる一般的な前触れとして，ギルピンは以下の二点を指摘している。(1)対立する陣営の間において戦争が生起しないような「ガス抜き機能」を果たす地理空間やメカニズムが枯渇してしまう。(2)ジリ貧状況に追い込まれているという焦りを大国が強く感じ，状況がさらに悪くなる前に戦争を始めるほうがいいと思いはじめる。この二点である。さらには，人間がコントロールできない状況が起こってしまいついには覇権戦争に大国が突入してしまうこともあると，彼は指摘している（序章注 4 のギルピン前掲書，200〜203 頁）。さらには，こういった基準とその他の基準とを採用して判断した結果（1980 年ごろ），米ソ覇権戦争は回避できるとギルピンは結論づけた（同 234〜

239 頁)。これまでの米中関係では，米中間に存在している経済的相互依存関係が上の(1)でいうところの「ガス抜き機能」を一定程度果たしてきたと理解できよう。

13) 自衛隊の発足に関する最近の研究としては増田弘『自衛隊の誕生——日本の再軍備とアメリカ』(中公新書，2004 年)と佐道明広『戦後政治と自衛隊』(吉川弘文館，2006 年)が挙げられる。また，柴山太『日本再軍備への道——1945〜1954 年』(ミネルヴァ書房，2010 年)は，従来の研究の枠を越えて米英軍事史の観点からこのテーマを扱った貴重な研究である。自衛隊が発足して 60 年以上経ったが，自衛隊の通史研究としては佐道明広『自衛隊史論——政・官・軍・民の六〇年』(吉川弘文館，2015 年)がよい。

14) 以上が通説となっている。当然，細かい点においては歴史家の間で論争が続いているが，ここでは立ち入らない。

15) IMF には 1952 年に，「先進国クラブ」である OECD(経済協力開発機構)には 1964 年に，日本はそれぞれ加盟した。

16) 冷戦が終わってさまざまなアーカイブが公開されたが，この危機では核戦争開始の一歩手前まで米ソ両国が突き進んでいたことが判明している。さまざまな書物がキューバ危機に関して出版されており，インターネットでも情報が得られるが，当時のアメリカ国防長官であったロバート・マクナマラの伝記映画『フォグ・オブ・ウォー』(*Fog of War*，エロール・モリス監督，2009 年)での彼自身による証言が圧巻である。

　アメリカの国際政治理論家(構造的リアリスト)たちは「冷戦は安定する国際構造(二極体制)にあった」というような議論を提出していたが，米ソが核戦争一歩手前まで進んでいたという事実が冷戦終了後に明らかになるにつれ「冷水を浴びせられた気分」になったのは想像にかたくない——彼(女)らが生きながらえているのは，ケネディ大統領個人の英断，それに幸運の賜物であったのであるから。キューバ危機に関する多くの情報が明らかになるにつれて，「核時代には覇権戦争は起こらない」という命題に確信が持てなくなったのは筆者だけではあるまい。

17) こういった冷戦の終了——それも平和的な終了——はリアリズムではうまく説明できないと構成主義者たちがポスト冷戦期初期に論じて以来，国際政治学者の間で議論が続いている。たとえば，*Journal of Cold War Studies*, Vol. 7, No. 2 (Spring, 2005)(冷戦終了特集号)をみよ。

18) この点については，天谷直弘『日本町人国家論』(PHP 文庫，1989 年)がよい。天谷は当時通商産業省の官僚として対米貿易摩擦に直接かかわった。本書の言葉を使えば，彼の戦略目的は自由貿易体制の維持であり，そのために彼は日本車の対米輸出自主規制といったような手段を考案し，実施したのである。その他，前川リポート(1986 年)にみられるように，1980 年代の日本は国内市場を対外開放するなどして自由貿易体制を支えていった。天谷の戦略的判断が正しかったことは歴史が証明している。高度経済成長期には重商主義国家であった日本は，現在では自由貿易体制の存続を強く支持する国となった。この変化は見違えるほどである。

19) たとえば Bloomberg (https://www.bloomberg.com/graphics/2016-us-vs-china-economy/)の予想では 2029 年ごろとなっている。Pricewater House が 2015 年に出したレポート (https://www.pwc.com/gx/en/issues/the-economy/assets/world-in-2050-february-2015.pdf)では，購買力ベースの GDP 値で計算した場合，2014 年にはすでに中

国経済はアメリカ経済を抜いており，2050年には中国，インド，アメリカの順になると予想している。
20）統計は海上保安庁のウェブサイト（http://www.kaiho.mlit.go.jp/mission/senkaku.html）にある。さらには国際慣用とは異なった，ほぼ領空を意味するような防空識別圏を中国は東シナ海上——尖閣諸島が含まれている——に設定した（2013年11月23日）が，日本政府は受け入れを拒否している。また東シナ海をめぐって日中中間線付近にある複数のガス田の所属をめぐって日中政府間で争われているが，日本側の抗議にもかかわらず中国側は採掘を始めている。

第2章　大戦略の全体像

1）世界銀行のサイトによる（https://data.worldbank.org/indicator/SP.URB.TOTL.IN.ZS?end=2016&locations=JP&start=1960）。
2）国連によれば世界に多数ある巨大都市圏の中でも東京（首都圏）が最も人口が多い（2016年で約3800万人，2030年でも第一位で予測人口は約3700万人）。大まかにいって日本の全人口の約三割が首都圏に集中していることとなる。*The World's Cities 2016*（http://www.un.org/en/development/desa/population/publications/pdf/urbanization/the_worlds_cities_in_2016_data_booklet.pdf）の4頁をみよ。
3）ここでいうインテリジェンス機能はカウンターインテリジェンスを含む。
4）作業2が作業1に影響を与える可能性もあるが，ここでは分析上，二者を分けて考える。
5）「陣営鞍替え」に成功した一例としては，1972年にそれまでの対米対抗路線を捨てて対米友好路線を採用した中国が挙げられる。
6）中ソ対立に関するドキュメンタリーとしてCNN制作のCold War Series, "China, 1949-1972"が大変よい。
7）アメリカがアジアに対して救世主的な態度でもって接した結果，さまざまな失敗を経験してきたというテーマについては，James C. Thomson, Jr., Peter W. Stanley, and John Curtis Perry, *Sentimental Imperialists: The American Experience in East Asia*（New York: Harper & Row, 1981）をみよ。アメリカの公共放送サービス（PBS）作成の*Pacific Century*ビデオシリーズの中にある"Sentimental Imperialists"で映像化されている。
8）『国家安全保障戦略』4頁。
9）同2頁。傍点は引用者による。こういった普遍主義的な形で自己定義をし，それが合致する国際秩序の維持をめざすという趣旨がこの文書において繰り返し主張されている（18, 23, 27頁もみよ）。
10）これはミアシャイマー前掲書（序章注21）の定義に準ずる。ちなみに，「戦争に勝つ」とは他国の首都を占領するなどして，敵国の組織的戦闘能力と戦闘意思をなくすことを意味する。
11）帝国国防方針に関する数ある研究のうち，体系的なものとして黒野耐『帝国国防方針の研究——陸海軍国防思想の展開と特徴』（総和社，2000年）を挙げておく。
12）これは過去のイメージに過ぎず21世紀の実態とは離れていることに注意する必要がある。たとえばカナダが得意とされている国連PKO分野でいえば，2018年6月末の段階で参加しているカナダ人兵士は44名のみ（PKOに参加している87カ国中第77位）に過ぎ

ない。国連 PKO のウェブサイト（https://peacekeeping.un.org/en/troop-and-police-contributors）をみよ。
13) 国際政治学では前者をインターナル・バランス（対内的努力），後者をエクスターナル・バランス（対外的努力）と呼ぶことが多い。ともにウォルツ前掲書（序章注21）で使われた概念であるが，バランシング（勢力均衡的政策）の二つの形態として理解されている。
14) 2017 年 11 月 10 日にヴェトナムで開催された APEC 首脳会議において，アメリカを除く 11 の TPP 参加国が大筋合意に達した。この新協定は 2016 年 2 月にアメリカを含む TPP 参加国が署名した協定の内容をおおむね維持した。新協定の名称は「包括的及び先進的な環太平洋パートナーシップ協定」（CPTPP, Comprehensive and Progressive Trans-Pacific Partnership）。本書では TPP11 と略して元の TPP と区別する。
15) たとえば "Here's the Deal: The Trans-Pacific Partnership"（https://obamawhitehouse.archives.gov/blog/2015/11/06/heres-deal-trans-pacific-partnership）をみよ。
16) これら二つの海軍軍縮会議への日本の対応については，麻田貞雄『両戦間期の日米関係——海軍と政策決定過程』（東京大学出版会，1993 年）をみよ。
17) 政治的合理性が決定的に損なわれた結果日本の国運が傾いてしまった極端な例は，満州事変である。アジア大陸における日本陸軍の出先機関に過ぎなかった関東軍は，柳条湖事件（1931 年）を皮切りに満州占領の既成事実を積み上げていき，傀儡政権である満州国を建国（1932 年 3 月 1 日）するまでに至った。日本政府は満州国との間に日満議定書（1932 年 9 月 15 日）を締結するという選択をし，関東軍に追随していったのである。満州国を認めない国際連盟勧告を受けた日本は，ついには連盟脱退を宣言する（1933 年 3 月）。日本は自ら構築に参加したワシントン体制を破壊する道——つまり現状維持勢力から現状打破勢力への転向——を進んでいったのであるが，そのきっかけはこの満州事変であった。
18) 吉田茂は次のように言う。「一体，一国の外交は何よりも国際信用を基礎とすべきものである。誰であったか『外交と金融とはその性質を同じうする。いずれもクレディット（信用）を基礎とする』といったものがある。誠に至言である」『回想一〇年』第 1 巻，31 頁。
19) 入江昭『日本の外交——明治維新から現代まで』（中公新書，1966 年）。

第 3 章　ハードパワーを高める

1) これらを組み合わせて集中的に行使する「ハイブリッド戦」——ロシアのプーチン政権によるウクライナ介入がその好例とされる——が近年注目を浴びている。ハイブリッド戦では，軍事（非正規兵を含む）はもとより政治外交，広報（偽情報を流すことも含む），経済等々の諸政策，さらにはサイバー作戦が同時に特定の国に向けて展開される。ハイブリッド戦は戦争の一形態と理解されることが多い。本書でも諸政策の同時展開を主張するものの，その焦点は平時にある。よって，誤解を避けるため「ハイブリッド戦」という言葉は使わないこととする。
2) ジョセフ・S・ナイ『ソフト・パワー——21 世紀国際政治を制する見えざる力』山岡洋一訳（日本経済新聞社，2004 年，原書は 2004 年）。

3) たとえば Inderjeet Parmar and Michael Cox, eds., *Soft Power and US Foreign Policy: Theoretical, Historical, and Contemporary Perspectives* (London: Routledge, 2010).
4) 付言すれば,「ハード」と「ソフト」という形容詞が混乱要因の一つとなっていると思われる。ハードは「堅い」という意味もあれば,「厳しい」という意味もある。「堅い」は物的な力の源泉,「厳しい」は強制力を想起させる。他方,「ソフト」には「やわらかい」つまり物的ではない意味と,「やさしい」という非強制的な意味の二つが存在する。これらの意味の組み合わせがそれぞれ暗黙の了解となっており,その結果,盲点が生じかねない。たとえば,ハードパワーは通常,「堅くて厳しい力」つまり「物的資源を物理的強制力を通じて使うもの」と理解されているが,それでは戦勝記念日の軍事パレードのような「物的資源を使うけれども(戦勝国という)権威を操作して非強制的に他国に影響を与えようとする」というタイプの力の行使は把握できないのである。同様に,「非物的資源を使う非強制的なもの」というソフトパワーに関する「常識」は,全体主義的イデオロギーのような「非物的資源だけれども強制的なもの」には当てはまらない。
5) ここでいう「操作」とは「使用」と同義。情報の内容は事実そのものかもしれないし,あるいは「解釈された事実」かもしれない。つまり政策の道具として使用される情報が持つ特定の内容には関係なく,単に使用されている状況を指すのがここでの「操作」の意。
6)「同じ国際環境においても各国は異なる反応をするが,それはこういった国々が持っているさまざまな戦略文化を通じて国際環境が認識されるからである」というように戦略文化を重視する研究者は主張する。この手の議論の中では,ジョージ・F・ケナン『アメリカ外交50年』近藤晋一・飯田藤次・有賀貞訳(岩波現代文庫,2000年,原書は1951年)が指摘した「国際問題に対する法律家的・道徳家的なアメリカのアプローチ」が有名であろう。一見もっともらしい議論ではあるが,少々注意を要する。戦略文化の効果がない「客観的・合理的な外交政策」とはどういったものであるのか,また文化以外の国内要因(たとえば政策決定制度)で外交に影響を与えるものは何なのかといった「戦略文化以外の諸要因」を取り除いていかなければ,「真の戦略文化の影響」を抽出できない——つまり本当に戦略文化というものの影響がどれほどあるのかわからない——のである。アメリカ外交の例に戻るならば,カナダに対するアメリカ外交においては法律家的・道徳家的なアプローチは見られず,ケナンの議論の範囲外にある。いつ,どのような状況下でケナンの議論が成立するのかを理解するには,上で述べたような作業が必要となる。
7) *United Nations, 1990 International Trade Statistics Yearbook, Vol. 1: Trade by Country* (New York: United Nations, 1992), p. 473 と p. 958 にある統計数値から計算した。
8) レアアース事件に関してはたとえば「レアアース・バナナ——中国が仕掛けた経済戦争の行方」『日本経済新聞』(https://www.nikkei.com/article/DGXZZO48913460Y2A121C1000003/)をみよ。
9) WTO判決はWTOのウェブサイト(https://www.wto.org/english/tratop_e/dispu_e/cases_e/ds431_e.htm)を閲覧せよ。
10) その他,ランサムウエアのように脅迫の手段にも使われうる。
11) この議論はマイケル・ウォルツァー『正しい戦争と不正な戦争』萩原能久監訳(風行社,2008年,原書は1977年)の正戦論に基づいている。この現代の古典ともいうべき書籍において,ウォルツァーは「法律家のパラダイム」(legalist paradigm)と呼ぶ思考枠組み

を採用しているが、それは六つの点から成り立っている（151〜153頁）。

一　独立国家から成る国際社会が存在している。
二　この国際社会はその構成国の権利――とりわけ、領土保全と政治的主権の権利――を規定する法を有する。
三　ある国家による、他の国家の政治的主権もしくは領土保全への武力行使、あるいは切迫した武力による脅しは、侵略を構成しており、犯罪行為である。
四　侵略は二種類の暴力的な対応を正当化する。被害国による自衛の戦争と、被害国とそのほかの国際社会の構成員による法執行の戦争である。誰もが被害国の支援に駆けつけ、侵略国に対して必要な武力を行使し、「民間人による犯人逮捕」に国際的に相当するものを行うこともできる。
五　戦争を正当化しうるのは、侵略のみである（引用者注：この翻訳はわかりにくい。「侵略行為に対応する戦争のみが正当なもの」という意味）。
六　侵略国家が軍事的に撃退された後、その国家を罰することもできる。

　ウォルツァーの議論はいうなれば「自治の論理」とでもいえよう。比喩として次のような町内を考えてほしい。この町内内部での紛争を解決してくれる警察や政治権力は存在せず、町内を構成する複数の家族間の取り決めでもって紛争に対処するしかないのである。その上、各家族は強力な武器を携帯している。また、各家族には宅地・敷地があり、相互不干渉の原則や土地の排他的所有権といったルールが家族間に成立しているとしよう。こういった状況へウォルツァーの議論を当てはめれば次のようになる。まず、町内において、とある家族の土地が他の家族によって武力でもって占拠されれば、被害を受けた家族はこの犯罪行為を武力でもって除去する権利、つまり自衛権を持っている。さらには、直接被害を受けていなくても、町内の一員である限りは加害者家族を駆逐し罰する義務を全員有する。これら二つの場合のみ武力行使は正当とすることで、平和と安寧を町内構成員自ら維持するというシステムである。

12）実際、日本の国際連合への加盟がついに許された第11回国連総会（1956年12月18日）における演説で、当時の重光葵外務大臣はそう明言している。日本国憲法の前文を読み上げた後、重光は以下のように続けた。「この日本国民の信条は完全に国連憲章の目的及び原則として規定せられて居るところに合致するものであります。日本は、1952年6月国際連合に提出した加盟申請において『日本国民は国際連合の事業に参加し且つ憲章の目的及び原則をみずからの行動指針とする』ことを述べ、さらにその際に提出した宣言において、『日本国が国際連合憲章に掲げられた義務を受諾し、且つ日本国が国際連合の加盟国となる日から、その有するすべての手段をもってこの義務を遂行することを約束するものである』ことを声明したのであります。日本は、この厳粛なる誓約を、加盟国の一員となった今日、再び確認するものであります」。出典はデータベース「世界と日本」（代表：田中明彦）（http://worldjpn.grips.ac.jp/）にある「国連総会で日本政府代表が行った演説」ページ。

13）以下に引用していく国連憲章は、国際連合広報センターのウェブサイト（http://www.unic.or.jp/info/un/charter/text_japanese/）による。

14) 山本草二編集代表『国際条約集1998』（有斐閣，1998年）499頁。
15) 同上。
16) もちろん，非軍事的手段でもって領土紛争が解決されることが望ましい。たとえば，国際司法裁判所に付託することもその手段の一つである（ただし紛争当事国すべてが付託することに合意しなければならない）。さらには，当事者が条約によって明示的に合意していない領土・国境に関しては，別のさまざまな権原が現代国際法によって認められているという事実にも，われわれは留意しておく必要がある。たとえば，無人地をある国家が占有するとその国家の領土となる，先占という権原がある。あるいは領有権問題を抱える二国関係において，一方の国が実行支配を続ける土地に関してもう一方の国が抗議を続けなければ，一定の期間の後にその土地は前者の領土として認められることとなってしまう。
17) その際，「侵害度が低い行為には低度の制裁」といった比例原則が採用されるべきである。
18) 日本経済新聞が「人の力を生かす日本へ」と題する社説を4回にわたって掲載したが（2017年8月12日～17日），これらが参考になる。
19) カナダの場合，毎年30万人ほどの移民を受け入れているが，これは全人口の1パーセントに相当する。この数字を日本に当てはめれば，なんと毎年120万人もの移民を受け入れることになる！　これは広島市の人口にあたる。移民政策のおかげもあり，カナダとアメリカはこれからも人口が増えていくと予想されているが，G7諸国の中ではこれら二国は例外である。
20) ソフトパワーの行使，国際公共財の提供，さらには現状維持陣営の結束強化（それぞれ本書の第4・5・6章で取り扱う）といった外交目標を達成するための手段としても科学技術力を使用することは可能である。こういった発想については「科学技術外交のあり方に関する有識者懇談会報告書」（2015年5月8日）を参照せよ。この懇談会は外務大臣のもとに2014年に設けられた。また，山田敦「科学技術と外交――知財と人財をめぐって」大芝亮編『日本の外交　第5巻――対外政策課題編』（岩波書店，2013年）119～146頁もみよ。
21) インテリジェンスは学術的研究が難しい分野である。日本のインテリジェンス機関については，小谷賢氏（日本大学教授）の一連の書物や大森義夫『日本のインテリジェンス機関』（文春新書，2005年）のような関係者の体験談といった書物にいまのところ頼るしかない。
22) 東京電力福島原子力発電所における事故調査・検証委員会の最終報告書（2012年7月23日，http://www.cas.go.jp/jp/seisaku/icanps/post-2.html）をみよ。
23) 地震調査研究推進本部「南海トラフで発生する地震」（http://www.jishin.go.jp/main/yosokuchizu/kaiko/k_nankai.htm）をみよ。
24) 中央防災会議，防災対策推進会議，南海トラフ巨大地震対策検討ワーキンググループ「南海トラフ巨大地震の被害想定について（第一次報告）」（2012年8月29日）3頁にある数字から推定死亡者数を，そして内閣府（防災担当）「南海トラフ巨大地震の被害想定（第二次報告）のポイント――施設等の被害及び経済的な被害」（2013年3月18日）10頁にある数字から経済的被害総額をそれぞれ算出した。
25) 2013年12月に国土強靭化基本法が制定されて以来，国土強靭化基本計画（2014年6月

3日閣議決定）に基づいて毎年アクションプランが実施されている。
26）経済産業省資源エネルギー庁「日本のエネルギー——エネルギーの今を知る 20 の質問」2016 年度版，1 頁，Q1 にある図より．
27）エネルギー政策基本法（2002 年）第 11 条に基づき，政府はエネルギー基本計画（閣議決定文書）を定めなければならないが，第 5 次計画が 2018 年 7 月 3 日に決定された．
28）経済産業省『通商白書 2008 年』320 頁，第 3-2-2 表による．
29）この政策分野に関しては独立行政法人である石油天然ガス・金属鉱物資源機構（JOGMEC）の役割は大変重要である．くわしくはそのウェブサイト（http://www.jogmec.go.jp/）をみよ．
30）これらの数値は，農林水産省「平成 28 年度食料自給率・食料自給力について」（2017 月 8 日）3 頁の図から．この文書は食料自給力指標を「国内生産のみでどれだけの食料（カロリー）を最大限生産することが可能か（食料の潜在生産能力）を試算した指標」（7 頁）とし，1990 年から長期的低下が続いていることを示している（10 頁）．

第 4 章　ソフトパワーを育てる

1）ちなみに日本の皇室がこれまで留学先に選んだ国はイギリス，カナダ，オーストラリアで，アメリカは含まれていない．
2）より直接的な手段——ソフトパワーの行使というよりも「対抗国国内体制の中和化」にあたる他国への国内政治介入の色彩が強いもの——として二つ指摘しておこう．まず，ロビイストを使って他国政府の政策決定過程に直接影響を与えるという手段が一つ．たとえば，日本を含む外国政府がロビイストを雇い，アメリカの主要な議員に接触することはよく知られている．もう一つは，最近「シャープパワー」と呼ばれる中露外交に特有のものである．自由民主主義国の国民各層に影響を及ぼそうとする際，中露両国が実施する強圧的あるいは妨害的——つまり非友好的——な工作がシャープパワーと呼ばれるようになった．第 3 章において説明したように，「あこがれ」といったような友好的な感情を他国民の中に醸成するものがソフトパワーであるというのが一般的な見方である．これと区別するため，シャープパワーという言葉が提唱された．中国の場合，標的となる国（オーストラリア等々）のメディアや大学さらには中国出身者たち——ならびにビジネス関係維持等々のために中国に協力してくれそうな者たち——を「第五列」として中国共産党中央統一戦線工作部が指揮していると疑われている．また，ロシアの場合は，インターネットを通じての工作が指摘されてきた．シャープパワーという言葉を最初に提示したのは National Endowment for Democracy, *Sharp Power: Rising Authoritarian Influence* (December, 2017) というレポート（https://www.ned.org/wp-content/uploads/2017/12/Sharp-Power-Rising-Authoritarian-Influence-Full-Report.pdf）である．
3）この点に関しては，PBS 制作の "Sentimental Imperialists"（第 2 章注 7）がよい．
4）JET は 1987 年に開始．現在では年間約 5000 人を 40 カ国から受け入れている．約 1000 の地方公共団体（45 都道府県）が受け入れ先．開始以来，累計参加外国人数は 6 万 2000 人（65 カ国）にのぼる．JET ウェブサイト（jetprogramme.org/ja/abou-jet/）より．
5）東京の都市外交に関しては，東京都政策企画局のウェブサイト（http://www.seisakukikaku.metro.tokyo.jp/gaimubu/output/index.html）をみよ．

6）この点に関する実証研究としてはたとえば，Nissim Kadosh Otmazgin, "Contesting Soft Power: Japanese Popular Culture in East and Southeast Asia," *International Relations of the Asia-Pacific*, Vol. 8, Issue 1（January 2008), pp. 73-101 をみよ。

7）ただし，移民の問題となると話はもっと複雑になる。これまでの議論は国民は基本的には自国に住み，外国を訪れるとしても永住目的ではないという前提に立っていた。外国人が隣人として日本国内に住む，あるいは海外に日本人が移住するという場合は心理的効果だけではなく実生活上の問題が経済・政治・社会のすべてのレベルにおいて起こりうる。したがってソフトパワーの文脈のみで移民政策を捉えるのには無理があり，ここでは議論しない。

8）そういった大学ランキングはイギリスの The Times Higher Education など複数ある。

9）第2章注18をみよ。

10）たとえば，Reputation Institute（https://www.reputationinstitute.com/country-reptrak）によるものやBBCによる Country Ratings Poll（2005年に開始）がある。後者に関しては，2017年版のURLを下の注16に示しておいた。

11）たとえば日本経済新聞の2017年11月12日付の社説「クールジャパン再生へ政府の役割見直せ」をみよ。

12）本書の「まえがき」において言及した近衛文麿はその「英米本位の平和主義を排す」（まえがき注3）において，第一次世界大戦後の米英陣営が打ち出した議論を以下のように批判しているが，たしかに的を射ている。

英米人の平和は自己に都合よき現状維持にして之に人道の美名を冠したるもの，（略）自己の野心を神聖化したるものに外ならず。彼等の宣言演説を見るに皆曰く，世界の平和を攪乱したるものは独逸の専制主義軍国主義なり，彼等は人道の敵なり，吾人は正義人道の為に之を膺懲せざる可らず，即ち今次の戦争は専制主義軍国主義に対する民主主義人道主義の戦なり，暴力と正義の争なり，善と悪との争なりと。吾人と雖，今次戦争の主動原因が独逸にありし事即ち独逸が平和の攪乱者なる事は之を認むる（略）ものなれど，彼等が平和の攪乱者を直に正義人道の敵なりとなす老獪なる論法に対しては其の根拠に於いて大に不服なきを得ず，平和を攪乱したる独逸が人道の敵なりとは欧州戦前の状態が人道正義より見て最善の状態なりし事を前提として初めて言ひ得る事なり。知らず，欧州戦前の状態が最善の状態にして，此状態を破るものは人類の敵として膺懲すべしとは何人の定めたることなりや。（略）欧州戦乱は已成の強国と未成の強国との争なり，現状維持を便利とする国と現状打破を便利とする国との争なり。現状維持を便利とする国は平和を叫び，現状打破を便利とする国は戦争を唱ふ。平和主義なる故に必しも正義人道に叶ふに非ず軍国主義なる故に必しも正義人道に反するに非ず。要は只其現状なるものの如何にあり（49頁）。

13）第2章4節で正統性の重要性を戊辰戦争の文脈で指摘したが，ここでも明治維新の過程を振り返ることが有用であろう。戊辰戦争は覇権戦争の国内版であったといえる。王政復古という大義名分を掲げて徳川幕府を退けた薩長中心の明治新政府は，その政治秩序（政治体制）を安定させるために正統性――天皇制イデオロギー――を確立する必要があった。

たとえば，大教宣布（1870年）でもって，神道を国教とし，さらには天皇を神格化した（後ほど一定の信仰の自由を認めた大日本帝国憲法が発布されるに至り，政府は神道を宗教を超越したものとして正当化していく）。また，歴史解釈に関していえば，戊辰戦争は「正義の戦争」となり，負けた佐幕陣営は「朝敵」つまり悪玉として維新後も貶められた。後には「文明開化して先進的な明治時代」と比べて『『鎖国』して後進的だった江戸時代」というような薩長中心主義ともいうべき歴史観が公教育を通じて国民の間に広がっていったのである。会津藩に代表される東北地方の藩の多くが，維新後に厳しい処罰を新政府から受けたこともよく知られている。薩長藩出身者を最高位に頂く威信のヒエラルキーは新政府が敷いた諸制度においてみられるが，それは華族制度や官僚制度に顕著に表れていた。このように，新しい国内体制を固めていく過程において，明治政府は国民の心理面まで介入したのである。

同時に，徳川幕府体制の崩壊過程——つまり明治維新にいたる道のり——を観察しても，正統性の弱体化がいかに決定的であったのか理解できる。まずは，アメリカを含むヨーロッパ列強に対する徳川幕府の軍事力（実力）のなさが露呈したこと，これがすべての始まりといってよかろう。征夷大将軍という徳川家が代々継承してきた役職は文字通り「夷（外国人）を征圧する将軍」というものであったにもかかわらず，職を全うできなかったのである。これで徳川幕府の威信は大いに弱まった。当時は攘夷（外国人排斥）が日本における主流の発想であったので，反幕府勢力からすれば幕府の失態は恰好の攻撃の的となったのは想像にかたくない。また，水戸学に代表されるような尊王思想や皇国史観が武士層の間では広がっており，これまで独裁的権力を握ってきた徳川幕府の正統性——つまり，なぜ徳川幕府が日本を統治するのかという理由——をこういった思想は大きく弱めていたのである。威信が崩れ，さらには正統性も弱まった徳川幕府は大政奉還をすることにより政権を投げ出す。しかしそれだけではすまず，ついには王政復古を掲げる薩長連合軍に幕府軍側は「朝敵」の烙印を押され敗戦の憂き目にあう——この時，薩長軍が掲げた錦の御旗はまさにシンボル操作，つまりソフトパワーの行使であったといえよう。

14) フリードリッヒ・リスト『政治経済学の国民的体系——国際貿易・貿易政策およびドイツ関税同盟』正木一夫訳（勁草書房，1965年，原書は1841年）。
15) 人民網ウェブサイト（http://j.people.com.cn/n3/2017/0514/c94474-9215317.html）をみよ。
16) たとえばBBCのCountry Ratings Poll（上の注10）の2017年版にある「中国が世界に与える影響は」という問いに対するアンケート結果をみてみよう。「悪い影響」という反応が「良い影響」という反応よりもカナダ，アメリカ，イギリス，フランス，ドイツにおいて明確に多いことがわかる。オーストラリアにおいては47パーセント対46パーセントという僅差であった（https://www.globescan.com/images/images/pressreleases/bbc2017_country_ratings/BBC2017_Country_Ratings_Poll.pdf, 36頁）。日本ではこのアンケートは行われていない。
17) これらの文書は「日本の核武装および中立問題に関するソ連口上書」（1959年5月4日）と「日本の核武装および中立問題に関するソ連口上書に対する日本側回答」（1959年5月15日）である。ともにデータベース「世界と日本」（http://worldjpn.grips.ac.jp/）の「日本とロシア・ソ連関係資料集」から閲覧可能。

18) 既存のソフトパワー政策論としては、たとえば倉田保雄「ソフト・パワーの活用とその課題——理論，我が国の源泉の状況を踏まえて」『立法と調査』320号（2011年9月）119〜138頁，渡辺靖『文化と外交——パブリック・ディプロマシーの時代』（中公新書，2011年）をみよ。また，大芝亮編『日本の外交 第5巻——対外政策課題編』（岩波書店，2013年）に所収されている、小倉和夫「日本の文化外交——回顧と展望」（245〜265頁）と田所昌幸「日本のソフトパワー」（267〜289頁）も参考になる。本書のソフトパワー政策論は、これらよりも明確に秩序戦の文脈を意識しており、この点においてかなり異なる。
19) こういった外交政策は国内においてある論理的帰結を持つ。それは、日本国内において自由民主主義の論理を（他国の意思とは関係なしに）日本人自身の手によって貫徹させることである。日本国憲法第20条は「1 信教の自由は、何人に対してもこれを保障する。いかなる宗教団体も、国から特権を受け、又は政治上の権力を行使してはならない。2 何人も、宗教上の行為、祝典、儀式又は行事に参加することを強制されない。3 国及びその機関は、宗教教育その他いかなる宗教的活動もしてはならない。」としている。したがって、靖国神社は他の宗教法人同様、信教の自由がありその独自の東京裁判・第二次世界大戦観は国家からの制約を受けてはならないのと同時に、国家も靖国神社の宗教行事に参加してはならないこととなる。
20) BBCのCountry Ratings Poll——リスト化された16〜17カ国がアンケートに基づいて「良い影響を与えているかどうか」という点についてランクづけされる——によれば2008年、2009年、2010年、2011年、2012年、2013年、2014年、2017年における日本のランクはそれぞれ2位、4位、4位、5位、1位、4位、5位、3位であった。
21) 一時、本書第3章で言及したナイ等がよく使っていた論理で、構成主義に基づいた発想といえる。
22) 1993年の防衛費は427億元（74億米ドル）、2013年では7207億元（1143億米ドル）であった。この20年で元建てで15.4倍、米ドル建てであれば16.9倍に膨らんだこととなる。GlobalSecurity.orgのウェブサイト（https://www.globalsecurity.org/military/world/china/budget-table.htm）にある表より。
23) 天谷前掲書（第1章注18）。
24) 『国際安全保障戦略』2頁。

第5章 国際制度を戦略的に活用する

1) 古典的リアリズムの国際制度観については、たとえば序章注6のカー『危機の二十年』第10章をみよ。ルールを体現する国際制度を構造的リアリズムが政策手段として認めないのは、序章注15で指摘したとおりである。構造的リアリズムの代表的研究者であるウォルツやミアシャイマーの著書（序章注21をみよ）では、こういった国際制度は全くといっていいほど議論の対象にはなっていない。ただし、同盟は別であることに注意する必要がある。ルールを体現するものではなく「仮想敵国に対する軍事力を増強する手段」としての同盟を構造的リアリズムは重視する。他方、そういった軍事力増強目的と並行して「同盟相手国を拘束ないしはコントロールする政治的手段」としても同盟を古典的リアリズムは理解する（Paul W. Schroeder, "Alliance, 1815-1945: Weapons of Power and Tools

of Management," in Klaus Knorr, ed., *Historical Dimensions of National Security Problems* [Lawrence, KS: University Press of Kansas, 1976], pp. 227-262)。対ソ軍事同盟であったNATOはドイツの行動を拘束する手段であり，日米同盟は日本を閉じ込めておくための「ビンのフタ」の役割を果たした，といったような議論も古典的リアリズムの視点に立てば合点がいく。

2) 構造力は structural power の訳語。国際政治学の文脈においては，国際政治経済学者のストレンジが構造力を説き始め，それ以降，さまざまな論考が続いた。たとえば，スーザン・ストレンジ『国際政治経済学入門――国家と市場』西川潤・佐藤元彦訳（東洋経済新報社，1994年，原書は1988年）をみよ。構造的リアリズムのパワー概念はもっぱら基礎国力に依拠するもので，構造力はそこには含まれていない。

3) 構造力とは少々異なるが，アジェンダ設定能力――議論される（またはされない）テーマを議論そのものが始まる前に設定する能力――も構造力と似たような機能・効果をもっている。本書では構造力の一部として取り扱うこととする。

4) こういった議論は1960年代からあるが，最近の日本語書籍としてバリー・アイケングリーン『とてつもない特権――君臨する基軸通貨ドルの不安』小浜裕久監訳（勁草書房，2012年，原書2011年）を挙げておく。

5) ネオリベラル制度論については，飯田敬輔「ネオリベラル制度論」日本国際政治学会編『日本の国際政治学1――学としての国際政治』（有斐閣，2009年）64～76頁をみよ。

6) 南洋は現在では北マリアナ諸島自治連邦区（アメリカのコモンウェルス自治区），パラオ共和国，マーシャル諸島共和国，ミクロネシア連邦とに分かれている。パラオにあるコロールに南洋庁を置いて日本は1945年まで南洋を支配した。

7) ロカルノ条約は合計7つの協定からなっており，その内訳は(1)仏独両国のほかベルギー，ポーランド，チェコスロバキアが署名した仲裁裁判条約，(2)フランスがからむ二つの対独軍事同盟（ポーランドとチェコスロバキアがそれぞれフランスのパートナー），さらには(3)仏英独伊そしてベルギーの5カ国からなる地域的集団安全保障条約――狭義のロカルノ条約がこれにあたる――がその構成要因である。(3)においては，仏独ベルギー間の不可侵と国境維持，ならびにラインラント地域の非武装が定められ，ドイツの国際連盟加盟が条約発行条件となっていた。これら7協定は第一次世界大戦後に打ち立てられたヴェルサイユ体制を維持・強化するものであったが，同時に国際連盟加入という形でドイツをその体制に迎え入れるものでもあった。この約10年後，1936年にナチス・ドイツは(3)を破棄しラインラントへ進駐した。この時点でヴェルサイユ・ロカルノ体制が崩壊したのである。

8) その他，公害なども資本主義体制の社会的コストであろう。理論上，公害は科学技術で解決できるが，ファシズムのような政治的問題は科学技術では解決できない。

9) カール・ポラニー『大転換――市場社会の形成と崩壊』吉沢英成ほか訳（東洋経済新聞社，1975年，原書は1944年）。著者名はカタカナで「ポランニー」とも「ポラニー」とも表記される。

10) 核拡散防止条約では米英仏ソ（露）中の五大核兵器保有国が核軍縮に取り組むように義務付けると同時に，(1)これらの国以外の加盟国が核兵器を保有することの禁止，ならびに(2)国際原子力機関（IAEA）による民生核施設への査察を義務付けている。

11）海上自衛隊員がアメリカの原子力潜水艦に同乗し，SLBM（潜水艦から発射される核ミサイル）を共同運用するという案についても，同様である。

12）現在，外務省は韓国が実行支配をしている竹島に関しては，1962年以来，国際司法裁判所に付託することを韓国に提案してきているが韓国は拒否している。その他の二件については，日本は別の作戦をとっている。日本が実行支配している尖閣諸島については，外務省は「そもそも領土問題は存在しない」という立場なので国際司法裁判所に付託する理由がない。北方領土に関してはロシアとの外交交渉による解決を日本は求めている。

13）他方，こういった国際公共財の提供だけでもって，日本が国連安全保障理事会常任理事国の地位を将来獲得できるとは思えない。「自国自身が攻撃されていなくても他の国連加盟国とともに侵略国を武力でもって駆逐する責務」を果たす意思と能力がある国でなければ常任理事国は務まらないからである。仮に国連改革のあと常任理事国のメンバーが変わるとしても，この責務を果たすことができる国だけが選ばれよう。

14）Geology.comのウェブサイトが参考になる（http://geology.com/sea-level-rise/）。日本国外では淡水をめぐる紛争なども増加するであろう。

15）最近英語ではこれら4国を「クワッド」（Quad）と呼ぶことがある。安倍首相の言葉を借りれば日米豪印は「民主主義の安全保障ダイアモンド」を構成している（Shinzo Abe, "Asia's Democratic Security Diamond," *Project Syndicate*, 27 December 2012, https://www.project-syndicate.org/commentary/a-strategic-alliance-for-japan-and-india-by-shinzo-abe?barrier=accessreg ）。

16）この三要素はカントの三角形（Kantian triangle）と呼ばれる。Bruce Russet and John R. Oneal, *Triangulating Peace: Democracy, Interdependence, and International Organizations* (New York: W. W. Norton, 2001) をみよ。ラセットとオニールによれば，自由民主主義国家が経済的に相互依存状況にあり，かつ同じ国際機構に所属していれば，そういった国家の間では戦争が勃発する確率が大幅に減るという──疫学（epidemiology）の統計的手法を採用する彼ら（pp. 82-85）は「戦争がなくなる」とは言っていないことに注意。同盟の有無やパワーの差も，国家間における戦争勃発の確率を軽減する要因である（ただしそれらの効果は「カントの三角形」全体がもたらすものよりも小さい）と同時に彼らは指摘している。

17）日本とオーストラリアはすでにNATOのグローバル・パートナーシップ協定国に指定されている。安倍政権のもとで，日本とNATOとの間の協力関係は密になってきている。デモクラティック・リーグが設立されるか否かに関係なく，NATOとの関係を日本はますます強化していくべきであろう。

18）長年にわたった交渉のあと，ついに2018年5月9日，日中両政府は海空連絡メカニズムに合意・署名した。同年6月8日から運用されている。この合意に関しては海上自衛隊幹部学校ウェブサイトにあるコラムがくわしい。http://www.mod.go.jp/msdf/navcol/SSG/topics-column/col-105.html

第6章　ジオストラテジーを実践する

1）この事例についてはたとえば鈴木早苗「南シナ海問題をめぐるASEAN諸国の対立」（http://www.ide.go.jp/Japanese/Research/Region/Asia/Radar/201207_suzuki.html）を

みよ。
2) アメリカ空軍は 2014 年 6 月にはキルギスから撤収している。また同年 10 月，米英軍はアフガニスタンにおける大規模戦闘を正式に終了した。ただし NATO 軍を含め米英軍の一部はいまだに撤収していない。
3) この事例に関しては中西宏晃「米印原子力合意の再考――1998 年以降の米印交渉に着目して」『軍縮研究』第 3 巻 2012 年，40 ～ 50 頁をみよ。
4) 同条約 8 条において，相互に攻撃しないことのほか，いずれかの締結国にとって敵対的であるような国――たとえばソ連にとってのアメリカ――とは同盟を結ばないとインドとソ連は約束している。さらには第 9 条にて，そういった敵対的な国との間で戦闘状態が発生した（ないしは発生しそうな）時には，対抗するためにインドとソ連は直ちに協議すること，ならびに敵対国には援助をしないことを約している（インド外務省のウェブサイト http://mea.gov.in/bilateral-documents.htm?dtl/5139/Treaty+of+ による）。
5) このベネズエラ危機とは，ベネズエラとそれに隣接する英領ギアナとの間の領土紛争である。結局，仲裁介入したアメリカに譲る形でイギリスが譲歩した。米西戦争では勝利したアメリカがフィリピン，グアム，プエルトリコ，さらにはキューバを敗者スペインから奪った。イギリスは最初はスペイン側に付いていたが最終的にはアメリカを支持したのである――他方，イギリスが南アフリカ地域で戦ったボーア戦争（1899 ～ 1902 年）では，アメリカはイギリスを支持した。
6) こういった米印原子力協定の秩序戦の意味合いを，当時の日本国民はしっかり読み解いていたのであろうか。主要メディアを垣間見る限り，そうではなさそうである。この協定に関して，2006 年 6 月 28 日付の朝日新聞の社説「米印核合意：首相は合意するな」，それに同日付の読売新聞の社説「米印原子力協力：核不拡散態勢を維持できるのか」が発表されている。日本のメディア言論界を代表する両紙ともに核不拡散条約の遵守のみに焦点を絞り，米印原子力協定の秩序戦的意味合いに関してはほとんど触れていないのは残念であった（『読売新聞』は「中国への牽制，エネルギー安全保障，原子力産業のインド市場参入など，アメリカにとって，戦略的意味合いは大きい」としており『朝日新聞』よりは戦略的センスを示している）。この協定が核不拡散条約を弱体化させるとか（肝心の国際原子力機関は米印協定を歓迎しているのにもかかわらず！），核開発を進めている北朝鮮やイランに示しがつかないなどという両紙の論評は，同協定の地政学的意味をあまり深く理解したものではない。

それから 10 年ほど経った。現在では，インドが秩序戦に占める重要性を理解しない者はいないであろう。中国海軍の台頭に対抗せんとする日米豪三国とインドとの間の協力関係は強くなってきている。しかし，10 年前には，そういった意識は大変薄かったのが実状といえよう。他方，インドとの協力関係はそう単純でないこともわれわれは認識しておく必要がある。2018 年 6 月，パキスタンとともにインドが上海協力機構に正式加入したことからもわかるように（ただし中国の「一帯一路」戦略へはインドは賛同しないままである）。
7) 1996 年以降，北極評議会（Arctic Council）を通じて北極圏国 8 カ国（アイスランド，アメリカ，カナダ，スウェーデン，デンマーク，ノルウェー，フィンランド，ロシア）は協力関係を促進しているのと同時に，領土問題に関しては暗闘ともいうべき抗争を展開し

ている。他方，日本を含む13カ国の非北極圏国がオブザーバー資格を得ている。北極海が一年中航行可能になれば，アジア・ヨーロッパ間の航行時間が大幅に短縮される。

8）ここではアメリカ自体は攻め込まれない，という大前提がある。アメリカが衰退し，ヨーロッパの大国と東アジアの大国から挟み撃ちにあうという形がスパイクマン流の悪夢シナリオであろう（本書第1章注6）。図6-2にあるようなユーラシア大陸に対する態勢がアメリカ外交の基本となるのは，第一次世界大戦を経たのち，もっと正確にいえば第二次世界大戦後の時代である。それまで，大西洋をはさんだヨーロッパに対しては，伝統的には非介入主義をアメリカは採用していた。他方，太平洋側に向かってはより積極的な介入主義的な態度をとっていた——たとえば1898年以降，フィリピンとハワイを植民地として所有していた——ものの，東アジアにおける継続的な軍事介入をアメリカは控えていた。第二次世界大戦が終了した段階でリムランドから米軍を引き上げる予定であったが，冷戦の開始を受けてこの計画は変更された。冷戦が終了した後も，リムランドでの駐留が続いている。

リムランドの広範囲において駐留軍を維持するアメリカであるが，こういったアプローチに反対する議論が，アメリカ国内においてたびたび提示されてきた。それは，孤立主義の一形態であるオフショア・バランス論である。アメリカはリムランドに直接関与しなくても，その国土の安全は守れるという議論なのであるが，その根拠は以下のようなものである。ロシアとリムランド大国，ないしはリムランド大国同士はほうっておけば自然に互いに競争に入り勢力均衡状況が出現するはずである。こういった状況の下では，双方はアメリカ本土に向かって勢力を伸ばしてくる余裕はない。したがってアメリカ本土は安泰である，と。

オフショア・バランス論をこれまで実際に採用したアメリカの政権は皆無である。理論的にみれば，オフショア・バランス論は勢力均衡の自然成立を想定する構造的リアリズムに基づいている。この議論の盲点は，競争相手同士と想定されている大国——たとえばロシアとリムランド大国——が同盟を組み，共同してアメリカ自身を牽制するという可能性を全く無視していることにある。

9）利益線という概念は，主権線とともに山県有朋が意見書（外交政略論，1888年1月）で展開したものである。主権線は日本の領土を指す一方で，利益線はその主権線の安全に密着している地域のこと——つまり朝鮮半島——を指していた。利益線の概念は後には満蒙地域という具合に大陸内部に向かって進んでいったのである。

10）ここではアメリカの西海岸沖，東海岸沖それぞれに（あるいはどちらか一つに）戦略前線が出現するシナリオは入れていない。

11）日本を含む第一列島線を考える際にも，戦略前線という概念は欠かせない。この島嶼群を攻略するには基本的には二種類の作戦が存在する。1）一方の端から他方の端に攻略していく。この場合，戦略前線が同時に移動していく（たとえば太平洋戦争におけるアメリカの対日侵攻作戦）。2）一列に並ぶ島々の真ん中あたりをまずは攻略し，これを突破口として両方に勢力を伸ばしていく。この場合，二本の戦略前線がそれぞれ島嶼群の端をめざして移動していく（中国からみれば台湾・沖縄がそういった突破口となる）。

12）中朝国境も潜在的な戦略前線である。中国と北朝鮮，これら二国と同時に対峙しなければならない日本にとっては，この戦略前線は特別な意味を持っている。もし仮にこの戦略

前線が顕在化することになれば，中国と北朝鮮との間にクサビが打ち込まれることとなるだけではなく，両国が互いに牽制しあうという状況が生まれよう。1972年に米中国交正常化がなされた後，それまで共同して反米路線を追求していた中国と（北）ヴェトナムが対立したように。

13) 提携と了解の二重の意味を持っている例は，1904年に成立した英仏協商（Entente Cordialeと呼ばれるが「友好的相互理解」の意）にみられる。台頭著しいドイツ帝国に共同して対抗するために，海外植民地獲得競争でそれまで長年競いあっていたイギリスとフランスは互いの勢力圏を認めあう形で対立解消に合意したのである。英仏関係における画期的な取り決めであった。そしてその3年後，イギリスは似たような協商関係をロシアとも結んでいる。これもドイツ帝国に共同して対抗するためであった。中央アジアで長年繰り広げてきたグレートゲームに終止符を打ち，両国は相互に勢力圏を認め対立関係を解消したのである。すでに成立していた露仏同盟（1894年）と合わせて，これら二つの協商関係はドイツ包囲網を構成した。

14) 日本による干渉戦争はシベリア出兵と呼ばれる。通史を知るには麻田雅文『シベリア出兵——近代日本の忘れられた七年戦争』（中公新書，2016年）がよい。

15) 日本の場合，たとえば満蒙地域（内蒙古と南満州——後に全満州）は日露戦争における死闘のすえに獲得した日本の特殊権益として長く認識されていた。これを放棄することはまさに「英霊に顔向けできない」ような行為であるとされたのである。他方，アメリカのニクソン政権がヴェトナム戦争から撤退しようとした際，キッシンジャー大統領補佐官も「英霊の犠牲」を無視できなかった。1969年の段階で実に50万人の米兵と7万人の同盟国兵士がヴェトナム戦争に参加しており，死亡者数は3万1000人にも上っていた。この「現実」の前では一方的な無条件撤退は問題外であったと彼は回顧録に記している。Henry Kissinger, *White House Years* (Boston: Little, Brown and Company, 1979), p. 235. 一般的にいって介入戦争が泥沼化するのは，一度足を踏みこめばこの「英霊の罠」から抜け出せなくなるからである。したがって介入戦争そのものが一つの罠といえよう。

16) こういった国々がターゲットとなりやすいというだけであり，アメリカはターゲットにならないというわけではない。アメリカに対しても中国さらにはロシアによる情報心理戦やスパイ活動が活発に行われているのは疑いなかろう。また，日本本土や沖縄を含む第一列島線にあるすべての地域においては，現状打破勢力によるスパイ活動（協力してくれる団体に資金援助をするといったような工作活動も含む）が盛んであると推測できる。

17) マハンのシーパワー論については麻田貞雄編・訳『マハン海上権力論集』（講談社学術文庫，2010年）をみよ。

18) 50年単位で考える大戦略的思考の中では，この条件が成立しないシナリオを「全く空想的」として拒否することは賢明ではない。「考えられないことを考える」作業は必要である。現状維持国である日本にとって，以下のようなものが最悪のシナリオであろう。(1)日米同盟が空洞化・弱体化していくと同時に，日本が「中立化」せざるをえなくなるというもの。この場合，日本周辺の制海権も中国側に事実上握られる可能性が高まる（「日本のフィリピン化」として後述する）。(2)日本が中国側に寝返り，アメリカと対峙するというもの。そうなれば日本は，中国がアメリカに対する上での戦略前線——中国から見れば中国を守る盾——となる。こういったシナリオが発生しうる一つの大きな契機は，国内

注(第7章)

政治にあると思われる。とりわけ日本ないしはアメリカにおける政権交代が契機となりうる。たとえば、現時点では全く空想的に過ぎないが、仮に前章で触れたような資本主義の「自壊の種」が原因となって人種差別主義を公に標榜する政権がアメリカに誕生した場合、日米関係は極度に緊張するであろう。他方、中国の経済規模がアメリカのそれを超えたとしても、それだけではこういったシナリオが発生するとは考えにくい。

19) 中国にとって理想的なのは、台湾・沖縄・フィリピンで親中勢力が強まりこういった地域が「自発的に」中国の影響下に入るというシナリオであろう。われわれが知る由もないが、中国側がこういった地域において工作活動を活発に行っていても不思議ではない。

20) 日本や韓国にコストを押し付ける形でアメリカが北朝鮮と何らかの合意に達する場合にも、似たような状況が生じる。

21) ロシアは北朝鮮を援助する形でかかわってくるかもしれないが、大勢は米中関係で決定されると思われる。

22) しかし、それと同時に北朝鮮が非核化されないままであるならば、日本としてはどう対応していくのか考えていく必要があろう。

23) くわえて、第4節で既述したようにオホーツク海はロシア海軍の核ミサイル搭載原子力潜水艦の「聖域」でもあるので、北方領土問題解決をロシア側は渋って当然であろう。このような理由により、日本が対露接近政策をとったとしてもこの問題が解決しない限り、成果は期待できないと思われる。

24) 本書執筆時（2018年10月下旬）の段階では、北朝鮮の核をめぐる米朝交渉が続いており、北朝鮮は中国と良好な関係を維持しているように見受けられる。しかし、北朝鮮が将来アメリカを使って中国を牽制する可能性を指摘する専門家もいる。現時点では、中朝関係の将来を見通すことはかなり難しい。

25) いまのところロシアとイランは反米ということでは利害が一致しており協力関係を強く進めている。たとえば、イランは2005年に上海協力機構でオブザーバーの資格を得ており、シリアのアサド政権をロシアとともに支持してきた。どれほどロシア・イラン間の協力関係が進むのか、さらにはロシア・中国・イランの三国関係はどう展開していくのか、これからも注意を払う必要がある。これら三国が一致団結して、ヨーロッパ、西・南アジア、東アジアの三戦域において同時にかつ統一的な反米戦略を打ち出す様子は、現時点においては見られない。

第7章 不条理的状況に対応する

1) 防衛産業の成長は民間産業に悪影響を与えるのであろうか（あればジレンマないしはトレードオフとなろう）。一方では「兵器を製造しても他の産業を潤すことはないので、民間産業とはこの点において防衛産業は異なっている。したがって、防衛産業に税金をつぎこむならば民間産業につぎこんだほうが国民経済にとっては望ましい。その意味で防衛産業の成長は民間産業に悪影響を与える」という議論がある。他方、「防衛産業で生まれたテクノロジーは民間産業に流れていく（スピンオフしていく）ので、防衛産業の成長は民間産業にとってプラスである」という意見もある。どちらの意見のほうがより高い説得力があるのかはいまだに決着していない。したがって今回、このテーマは表には入れないこととした。

2) これら三つの倫理問題は David R. Mapel and Terry Nardin, "Convergence and Divergence in International Ethics," in Terry Nardin and David R. Mapel, eds., *Traditions of International Ethics* (New York: Cambridge University Press, 1993), pp. 297-322 によっている。こういったテーマについては，小田川大典ほか編『国際政治哲学』（ナカニシヤ出版，2011年）や井上達夫『世界正義論』（筑摩書房，2012年）といった邦語文献をあたられたい。
3) したがって，「良い」――「正しい」「妥当」と言い換えてもよい――とは「倫理的・道徳的に正しい」とは限らない。結果主義にとっての「良い政策」「正しい政策」「妥当な政策」というのは，すべて目的を達成するのに効果的という意味である。
4) 既述の正当防衛をめぐる議論はこの「規範主義対結果主義」議論の一応用形と考えることができる。そもそも正当防衛という概念は，「命あっての物種」つまり自己保存を良しとする結果主義を受け入れている。問題はどこまで「他人を傷つけないこと」という規範を同時に受け入れるかである。全く受け入れなければ自己保存のためには攻撃者を殺しても差し支えない――つまり過剰防衛という概念は存在しえない――こととなる。この規範を受け入れる範囲が大きくなればなるほど，「自己保存目的があるにもかかわらず他人を傷つけてはいけない範囲」――つまり過剰防衛の範囲――が大きくなる。過剰防衛の内容をめぐる論争は，この範囲をどこまで広げるかという点に関する論争といえよう。
5) グラハム・アリソン『決定の本質――キューバ・ミサイル危機の分析』宮里正玄訳（中央公論社，1977年，原書は1971年）。冷戦後に大幅改訂した版の訳本が2016年日経BP社から出版されている。アリソンの研究以外にも，組織内における政策決定において合理性が成立しないメカニズムは「ゴミ箱モデル」やグループシンク等を対象とする研究が明らかにしてきている。ゴミ箱モデルを単純化していえば，集団による決断はまるでゴミ箱の中に「問題」と「解」それに「意思決定者」が投げ込まれ複雑に混ざりあい，そのときたまたま生じた特定の組み合わせのようであるという議論である。他方，グループシンク（集団浅慮）は一人でいれば気づいていたことが集団になると見落とされる現象を指す。
6) 日本における官僚組織特有の病理現象を間接的に表現したものとして「後藤田五訓」が参考になる。これは，中曽根政権において官房長官を務めた後藤田正晴が各省庁から派遣されてきた部下に訓示したもの。(1)省益を忘れ国益を思え，(2)悪い本当の事実を報告せよ，(3)勇気をもって意見具申せよ，(4)自分の仕事でないというなかれ，(5)決定が下ったら従い，命令は実行せよ。佐々淳行『わが上司 後藤田正晴――決断するペシミスト』（文春文庫，2002年）147～148頁。
7) ハワイ方面から日本に向かって進軍してくるアメリカ海軍を，連合艦隊が日本海海戦（1905年）よろしく戦艦対戦艦の対決でもって西太平洋で撃沈するというのが伝統的な対米戦シナリオであった。真珠湾攻撃はこのシナリオから大きく逸脱するものだったのである。他方，真珠湾攻撃の後，アメリカ海軍（海兵隊を含む）が実際に採用した対日攻略作戦はこのシナリオのような艦隊対決方式のものではなく，第一・第二列島線上にある島々――そこから日本空襲のための爆撃機を発進させる――を攻略していくという形をとったのは周知のとおりであろう。くわえて潜水艦によって日本の海上輸送を攻撃するという海上封鎖作戦もアメリカ海軍は採用した。こういったアメリカ軍側の作戦の効果が絶大であったのはいうまでもない。

アメリカ軍の作戦シナリオを正しく予想していたのは井上成美が海軍大臣に提出した「新軍備計画論」（1941年1月30日，井上は当時海軍航空本部長）である。兵器については航空機と潜水艦，戦略に関しては「負けないこと」を重視したこの異端な議論が，当時の日本海軍ではとうてい採用されるはずはなかった。「新軍備計画論」は井上成美伝記刊行会編『井上成美』（井上成美伝記刊行会，1982年）資料編126〜132頁をみよ。

これからの日本が第一・第二列島線を中国海軍から防衛していく際，米軍・井上が示した島嶼作戦と海上護衛戦は大いに参考になると思われる。また，太平洋戦争末期における日本の海上護衛戦に関しては大井篤『海上護衛戦』（学研M文庫，2001年）をみよ。大井は海上護衛総司令部参謀を務めた。

8) 戸田良一ほか前掲書（序章注9）を参照せよ。

9) プロスペクト理論については土山實男『安全保障の国際政治学——焦りと傲り』第2版（有斐閣，2014年）第6章が参考になる。しかし，こういった不都合な感情にとらわれず合理主義に徹することが仮にできたからといって，政策が必ず成功するとは限らないことにもわれわれは注意する必要がある。たとえばゲーム理論がこれまで示してきたとおり，個々の国が合理的に行動したとしても，結局は国家間においては良い結果が出てこないというような不条理な国際構造——囚人のジレンマやチキンゲームといった状況——が存在する。このように二重・三重にも状況は複雑である。

10) 国際経済学や国際政治経済学では，この問題はすでに1960年代からさまざまな形で議論されてきた。たとえば，リチャード・クーパーの相互依存論やロバート・マンデルが指摘した「国際金融のトリレンマ」（自律的な国内金融政策，自由な国際資本移動，為替の固定相場制の三要素を同時には満たすことができないという議論）などが挙げられよう。Richard N. Cooper, *The Economics of Interdependence: Economic Policy in the Atlantic Community* (New York: McGraw-Hill, 1969) ならびにロバート・マンデル『国際経済の貨幣的分析』柴田裕訳（東洋経済新報社，1976年）。

11) 小笠原高雪ほか編『国際関係・安全保障用語辞典』（ミネルヴァ書房，2013年）14〜15頁にある定義。

12) こういった議論の現代的古典はRobert Jervis, "Cooperation under the Security Dilemma," *World Politics*, Vol. 30, No. 2 (January, 1978), pp. 167-214である。また，戦後国際政治理論史においては，安全保障のジレンマ概念はハーツが最初に指摘したというのが通説となっている。John H. Herz, "Idealist Internationalism and the Security Dilemma," *World Politics*, Vol. 2, No. 2 (January, 1950), pp. 157-180. この概念に関する日本語による解説は土山前掲書（前注9）第4章をみよ。田中明彦が指摘するとおり，「安全保障のジレンマ」概念は明治時代の日本においてすでに指摘されていた。中江兆民の『三酔人経綸問答』である（1965年出版の岩波文庫版では原文203〜204頁，口語訳106〜107頁）。田中の指摘は「日本の国際政治学——『棲み分け』を超えて」（前掲論文，本書まえがき注6），6頁にある。

13) したがって真に合理的で自国の安全のみを求める国家というのは，こういった軍拡競争はしないというのがジャービス（前注12）を含む防御的リアリストたち（構造的リアリズムに属する）が説くところである。もっといえば，こういった発想は戦争の原因は偶発的——つまり誰も求めていなかった悲劇——であるという発想につながる。他方，戦争は

抑止の破綻によって発生することもある。つまり，意図的に抑止を突破する国が戦争を起こすこともある。リアリズムにおいては，この二つの見方が戦争の起源に関して並立している。ちなみにリベラリズムの戦争原因論は上の防御的リアリズムのそれに近い。他国とのミスコミュニケーションや国内事情によって国家は合理的に行動できなくなり，その結果として戦争を引き起こすというのがそれである。真に合理的な国家は戦争は起こさないという前提がそこには潜んでいる。他方，構造的リアリズム学派の中でも，攻撃的リアリストと呼ばれる者たちは異なる見解を示す。安全保障のジレンマの結果，軍拡競争は起こるかもしれない。しかし，それは（自国の安全ではなくて）パワー及び覇権を追求する合理的な国家にとっては必要コストに過ぎず，軍拡競争をやめるどころかそれに勝利すべくさらなる努力を続けると彼（女）らは想定するのである。

14) たとえば，Barry R. Posen, *The Sources of Military Doctrine: France, Britain, and Germany between the World Wars* (Ithaca, NY: Cornell University Press, 1984). もちろんこういった傾向は研究者に指摘されるまでもなく，戦前の日本陸軍・海軍の間で繰り広げられた予算分捕り合戦や，各国の軍隊がつねに時代の最先端兵器を購入したがる傾向を見れば理解できよう。

15)「戦略の逆説的論理」は，孫子の「彼を知り己を知らば，百戦して殆うからず」という教えやクラウゼヴィッツの摩擦概念に連なる概念といえる。この概念についてはエドワード・ルトワック『エドワード・ルトワックの戦略論』武田康裕・塚本勝也訳（毎日新聞社，2014年，原書は1987年）をみよ。また「戦略の逆説的論理」を中国の事例に当てはめ，中国は対中包囲網を自ら形成してしまったとルトワックはその『自滅する中国——なぜ世界帝国になれないのか』奥山真司訳（芙蓉書房出版，2013年，原書は2012年）で説いている。冷戦終了後，NATOが東欧方向に拡大したが，これに対するロシアのプーチン政権の反発も「戦略の逆説的論理」の一例かもしれない——NATOの東方拡大は「致命的なエラー」となるとケナンが警告したとおりに（George F. Kennan, "A Fateful Error," *New York Times*, 5 February 1997）。

16) 同盟のジレンマに関してはGlenn H. Snyder, *Alliance Politics* (Ithaca, NY: Cornell University Press, 1997) が議論の出発点である。日本語での解説は土山前掲書（前注9）第9章をみよ。

17) 安全保障のジレンマと同盟のジレンマとの間の連携関係に注目し，その視点から現在の日米同盟と中国との関係を分析する研究としては，川﨑剛「現代日米中トライアングルにおける2つのジレンマとその連関作用——理論的一考察」『国際安全保障』第43巻第2号（2015年9月）58～75頁がある。

18) サミュエル・ハンチントン『軍事と国家』上下巻，市川良一訳（原書房，2008年，原書は1957年）。シビリアン・コントロールの諸理論については，たとえば三宅正樹『政軍関係研究』（芦書房，2001年）や村井友秀「政軍関係——シビリアン・コントロール」防衛大学校安全保障学研究会編『新訂第5版 安全保障学入門』（亜紀書房，2018年）第11章をみよ。現代日本における政軍関係については，武蔵勝宏『冷戦後日本のシビリアン・コントロールの研究』（成文堂，2009年）を参照されたい。

19) 国際政治学では，この解釈が通説となっている。トゥキュディデス『歴史』上下巻，小西晴雄訳（ちくま学術文庫，2013年）。

20) アリソンが挙げる 16 の事例は以下の表にあるとおり。https://www.belfercenter.org/thucydides-trap/resources/case-file-graphic を加工した。事例選別に関してはそのウェブサイトの上にある Methodology のところをご覧いただきたい。この研究はグレアム・アリソン『米中戦争前夜——新旧大国を衝突させる歴史の法則と回避のシナリオ』藤原朝子訳（ダイヤモンド社，2017 年，原書は 2017 年）として出版されている。

対抗の期間	支配的地位にあった大国	台頭してきた挑戦国	結果	備考（引用者による）
15 世紀末	ポルトガル	スペイン	戦争なし	
16 世紀前半	フランス	ハプスブルク家	戦争	
16 世紀と 17 世紀	ハプスブルク家	オットマン帝国	戦争	
17 世紀前半	ハプブルク家	スウェーデン	戦争	
17 世紀中頃から末期	オランダ	イギリス	戦争	
17 世紀末～18 世紀中頃	フランス	イギリス	戦争	
18 世紀末～19 世紀初期	イギリス	フランス	戦争	ナポレオン戦争
19 世紀中頃	イギリス，フランス	ロシア	戦争	クリミア戦争
19 世紀中頃	フランス	ドイツ	戦争	普仏戦争
19 世紀末～20 世紀初期	清国，ロシア	日本	戦争	日清・日露戦争
20 世紀初期	イギリス	アメリカ	戦争なし	「偉大なる和解」
20 世紀初期	イギリス（フランス，ロシア）	ドイツ	戦争	第一次世界大戦
20 世紀中頃	ソ連，フランス，イギリス	ドイツ	戦争	第二次世界大戦
20 世紀中頃	アメリカ	日本	戦争	太平洋戦争
1940 年代～1980 年代	アメリカ	ソ連	戦争なし	冷戦
1990 年代～現代	イギリス，フランス	ドイツ	戦争なし	

21) カー，前掲書（序章注 6），第 13 章。
22) リアリズムに立つ既存の日本外交政策論——とりわけ地政学といったような国際構造に注目する議論——は，ややもすれば(1)のみに集中し(2)を忘れがちであると思われる。もちろん(1)も重要であるが，(2)に足をすくわれた結果，自滅しては元も子もない。また，一時は無敵にみえる大国も，その弱体化は国内問題や自爆行為（たとえば無益な介入戦争）から始まることを歴史は示している。つまり(2)に対応できなくて自壊していくのである。そういった大国に対しては正面から（つまり軍事力でもって）挑発せずに抑止力だけを維持し——この意味での(1)は維持しつつも——自らは(2)の罠にはまらないようにして，持久戦さながら大国が自己崩壊するのを待つことが基本的な作戦であろう。このように(1)と(2)を組み合わせていく知恵が求められる。

終 章　日本がとるべき大戦略
1) 『国家安全保障戦略』4 頁。
2) ラテンアメリカでみられるように非自由主義的な民主主義政体（illiberal democracy）も実際には存在するのであり，自由主義と民主主義がつねにペアになるとは限らないことにわれわれは注意する必要がある。
3) 「美しい国」という言葉は，安倍晋三『美しい国へ』（文春新書，2006 年）から採用した。
4) 同時に日本人だからといって尊大な態度をとることも避けるべきであろう。自然体で祖国を大切に思い，誇り，ふるまえばよいのである。くわえて，自国の歴史に通じていることも欠かせない。

5) 第5章注16を参照。
6) さらにいうならば，望むらくは弱者——たとえば障害者——を助ける政府・社会が日本には求められる。また，祖国を思う心，愛国心というものは本来は国民一人一人が自発的に持つもので，政府が無理やり押し付けるものではなかろう。
7) 参考までに，以下の二組の教訓も挙げておく。すべてが日本の場合に必ずしも当てはまらないかもしれないが，大いに参考になる。まず，モーゲンソーによれば外交は(1)十字軍のような情熱に突き動かされてはならず，(2)国益によってその目的が定められ適切なパワーに基づいたものでなければならないほか，(3)他国からの政治的視点を理解するものでなければならないという。さらに(4)「死活的でない問題に関しては妥協を厭うな」とした上で以下のように彼はいう。(5)「虚を捨てて実を取れ」の言葉のごとく，形式だけの権利ではなくて実利を求めよ。(6)メンツを失わなければ撤退できない状況や大きいリスクを負わなければ前進できないような状況に，決して自らを陥らせるな。(7)自国がすべき決定を小国の同盟国に任せるな。(8)軍事力は外交の一手段であって，外交は軍事の僕ではない。(9)政府というものは世論をリードするものであって，世論の奴隷ではない。Hans J. Morgenthau, *Politics among Nations: The Struggle for Power and Peace*, fifth edition, revised (New York: Knopf, 1978), pp. 550-558. 筆者による意訳。

　もう一つは映画『フォグ・オブ・ウォー』で語られているマクナマラ元アメリカ国防長官による11の教訓である（第1章注16）。(1)敵側の立場に立って考えてみよ。(2)合理的発想だけでは限界がある。(3)政策決定者の発想法にはその人物のそれまでの人生が影響する。(4)効率を最大限に上げよ。(5)敵を攻撃するときは適切な程度というものがある。(6)データを集めよ。(7)思い込みや目に見えることが実際には間違っていることが往々にしてある。(8)自分の考え方を見直す必要に対してつねに備えよ。(9)善をなすには悪に手を染めなければならないかもしれない。(10)絶対ありえない，ということはない（Never say never）。(11)人間というものは変えることはできない。以上，筆者による意訳。
8) 五百旗頭真「戦後日本外交とは何か」同編『戦後日本外交史』第3版補訂版（有斐閣，2014年）315頁。

事項索引

ア 行

ASEAN　　203, 209, 235, 244, 308
アナーキー　　iii, 7, 12, 255, 291-293
アメリカ　　iii, iv, 1, 4, 9, 14, 16, 24, 29, 31, 34, 37-39, 41-49, 51-74, 76, 77, 79, 81, 82, 85, 88, 95, 102, 108-110, 115-119, 121, 122, 128, 130, 131, 135, 137, 138, 141-143, 147-149, 152, 154, 157, 159, 161-165, 167, 169, 170, 176, 182-185, 187, 191, 193-200, 202, 203, 207, 209-214, 216-226, 229-243, 245, 250, 253, 254, 259-262, 268-270, 272, 282, 283, 287, 288, 291, 293-300, 302, 303, 305, 307-314, 316, 317
安全保障共同体　　15, 16, 255, 276
威信戦　　155, 156, 163-165, 177, 208, 270
イノベーション　　113, 135-137, 270, 277
イラン　　24, 29, 71, 81, 121, 130, 213, 237, 244, 269, 309, 312
インテリジェンス　　17, 21, 60, 64, 90, 96, 100, 102, 103, 105, 113, 135, 137, 138, 208, 270, 277, 298, 302
インド　　iv, 25, 32, 34, 38, 39, 42, 43, 47, 49, 70, 71, 77, 102, 103, 142, 145, 153, 161, 202, 203, 210-213, 217, 218, 221, 226-228, 230, 237, 243, 268, 269, 298, 309
ウィーン体制　　13, 29, 73
ヴェトナム　　53, 55, 74, 81, 197, 209, 212, 219, 222, 223, 230, 253, 299, 311
ヴェルサイユ体制　　13, 29, 162, 307
AIIB　　56, 159, 165, 193, 210

英霊の罠　　231, 311
エネルギー安全保障　　3, 114, 119, 140, 141, 309
オウンゴール　　19, 101, 166-168, 190, 240, 258, 270, 273, 274
オーストラリア　　iii, 25, 48, 56, 102, 137, 138, 141-143, 202, 203, 216, 227, 237, 243-245, 303, 305, 308
ODA　　17, 112, 116, 146, 148, 187
沖縄　　41, 49, 78, 225, 238, 239, 241, 289, 310-312

カ 行

開放的自由主義経済　　133, 196, 199, 270, 276, 277
科学技術力　　90, 112-114, 133, 135, 153, 302
核拡散防止条約　　131, 195, 199, 210, 211, 270, 307
核兵器　　14, 16, 44, 53, 76, 77, 121, 122, 125, 131, 137, 166, 191, 199, 200, 211, 232, 242, 243, 268, 275, 277, 296, 307
核ミサイル　　33, 34, 44, 45, 52, 76, 77, 216, 228, 243, 308, 312
ガット　　37, 46, 164, 190, 191
韓国　　38, 48, 53, 132, 141, 142, 149, 173, 174, 177, 190, 200, 210, 221, 236, 240, 241, 268, 308, 312
干渉戦争　　230, 311
緩衝地帯　　25, 32, 35, 45, 51, 77, 79, 80, 84, 215, 220, 221, 223, 227, 229, 230, 236, 240-242, 256
カントの三角形　　276, 308

●事項索引

カンボジア　53, 209, 223, 227
気候変動　15, 139, 141, 186, 187, 194, 195, 201, 278
基軸通貨　37, 181-185, 195, 224, 307
北朝鮮　29, 48, 53, 81, 117, 119, 121, 168, 197, 210, 219, 221, 226, 230, 240-244, 253, 254, 257, 258, 269, 309-312
協商　29, 30, 78, 191, 203, 219, 227, 233, 235, 311
金属資源　114, 140-142
クール・ジャパン　109, 154, 155
グレーゾーン　9, 10, 55, 71, 131, 234
軍事力　iii, 3, 7, 9, 10, 12, 13, 15-17, 19, 20, 23, 24, 28, 29, 33, 35, 37, 38, 40, 44, 46, 47, 52, 54, 55, 65, 74, 76, 82, 85, 87, 89, 91, 93, 94, 99, 100, 109, 110, 112, 117, 123, 125, 129, 133, 137, 145, 154, 158, 199, 208, 217, 228, 229, 232, 233, 236, 237, 239, 255-258, 267, 268, 270, 273-275, 277, 293, 295, 305, 306, 316, 317
経済力　iii, 3, 13, 17, 19, 23, 28, 29, 35, 37-39, 46, 52, 54, 55, 57, 65, 74, 75, 82, 85, 87, 89, 91, 94, 99, 100, 109, 110, 113, 114, 122-125, 133, 135, 136, 145, 154, 164, 176, 195, 208, 218, 239, 240, 244, 268, 289, 293
現状維持陣営　iii, 11, 13, 23-25, 27, 29, 30, 32, 36, 38-40, 42, 47, 55, 56, 68-70, 75, 83, 93, 111, 137, 138, 142, 155-158, 161, 162, 166-170, 172, 180, 187-192, 194, 198, 199, 201, 202, 206, 211, 212, 215, 223, 232-234, 236, 237, 239-245, 258, 263, 268-272, 274, 276, 295, 296, 302
現状打破陣営　iii, 11, 13, 23, 25, 27, 29, 30, 39, 40, 42, 55, 56, 68-70, 83, 86, 93, 157, 166, 172, 180, 187, 189-192, 199, 200, 203, 206, 223, 232-237, 244, 268-270, 274, 276, 295, 296
憲法　10, 19-21, 36, 39, 41, 61, 126, 128, 129, 161, 176, 272, 301, 305, 306
構成主義　7, 180, 186-188, 281, 292, 293, 297, 306
構造的リアリズム　291-294, 306, 307, 310, 314, 315
構造力　91, 108, 109, 136, 146, 180-186, 188, 189, 195, 224, 277, 307
国際安全保障　194, 273, 306, 315
国際公共財　37, 87, 94, 99, 182, 185, 188, 193, 194, 201, 270, 276, 277, 302, 308
国際社会　ii, 2-4, 7, 11, 12, 14, 16, 27, 30, 36, 40, 46, 57, 65, 76, 86, 87, 93-95, 99, 125, 126, 129, 132, 146, 149, 153, 156, 159, 161, 163, 172-174, 176, 181, 187, 188, 193-195, 197, 201, 239, 257, 267, 270, 272, 273, 275-278, 281, 290, 292, 293, 301
国際信用　66, 102, 153, 168, 172, 173, 195, 273, 274, 299
国際制度　3, 7, 17, 25, 26, 28, 35, 37, 39, 45, 46, 53, 54, 56, 60, 64, 65, 67, 70, 71, 75, 82, 84, 86, 87, 89-96, 99, 100, 105, 109, 123-125, 146, 155, 156, 164, 178-181, 185-189, 192, 193, 196, 200, 203, 205, 206, 208, 209, 239, 270, 276, 277, 292, 296, 306
国際秩序　ii, 2-4, 10-17, 19, 23, 25-29, 35, 37-43, 45-47, 52, 55-57, 60, 65-67, 70-75, 82, 86, 87, 93, 111, 123, 124, 142, 154, 156-160, 164, 166-168, 180, 187, 188, 190, 193, 233, 234, 236, 239, 263, 267, 270, 271, 276, 282, 289-291, 295, 298
国際秩序戦　ii-iv, 2-4, 11, 12, 15, 89, 138, 267, 278, 282-285, 290
国際法　3, 12, 14, 17, 36, 71, 84, 86, 93, 94, 99, 131, 132, 169, 174, 179, 188, 190, 200, 201, 208, 277, 292, 293, 302
国際連合　36, 37, 45, 46, 53, 54, 56, 71,

87, 93, 126-131, 133, 164, 179, 181, 190, 193, 194, 195, 244, 273, 277, 296, 298, 301, 308
国際連盟　36, 37, 46, 86, 128, 164, 187, 193, 299, 307
国内政治　7, 10, 20, 28, 39, 43, 65, 72, 73, 81, 88, 95, 118, 160, 190, 240, 259, 276, 291, 292, 303, 311
国連憲章　46, 126-131, 133, 181, 301
国家安全保障会議　1, 102
国家安全保障戦略　1, 2, 74, 80, 176, 271, 272, 298, 316
古典的リアリズム　7, 180, 181, 185-188, 282, 291, 292, 294, 306, 307

サ　行

サイバー空間　87, 108, 120-123, 146, 196, 200, 213
サイバーパワー　90, 108, 109, 120-123, 125, 135-137, 146, 205, 207, 240, 270, 277
三戦域　25, 30-32, 82, 213-216, 218, 220, 245, 268, 270, 312
サンフランシスコ講和条約　9, 41, 49, 72, 164, 168
G7　52, 177, 190, 196, 302
自衛権　20, 125-194, 250, 301
自衛隊　18, 19, 42, 53, 101-103, 202, 203, 237, 239, 243, 260, 261, 273, 275, 297, 308
自壊の種　177, 197, 198, 239, 240, 253, 270, 312
死活的利益　3, 48, 49, 67, 80-82, 292
市場　51, 52, 117-119, 141, 184, 185, 212, 239, 240, 297, 307, 309
自然災害　139, 140, 194
思想戦　155-160, 162, 165, 177, 208, 270
シビリアン・コントロール　101, 259, 260, 315

上海協力機構　192, 210, 212, 244, 309, 312
自由主義　7, 37, 72, 73, 270, 271, 282, 283, 290, 292, 316
集団安全保障　128, 307
自由民主主義　iii, 6, 20, 22, 36, 39, 47, 71, 72, 85, 135, 159, 160, 172, 175, 177, 181, 187, 197, 198, 202, 212, 215, 234, 239, 249, 259-262, 270-274, 276, 277, 282, 283, 303, 306, 308
食料安全保障　140, 142
ジレンマ　iii, 3, 20, 22, 25, 60, 64, 100, 105, 247-249, 255-260, 263-265, 277, 312, 314, 315
人口　22, 34, 39, 44, 61, 62, 64, 76, 88, 90, 110, 112-114, 134-136, 140, 142, 151, 197, 215, 216, 250, 268, 270, 277, 298, 302
侵略国駆逐の義務　125-131, 133, 273, 308
政策課題　62, 96-98, 100, 103, 140, 224, 247, 248, 255, 290, 302, 306
政策手段　3, 9-11, 15-20, 22, 60-64, 66, 90, 96-101, 104, 124, 125, 142, 148, 169, 180, 258, 264, 269, 276, 277, 281, 292, 306
政策プログラム　25, 60, 62, 64, 88-92, 94-100, 104, 123, 124, 142, 143, 155, 178, 188, 189, 203, 205, 233, 235, 245, 269, 270
政策目標　10, 60, 62, 64-66, 82, 83, 86-89, 91-95, 97-100, 104, 125, 155, 156, 188, 264, 269, 270
政治的合理性　18, 19, 64, 100, 101, 169, 200, 275-277, 299
脆弱性　44, 62, 110, 115-117, 119, 120, 122, 124, 125, 140-142, 226, 239, 240, 255, 270, 277
正統性　iii, 12, 13, 17, 23, 28, 35-37, 39, 45, 54, 56, 65, 67, 70, 75, 82, 84-86, 89,

事項索引

92, 94, 99, 107, 111, 125, 155, 156, 162, 163, 167, 173, 188, 197, 206, 230, 231, 270, 291, 292, 304, 305
制度戦　64, 147, 180, 186, 187, 189, 191, 196
制約条件　11, 16, 22, 61, 62, 134, 135
勢力圏　13, 28, 35, 41, 44, 45, 49, 51, 80, 84, 191, 192, 199, 203, 208, 218, 220, 225, 227, 234, 235, 238, 240, 292, 311
戦略前線　220-225, 233, 235, 237, 238, 240-244, 269, 270, 310, 311
戦略の逆説的論理　258, 315
戦略文化　113, 300
戦略目的　2, 3, 11, 16, 18, 23, 24, 60, 62-68, 72, 73, 75, 82, 83, 89, 96, 98, 100, 104, 264, 268-272, 276, 277, 297
相互依存関係　110, 115-119, 202, 249, 254, 255, 276, 297, 308
総合的国力　108, 112, 136, 146, 232, 233, 235, 277
ソフトパワー　25, 26, 56, 60, 64, 89-94, 96, 99, 105, 107-111, 121, 123, 124, 136, 143, 145, 146, 148-153, 155, 156, 161, 163, 165, 166, 170, 172, 178-181, 185-187, 190, 199, 200, 205, 209, 235, 239, 270-272, 274, 275, 277, 291, 300, 302-306
ソ連　14, 24, 29-32, 34, 36, 37, 42-45, 47-49, 51-53, 68, 70, 74, 78, 81, 117, 131, 157, 158, 162-164, 182, 187, 191-193, 197, 210, 211, 214, 216, 219-223, 225, 226, 230, 253, 296, 305, 309, 316

タ行

第一次世界大戦　ii, 4, 13, 28-30, 32, 33, 35, 36, 39, 43, 102, 162, 164, 215, 287, 295, 304, 307, 310, 316
第一列島線　49-51, 221, 223-225, 237, 238, 240, 241, 270, 310, 311

大国　i, ii, 2, 13-15, 21, 23, 27, 29-34, 37, 44, 45, 47, 51, 52, 55, 57, 69, 73, 75-78, 80, 81, 83, 87, 111, 114, 117, 129-131, 149, 164, 176, 180, 185, 189, 191, 206, 209, 213, 215, 217-221, 227, 229-231, 234, 237, 242, 243, 256, 268, 269, 278, 284, 289, 292, 293, 296, 310, 316
大戦略　i, iii-vi, 1-8, 10, 11, 14, 16-22, 25-27, 55-57, 59-63, 66-70, 74, 77, 78, 83, 89-92, 96, 98, 100, 102-104, 133, 134, 136, 138, 166, 167-170, 175, 176, 187, 188, 196, 199, 205, 206, 220, 233, 235, 236, 245, 248, 249, 264, 265, 267-271, 275-279, 281-283, 287-291, 294-296, 298, 311, 316
第七艦隊　49, 52, 214, 217, 229
第二次世界大戦　iii, 4-6, 8, 13, 28-39, 41-47, 55-57, 70, 72, 74, 80, 121, 137, 152, 154, 158, 160-162, 164, 166, 174, 182-184, 190, 195, 196, 198, 211, 217-219, 221, 223, 225, 226, 230, 238, 252, 268, 288, 295, 296, 306, 310, 316
第二列島線　50, 51, 224, 225, 313, 314
太平洋戦争　5, 9, 41, 43, 51, 130, 289, 310, 314, 316
台湾　38, 44, 48, 49, 51, 53, 56, 72, 80, 162, 193, 200, 221, 224-226, 237, 238, 241, 255, 310, 312
WTO　71, 118, 164, 190, 191, 196, 199, 300
力の真空　51, 81, 220, 227, 230-232, 234, 242, 249, 254, 257, 274, 275
地政学的環境　33, 75, 77, 78, 226, 277
秩序戦　ii, iii, 2-4, 7, 8, 12-16, 19, 23, 24, 27, 29, 34, 38-40, 48, 53, 57, 65, 66, 68, 70, 73, 75-77, 82-87, 91, 98, 101, 102, 107, 109-111, 114, 123-125, 145, 151, 155, 156, 163, 165, 166, 168, 169, 173, 176, 180, 185, 187-189, 194, 198, 202, 205-207, 211-213, 217, 220, 221, 227,

234, 236, 237, 240, 247, 249, 251, 267-271, 273-278, 290, 293, 306, 309
中国　10, 13, 14, 24, 29, 32, 34, 38, 39, 45, 51, 53-56, 71, 72, 76-81, 85, 108, 109, 117, 118, 120, 121, 130, 138, 142, 146, 149, 152, 154, 159, 160, 162-168, 173, 174, 177, 190-193, 197, 199, 200, 203, 209-213, 215, 216, 218-230, 233, 235-244, 253-258, 262, 268-270, 297, 298, 300, 303, 305, 309-312, 314, 315
中立　iii, 11, 16, 17, 23, 35, 47, 48, 67-75, 79, 80, 82, 107, 113, 148, 163, 169, 182, 187, 207, 211, 219, 230, 235, 241, 271, 305, 311
中和化　43, 65, 83, 88-90, 92, 94, 99, 111, 125, 155, 156, 174, 175, 188, 233-236, 239-241, 270, 277, 303
朝鮮半島　31, 44, 45, 51, 53, 79-81, 216, 226, 227, 230, 236, 238, 240-243, 310
チョークポイント　49, 84, 216, 228, 237
TPP　95, 191, 196, 212, 299
帝国国防方針　82, 226, 251, 294, 298
ディプロマティック・センス　iv, 167, 169, 209, 277, 278, 287
デモクラティック・リーグ　202, 203, 244, 245, 270, 276, 308
東京裁判　45, 168, 169, 306
都市外交　150, 151, 303
トラップ　iii, 22, 25, 60, 64, 100, 105, 171, 172, 247, 249, 251-254, 262-265, 277, 295, 296
トレードオフ　25, 60, 64, 100, 105, 247-261, 264, 274, 277, 312

ナ　行

ナショナリズム　22, 84, 103, 150, 163, 175-177, 253, 270, 272-274, 277, 291
NATO　iii, 29, 128, 138, 186, 187, 202, 203, 212, 215, 217, 219, 222, 223, 237, 245, 259, 268, 307-309, 315
ナポレオン戦争　13, 28, 29, 32, 36, 56, 57, 73, 161, 316
南洋　51, 82, 187, 307
西太平洋　13, 41, 44, 49, 51, 52, 55, 199, 203, 217, 223, 237, 238, 313
二正面作戦　79, 80, 218, 219, 222, 225, 226
日独伊三国同盟　30, 80, 218
日米経済摩擦　52, 101, 115, 239
日米同盟　24, 56, 80, 163, 187, 196, 202, 203, 237-239, 254, 256, 258, 270, 273, 307, 311, 315
ニュージーランド　iii, 48, 137, 138, 202
人間の安全保障　87, 194

ハ　行

ハードパワー　25, 26, 29, 60, 64, 65, 76, 82, 83, 87-94, 96, 99, 104, 105, 107-112, 120, 121, 123-125, 136, 137, 142, 145, 146, 151, 153, 179, 181, 182, 185, 205-207, 209, 270, 273, 277, 292, 299, 300
覇権サイクル　14, 16, 27-29, 40, 41, 55-57, 111, 123, 269, 278, 282, 287, 290, 295
覇権戦争　13, 14, 17, 19, 27-30, 32-43, 47, 52-54, 57, 66, 67, 70, 73, 82-84, 86, 154-156, 160-162, 164, 166, 168, 185, 189, 208, 215, 232, 262, 263, 270, 277, 278, 295-297, 304
パブリック・ディプロマシー　88, 146, 165, 208, 306
バランス・オブ・パワー　13, 60, 65, 75, 82, 83, 87, 89, 91, 92, 94, 95, 99, 114, 124, 125, 155, 156, 165, 188, 203, 206, 207, 232, 233, 235, 237, 262, 268, 270, 277, 293
PKO　53, 87, 131, 194, 231, 232, 298, 299, 310
非核三原則　200

事項索引

東シナ海　41, 55, 71, 79, 190, 217, 224, 226, 229, 237, 238, 298
評判　86, 153, 154, 160, 163, 165, 173, 189, 208
ファイブ・アイズ　137, 138
ファシズム　36, 39, 43, 47, 85, 160, 162, 197, 198, 307
フィリピン　10, 43, 49, 55, 72, 149, 209, 212, 224, 235, 237, 238, 257, 309, 310, 312
フィリピン化　238, 311
封じ込め　1, 4, 48, 232-234, 236, 240, 243, 270, 276
ブランディング　153-155
ブレトンウッズ体制　37, 46, 195
プロスペクト理論　253, 314
分断工作　24, 25, 207, 209, 210, 213, 220, 225, 233, 234, 237, 238, 240, 243, 244, 270, 274
包囲網　25, 48, 78, 91, 94, 99, 207-210, 212, 213, 220, 222, 225-227, 232, 234, 235, 237, 240, 244, 270, 277, 311, 315
法律戦　146, 147, 190, 200, 201, 208, 270, 277

マ 行

満州　44, 51, 80, 84, 216, 221, 225, 227, 299, 311
南シナ海　10, 41, 55, 56, 71, 72, 79, 85, 190, 209, 212, 217, 224, 226, 228, 229, 234, 238, 308
モンゴル　53, 212, 216, 222

ヤ 行

靖国神社参拝問題　167, 168, 175, 306

宥和政策　20, 162, 191, 192, 203, 249, 263
要衝　25, 49, 52, 218, 220, 224, 225, 227-229, 233, 235, 237, 243
抑止力　8, 19, 20, 54, 93, 123, 199, 237, 240, 256-258, 260, 270, 274, 275, 316
吉田ドクトリン　293

ラ 行

リベラリズム　7, 186-188, 281, 292, 315
リムランド　31-33, 47, 48, 213, 215, 217-221, 223, 232, 235, 310
領土配分　17, 28, 35, 39, 45, 65, 67, 70, 71, 82-84, 93, 270
冷戦　1, 4, 8, 10, 14, 15, 19, 23, 24, 29, 32, 33, 36, 40-42, 45-49, 51-55, 70, 72-74, 78, 81, 85, 117, 157, 160-163, 186, 193, 198-211, 215, 216, 218-221, 223, 224, 232, 234, 241, 257, 268, 278, 284, 289-291, 296, 297, 310, 313, 315, 316
歴史解釈戦　88, 146, 155, 156, 160, 162, 163, 165, 166, 172, 177, 208, 270
ロシア　9, 10, 29-31, 34-36, 39, 48, 49, 53, 54, 76-79, 81, 82, 108, 119, 121, 130-132, 142, 147, 210, 213-221, 225, 226, 228, 230, 234, 235, 237, 244, 245, 258, 268, 269, 299, 303, 305, 308-312, 315, 316

ワ 行

湾岸戦争　81, 102, 126, 129, 130, 195, 287

人名索引

ア 行

アリソン（Graham T. Allison）　251, 252, 262, 313, 316
五百旗頭真　278, 287
井上成美　314
ヴィルヘルム二世（Wlhelm Ⅱ）　77, 78
ウォルツァー（Michael Walzer）　300, 301

カ 行

カー（E. H. Carr）　4, 263, 289, 291, 293, 306, 316
キッシンジャー（Henry A. Kissinger）　6, 209, 222, 291, 311
ギルピン（Robert Gilpin）　3, 282, 289, 293, 295, 296
クラウゼヴィッツ（Carl von Clausewitz）　6, 19, 43, 139, 289, 315
ケナン（George F. Kennan）　6, 48, 291, 300, 315
高坂正堯　275, 293
近衛文麿　iii, 287, 304

サ 行

スパイクマン（Nicholas J. Spykman）　31, 295, 310
孫子　6, 19, 146, 293, 315

タ 行

トゥキュディデス（Thucydides）　249, 262, 263, 291, 295, 296, 315

ナ 行

ナイ（Joseph S. Nye, Jr.）　109, 110, 299, 306
永井陽之助　10, 293

ハ 行

ハンチントン（Samuel P. Huntington）　259, 315
ビスマルク（Otto von Bismarck）　i, ii, 4, 39, 284, 287
ヒトラー（Adolf Hitler）　30, 192, 193, 221, 260
ブレジンスキー（Zbigniew Brzezinski）　6

マ 行

マキャベリ（Niccolò Machiavelli）　291
マクナマラ（Robert S. McNamara）　297, 317
マッキンダー（Halford J. Mackinder）　30, 295
マハン（Alfred Thayer Mahan）　6, 235, 311
毛沢東　6
モーゲンソー（Hans J. Morgenthau）

● 人名索引

291, 293, 317

ヤ 行

吉田茂　102, 153, 169, 275, 287, 289, 293, 299

ラ 行

ルトワック（Edward N. Luttwak）　258, 315

著者紹介

川﨑 剛（かわさき つよし）

1961年生まれ。同志社大学法学部卒業。プリンストン大学で博士号（Ph. D. 政治学）を取得。カナダのサイモン・フレーザー大学助教授などを経て，
現在：サイモン・フレーザー大学政治学部准教授。専門は国際政治学。
主著：『社会科学としての日本外交研究――理論と歴史の統合をめざして』（ミネルヴァ書房，2015年），『社会科学系のための「優秀論文」作成術――プロの学術論文から卒論まで』（勁草書房，2010年），『「在外」日本人研究者がみた日本外交――現在・過去・未来』（共著，藤原書店，2009年）など。

大戦略論 国際秩序をめぐる戦いと日本

2019年1月20日　第1版第1刷発行

著 者　川﨑　剛（かわ　さき　つよし）

発行者　井　村　寿　人

発行所　株式会社　勁　草　書　房（けい　そう）
112-0005 東京都文京区水道2-1-1　振替 00150-2-175253
（編集）電話 03-3815-5277／FAX 03-3814-6968
（営業）電話 03-3814-6861／FAX 03-3814-6854
本文組版 プログレス・平文社・中永製本

©KAWASAKI Tsuyoshi　2019

ISBN978-4-326-30272-7　Printed in Japan

〈出版者著作権管理機構 委託出版物〉
本書の無断複写は著作権法上での例外を除き禁じられています。
複写される場合は、そのつど事前に、出版者著作権管理機構
（電話 03-5244-5088、FAX 03-5244-5089、e-mail: info@jcopy.or.jp）
の許諾を得てください。

＊落丁本・乱丁本はお取替いたします。
http://www.keisoshobo.co.jp

川﨑剛
社会科学系のための「優秀論文」作成術――プロの学術論文から卒論まで
「論文ってどう書けばいいんだ？」と悩んだことのある，社会科学の学徒たちへ。他人に差をつけるノウハウ，教えます。　　1900 円

吉川直人・野口和彦 編
国際関係理論［第2版］
リアリズムにコンストラクティビズム，批判理論に方法論などわかりやすく解説。やさしい用語解説と詳しい文献案内つき。　　3300 円

ケネス・ウォルツ　河野勝・岡垣知子 訳
国際政治の理論
国際関係論におけるネオリアリズムの金字塔。政治家や国家体制ではなく無政府状態とパワー分布から戦争原因を明らかにする。　　3800 円

ジョン・ベイリスほか 編　石津朋之 監訳
戦略論――現代世界の軍事と戦争
戦争の原因や地政学，インテリジェンスなどの要点を解説する標準テキスト。キーポイント，問題，文献ガイドも充実。　　2800 円

コリン・グレイ　奥山真司 訳
戦略の未来
世界最高峰の戦略家が描く戦慄の未来像を直視せよ！　新クラウゼヴィッツ主義のエッセンスを伝える必読の一冊。　　2500 円

保城広至
歴史から理論を創造する方法――社会科学と歴史学を統合する
すぐれた研究のための方法論とは？　理論志向の社会科学者と，歴史的事実を重視する歴史家の溝とは？　解決法を提示する！　　2000 円

―――――――――――――――――――――――――――――勁草書房刊

＊刊行状況と表示価格は 2019 年 1 月現在。消費税は含まれておりません。